世界银行贷款林业综合发展项目

竣 工 文 件

国家林业局世界银行贷款项目管理中心 编

中国林业出版社

图书在版编目（CIP）数据

世界银行贷款林业综合发展项目竣工文件/国家林业局世界银行贷款项目管理中心编.
—北京：中国林业出版社，2017.10
ISBN 978-7-5038-9315-5

Ⅰ.①世… Ⅱ.①国… Ⅲ.①世界银行贷款—林业经济—经济综合发展—文件
Ⅳ.①F307.2

中国版本图书馆 CIP 数据核字（2017）第 254173 号

责任编辑 李 伟 王 越

出版 中国林业出版社（100009 北京西城区刘海胡同 7 号）
网址 http：//lycb.forestry.gov.cn
发行 中国林业出版社
E-mail forestbook@163.com **电 话** 010-83143515
印刷 中国农业出版社印刷厂
版次 2017 年 10 月第 1 版
印次 2017 年 10 月第 1 次
开本 889mm×1194mm 1/16
印张 17
字数 525 千字
定价 80.00 元

世界银行贷款林业综合发展项目竣工文件

编　写　组

组　　长：丁立新

副 组 长：尹发权

编写人员：王周绪　兰再平　董　晖

孙尚伟　符　佳　贺　新

编写单位：国家林业局世界银行贷款项目管理中心

中国林业科学研究院世界银行贷款项目办公室

河北省林业外资项目管理中心

山西省国际金融林业项目管理办公室

辽宁省林业厅外资项目办公室

浙江省世行贷款造林项目领导小组办公室

安徽省林业外资项目办公室

前　言

1978 年召开的中共十一届三中全会，开辟了中国改革开放的新时期。由此以来，特别是党的十八大以来，党中央、国务院始终坚持用创新理论成果指导林业实践，始终围绕着国家发展战略推进林业科学发展，生态建设不断加强，持续发展不断强化，林业对外开放加速前进，国际影响力全面提升。

我国林业主管部门与世界银行等国际金融组织建立了平等合作、互利互惠的伙伴关系。在国家发改委、财政部等部委的大力支持下，自 1985 年以来，国家林业局（含原林业部）利用世界银行贷款实施了多个项目，营造大面积高标准用材林、经济林和多功能人工林。林业世界银行贷款项目已经成为我国林业对外开放和现代化建设的重要平台。

我国林业与世界银行的合作在不同时期采取了不同的战略，每个时期的战略都是围绕着解决当时林业面临的主要矛盾而展开。20 世纪 90 年代，拓宽融资渠道、弥补林业发展资金不足是当时项目建设的重点。21 世纪前十年，引进西方先进技术和管理理念是重中之重。当前，随着我国国力的不断提升、外汇储备的不断攀升，"引进来"和"走出去"的双向交流是今后的主攻方向，机制和科技创新是项目建设的重点内容。

世界银行贷款林业综合发展项目从 2006 年开始设计、2010 启动实施到 2016 年竣工验收，时刻不忘林业的历史使命，牢牢抓住"生态、多功能和示范"这条主线，通过在生态脆弱地区修复残次林、营造多功能人工林，改善森林生态系统，发挥森林的多种效益，为全面提升我国林业的经营和管理水平提供示范。

按照我国政府和世界银行关于项目要在机制和科技创新方面有所作为的工作思路，2014 年，国家林业局世行中心委托第三方对项目进行了绩效评价。评价得分 92 分，评价结论是，总体进度和质量达到了预期的目标，资金使用符合规定，综合评级为最高级即"实施顺利"。由于项目实施的良好业绩，财政部国际财金合作司已把该项目的评价报告收录到《国际金融组织项目绩效评价典型案例（2014）》，已经由经济科学出版社发行和推广。

为进一步挖掘项目的经验，2015 年，国家林业局世行中心启动了项目机制和科技创新经验总结工作。在中国林科院世行办和河北、山西、辽宁、浙江、安徽省林业厅项目办以及广大基层项目实施者的辛勤工作下，形成了 25 万字内容翔实、示范有力的创新经验报告，受到了有关方面的高度评价。

在竣工总结中，国家林业局世行中心、中国林科院世行办和各省林业厅项目办采用新思维、新方法开展工作：一是认真研究我国政府和世界银行有关规定，制定切实可行的工作方案；二是开展人员培训、统一工作方法；三是上下联动、实事求是地开展总结工作。经过 6 个多月的艰苦努力，形成了比较系统的完工报告。报告在挖掘项目经验教训的同时，仔细分析项目的成功经验及存在的不足，探讨了今后的发展模式与创新途径，这对进一步深化我国政府与世行的合作，提高内外资融合水平，提升内资的使用效率大有裨益。在此，谨向为项目做出贡献的中方和世行官员、专家等表示衷心的感谢！向基层默默无闻的林业工作者和造林户表示诚挚的敬意！

诚然，项目的实施时间有限，目前所归纳的创新经验还是初步的，今后随着时间的推移和项目林的经营，将会有更多的科学实证供分析和研究。在项目竣工后，我们继续跟踪项目林经营动向，不断总结和完善项目的创新经验，特别是在多功能混交造林模式与可持续经营技术方面的创新做法，不断加大项目的推广和示范作用，为进一步推动我国林业的持续发展做出较大贡献。

本书分为上篇和下篇，上篇为国家林业局世界银行贷款中心主持编写的世界银行贷款“林业综合发展项目”竣工总结报告；下篇为世界银行编写的中国“林业综合发展项目”竣工成果报告（英文和中文翻译稿）。

编　者

2017 年 8 月

目　录

下篇 IMPLEMENTATION COMPLETION AND RESULTS REPORT FOR A INTEGRATED FORESTRY DEVELOPMENT PROJECT，CHINA (中国林业综合发展项目竣工成果报告)

上　篇

世界银行贷款林业综合发展项目竣工总结报告

1 项目概况

1.1 项目背景

我国总体上是一个缺林少绿的国家，森林资源相对短缺。全国森林面积 2.08 亿公顷。森林覆盖率 21.66%，远低于全球 31%的水平。人均森林拥有面积不到 0.15 公顷，远远低于世界人均 0.62 公顷的水平。全国森林蓄积 151.37 亿立方米，人均森林蓄积只有世界平均水平的 1/7。由此不难看出，中国林业发展还面临着巨大的压力和挑战。

一是提高林地生产力和改善林分结构的要求非常迫切。中国林地生产力低，森林每公顷蓄积量只有世界平均水平 131 立方米的 69%。人工林每公顷蓄积量只有 52.76 立方米，林木平均胸径只有 13.6 厘米。龄组结构依然不合理，中幼龄林面积比例高达 65%。林分过疏、过密的面积占乔木林的 36%。林木蓄积年均枯损量较大，达到 1.18 亿立方米。进一步加大投入，加强森林经营，提高林地生产力、增加森林蓄积量、增强生态服务功能的潜力还很大。

二是森林有效供给与日益增长的社会需求的矛盾依然突出。中国木材对外依存度接近 50%，特别是珍贵大径材基本上依赖进口，木材安全形势严峻；现有用材林中可采面积仅占 13%，可采蓄积仅占 23%，可利用资源少，大径材林木和珍贵用材树种更少，木材供需的结构性矛盾十分突出。同时，森林生态系统功能脆弱的状况尚未得到根本改变，生态产品短缺的问题依然是制约我国可持续发展的突出问题。

三是水土流失严重，环境问题突出。目前中国荒漠化面积 262 万平方千米，约占国土面积的 27%；水土流失面积尚有 295 万平方千米，占中国陆地面积的 31%。严重的风沙和水土流失导致自然灾害加剧、水土资源破坏、生态环境恶化，威胁国家生态安全，是中国经济社会可持续发展的突出制约因素。研究发现，人工林区的水土流失远远高于天然林区。

四是森林病虫害经济损失严重，对生态环境的破坏更难以估量。危害性森林病虫害扩散蔓延迅速，如松材线虫病、松毛虫等病虫害发生面积居高不下。全国森林病虫害的受灾面积占总森林总面积的 3%左右，已成为制约我国林业可持续发展的重要因素之一。有专家估计，每年的经济损失达 50 亿人民币。专家们普遍认为，这与人工纯林的增加和天然林的过度采伐密切相关。

随着社会经济的发展和人民生态环境意识的提高，全社会对改善生态环境的要求日益强烈，加强林业生态建设已成为国家的重点发展战略。

1985 年以来，国家林业局（含原林业部）利用世界银行贷款实施了 7 个项目，覆盖 21 个省的 600 多个县，总投资 136 亿元人民币，其中：利用世界银行贷款约 10 亿美元，带动全球环境基金赠款 3200 多万美元、国内配套资金 62 亿元人民币。营造高标准用材林、经济林和多功能人工林近 400 万公顷，木材产量可达 1.88 亿立方米。项目提高了木材产出、人工林质量和标准，取得了显著的生态、经济和社会效益，促进了林业的对外开放，提升了林业管理水平，在现代林业建设进程中发挥了重要作用。进入新世纪以来，世界银行根据中国林业发展的新形势和生态建设的需求以及对华《国别伙伴战略》，提出了应对环境挑战、资源短缺、减少贫困与不平等现象、改善公共部门制度等战略目标，积极支持中国林业生态建设。

为进一步发挥世界银行贷款项目在发展森林资源、改善森林生态系统结构、发挥森林多功能效益、保障国土生态安全中的示范引领作用，结合我国林业生态建设规划和区域生态建设实际状况，国家林业局世行中心（中央项目办）积极推进世界银行贷款林业项目持续发挥引资引智的积极作用。

1.2 项目准备过程

从2006年开始，国家林业局组织河北、山西、辽宁、浙江、安徽五个省申请实施世行贷款“林业综合发展项目”。经过4年的前期准备、论证和可行性研究、项目谈判、国内相关部门的审核和批准，2010年8月13日，财政部代表中国政府与世界银行签订了《世行贷款林业综合发展项目贷款协定》；2010年11月10日《贷款协定》正式生效；2010年11月9日，国家林业局在北京召开了项目实施启动会，标志着项目由准备阶段转入实施阶段（表1-1）。

表1-1 项目进程

时 间	内 容
2006年上半年	国家林业局组织河北、山西、辽宁、浙江、安徽五个省酝酿申请项目
2007年9月	国家发改委将项目列入我国利用世界银行贷款2008~2010财年备选项目
2008年2~4月	世界银行对项目进行认定和预评估
2009年8月	世界银行项目评估组对项目进行评估
2010年1月	中国政府与世界银行进行项目谈判
2010年3月	国家发展改革委批准《世行贷款项目资金申请报告》
2010年3月	世界银行执行董事会批准项目
2010年8月	财政部代表中国政府与世界银行签订《世行贷款林业综合发展项目贷款协定》，同时受各项目省政府委托，代表项目省政府与世行签订《项目协议》，项目正式启动实施
2010年10月	世界银行北京代表处致函财政部和各省财政厅，确认《贷款协定》已经正式生效
2010年11月	国家林业局在北京召开了项目实施启动会，标志着项目由准备阶段转入全面实施阶段
2013年4月	中期评估
2014年5~12月	中期绩效评价
2016年12月	项目竣工

1.3 项目目标

项目的总体目标是，在生态环境脆弱地区开展人工造林和森林修复，恢复项目区森林植被，增加森林覆盖率，改善森林生态系统结构功能、发挥森林以生态为主的多种功能和综合效益，防治水土流失，治理土地沙化，保障国土生态安全，提高森林可持续经营管理水平，增加森林经营收入，并为其他地区推广具有重要公共产品效益的多功能人工林的可持续经营和管理模式提供示范。

《贷款协定》规定了如下具体目标：

（1）通过多功能人工林营造和现有低质低效林的修复，项目区森林覆盖率得到提高，水土流失、土地沙化得到控制；农田得到有效防护，其粮食产量增加10%；生物多样性增加，增加树种达3个，低质人工纯林转变为混交林，林木郁闭度和植被盖度均增加。

（2）改进森林资源的管理。具体为：一是促进集体林权制度改革，扩大林权证的发放范围。二是为林业技术推广提供支持，包括培训林业推广人员和农民。三是扶持或建立农民合作社并提供技术支持。四是制定森林经营示范方案，推进森林经营管理。

1.4 项目内容

《贷款协定》要求开展以下项目活动：

（1）多功能人工造林。按与中方达成一致的造林模型，在河北、山西、辽宁、安徽四个省，新造多功能人工林 92 974 公顷。

（2）现有林修复。按与中方达成一致的造林模型，在浙江、安徽两省对现有的 39 641 公顷质量效益低下的森林实施生态修复。

（3）机构支持与项目管理、监测和评价。主要活动包括：一是扶持和建立乡级或村级试点农民合作社（协会）。二是技术培训、交流、推广和服务，将项目经验推广到其他地区。三是支持林权制度改革，为颁发林权证的林地制订和实施经营方案提供示范。四是建立项目监测与评价体系，监测项目实施的进展和影响。

1.5 项目布局

根据项目建设目标，结合世界银行的资金使用条件，并考虑我国林业发展、生态建设的现状，以及项目省的实际情况，项目在设计时，确定的项目区选择原则如下：

（1）生态区位重要，对流域或区域内的国土生态安全有重要影响，或生态系统脆弱、水土流失、土地退化严重，亟待进行生态治理的地区。

（2）具有发展森林资源的自然条件和社会经济条件，包括丰富的造林地、充足的劳动力资源和便利的交通条件等。

（3）具有丰富、成熟而实用的森林营造和修复技术与经验。

（4）以往实施过世行贷款林业项目，并有较好业绩。

（5）明确要求参加项目，并愿意按照世行贷款的使用条件准备和实施项目。

（6）还贷能力强、信誉好，配套资金有可靠来源、能及时足额到位。

根据上述原则，项目选择在 5 个省的 67 个县（林业局）实施。其中：河北 17 个县，山西 25 个县（含 2 个省直属林业局），辽宁 6 个县、浙江 4 个县、安徽 15 个县。

2 项目执行情况

2.1 项目活动完成

自从2010年11月项目贷款协定生效以来，IFDP一直保持顺利实施的良好状态。中央项目办、省和县项目办及相关政府部门高度重视项目的实施，积极支持项目各项活动。项目的组织、管理和实施按照项目设计、协议和世行项目的规程进行。各级项目人员深入理解项目包含的新的概念、目标、任务和方法，积极有效应对项目在执行过程中出现的变化和困难。世界银行发挥对日常工作的指导、监督作用，21次派出专家团到项目现场检查指导项目实施。中央项目办与世界银行、国家相关部委和各省项目办密切配合；各省项目办与中央项目办、各级政府部门积极沟通、协调，及时提出解决办法，县项目办具体落实和实施各项内容和活动，保证了项目按计划正常进行。

项目累计完成造林13.23万公顷，占总计划13.26万公顷的近100%（表2-1）。其中：建设多功能人工林9.38万公顷，占项目评估总计划9.30万公顷的101%；项目累计完成现有林修复3.85万公顷，占项目评估总计划3.96万公顷的97%。项目建成水窖1340个，其中：417个利用项目资金进行建设，另有923个水窖利用山西省水利部门的资金也已全部建成（表2-2）。

表2-1 实施单位表

省	县（区、市）	实际完成造林面积（万公顷）
合计	67个（项目计划造林总面积13.26万公顷）	13.23
河北	17个县市：大名、肥乡、馆陶、鸡泽、临漳、邱县、曲周、永年、景县、武邑、大城、广阳、文安、永清、广宗、临西、威县	2.46
山西	25个县市：浑源、广灵、保德、河曲、偏关、中阳、离石、临县、交口、柳林、盂县、太谷、和顺、左权、大宁、永和、万荣、临猗、盐湖、闻喜、绛县、高平、晋城、省属五台林业局、省属黑茶林业局（晋源区退出项目实施）	2.75
辽宁	6个县市：新民、义县、阜新、彰武、西丰、昌图	2.45
浙江	4个县市：临安、富阳、安吉、德清	2.34
安徽	15个县市：黟县、祁门、黄山、徽州、宣州、宁国、泾县、旌德、岳西、怀宁、宿松、太湖、霍山、南谯、全椒	3.23

表2-2 造林和土建完成情况表

内容	计划	实际	实际/计划（%）
1. 造林合计（万公顷）	13.26	13.23	100%
（1）多功能人工林营造	9.30	9.38	101%
（2）现有林修复	3.96	3.85	97%
2. 水窖（个）	1340	1340	100%

造林质量监测显示，一级苗使用率、环保措施合格率、造林成活率、造林保存率、抚育合格率等指标均超过项目设定的指标，在90%以上（表2-3）。在美元贬值、贷款资金减少，劳动力成本上升的大背景下，项目取得这样的进展，实属不易！

表 2-3 造林质量监测情况表

监测评价指标	目标	实际
一、多功能人工林营造		
1. 一级苗使用率	≥90%	95%
2. 环保措施合格率	≥85%	90%
3. 造林成活率	≥85%	92%
4. 造林保存率	≥85%	90%
5. 幼林抚育合格率		93%
二、现有林修复		
1. 一级苗使用率	≥90%	95%
2. 环保措施合格率	≥85%	96%
3. 补植成活率	≥85%	91%
4. 中幼林抚育合格率		90%

在机构能力建设方面，共完成各级培训 272 794 人日，占项目评估总计划数 205 408 人日的 133%。其中：国家级、省级、县乡级培训分别完成 2 291 人日、10 911 人日、259 592 人日。各级均超额完成任务，与计划保持高度一致，详见表 2-4。培训内容包括：参与式磋商方法、财务管理和审计、混交造林技术、现有林修复技术、容器育苗技术、环保规程、检查验收等。通过培训，有力地保证了项目按规定的程序和技术标准进行建设，确保项目高质量和高水平。

表 2-4 技术培训完成表

级　别	计划（人日）	实际（人日）	实际/计划(%)
合计	205 408	272 794	133%
国家级	120	2 291	
省级	10 420	10 911	105%
县乡级	194 868	259 592	133%

项目采购办公设备 859 台，占项目评估总计划的 112%。其中为支持农民合作社采购设备 133 台。这些设备包括：计算机、打印机、投影仪、GPS、复印机、办公桌椅、档案柜等，详见表 2-5。

表 2-5 设备采购完成表

采购类别	总计划	实际完成（台、套、部）						
		河北	山西	辽宁	浙江	安徽	合计	完成(%)
合计	766	180	363	64	81	171	859	112%
采购办公设备	630	150	348	24	69	135	726	115%
为扶持农民合作社采购设备	136	30	15	40	12	36	133	98%

项目扩建合作社 20 个，占项目评估总计划的 100%。项目计划的 5 个森林经营方案的编制全部完成，总面积 879 公顷，是项目评估总计划 400 公顷的 220%。五个项目省的生态和经济监测工作按计划进行，监测结果对于提升项目的实施效果和扩大项目的影响起到了积极的作用。

2.2 投资完成情况

本项目实行基于产出的支付方式，项目贷款资金和省、地（市）、县财政配套资金完全在预算的控制范围内进行。但是，劳动力单价上涨抬升了单位面积造林成本，为解决这个问题，各地采用了许多有力措施，包括：使用不可预见费、利用出国团组等结余预算，加大劳务折抵和筹措其他来源的资金等。

项目实际投资 15.22 亿元人民币，为项目计划资金的 13.6 亿元人民币的 112%。其中：多功能人工林营造实际投资 10.13 亿元，占计划投资 129%；现有林修复实际投资 3.75 亿元，占计划的 118%；机构能力建设和监测评价实际投资 0.87 亿元，占计划的 83%；其他支持 0.48 亿元（表 2-6）。

多功能人工林营造和现有林修复投资超额完成，与项目的实施保持高度一致。机构能力建设和监测完成投资较低的原因：一是国外培训和国内咨询受政策影响没能完成任务。二是项目的许多培训与其他项目共同举行，经费很难统计到本项目的投资之中。三是监测部分工作利用国内其他资金完成，而这部分也很难纳入项目投资之中。四是部分研讨班等坚持勤俭节约的方针，任务圆满完成，经费出现节余。由此可见，这样的结果是积极的，值得肯定。如果加上这些费用，这部分也会成为完成项目的投资预算。

表 2-6　总投资按活动内容完成情况

活动	总计划		实际完成		实际/ 计划（%）	
	折万美元	万元	折万美元	万元	美元	人民币
总 计	20 000	136 000	24 353	152 200	122%	112%
多功能人工林营造	11 566	78 651	16 202	101 258	140%	129%
现有林修复	4 662	31 700	5 994	37 461	129%	118%
机构能力建设和监测评价	1 538	10 457	1 393	8 704	91%	83%
不可预见费	2 234	15 192				
其他（先征费等）			764	4 777		

按资金来源分为：世行贷款折合 6.23 亿元人民币，占实际总投资的 41%，比项目设计时的配比要低。国内配套 8.99 亿元人民币，占总投资的 59%，比项目设计时的配比高出九个百分点。

分省完成情况为：安徽完成投资 3.76 亿元，占计划的 126%；河北完成 3.01 亿元，占计划 111%，辽宁完成 2.29 亿元，占计划的 105%；山西完成 3.22 亿元，占计划的 113%；浙江完成 2.94 亿元，占计划 103%。由此不难看出，各省完成投资情况进展良好（表 2-7）。

表 2-7　总投资分省完成情况表　　单位：万元人民币

省份	总计划	世行贷款	国内配套	实际完成小计	完成/计划（%）
合计	136 000	62 285	89 915	152 200	112%
安徽	29 920	13 639	23 954	37 593	126%
河北	27 200	12 554	17 588	30 141	111%
辽宁	21 760	9 915	12 985	22 901	105%
山西	28 560	13 062	19 117	32 179	113%
浙江	28 560	13 115	16 271	29 386	103%

2.2.1　世行贷款资金支付与计划高度一致

河北、山西、辽宁、浙江、安徽五个省累计完成世行贷款提款报账 9 909 万美元，占项目贷款总额 1.0 亿美元的 99.1%，整个项目的支付正常。从表 2-8 可以看出，浙江和安徽省的贷款全部用完；河北和山西省本来计划全部用完贷款资金，并按人民币进行了测算，但由于 2016 年底美元突然大幅升值，导致原来计划的人民币资金对应的美元数减少，故这两个省的贷款资金略有结余，分别使用了贷款的 98.4%、99.9%；辽宁省 2014 年项目区天气极其干旱，影响了项目实施进度，贷款支付完成

96.4%，也是很高。

表 2-8 世行贷款资金使用情况表

省份	协定贷款额度（万美元）	实际使用额（万美元）	已使用比例（%）
合计	10 000	9 909	99.1%
河北	2 000	1 969	98.4%
山西	2 100	2 098	99.9%
辽宁	1 600	1 543	96.4%
浙江	2 100	2 100	100%
安徽	2 200	2 200	100%

从项目实施各项内容的进度分析，项目建设内容 A 与 B 部分（多功能人工林营造，现有林修复、集水窖建设）累计使用贷款 9 634 万美元，占这部分类别调整后贷款总额的 100%，与项目工程实施进度基本一致。

项目 C 部分（组织机构能力建设）累计使用贷款 251 万美元，占这部分类别调整后贷款总额 315 万美元的 79%。其中：国外培训只完成 58.3 万美元，占这部分类别调整后贷款总额 76 万美元的 77%。这部分没有完成计划任务，体现了项目实施单位严格执行国家政策要求，大大节省了项目投资支出，对项目实施本身和其影响，从根本上看是积极的。项目贷款先征费 25 万美元，已全部缴纳。

总体上看，世行贷款资金的支付按计划进行，与项目的实施进度保持高度一致。

2.2.2 配套资金到位率良好

项目累计到位配套资金 8.99 亿元，占总计划的 6.80 亿元的 132%。其中：中央级投入培训经费 99 万元；省级到位 1.92 亿元，占计划 1.97 亿元的 97%；地（市）县级到位 2.02 亿元，占计划 2.11 亿元的 96%；造林单位和其他来源资金到位 5.04 亿元，占计划 2.72 亿元的 185%，详见表 2-9。

上述信息显示，中央、省、地县和造林实体配套资金到位良好，有的比计划高出不少，这是项目管理单位积极开展协调工作，通过增加造林实体的投入和其他来源资金，保证了配套资金的足额到位。

表 2-9 项目配套资金到位情况表 单位：万元

省份	总计划	中央级	省级	地县级	造林实体和其他来源	实际合计	实际/计划（%）
合计	68 000	99	19 232	20 228	50 355	89 915	132%
中央级		99				99	
安徽	14 960		4 488	4 617	14 829	23 934	160%
河北	13 600		3 280	3 298	10 990	17 568	129%
辽宁	10 880		3 264	3 264	6 438	12 966	119%
山西	14 280		5 323	3 264	10 510	19 097	134%
浙江	14 280		2 877	5 786	7 588	16 251	114%

分省的配套资金到位情况良好，分别为：河北为 129%，山西为 134%，辽宁为 119%，浙江为 114%，安徽为 160%。安徽配套到位较高的主要原因是多功能人工林营造超额完成任务，而这一部分的造林单价又相对较高。由于现有林修复的劳务投入比例小于人工林新造，浙江项目活动全部为现有林修复，故配套资金上涨的幅度较低。另外，安徽、辽宁、浙江和山西四省级配套到位很高，均超过

了100%，值得赞扬。相对而言，河北省级到位率稍低，为计划的80%。其主要原因是，在项目执行期间，河北大气污染治理工作任务繁重、省级财政收入减少，配套遇到了一定的困难。为解决这个问题，河北采取了许多措施，如利用其他来源资金、增加林农劳务投入等，问题得到了有效地解决。

2.2.3　资金使用的合规性

在项目实施期间，河北、山西、辽宁、浙江和安徽五个省审计厅，分别出具了本省项目年度审计报告。报告显示，总体来看，项目资金使用规范，下拨及时，效果较好。但是，也存在一些不允忽视的问题：一是部分省、地（市）县财政配套资金没有足额到位，二是个别项目单位滞留项目资金。通过整改，第一个问题基本上得到了解决，第二个问题也得到了相应解决。

贷款资金的使用情况完全符合贷款协定规定的贷款资金类别使用比例、限额、使用方向及提款申报程序。参加项目实施的五个省的财务报表是按照中国的会计准则、会计制度和本项目贷款协定规定的要求编制，公允地反映了世界银行林业综合发展项目的财务状况、项目执行和项目资金收支情况。近年来中央政府加大反腐倡廉的力度，规范整治公务中经济违规违法行为，为IFDP创造了一个良好的合法、规范使用项目资金的外部环境。

2.3　影响项目执行主要因素

2013年3月以来，中国新一届政府做出了一系列的重大决策。根据对国际和国内形势的新判断，提出“新常态”理论，其中要点之一，就是经济发展要从过去的传统粗放转为高效率、低成本、可持续。为落实新政策、贯彻新理念，在项目执行中，直面问题、紧扣目标，作了相应的调整。

2.3.1　美元贬值造成项目资金缩水

2010年项目评估期间，美元和人民币的汇率按1∶6.8计算，世行贷款1.0亿美元折合人民币6.8亿人民币。在项目实施期间，美元出现了较大幅度的贬值，2011年和2012年下跌到6.3左右，2013年和2014年下跌至6.1左右，2015年和2016年分别回升到6.5、6.6左右。造成项目贷款资金人民币减少8%左右，约为5 715万元人民币。

为解决这一矛盾，经世界银行、各项目省反复磋商，项目通过增加林农劳务投入、增加其他来源资金的数量，问题得到妥善解决。

2.3.2　劳动力成本的上升

项目执行期间，中国的劳动力价格出现了大幅度的上涨，项目区也不例外，综合计算，劳动力价格上涨了25%左右。其中：河北、山西、辽宁和安徽四省，2010年项目启动时，每个劳动力价格为每天60元，2013年中期评估时上升到每天70元，2016年达到每天80元。浙江省2010年为每天80元，2013年为每天85元，2016年达到95元。

为应对劳动力价格上涨给项目执行带来的影响，各地采取了一些行之有效办法。一是使用项目预备费1.09亿元人民币；二是积极筹措其他来源资金，弥补资金短缺，据统计，这部资金约为1.62亿元人民币。三是一些省份采取先进作业技术，降低人工投入。如辽宁和河北省在部分项目区推广机械整地作业方式，这比人工整地降低成本约15%。

2.3.3　浙江和辽宁出现严重干旱

项目执行期间，部分项目省遭受严重的自然干旱，造成部分新造林难以达到项目规定的标准。但在各方的大力支持下，各方出主意、想办法，主动出击、积极应对，问题基本得到了解决。

浙江省2013年遭受严重的旱灾，项目林受灾面积高达2 357公顷，受灾面积占当年造林面积的40%，苗木平均成活率只有71%，损失十分严重。对此，浙江省采取了如下两项措施，使受灾林得到全面的恢复，达到了规定的标准。一是四个项目县筹集补救资金 190 万元，保证了补救工作的正常进行；二是采用浇水和培土等措施、采用容器苗等进行补植，保证成活率达到项目规定的标准。

辽宁省 2014 年 7~8 月期间，干旱不断加剧、持续时间长，项目区降雨量只有正常年份的 50%~70%。该省项目当年造林成活率较低，损失惨重。为进一步搞好项目的实施工作，辽宁省采用了如下有效措施：一是省、县级给予财政支持，对于成活率达到一定要求，进行补植；达不到要求的，次年重新补造。二是选用杨树容器苗，延长补植时间、提高补植质量。虽然该灾害延迟当年的造林进度，但辽宁省后期加大了工作力度，整个项目林的速度和质量没有受到太大的影响。

2.3.4 国外培训和国内考察的新政策

自 2013 年以来，中国政府出台了一系列出国的新规定。受该政策的影响，项目出国外培训和国内考察数量减少，原计划不能完成。新政策主要有：一是控制出国培训团的数量，二是不再派出考察性质的出访团组，三是国内考察从严掌握。受此影响，国外培训仅完成 1 529 人日，占计划 2915 人日的 52%。同理，中国政府对国内考察制定了更加严格的限制措施。受此影响，五个项目省组织省、市、县国内考察只完成 2 920 人日，完成计划任务的 69%。

为弥补这一短缺，中央级加大培训力度，通过评聘具有国际背景专家、其他项目专家、国内顶级专家等，增加培训 1000 多个人日；省、县两级增加培训任务 2000 多个人日。加上以上两项，国内考察任务完成远远超过计划。国外培训和国内考察的效果基本没有受到影响。

调查问卷显示，参加国外培训学员中，有 78%的人认为，出国对自己转变观念和改进工作方法很有帮助，拓展了项目管理人员的视野，提高了环境保护的认知，学到了一些先进的营林技术。有 97%人把学到内容应用到了实际工作之中。参加国内考察的人员中，有 76%的人将学到的技术传授给 10 人以上。这说明，项目安排国外培训和国内考察是十分必要的。

2.4 项目的调整

为贯彻科学发展的战略思想，进一步提高项目的执行效果，最大限度地实现项目的目标，在项目实施期间，根据各地的实际，项目作了必要的、合理地调整。

2.4.1 山西调减一个项目县

项目的建设县（区、市）由原来的 68 个调减到 67 个。这主要源于山西晋源区土地利用规划的调整，原项目地无法执行项目而在 2012 年退出了执行。晋源区原计划的 52 万美元世行贷款资金和 1200 公顷的造林任务已经调整到其他项目县，到项目结束时，该贷款资金已经全面被使用，造林任务也已经全部完成。该调整对项目执行效果基本没有影响。

2.4.2 优化造林模型和树种

考虑到混交造林的复杂性，为进一步符合各地的生产实际，在项目实施期间，河北、山西、辽宁、浙江四个省对造林模型进行了优化，涉及增加模型个数及苗木规格、密度、树种调整等。包括：2012 年 12 月浙江造林模型增加 14 个阔叶树种；2012 年山西调整了部分模型苗木标准和密度；2013 年 3 月辽宁增加了模型和调整了部分模型造林密度；2013 年 12 月河北省项目造林模型个数增加到 7 个。调整工作坚持实事求是的工作方针，严格按科学办事：首先，由省、县专家通过实际调研提出调整建议方案；之后，省级组织专家进行评审；最后报世行进行审批。该方法对提高和保证项目的质量起到了积极的作用，受到了各方面的高度评价。

3 项目绩效（效果）评价

按照财政部国际财金合作司《国际金融组织贷款项目绩效评价操作指南》，项目实施中期即2014年5~12月，国家林业局世行中心委托第三方对项目开展了绩效评价，绩效评价得分92分，综合评价等级为“实施顺利”。由于良好的实施效果，财政部国际财经合作司已把该项目报告收录到《国家金融组织项目绩效评价典型案例（2014年）》，由经济科学出版社出版发行和推广。本次项目竣工总结期间，我们比照绩效评价的做法，对项目效果进行了全面地回顾。

3.1 相关性

项目目标和内容与我国林业和生态建设、生态环境保护的相关法律高度相符，与中共十八大作出的推进生态文明建设的战略部署高度一致，与我国转变生态建设模式、提高生态建设水平的实际需求高度一致。中国政府提出，“在生态建设与修复中，以自然恢复为主，与人工修复相结合”。项目是落实这一战略方针的重要行动，项目针对河北、山西、辽宁、浙江安徽五个省林业发展和生态保护的现实需求，开展了通过多功能人工林营造和现有林修复，防治土地沙化和治理水土流失。项目还包括了促进集体林权制度改革和森林可持续经营等内容，为林业建设提供新的发展模式。

3.2 效率

项目的效率高。项目按计划启动，在规定时间内完成了设计的各项活动，多功能人工林营造、现有林修复、集水窖修建和组织机构支持、项目管理、监测等项目活动的进度与计划相符；世行贷款支付进度与实施高度一致，国内配套资金基本能够按工程进度到位；项目建立了稳定的管理机构和有效的管理制度、风险控制机制，采取有效措施缓解成本增加造成的不利影响，确保项目按预订计划实施。

3.3 效果

项目取得了良好效果：一是生态效益方面，项目增加了森林面积和植被覆盖度，五个省通过人工林营造和现有林修复，使整个项目区的植被盖度大有增加，植被多样性更加丰富，地表径流和土壤侵蚀量减少。二是经济效益增加，在项目实施期间，林农不仅有劳务费收益，而且农田也增加了产量；三是社会效益明显，项目从中央到地方层层培训，特别是乡镇林业站技术和管理人员对林农进行了有效的培训，保障了项目的实施并在改进森林经营模式方面发挥支撑作用，促进了生态理念传播和政府职能转换。

3.4 可持续性

项目可持续性高。中央高度重视环境保护工作，项目政策环境越来越好。各项目省、市（县）都设立了专门的项目领导小组和项目办，机构人员的配备满足项目持续运行的需要。县级政府承担还贷责任，项目还款责任落实；项目竣工后纳入现有的森林管理体系，宏观社会和经济环境总体上有利于项目的持续经营，林木生长达到预期的目标几乎没有悬念。

项目效益

在项目竣工评估期间，对评价项目的财务和经济可行性进行了分析。为确保方法的一致性和结果的可比性，竣工、中期评估期和项目评估时采用了相同的方法。但对以下指标进行了更新，以反映项目竣工评估时的实际情况：

（1）根据调查结果，劳动力价格调整为：安徽、河北、辽宁、山西四省为 80 元/日；浙江省为 95 元/日。

（2）关于碳吸收、防风、水土保持方面所产生的环境效益，首先与 2010 年项目评估时确定的防范保持不变，其次，根据中国采用的数据、经与专家反复讨论后确定。碳汇价格为 204 元/吨二氧化碳；防风效益 6 500 元/公顷，水土保持效益 13 元/吨。

（3）将其他投入与产出市场价格更新为当前的价格水平。调查发现，这部分当前的价格与项目设计时相差很小。

经过计算分析，整个项目的财务内部收益率为 9.6%，略低于项目评估时的 12%。整个项目的经济内部收益率为 17.4%，略高于项目评估时 16%。但均高于中国政府林业项目基线率 6%的指标，说明项目不仅有明显的生态效益，还有十分重要的社会效益和经济效益（表 4-1）。尽管劳动力成本有较大的上升，但由于环境效益产品价格的上涨，这在一定程度上抵消了前者对项目效益的影响。

表 4-1　财务内部收益率（FIRR）和经济内部收益率（EIRR）

省份	2010 年项目启动		2016 年竣工	
	FIRR	EIRR	FIRR	EIRR
安徽	12.0%	15.0%	10.1%	15.3%
河北	13.0%	19.0%	8.9%	18.8%
辽宁	13.0%	21.0%	9.9%	25.5%
山西	9.0%	13.0%	10.5%	16.1%
浙江	12.0%	13.0%	7.4%	13.1%
合计	12.0%	16.0%	9.6%	17.4%

人工林模型的财务内部平均收益率从评估时 11.8%，下降到竣工时的 9.6%，这主要归因于劳动力成本的上升。

4.1 生态效益

（1）植被盖度增加。项目监测结果显示，植被盖度有明显增加。如表 4-2 所示，2016 年，整个项目的植被盖度为 59.7%，与对照 37.6%相比，增加了 22.1%。说明项目实施后，项目区植被覆盖率明显增加，且有逐年加快的趋势。从造林模型来看，新造多功能人工林模型项目林的植被盖度为 49.9%，比对照 20.2%增加了 29.7%；生态修复模型项目林的植被盖度为 82.5%，比对照 78.0%相比，增加 4.5%。以项目省份来看，安徽、河北、辽宁、山西、浙江五个省项目林的植被盖度分别比对照分别增加了 8.7%、80.2%、14.7%、13.2%和 0.0%。北方河北、辽宁和山西省因原有植被较少，盖度增加幅度较大；南方省份由于现有植被生长茂盛，项目林增加的盖度相对较小。

表 4-2 植被盖度增加情况

（单位：%）

省份	项目林			对照		
	2012 年	2013 年	2016 年	2012 年	2013 年	2016 年
安徽	19.7	37.2	43.8	17.3	29.9	35.1
河北	5.6	33.3	80.2	0.0	0.0	0.0
辽宁	27.5	24.8	44.6	0.0	0.0	29.9
山西	15.9	19.7	37.4	10.2	13.4	24.2
浙江	69.1	78.0	100.0	60.4	65.8	100.0
整个项目	26.9	38.1	59.7	17.4	21.9	37.6
整个项目新造林	16.0	25.8	49.9	5.0	7.3	20.2
整个项目现有林修复	52.6	66.9	82.5	46.4	56.1	78.0

注：①植被盖度是加权平均值，植被盖度=乔木郁闭度+灌木盖度（%）；②加权以新造或修复模型的面积为权重。

（2）植被多样性增加。见表 4-3 所示，整个项目的项目林植物种类比对照增加了 5 种，项目实施对项目区植物多样性有一定的促进作用。分模型来看，新造多功能人工林模型项目林的植物种类比对照增加了 4 种，生态修复模型增加了 6 种。分省来看，各省项目林的植物种类比对照均有明显增加，其中：安徽省增加 4 种、河北省增加 4 种、辽宁省增加 10 种、山西省增加 2 种、浙江省增加 8 种。

表 4-3 植被类型增加情况

（单位：个）

省份	项目林			对照		
	2012 年	2013 年	2016 年	2012 年	2013 年	2016 年
安徽	20	21	23	17	19	19
河北	12	12	14	9	6	10
辽宁	10	13	19	5	9	9
山西	14	13	14	12	11	12
浙江	44	43	24	34	39	16
整个项目	20	21	19	15	17	14
整个项目新造林	13	13	16	10	10	12
整个项目现有林修复	35	36	25	28	32	19

注：①植物多样性加权平均值；②加权以新造或修复模型的面积为权重；③安徽监测基线年度为 2011 年，其他省为 2012 年。

（3）风蚀沙埋量减少。如表 4-4 所示，项目林起到了有效遏制土壤风蚀的作用。2016 年：河北混交型防风固沙林模型风蚀量比对照减少 34.8%，间作型防风固沙林模型减少 45.8%，经济型防风固沙林模型减少 37.1%。辽宁杨树樟子松防沙林模型风蚀量比对照减少 53.8%，杨树沙棘防沙林模型减少 88.1%。综合来看，河北项目林的风蚀降幅为 40.0%；辽宁项目林的风蚀降幅为 55.60%。

由此可以看出，项目在沙化土地上，通过营造防风固沙林，在造林初期就起到固沙并防止土地进一步沙化的良好作用。

（4）土壤侵蚀量和地表径流量降低。本项目的建设地点主要在水土流失特别严重的地区，其侵蚀模数大于 50 吨/公顷。根据项目的模型，项目在前 10 年的效益比较有限，而 20 年之后则效益巨大，能使项目区的水土流失减少 50%。水土保持的经济价值估计为 13 元/吨。

2016 年，安徽、辽宁、山西、浙江四个省，项目林地表径流分别比对照减少了 7%、0%、10% 和 11%；土壤流失量分别减少了 12%、0%、11%和 19%。整个项目的项目林地表径流量为 624 立方米/公顷，土壤流失量为 10.4 吨/公顷，分别比对照减少 7%和 12%，表明项目可以有效地减少项目区土壤侵蚀量，且水土保持功能在逐步加强，见表 4-5。

表 4-4 风蚀沙埋监测结果

省份	类型	造林模型	风蚀深度或沙埋厚度（毫米）					
			项目林			对照		
			2012 年	2013 年	2016 年	2012 年	2013 年	2016 年
河北	新造	混交型防风固沙林	-3.4	-2.7	-1.5	-4.4	-4.9	-2.3
		间作型防风固沙林	-7.5	-5.3	-1.3	-8.0	-11.8	-2.4
		经济型防风固沙林	-4.7	-2.4	-2.2	-6.3	-3.3	-3.5
辽宁	新造	杨树樟子松防沙林	-3.0	-13.0	-26.2	-4.0	-35.0	-56.7
		杨树沙棘防沙林	-3.0	-14.0	-2.9	-3.0	-15	-24.4

表 4-5 土壤侵蚀与地表径流加权平均值

省份	地表径流量（立方米/公顷）						土壤流失量（吨/公顷）					
	项目林			对照			项目林			对照		
	2012 年	2013 年	2016 年	2012 年	2013 年	2016 年	2012 年	2013 年	2016 年	2012 年	2013 年	2016 年
安徽	662	1 235	1 825	593	1 317	1 953	6.83	9.98	27.72	5.14	10.86	31.5
辽宁	643	90	0	1 026	183	-	20.09	1.56	-	53.28	4.91	-
山西	83	182	165	85	186	184	8.13	7.08	9.64	8.64	7.69	10.84
浙江	196	270	264	205	306	295	0.07	0.16	0.17	0.07	0.19	0.21
整个项目	407	482	624	480	537	671	8.77	5.03	10.40	16.27	6.24	11.78

注：①安徽省监测基线年度为 2011，其他省为 2012 年；②加权以新造或修复模型的面积为权重。

（5）森林病虫害发生率降低。表 4-6 所示，2016 年项目林病虫害发生率为 13.3%，对照林为 23.33%，降幅为 43%。降幅十分显著。

表 4-6 病虫害监测汇总统计

监测年度	项目林	对照	降幅
2012 年	11.7	13.3	12%
2013 年	13.3	23.3	43%
2016 年	13.3	23.3	43%

植被盖度的增加产生了良好的效果。河北项目区的群众反映，以前春季风沙非常大，庄稼经常由于风吹沙埋，需要补种。项目造林后，春季风沙变小了，庄稼种植一次就可以，不用补种，长势也比以前好。辽宁项目区的群众赞扬，榛子水土保持林种植后，山沟在旱季也有了长流水，说明森林蓄水作用增强。总之，5 个项目省开展的多功能人工造林和现有林修复后，有效恢复了项目区森林植被，增加了植被覆盖，提高了植物多样性水平，改善了森林生态系统结构，使森林防风固沙、蓄水保土、改善农业生产条件等生态防护功能初步显现。

（6）碳汇功能巨大。森林是固定二氧化碳的低成本方式，是应对气候变化的重要手段。虽然项目的造林树种各不相同，但估计在未来 20 年内，项目林将形成 25~100 吨/公顷的干物质。每公顷干物质能吸收 90~400 吨的二氧化碳当量，按平均每公顷干物质吸收 245 吨二氧化碳计算，整个项目可吸收 3241 万吨二氧化碳。典型调查显示，项目林形成的干物质比非项目林高出 20%以上，即整个项目林比非项目林可多吸收 648 万吨二氧化碳。保守估计，每吨二氧化碳当量的价格为 204 元人民币。

4.2 社会效益

4.2.1 总体社会效益

项目实施的社会效益明显。IFDP 项目位于生态恶化地区，经济落后，社会发展程度低。项目动员了大量农民和农民合作社等实体参加林业生态建设，增加了就业机会。农民通过参加技术培训和推广，接受生态保护理念、公平教育和技术培训，自身素质得到提高，为其他林业生态建设奠定人力资本基础。参加项目的农户进行了全方位地磋商，这些农户和实体同时也都参与其他项目，自然而然地起到推广和示范的作用。

同时，IFDP 的项目制度方法和技术模式带动了地方建设和发展。项目参与式设计方法因与政府提出的“改善民生、持续发展”的思想高度一致而受到认可，一些省、县的林业部门建设已开始推广使用 IFDP 的参与式设计，鼓励农民参与项目决策管理过程。在安徽的“千万亩森林增长工程”中，已开始使用 IFDP 开发的混交造林模型，项目成果辐射到全省的生态造林活动。一些项目市和县（市、区）建立的试验林、示范林，起到了很好的带动当地林业工程的作用。据不完全统计，项目的直接辐射面积约 50 万公顷，其中 20 万公顷为新造林，30 万公顷为改进现有林，间接辐射面更大。

另外，在项目开展的集体林权制度改革经验总结和相关课题研究的过程中，组织各类研讨会并邀请政府和非政府组织、项目受益人参加，在传播 IFDP 生态治理理念、促进政府林业转化职能和依法行政、保障农民权益方面等方面发挥了积极作用。

项目提出的“混交林”和“多功能”理念对中国林业的发展政策产生了积极的影响，《林业发展“十三五”规划》明确提出：“新规划造林地应优先营造混交林，现有人工纯林逐渐采取森林抚育措施调整树种结构，退化林、残次林修复采取补植改造、树种替换等方式修复为混交结构，积极推行针叶与阔叶树种混交、先锋树种与演替后期树种混交、乔木与灌木树种混交，大力发展乡土树种、珍贵树种、深根系树种、演替后期树种为建群种的混交林，形成层次多、冠层厚、生态位错落有致的森林结构，提高森林质量和生态系统稳定性，增强森林生态、经济与社会效益。”

4.2.2 项目受益群体效益

IFDP 的直接受益人主要是个体农户或农户联合体，其次是集体林场，另外还有少数生态型国有林场。项目设计和实施能够保证项目主要受益人的地位和利益，较好处理了主要受益人和其他受益人、私人利益和公共利益之间的关系。

（1）受益瞄准度。项目的参与式磋商程序确保了农户和农户联合体作为项目主要目标受益人的地位，具体体现在造林地和树种选择、人工造林和现有林改造模型的确定、森林的管护方案等方面的决策权和项目活动的受益权等方面，详见表 4-7。

表 4-7　不同群体参与项目的情况

省份	贫困户参加项目的比例	妇女参加项目的比例	少数民族参加项目的比例
河北	5.5%	54%	
山西	23.2%	51%	
辽宁	6.6%	48%	16%（阜新）
浙江	-	19%	
安徽	7.3%	43%	
平均	9.4%	43%	16%

贫困户和妇女等边缘和弱势群体，拥有平等机会参加项目并从中受益。表4-7所示，虽然项目不是扶贫项目，但在设计中，特别注意贫困户等平等参与，尽最大努力把他们纳入项目的实施之中。参加项目的贫困户占项目总户数的9.4%。其中：河北为5.5%，山西23.2%，辽宁6.6%，安徽7.3%。项目中特别注意保障妇女权益，通过宣传发动，妇女参加项目的比例已达到43%。其中：河北54%，山西51%，辽宁48%，浙江19%，安徽43%。浙江省经济条件相对较好，从另一个角度保护妇女的权益，林业生产劳动强度大、工作条件艰苦，妇女大多从事服务行业的工作，如农家乐，收入比从事林业还高。在所有项目县中，只有辽宁省阜新蒙古族自治县有少数民族农户，项目坚持相互尊重、平等参与、共享成果的原则，收到了良好的效果。

（2）受益覆盖率。实际参与项目的农户或其他实体共161 282个，占项目中期调整后计划159 557个的101%。其中：个体农户158 342个，占计划158 680个的100%；农户联合体及农民合作社2 671个，占计划830个的322%；集体林场262个，占计划40个的655%；国有林场7个，占计划7个的100%，详见表4-8。项目的实际受益群体与设计高度一致，实施的主体以农合或农合联合体为主。在项目实施主体中，虽然集体林场的数量比计划增加了不少，但占比不大。集体林场所有人是村集体或农户，利益分配方式接近于农户联合体。这与项目强调的实施主体基本保持一致。另外，随着农村劳动力向城市转移，集体林场和农合联合体在林业发展中的作用越来越大，本项目的情况与之保持一致。

表4-8 经营实体情况

经营实体	单位	计划	实际	完成比例
整个项目合计	个	159 557	161 282	101%
个体农户	户	158 680	158 342	100%
农户联合体及农民合作社	个	830	2 671	322%
集体林场	个	40	262	655%
国有林场	个	7	7	100%

4.2.3 机构能力建设和林权制度改革

项目的机构能力建设促进了项目管理水平的提高，进一步推动了林业的持续发展。林权制度改革着眼于林业经营的机制问题，大大调动群众经营林业的积极性。

（1）培训。项目执行期间，项目开展了各种富有成效的培训活动。中央级培训的重点是解决宏观问题，如多功能人工林树种搭配方式，现有林修复的模型，如何发挥项目在应对气候变化中作用等。省级、县级主要培训项目技术措施，包括社区评估、作业设计、苗木标准、造林方式、环保规程等。林农培训以现场示范为主，让林农通过看得见摸得着的方式准确掌握操作方法。国内培训进一步提高项目人员的管理水平，进一步提升了项目的实施效率和示范带动作用，为推动林业的全面发展起到了积极的作用。调查问卷显示，项目实体和林农对培训效果总体感到满意。80%的受访者认为，培训对自己很有帮助，通过培训，造林成活率大有提高、造林质量不断提升、病虫害防治更有办法。参培人员中，女性占43%，男性占57%。这对促进社会公平、扩大女性的作用很有帮助。

（2）林权证发放。项目实施期间，通过促进林业权证的发放，大大推动了林业的发展。主要表现在：一是林权证使人定心、树定根，大大地调动了林农经营林业的积极性。二是通过林权证抵押等，拓展了林业发展的资金来源。三是林权证使林农的长远打算不断延期，森林经营水平不断提高。

（3）实用技术推广。项目推广先进技术44项、推广优良品种52个。这对于提升林业的经营水平，解决林业周期长、见效慢的问题起到了积极的作用。在一些项目区，林下种植中草药、经济作物，每年每公顷的收入可达3万多元，可以有效地缓解人工林多年后才有收入的困境，受到了群众的普遍欢迎。

（4）农民合作社建设。规模经营效益高，相互学习能走远。项目通过扶持农民合作社，进一步推动了林业和整个农村的发展。一是完善了合作社的机构和制度，确保长期运营。二是开展技术培训和服务，提高林农的生产技能。三是在确保项目发挥生态效益的前提下，提升林农的近期收益，不断加快林农脱贫致富的步伐。项目对辽宁昌图东张家（群兴）榛子合作社进行了扩建：一是添置了一些设备，提高了信息交流的速度；二是完善了合作社的章程，吸引更多的农合加入；三是派出专家对榛子种苗培育、密度控制、施肥、病虫害防治等技术进行了全面地培训。在项目活动的引导下，合作社的工作开展得更加有声有色。合作社骨干人员通过发放明白纸、现场指导、微信宣传等方式，对农户进行全方位地指导。果品成熟后，合作社帮助农户进行销售，做到了产品卖得出、好价格。目前，该合作社的榛子年产量高达每公顷 750 公斤，为从前产量每公顷 375 公斤的 200%，农户人均增收 5 000元。同时，由于榛子属于灌木，且覆盖率接近 100%，有效地防止了水土流失和风沙危害灾害，生态效益十分巨大。

（5）森林经营计划编制。项目通过编制森林经营方案，促进林业实现科学经营。调查发现，森林经营方案不仅在实施单位的森林经营中发挥了示范与指导作用，成为编制中长期营林计划、组织各类森林经营活动、确定采伐限额和投资计划的依据，同时，也为引导当地开展森林保护、合理利用森林资源、实现科学经营提供了有力的支持。

（6）少数民族发展计划。项目中包含一个少数民族自治县，即辽宁阜新蒙古族自治县，该县有 16 万蒙古族人口，占全县人口总数的 20%。在项目准备和实施阶段，通过社区林业评估，确保少数民族平等参与项目、自愿参与项目。为尊重少数民族的习惯、确保信息有效沟通，项目使用蒙语和中文两种语言进行交流。同时，最大限度地动员妇女参加项目的设计、培训和实施。有 117 户蒙古族农户参与了项目的实施，占总农户数的 16%，造林 899 公顷。调查显示，蒙古族群众参加培训数量达到 472 人日，占总培训数的 13%。这在促进民族团结、加快当地经济发展方面起到了十分积极的作用。

（7）研讨和课题研究。项目执行期间，各项目省共召开了 6 次林改研讨会，聘请大学、研究院和有关行政部门的专家等，交流林改的经验，研讨存在的问题，共同商讨解决的对策。同时，按照项目的计划，浙江省开展了林权改革、农民合作社、持续发展、生态修复技术 4 个课题的研究。通过研究，进一步明晰了林业持续发展的方式，进一步丰富了森林修复的模式，同时，升华了世行项目的发展经验，加快了推广的步伐。

4.3 经济效益

项目的首要目标是生态效益，也产生经济效益。项目造林、修复现有林和设施建设需要大量劳动力，让项目区农民群众有活干、有钱挣，实现了促就业、促增收的良好效果；其次，项目使农作物产量增加，增加了农民的收入。

4.3.1 农民劳务费收入

项目的实施已经给参与项目的农户带来一定的劳务收入。项目社会经济成果监测结果表明，IFDP 项目区农户劳务费年均收入为 1 069 元，占年户均总收入的 2.6%，从而起到了让农民增收的作用。各省农户劳务费增收情况有明显差异，户均劳务费年收入占总收入比值从高到低依次为山西、河北、辽宁、安徽和浙江。北方省份户均收入低，项目劳务费占比较高；南方省份正好相反（表 4-9）。

劳务费能否及时足额发放给农户，直接关系本项目的效益和农户的利益。调查问卷反馈的统计表明，85%的被调查者反映在参加项目后，劳务费能够及时足额发放，但有 15%的被调查者表示“足额发放，但有时推迟”。

表 4-9 项目省农户劳务收入情况

省	户均年收入（元）	户均年劳务费收入（元）	劳务费占比
河北	32 092	1 481	4.6%
山西	21 983	1 003	4.6%
辽宁	27 625	1 237	4.5%
浙江	90 846	856	0.9%
安徽	22 970	769	3.3%
平均	41 617	1 069	2.6%

4.3.2 农作物产量增加

河北省和辽宁省项目区沙化农田均为低产田，土壤贫瘠而不稳定，缺少有利的耕作条件。试验数据显示，每公顷项目林可保护 10 公顷农田，受保护的农田增产可达 10%以上，每公顷农田增产效益 650 元人民币，相当于每公顷项目林的防护效益为 6 500 元人民币。

监测表明，在 IFDP 项目林保护下农田的作物产量均有不同程度的增加。2016 年的项目生态环境监测评价报告显示：河北省受保护农田的花生产量较对照增产 10.8%，辽宁受保护农田的花生产量比对照增加了 15.8%。

综合来看，2016 年受项目林保护农田的花生产量比对照增加了 11.7%，增幅与前两个监测年度基本接近，说明项目林在发挥森林生态功能的同时，可以有效地提高保护农田的产量，详见表 4-10。

表 4-10 项目农作物产量增加情况

省份	类型	作物种类	受保护农田作物产量（公斤/公顷）			对照农田作物产量（公斤/公顷）		
			2012 年	2013 年	2016 年	2012 年	2013 年	2016 年
河北	新造	花生	3 000	3 075	3 303	2 670	2 745	2 980
辽宁	新造	花生	2 220	2 730	1 921	2 220	2 625	1 659
整个项目	新造	花生	2 780	2 970	2 920	2 535	2 715	2 611

注：以新造模型的面积为权重，农作物产量加权平均值。

按照项目的实施计划，少数农户种植了经济林，2016 年也有一些收入。安徽省农户种植的油茶、毛竹和茶叶，林产品收入为 431 元/公顷。河北省农户种植的葡萄、梨树、苹果树等经济林，收入为 5 161 元/公顷。辽宁栽植了榛子水土保持林，收益为 1 695 元/公顷。山西省栽植了干果经济林，收入为 589 元/公顷。

 项目机制和科技创新经验与教训

在设计阶段，世行和国内专家认真研究国际国内先进经验，使设计文件具有较高的创新水平。在实施阶段，项目参与人员不断总结经验和教训，不断完善项目的技术方案，不断解决出现的各种问题，成果显著。

5.1 机制和科技创新经验

5.1.1 通力协作谋发展，强大合力搞项目

发改、财政、林业、审计等部门按照“统一领导、归口管理、分工负责、各司其职”的原则，建立健全了齐抓共管的工作机制，形成推动项目建设的强大合力。发改部门牢牢把握项目建设方向，确保建设内容符合中国政府和世行产业政策。财政部门落实配套和管理资金两不误，确保项目今后按时、足额还款。林业部门发挥专业特长，力争每块造林高质量、高效益。审计部门发挥监督优势，确保资金使用严格符合各项规定。

5.1.2 自然恢复要重视，人工修复不可少

项目早在2010年设计之初，就认真研究我国林业发展面临的主要问题，引用国际近自然林业的发展理念，在生态环境脆弱地区，通过多树种混交，营造多功能人工林，修复现有残次林，开始大面积实践混交造林和现有人工林修复模型，实现了从“人工商品林”向“生态效益为主导的多功能人工林”的转变。2015年4月25日，《中共中央　国务院关于加快推进生态文明建设的意见》指出：坚持把节约优先、保护优先、自然恢复为主作为基本方针……在生态建设与修复中，以自然恢复为主，与人工修复相结合。项目所采用的设计理念和技术措施与现行中央决策高度一致，项目为我国森林的可持续经营积累了可贵的经验。

5.1.3 政府还贷要生态，群众造林有效益

项目针对改善生态环境和发挥多功能作用这一首要目标，在继承以往世行项目成功管理模式的基础上，又在还贷机制、保证受益人权益、支持农民合作社、内外资融合等方面进行了深入的探索。一是项目贷款偿还由县级政府负责，项目的收益归林农所有，大大调动了群众参与项目的积极性。二是支持农民合作社，科技推广有成效。为提高项目的实施效果，项目充分发挥合作社联系群众面广、“接地气”的独特优势，以此为渠道，开展培训和宣传工作，达到了事半功倍的效果。三是创新社区参与式，充分尊重群众意愿。项目采用自下而上、自上而下的工作方式，反复征求群众意见，确保实施内容与群众的意见高度一致，保证了群众的知情权、参与权和利益。四是世行经验大推广，示范带动发展。项目采用“边实施，边总结，边推广”的全新模式，推广效果不断提高。项目先进理念、经验和技术，已经在国家“全国木材战略储备基地建设工程”、广西“国家开发银行贷款国家储备林基地项目”、安徽“千万亩森林增长工程”、浙江“山青水净茶园生态修复行动”等国内林业重点项目中得到了推广应用，推广面积达到数十万公顷。这在推动整个林业的发展中起到了积极的作用。

5.1.4 阔叶树种多功能，混交造林创模型

针对我国人工林树种单一、功能低下的现状，项目在我国北方平原沙地、山地丘陵、黄土高原和

南方丘陵等生态脆弱地区，依据生态效益优先、适当兼顾经济效益的原则，按照“低密度、混交林、多功能、可持续”的设计理念，引入改良环境的树种，创新应用混交造林模型 37 个，其中新造多功能人工林混交模型 29 个，现有人工林修复混交模型 8 个。

通过新造多功能混交人工林和对现有人工林生态修复和完善，模拟天然森林生态系统，恢复或重建与当地自然条件相适应的近自然的森林生态系统，大大增强了森林生态系统的水土保持、防风固沙和保护农田等多重生态防护功能，有效改善了当地生态环境。

5.1.5 生长潜力再挖掘，大力推广容器苗

项目是在生态脆弱地区开展生态恢复，决定了项目选择的造林地条件较差，采用常规技术造林成活率低，因此项目大力推广应用了一系列技术措施，从育苗、整地、栽植、抚育管理等方面全方位提高困难立地条件下造林成活率。项目不断挖掘苗木生长潜力，破解阔叶树种育苗的技术难关，大规模采用容器苗造林，大大提高了困难立地条件下的造林成活率，保证了项目的实施质量。过去的世行项目容器苗使用率不到 2%。IFDP 容器苗使用率已达到近 20%。浙江省容器苗使用率已经达到了 100%；典型调查发现，容器苗比裸根苗的成活率高出 17%以上，高生长比裸根苗大 30%。各省使用容器育苗的主要树种有：辽宁省的油松、樟子松、杨树；山西省的油松和侧柏；安徽省的湿地松、马尾松、浙江楠、紫楠、茶树、乌桕、银杏、黄连木等。

5.1.6 科学设计是关键，围绕目标做调整

项目管理坚持“目标不能变、合理可调整”的先进理念，对符合项目目标、符合群众意愿、符合持续发展的事项，在世行每半年的例行检查期间，均可提出、研究和调整，大大提高项目设计的科学性。在项目实施期间，一是对造林技术模型进行了调整，同时，对模型中的树种、配置方式和造林密度、苗木规格等关键要素进行了调整，使模型更加符合实际。二是对项目活动进行了调整，根据需求及时调整项目县之间造林任务、及时调整各模型之间的造林面积等。三是对项目资金类别进行调整，特别是贷款资金的类别进行及时调整，最大限度地使用好每一分钱，做到项目活动和资金高度匹配。

5.2 问题和建议

尽管项目执行顺利，但也存在一些不可忽视的问题。

5.2.1 正确处理经济效益和生态效益之间的关系

在项目的实施中，管理人员发现，项目直接效益周期较长，一定程度影响了农户参与项目建设的积极性，林农高度关注直接效益是一件十分正常的事情。建议在今后的项目管理中，高度重视这个问题，正确处理两者之间的关系，采取必要的措施，减少生态效益和经济效益的冲突。

5.2.2 高度关注项目成本

项目执行期间，出现了如下问题，一是汇率变化造成贷款资金缩水，影响整个项目的执行；二是劳务价格上涨过快，少数单位配套资金没有足额到位，造成项目成本管理压力较大；三是个别地方报账支付速度较慢，存在延迟发放农民劳务费的现象。

这些问题在项目执行期间已经基本得到解决。建议在今后的项目设计中高度重视项目的成本问题，减少财政现金配套的比例，提高不可预见费的比例。推动国内现有项目资金与世行项目资金的深度融合。

 对项目合作方表现的评价

6.1 严格的检查和有效的指导

在项目准备和实施期间，世界银行多次派出项目检查组对项目实施情况进行现场检查与指导，从项目最初准备到项目竣工，世界银行每年派出2个工作组，世界银行官员刘瑾女士、高柏林（Garo Batmanian）先生，欧文（Richard Owen）先生、董毅先生、周美香女士、任欣女士、佟仲女士、周卫国先生、林宗成先生、刘学明先生等一批世界银行官员和国际咨询专家深入项目区，他们以认真负责的态度，精心地检查和指导项目实施，每次检查组都及时解决了项目实施过程中遇到的困难与问题，并向中方提出了许多有益的建议和意见，世界银行方面卓有成效的指导和监督，有力地促进了项目顺利实施。

6.2 务实灵活的工作作风

在项目实施期间，我国林业进行了多项重大改革，包括集体林权制度改革等，由于受到政策因素和市场需求变化的影响，项目林农和实施单位根据项目实际，提出对项目实施活动内容进行适当的调整建议。世界银行方面在收到中方的调整建议方案后给予很大的支持，并及时批准实施活动内容的调整计划，保证了项目实施工作顺利进行。

6.3 双方友好合作

项目的成功实施，再次印证了世界银行与中国政府的良好合作关系。项目实施期间世行的项目检查组多次深入项目村镇和作业现场，与基层技术人员和参加项目的农民沟通情况，了解农民意愿，耐心解答和解决项目实施中遇到的困难和问题，促进项目的顺利实施。

6.4 中方工作务实高效

在国家发改委、财政部和国家审计署等部门的大力支持下，从中央到地方，各级林业世行项目管理机构，认真落实国家引进外资政策，严格遵照项目的设计文件，扎实推进项目建设，保质保量完成了项目的各项任务，及时拨付了项目的各种资金，尽早发现和解决了项目中出现的一些问题，保证了项目的顺利实施。同时，高度负责的工作风格也为我国争取和启动新的林业世行贷款项目打下了坚实基础。

7 项目后续运营计划

7.1 目标与任务

7.1.1 后期管理目标

围绕“巩固成果、提高效益、稳妥还贷、持续发展”的原则，巩固和发展项目造林成果，以项目实体为主，采取加强管理、技术指导、市场引导等综合措施，保证项目设计的经济、生态和社会效益目标如期实现，确保项目按期足额还贷。

7.1.2 后期管理任务

制定项目后续经营管理计划，筹集后续管理所需资金，落实好防火、防病虫害、防人为和牲畜破坏的“三防”工作，加强幼林抚育和管护，使项目林达到造林模型规定的生长量指标。

7.2 对策和措施

7.2.1 机构安排

项目结束后，项目林交由县级林业主管部门和林农进行经营和管理。县级林业部门是政府的常设机构，全面统管当地林业工作，特别对生态林业建设负有较高的责任。林农是项目的直接受益者，对经营好项目林有浓厚的兴趣。两者具有较多的利益共同点，这是保证项目林持续经营的关键。

项目结束后的监测和评价工作，主要利用现有的机构和政府研究项目进行延期。因为项目的监测目标与政府的发展目标高度一致，研究机构如林科院和林业大学等都有类似的课题经费，可以保证项目监测持续进行。

7.2.2 落实“三防”责任

项目林的“三防”工作已经纳入到当地政府和林业主管部门职责范围和常规管理之中。充分利用各省现有的森林病虫害、森林火灾预测、预报系统，以及县、乡、村的各级护林防火机构和病虫害监测站，开展全方位预报和防治。加强护林防火法制宣传教育，积极贯彻“预防为主、防治结合”的方针，严格控制森林病虫害和森林火灾的发生。确保项目林健康生长，实现生态、社会和经济三大效益。

7.2.3 加强后续经营

根据分类经营和定向培育的总体要求，各地通过项目林后续经营方案：保护好“优质林”，确保林木健康生长、达到预期目标；将“中质林”通过加强经营管理，使其转化为优质林；采取必要措施尽可能的抢救未达标的“低质林”。

对于以生态为主的林分，利用国家和省级生态林资金补助政策，主要是做好管护工作；对于生态和经济兼用林，利用国家和省级现有森林抚育项目补助资金，通过集约经营，确保在发挥生态作用的同时，提高林木的经济效益；对于经济效益较大的项目林，主要依靠社会资金，进行经营和管理，确保经济和生态效益双丰收。

7.2.4 按期还贷

财政部门是政府的组成单位，对本项目的还贷负有主要责任，这种机构安排可以保证贷款的偿还。按照项目的设计，各地已经制定了还贷计划。本项目在 2020 年就进入了还贷期，各级政府将通过政策支持、财政扶持，确保还贷资金足额按时到位，及时足额还款。

附件 I 成效监测表

表 1 整个项目成效监测情况表

统计数据截止时间:2016 年 12 月 31 日

项目成果指标	基准数据	各年度目标和实际完成数据(累计数)																		数据收集与汇报		
		2011 年			2012 年			2013 年			2014 年			2015 年			2016 年			数据收集汇报次数	数据收集方式	数据收集责任方
		目标	实际		目标	实际		目标	实际		目标	实际		目标	实际		目标	实际				
			实际值	增加率		实际值	增加率		实际值	增加率		实际值	增加率		实际值	增加率		实际值	增加率			
1. 在项目县选定的环境退化地区,多功能人工林植被盖度的增加(每公顷植被盖度达到的百分比)	10%	2%			4%	27%	17%	6%	38%	28%	8%			9%			10%	60%	50%	第一年、中期评估、项目竣工	抽样估算	世行中心省项目办
2. 森林资源管理的改进(在项目地区和非项目地区,对树种多样性、植被覆盖等方面的改善情况进行抽样调查)	不适用							从 1 个树种增加到 3 个以上树种	3 个树种								从 1 个树种增加到 3 个及以上树种	3 个树种		中期评估、项目竣工	抽样估算	世行中心省项目办
项目各部分指标																						
第一部分:多功能人工林新造																						
1.1 多功能人工林营造面积																						世行中心省项目办
(a)防风固沙林(公顷)	0	4 420	7 890		10 750	11 131		17 080	15 844		21 380	19 279		21 380	21 703		21 380	22 374		半年	项目报告	世行中心省项目办

（续）

项目成果指标	基准数据	各年度目标和实际完成数据（累计数）																		数据收集与汇报		
		2011 年			2012 年			2013 年			2014 年			2015 年			2016 年			数据收集汇报次数	数据收集方式	数据收集责任方
		目标	实际		目标	实际		目标	实际		目标	实际		目标	实际		目标	实际				
			实际值	增加率		实际值	增加率		实际值	增加率		实际值	增加率		实际值	增加率		实际值	增加率			
（b）水土保持林（公顷）	0	12 010	12 717		29 890	24 083		47 770	41 251		58 900	53 641		58 900	57 098		58 900	58 468		半年	项目报告	世行中心省项目办
（c）农田防护林（公顷）	0	2 540	6. 556		6 340	5 785		10 140	10 620		12 680	11 462		12 680	11 462		12 680	13 001		半年	项目报告	世行中心省项目办
1.2 受防风固沙林和农田防护林的保护，农作物产量的增加（每公顷增加的百分比）	2537千克/公顷					2780千克/公顷	10%	2%	2970千克/公顷	10%							10%	2920千克/公顷	12%	第一年、中期评估、项目竣工	抽样调查	世行中心省项目办
1.3 农民从经济林获得的增加的收入（元/公顷/年）	0														400			480	1 300	中期评估、项目竣工	通过社会经济调查	世行中心省项目办
第二部分：现有人工林修复																						
2.1 植被盖度的增加（百分比）	26%					53%	27%	6%	67%	41%							10%	83%	57%	第一年、中期评估、项目竣工	抽样调查	世行中心省项目办
2.2 项目林中不同树种增加的个数（个）	1	3 或更多			3 或更多	4	3	3 或更多	5	4	3 或更多			3 或更多			3 或更多	5	4	半年	项目报告	世行中心省项目办
2.3 退化林地修复面积（公顷）（仅限于安徽和浙江）	0	7 900	8 160		19 800	17 425		31 700	20 054		39 600	27 851		39 600	37 509		39 600	38 452		半年	项目报告	世行中心省项目办

（续）

项目成果指标	基准数据	各年度目标和实际完成数据（累计数）																		数据收集与汇报		
		2011 年			2012 年			2013 年			2014 年			2015 年			2016 年			数据收集汇报次数	数据收集方式	数据收集责任方
		目标	实际		目标	实际		目标	实际		目标	实际		目标	实际		目标	实际				
			实际值	增加率		实际值	增加率		实际值	增加率		实际值	增加率		实际值	增加率		实际值	增加率			
第三部分：组织机构支持、项目管理、监测与评价																						
3.1 培训林农和人员的数量（人/日）	0	50 770	64 936		105 240	149 493		155 630	239 121		199 800	295 257		209 710	313 019		216 000	323 952		半年	项目报告	世行中心省项目办
3.2 项目支持的现有和新增农民协会的数量	0	10	20		20	20		20	20		20	20		20	20		20	20		半年	项目报告	世行中心省项目办
3.3 向项目以外地区推广项目经验的监测与评价体系	不适用				正在运作的体系			正在运作的体系			正在运作的体系			正在运作的体系			正在运作的体系			半年	项目报告	世行中心省项目办
3.4 获得林权证的林地面积（公顷）	0		3 748			8 402		10 960	15 980		27 090	52 984		43 220	63 157		55 050	74 906		半年	项目报告	世行中心省项目办
3.5 制定森林经营方案的数量	0	0	1		0	5		5		5		5	5		5	5		5		半年	项目报告	世行中心省项目办

备注：（1）表中面积包括追溯报账面积、报账面积。

（2）本表中“1.2 受防风固沙林和农田防护林的保护，农作物产量的增加（每公顷增加的百分比）”各年的实际增加率为当年受项目林保护的农田作物产量比当年对照农田增加的百分率。

（3）本表中“2.2 项目林树种多样性的增加（个）”各年的实际增加率一栏填入的值为增加树种的个数。

表2　安徽省成效监测情况表

统计数据截止时间:2016年12月31日

项目成果指标	基准数据	各年度目标和实际完成数据(累计数)																		数据收集与汇报		
		2011年			2012年			2013年			2014年			2015年			2016年			数据收集汇报次数	数据收集方式	数据收集责任方
		目标	实际		目标	实际		目标	实际		目标	实际		目标	实际		目标	实际				
			实际值	增加率		实际值	增加率		实际值	增加率		实际值	增加率		实际值	增加率		实际值	增加率			
1. 在项目县选定的环境退化地区,多功能人工林植被盖度的增加(每公顷植被盖度达到的百分比)	10%	2%			4%	20%	10%	6%	37%	27%	8%			9%			10%	44%	34%	第一年、中期评估、项目竣工	抽样估算	世行中心省项目办
2. 森林资源管理的改进(在项目地区和非项目地区,对树种多样性、植被覆盖等方面的改善情况进行抽样调查)	不适用					4个树种		从1个树种增加到3个以上树种	4个树种								从1个树种增加到3个及以上树种	5个树种		中期评估、项目竣工	抽样估算	世行中心省项目办
3. 土壤侵蚀的减少(水土流失减少的百分比)	5.14吨/公顷					6.83吨/公顷	-33%	2%	9.98吨/公顷	8%							8%	27.72吨/公顷	12%			
项目各部分指标																						
第一部分:多功能人工林新造																						
1.1 多功能人工林营造面积																						世行中心省项目办

（续）

项目成果指标	基准数据	各年度目标和实际完成数据(累计数)																		数据收集与汇报		
		2011 年			2012 年			2013 年			2014 年			2015 年			2016 年			数据收集汇报次数	数据收集方式	数据收集责任方
		目标	实际		目标	实际		目标	实际		目标	实际		目标	实际		目标	实际				
			实际值	增加率		实际值	增加率		实际值	增加率		实际值	增加率		实际值	增加率		实际值	增加率			
(a)防风固沙林(公顷)	0	3 160	3 748		7 900	6 495		12 640	11 668		15 800	16 933		15 800	17 256		15 800	17 256		半年	项目报告	世行中心省项目办
第二部分:现有人工林修复																						
2.1 植被盖度的增加(百分比)	20%	2%			4%	26%	6%	6%	49%	29%	8%			10%			10%	54%	34%	第一年、中期评估、项目竣工	抽样调查	世行中心省项目办
2.2 项目林中不同树种增加的个数(个)	1	3 或更多			3 或更多	5	4	3 或更多	5	4	3 或更多			3 或更多			3 或更多	6	5	半年	项目报告	世行中心省项目办
2.3 退化林地修复面积(公顷)(仅限于安徽和浙江)	0	3 040	2 101		7 600	3 538		12 160	6 167		15 200	7 903		15 200	14 416		15 200	15 049		半年	项目报告	世行中心省项目办
第三部分:组织机构支持、项目管理、监测与评价																						
3.1 培训林农和人员的数量(人/日)	0	50 770	64 936		105 240	149 493		155 630	239 121		199 800	295 257		209 710	313 019		216 000	323 952		半年	项目报告	世行中心省项目办

（续）

项目成果指标	基准数据	各年度目标和实际完成数据（累计数）																		数据收集与汇报		
		2011 年			2012 年			2013 年			2014 年			2015 年			2016 年			数据收集汇报次数	数据收集方式	数据收集责任方
		目标	实际		目标	实际		目标	实际		目标	实际		目标	实际		目标	实际				
			实际值	增加率		实际值	增加率		实际值	增加率		实际值	增加率		实际值	增加率		实际值	增加率			
3.2 项目支持的现有和新增农民协会的数量	0	10	20		20	20		20	20		20	20		20	20		20	20		半年	项目报告	世行中心省项目办
3.3 向项目以外地区推广项目经验的监测与评价体系	不适用				正在运作的体系			正在运作的体系			正在运作的体系			正在运作的体系			正在运作的体系			半年	项目报告	世行中心省项目办
3.4 获得林权证的林地面积（公顷）	所有项目区都已获		3 748			6 495			11 667			17 255			17 255			17 255		半年	项目报告	世行中心省项目办
3.5 制定森林经营方案的数量	0	0	1		0	1		1	1		1	1		1	1		1	1		半年	项目报告	世行中心省项目办

备注：（1）表中面积为追溯报账面积和报账面积。

（2）本表中“3. 土壤侵蚀的减少（水土流失百分比））”各年的实际增加率一栏填入的值为实际减少率，等于当年项目林土壤流失量比当年对照减少的百分率。

（3）本表中“2.2 项目林树种多样性的增加（个）”各年的实际增加率一栏填入的值为增加树种的个数。

表 3 河北省成效监测情况表

统计数据截止时间:2016 年 12 月 31 日

项目成果指标	基准数据	各年度目标和实际完成数据(累计数)																		数据收集与汇报		
		2011 年			2012 年			2013 年			2014 年			2015 年			2016 年			数据收集汇报次数	数据收集方式	数据收集责任方
		目标	实际		目标	实际		目标	实际		目标	实际		目标	实际		目标	实际				
			实际值	增加率		实际值	增加率		实际值	增加率		实际值	增加率		实际值	增加率		实际值	增加率			
1. 在项目县选定的环境退化地区,多功能人工林植被盖度的增加(每公顷植被盖度达到的百分比)	0%	2%			4%	6%	6%	6%	33%	33%	8%			9%			10%	80%	80%	第一年、中期评估、项目竣工	抽样估算	世行中心省项目办
2. 风蚀减少量(%)	-6.5 毫米	10%			30%	-5.7 毫米	12%	50%	-4.0 毫米	51%	70%			80%			80%	-1.5 毫米	40%	中期评估、项目竣工	抽样估算	世行中心省项目办
项目各部分指标																						
第一部分:多功能人工林新造																						
1.1 多功能人工林营造面积																						世行中心省项目办
(a)防风固沙林(公顷)	0	2 520	4 000		6 000	7 241		9 480	9 562		11 880	11 561		11 880	11 561		11 880	11 561		半年	项目报告	世行中心省项目办
(b)农田防护林(公顷)	0	2 540	2 096		6 340	5 785		10 140	10 620		12 680	11 462		12 680	11 462		12 680	13 001		半年	项目报告	世行中心省项目办
1.2 受防风固沙林和农田防护林的保护,农作物产量的增加(每公顷增加的百分比)	2663 千克/公顷					3000 千克/公顷	13%	2%	3075 千克/公顷	12%							10%	3303 千克/公顷	11%	第一年、中期评估、项目竣	抽样调查	世行中心省项目办

（续）

项目成果指标	基准数据	各年度目标和实际完成数据（累计数）																		数据收集与汇报		
		2011 年			2012 年			2013 年			2014 年			2015 年			2016 年			数据收集汇报次数	数据收集方式	数据收集责任方
		目标	实际		目标	实际		目标	实际		目标	实际		目标	实际		目标	实际				
			实际值	增加率		实际值	增加率		实际值	增加率		实际值	增加率		实际值	增加率		实际值	增加率			
1.3 农民从经济林获得的增加的收入（元/公顷/年）	0													400			480	5 161		中期评估、项目竣工	通过社会经济调查	世行中心省项目办
第二部分：现有人工林修复	不适用																					
第三部分：组织机构支持、项目管理、监测与评价																						
3.1 培训林农和人员的数量（人/日）	0	10 770	15 789		15 410	38 064		20 790	56 540		26 130	75 551		26 800	78 480		27 230	80 940		半年	项目报告	世行中心省项目办
3.2 项目支持的现有和新增农民协会的数量	0	2	5		5	5		5	5		5	5		5	5		5	5		半年	项目报告	世行中心省项目办
3.3 向项目以外地区推广项目经验的监测与评价体系	不适用				正在运作的体系			正在运作的体系			正在运作的体系			正在运作的体系			正在运作的体系			半年	项目报告	世行中心省项目办
3.4 获得林权证的林地面积（公顷）	0	0			0	1 907		2 520	1 907		6 000	8 837		9 480	8 837		11 880	11 880		半年	项目报告	世行中心省项目办
3.5 制定森林经营方案的数量	0	0			0	1		1			1	1		1	1		1	1		半年	项目报告	世行中心省项目办

备注：（1）表中面积为追溯报账面积和报账面积。

（2）本表中“2. 风蚀减少量（%）”各年的实际增加率一栏填入的值为实际减少率，等于当年项目林土壤流失量比当年对照减少的百分率。

（3）本表中“1.2 受防风固沙林和农田防护林的保护，农作物产量的增加（每公顷增加的百分比）”各年的实际增加率为当年受项目林保护的农田作物产量比当年对照农田增加的百分率。

表 4 辽宁省成效监测情况表

统计数据截止时间:2016 年 12 月 31 日

项目成果指标	基准数据	各年度目标和实际完成数据(累计数)																		数据收集与汇报		
		2011 年			2012 年			2013 年			2014 年			2015 年			2016 年			数据收集汇报次数	数据收集方式	数据收集责任方
		目标	实际		目标	实际		目标	实际		目标	实际		目标	实际		目标	实际				
			实际值	增加率		实际值	增加率		实际值	增加率		实际值	增加率		实际值	增加率		实际值	增加率			
1. 在项目县选定的环境退化地区,多功能人工林植被盖度的增加(每公顷植被盖度达到的百分比)	0%	0%			2%	28%	28%	4%	25%	25%	6%			8%			10%	45%	45%	第一年、中期评估、项目竣工	抽样估算	世行中心省项目办
2. 土壤侵蚀的减少(水土流失减少的百分比)	53.28 吨/公顷					20.09 吨/公顷	62%	2%	1.56 吨/公顷	68%							8%	0 吨/公顷	0%	中期评估、项目竣工	抽样估算	世行中心省项目办
项目各部分指标																						
第一部分:多功能人工林新造																						
1.1 多功能人工林营造面积																						世行中心省项目办
(a)防风固沙林(公顷)	0	1 900	3 890		4 750	3 890		7 600	6 282		9 500	7 717		9 500	10 141		9 500	10 813		半年	项目报告	世行中心省项目办
(b)水土保持林(公顷)	0	3 220	4 461		8 050	4 461		12 880	7 098		16 100	10 451		16 100	12 419		16 100	13 665		半年	项目报告	世行中心省项目办
1.2 受防风固沙林和农田防护林的保护,农作物产量的增加(每公顷增加的百分比)	2213 千克/公顷					2213 千克/公顷	0%	2%	2730 千克/公顷	4%							10%	1921 千克/公顷	16%	第一年、中期评估、项目竣	抽样调查	世行中心省项目办

（续）

项目成果指标	基准数据	各年度目标和实际完成数据（累计数）																		数据收集与汇报		
		2011 年			2012 年			2013 年			2014 年			2015 年			2016 年			数据收集汇报次数	数据收集方式	数据收集责任方
		目标	实际		目标	实际		目标	实际		目标	实际		目标	实际		目标	实际				
			实际值	增加率		实际值	增加率		实际值	增加率		实际值	增加率		实际值	增加率		实际值	增加率			
1.3 农民从经济林获得的增加的收入（元/公顷/年）	0													400			480	1 695		中期评估、项目竣工	通过社会经济调查	世行中心省项目办
第二部分：现有人工林修复	不适用																					
第三部分：组织机构支持、项目管理、监测与评价																						
3.1 培训林农和人员的数量（人/日）	0	5 440	5 666		11 330	11 933		17 130	18 582		21 770	23 205		22 910	24 957		23 650	26 094		半年	项目报告	世行中心省项目办
3.2 项目支持的现有和新增农民协会的数量	0	2	5		5	5		5	5		5	5		5	5		5	5		半年	项目报告	世行中心省项目办
3.3 向项目以外地区推广项目经验的监测与评价体系	不适用				正在运作的体系			正在运作的体系			正在运作的体系			正在运作的体系			正在运作的体系			半年	项目报告	世行中心省项目办
3.4 获得林权证的林地面积（公顷）	0							4 435			11 086	5 599		17 737	15 772		22 172	24 478		半年	项目报告	世行中心省项目办
3.5 制定森林经营方案的数量	0					1		1	1		1	1		1	1		1	1		半年	项目报告	世行中心省项目办

备注：（1）表中面积为追溯报账面积和报账面积。

（2）本表中“1. 在项目县选定的环境退化地区，多功能人工林植被盖度的增加（每公顷植被盖度达到的百分比）”2013 年实际值25% 比2012 年实际值28% 小是因为部分监测样地中个别林木死亡所致。

（3）本表中“2. 土壤侵蚀的减少（水土流失减少的百分比）”各年的实际增加率一栏填入的值为实际减少率，等于当年项目林土壤流失量比当年对照减少的百分率。

（4）本表中“1.2 受防风固沙林和农田防护林的保护，农作物产量的增加（每公顷增加的百分比）”各年的实际增加率为当年受项目林保护的农田作物产量比当年对照农田增加的百分率。

表 5　山西省成效监测情况表

统计数据截止时间:2016 年 12 月 31 日

项目成果指标	基准数据	各年度目标和实际完成数据(累计数)																		数据收集与汇报		
		2011 年			2012 年			2013 年			2014 年			2015 年			2016 年			数据收集汇报次数	数据收集方式	数据收集责任方
		目标	实际		目标	实际		目标	实际		目标	实际		目标	实际		目标	实际				
			实际值	增加率		实际值	增加率		实际值	增加率		实际值	增加率		实际值	增加率		实际值	增加率			
1. 在项目县选定的环境退化地区,多功能人工林植被盖度的增加(每公顷植被盖度达到的百分比)	10%	1%			2%	26%	6%	5%	20%	10%	6%			8%			10%	37%	27%	第一年、中期评估、项目竣工	抽样估算	世行中心省项目办
2. 土壤侵蚀的减少(水土流失减少的百分比)	8.64 吨/公顷					8.13 吨/公顷	6%	2%	7.08 吨/公顷	8%							10%	9.6 吨/公顷	11%	中期评估、项目竣工	抽样估算	世行中心省项目办
项目各部分指标																						
第一部分:多功能人工林新造																						
1.1 多功能人工林营造面积																						世行中心省项目办
(a)水土保持林(公顷)	0	5 630	8 969		13 940	13 127		22 250	22 486		27 000	26 258		27 000	27 424		27 000	27 547		半年	项目报告	世行中心省项目办
1.2 农民比经济林获得的增加的收入(元/公顷/年)	0													400			480	589		第一年、中期评估、项目竣	抽样调查	世行中心省项目办

（续）

项目成果指标	基准数据	各年度目标和实际完成数据（累计数）																		数据收集与汇报		
		2011年			2012年			2013年			2014年			2015年			2016年			数据收集汇报次数	数据收集方式	数据收集责任方
		目标	实际		目标	实际		目标	实际		目标	实际		目标	实际		目标	实际				
			实际值	增加率		实际值	增加率		实际值	增加率		实际值	增加率		实际值	增加率		实际值	增加率			
第二部分：现有人工林修复	不适用																					
第三部分：组织机构支持、项目管理、监测与评价																						
3.1 培训林农和人员的数量（人/日）	0	7 690	9 916		19 240	21 366		28 890	42 060		35 600	44 300		37 500	49 040		38 480	53 180		半年	项目报告	世行中心省项目办
3.2 项目支持的现有和新增农民协会的数量	0	3	5		5	5		5	5		5	5		5	5		5	5		半年	项目报告	世行中心省项目办
3.3 向项目以外地区推广项目经验的监测与评价体系	不适用				正在运作的体系			正在运作的体系			正在运作的体系			正在运作的体系			正在运作的体系			半年	项目报告	世行中心省项目办
3.4 获得林权证的林地面积（公顷）	0							4 000	2 406		10 000	21 293		21 000	21 293		半年	项目报告	世行中心省项目办			
3.5 制定森林经营方案的数量	0					1		1	1		1	1		1	1		1	1		半年	项目报告	世行中心省项目办

备注：（1）表中面积为追溯报账面积和报账面积。

（2）本表中“2. 土壤侵蚀的减少（水土流失减少的百分比）”各年的实际增加率一栏填入的值为实际减少率，等于当年项目林土壤流失量比当年对照减少的百分率。

表6 浙江省成效监测情况表

统计数据截止时间:2016年12月31日

项目成果指标	基准数据	各年度目标和实际完成数据(累计数)																		数据收集与汇报		
		2011年			2012年			2013年			2014年			2015年			2016年			数据收集汇报次数	数据收集方式	数据收集责任方
		目标	实际		目标	实际		目标	实际		目标	实际		目标	实际		目标	实际				
			实际值	增加率		实际值	增加率		实际值	增加率		实际值	增加率		实际值	增加率		实际值	增加率			
1. 在项目县选定的环境退化地区,多功能人工林植被盖度的增加(每公顷植被盖度达到的百分比)	30%	0%			2%	69%	39%	4%	78%	48%	6%			8%			8%	100%	70%	第一年、中期评估、项目竣工	抽样估算	世行中心省项目办
2. 森林资源管理的改进(在项目地区和非项目地区,对树种多样性、植被覆盖等方面的改善情况进行抽样调查)	不适用					4个树种		从1个树种增加到3个以上树种	4个树种								从1个树种增加到3个以上树种	4个树种		中期评估、项目竣工	抽样估算	世行中心省项目办
3. 病虫害发生率的降低(%)	13%					12%	8%	4%	13%	43%							10%	13%	43%			
项目各部分指标																						
第一部分:多功能人工林新造	不适用																					
第二部分:现有人工林修复																						
2.1 项目林中不同树种增加的个数(个)	1	3或以上			3或以上	4	3	3或以上	4	3	3或以上			3或以上			3或以上	4	3	第一年、中期评估、项目竣工	抽样调查	世行中心省项目办

（续）

项目成果指标	基准数据	各年度目标和实际完成数据(累计数)																		数据收集与汇报		
		2011 年			2012 年			2013 年			2014 年			2015 年			2016 年			数据收集汇报次数	数据收集方式	数据收集责任方
		目标	实际		目标	实际		目标	实际		目标	实际		目标	实际		目标	实际				
			实际值	增加率		实际值	增加率		实际值	增加率		实际值	增加率		实际值	增加率		实际值	增加率			
2.2 退化林地的修复面积(公顷)(仅限于安徽和浙江)	0	4 890	6 059		12 230	13 886		19 570	13 886		24 400	19 948		24 400	23 093		24 400	23 403		半年	项目报告	世行中心省项目办
第三部分:组织机构支持、项目管理、监测与评价																						
3.1 培训林农和人员的数量(人/日)	0	6 420	7 358		16 940	19 781		26 350	31 965		35 690	40 556		39 890	45 508		42 030	48 304		半年	项目报告	世行中心省项目办
3.2 项目支持的现有和新增农民协会的数量	0	2	2		2	2		2	2		2	2		2	2		2	2		半年	项目报告	世行中心省项目办
3.3 向项目以外地区推广项目经验的监测与评价体系	不适用	正在运作的体系			正在运作的体系			正在运作的体系			正在运作的体系			正在运作的体系			正在运作的体系			半年	项目报告	世行中心省项目办
3.4 获得林权证的林地面积(公顷)	所有项目区都已获得林权证																			半年	项目报告	世行中心省项目办
3.5 制定森林经营方案的数量	0		0		1	1		1	1		1	1		1	1		1	1		半年	项目报告	世行中心省项目办

备注:(1)表中面积为追溯报账面积和报账面积。

(2)本表中“3. 病虫害发生率的降低(%)”各年的实际增加率一栏填入的值为实际减少率,等于当年项目林病虫害发生率比当年对照减少的百分率。

(3)本表中“2.1 项目林不同树种增加的个数(个)”各年的实际增加率一栏填入的值为增加树种的个数。

附件Ⅱ　投资和财务经济分析报告

1　项目投资情况

1.1　项目实际完成投资

根据2010年的设计文件，项目总投资人民币13.60亿元，按项目评估时USD：RMB=1：6.8汇率，折合2.0亿美元。其中：世界银行贷款1.00亿美元，折合人民币6.80亿元，占项目计划总投资的50%；国内配套资金6.80亿元，占总投资的50%。

项目实际完成总投资15.22亿元，占计划总投资的112%。按项目实施期间加权平均汇率1USD=6.25RMB折算，项目总投资为2.44亿美元，占计划总投资的122%。

按资金运用分为：多功能人工林营造实际投资10.13亿元，占计划投资129%；现有林修复实际投资3.75亿元，占计划的118%；机构能力建设和监测评价实际投资0.87亿元，占计划的83%；其他支持0.48亿元。总投资（运用）分省完成情况，见附表1。

按资金来源分为：项目实际使用世界银行贷款9 909万美元（折合人民币62 285万元，按项目实施期间各年年底汇率计算），占项目实际完成投资总额15.22亿元的41%。国内实际投资于项目的配套资金89 915万元，占项目实际完成投资总额的59%。其中：河北省实际完成总投资30 141万元，占该省计划的111%；山西省完成32 179万元，占计划的113%；辽宁省完成22 901万元，占计划的105%；浙江省完成29 386万元，占计划的103%；安徽省完成37 593万元，占计划的126%。总投资（来源）分省完成情况，见附表2。

项目建设期间，由于美元持续贬值，导致贷款资金的人民币数比计划数减少了8%。另外由于当地劳动力价格上升等因素的影响，主要模型的造林成本上升20%~25%左右。为确保足额投入、高标准建设，项目采取如下措施运用资金，满足了项目实际资金需要，取得了良好的效果：一是出国培训和国内考察由于受到中国政府政策限制结余资金等调整到造林类别，二是不可预见费用于造林类别；三是增加劳务折抵和筹措其他来源资金两项合计21 915万元。项目计划和实际投资比较情况，见附表3。

1.2　世行贷款类别调整

为了提高世行贷款资金的使用效率、最大限度地使用好贷款资金，各省紧密结合项目执行的实际情况，在综合考虑汇率变化、项目A和B部分造林总计划、为项目C部分预留足够资金的基础上，山西、辽宁和安徽3个省向世行提出了将C部分的178.37万美元调整到A和B部分的申请，见附表4。C部分用款减少的主要理由为：一是国外培训考察受到政策限制出现资金剩余；二是咨询和培训用国内资金完成而使贷款资金节余。2015年3月13日，类别调整申请得到世界银行批准。

1.3　世行贷款使用情况

整个项目已使用贷款资金9 909万美元，占协定贷款总额度1亿美元的99.1%，其中：A、B部分（造林、土建）9 634万美元，占这部分类别调整后贷款总额9 660万美元的99.7%；C部分（货物、咨询、培训与考察）251万美元，占这部分类别调整后贷款总额315万美元的79.5%；先征费25万美元。项目贷款资金分省使用情况，见附表5，可以看出，浙江和安徽省的贷款全部用完；河北和山西省本来计划全部用完贷款资金，并按人民币进行了测算，但由于2016年底美元突然大幅升值，导致原来计划的人民币资金对应的美元数减少，故这两个省的贷款资金略有结余，分别使用了贷款的

98.4%、99.9%；辽宁省2014年项目区天气极其干旱，影响了项目实施进度，贷款支付完成96.4%。

项目贷款资金分年度使用情况，见附表6，可以看出，2011年至2016年的6年间，贷款资金的使用率呈正态分布，先升后降，与项目实施保持高度一致。

1.4　配套资金筹集情况

整个项目实际筹集配套资金89 915万元，其中：中央级99万元，占配套资金总额的0.11%；省级到位19 232万元，占配套资金总额的21%，完成省级配套资金计划的98%；地县级到位20 229万元，占配套资金总额的23%，完成计划的96%；造林单位和其他来源资金50 355万元，占配套资金总额的56%，完成计划的185%。

项目各级配套资金分年度到位情况，见附表7。可以看出，项目配套资金到位情况先高后低，2011年配套资金到位率最高，占配套资金到位总额的近21%。2012年和2013年均占近20%，2014年、2015年和2016年分别占17%、12%和11%。可以看出，各级配套资金的及时提前到位，确保了项目建设的用款。2011和2012年省级配套到位率分别占整个项目省级配套资金总额的31%和24%，相当于项目一半以上的省级配套资金已在项目建设的前两年提前到位。

项目配套资金分省到位情况，见附表8。河北省实际到位17 568万元，占计划的129%；山西省19 097万元，占计划的134%；辽宁省12 966万元，占计划的119%；浙江省16 251万元，占计划的114%；安徽省23 934万元，占计划的160%。

2　项目财务经济分析

2.1　项目财务经济分析指标调查

为保持结果的可比性，竣工总结财务经济分析方法与项目评估和中期评估方法保持一致。同时，对项目的各个指标进行了分析和调查。

2.1.1　汇率变化情况

项目执行期间，美元兑换人民币的汇率大幅度下降，2010年到2016年汇率分别下降2.48%至10.34%不等。与2010年相比，汇率呈现较大的波动，从项目评估时执行的6.8000下降到2013年的6.0969，之后又逐步反弹到2016年6月底的6.6312。项目执行期间各年底汇率变化情况详见附表9。

2.1.2　劳动力等其他指标变化情况

为了了解项目区劳动力价格涨跌情况，保证采集数据的真实可靠，各项目省组织具有专业知识的技术人员，在所有项目县设置调查样点，全面调查2011~2016年当地劳动力价格变化情况。每个省样点设置不少于30个、且均匀分布、涵盖所有的项目县。项目的碳汇、防风和水土保持效益价格主要来自国内专家的研究成果（附表10）。经与专家讨论和典型调查，项目的生长量指标与项目设计时没有明显的变化。

为了充分反映项目竣工时的实际情况，将主要的投入与产出市场价格更新为当前的价格水平，具体如下：

（1）美元兑换人民币的汇率更新为2016年6月的6.6。

（2）劳动力价格调整为：浙江省为95元/日·工；河北、山西、辽宁、安徽四省为80元/日·工。

（3）碳汇价格按照2014年7月14日世行对“项目评价中碳的社会价格指导说明”中，建议的最低值30美元/吨二氧化碳（折合204元/吨二氧化碳），防风效益6500元/公顷，水土保持效益13元/吨。

（4）贴现率使用6%，依据世行对项目经济分析中，贴现成本与效益的规定。

2.1.3　造林模型的实际平均单价变化情况

综合劳动力和苗木等价格变化情况，各省全面调查了每个造林模型的实际平均单价，结果详见附表12。

2.2　造林任务完成情况

整个项目共完成营造林132 295公顷，占项目营造林总计划132 615公顷的99.8%，其中多功能人工林营造完成93 843公顷，占总计划的101%；现有林修复完成38 452公顷，占总计划的97%。河北、山西、辽宁、浙江和安徽5个省分别完成该省造林总计划的100%、102%、96%、96%和104%。2011~2016年分年度完成造林任务的比例分别为13.4%、30.8%、22.2%、18.5%、11.7%、3.4%。分省分年度各造林模型完成面积情况见附表11。

2.3　项目建设期营林投资成本

项目建设期营林投资总成本13.87亿元，其中多功能人工林营造10.13亿元，占项目营林投资总成本的73%；现有林修复3.75亿元，占27%。

河北、山西、辽宁、浙江和安徽5个省分别完成营林投资2.64亿元、2.94亿元、2.08亿元、2.77亿元、3.44亿元，分别占项目营林投资总成本的19%、21%、15%、20%、25%。项目建设期营林投资成本情况详见附表13。

2.4　项目财务经济分析

经过测算，各造林模型的财务效益都比较好，所有造林模型的财务内部收益率平均为10%，其中最低的为5%，最高的为19%，项目评估和竣工时各造林模型的财务内部收益率对比情况，详见附表14。

综合考虑各种变化因素，重新分析测算了整个项目的财务内部收益率为9.6%，略低于项目评估时的12%。整个项目的经济内部收益率为17.4%，略高于项目评估时的16%。但均高于贴现率6%的指标。整个项目和各省的财务内部收益率和经济内部收益率对比情况，详见附表15。同时，对整个项目和各省的防风效益、水土保持效益、碳汇效益进行了详细测算，可以看出，整个项目包括三项环境效益的净现值为39.58亿元，安徽、河北、辽宁、山西和浙江5个省的经济内部收益率分别为15%、19%、25%、16%和13%，详见附表16。说明尽管项目劳动力成本、苗木价格等有所上升，但环境效益产品价格的上涨在一定程度上抵消了前两者对项目效益产生的影响。项目不仅有明显的生态效益，还有十分重要的社会效益和经济效益。

附表1 总投资(运用)分省完成情况表

项目建设内容	计划总投资(汇率6.8)		实际完成总投资(建设期加权平均汇率6.25)		实际/计划(%)		河北省(万元)			山西省(万元)			辽宁省(万元)			浙江省(万元)			安徽省(万元)		
	折万美元	万元人民币	折万美元	万元人民币	折万美元	万元人民币	计划	实际	比例	计划	实际	比例	计划	实际	比例	计划	实际	比例	计划	实际	比例
总计	20 000.00	136 000.00	24 353.24	152 200.47	122%	112%	27 200.00	30 141.37	111%	28 560.00	32 179.06	113%	21 760.00	22 900.83	105%	28 560.00	29 386.04	103%	29 920.00	37 593.18	126%
1. 多功能人工林营造	11 566.30	78 650.82	16 202.07	101 258.09	140%	129%	21 947.70	26 412.55	120%	23 108.50	29 406.44	127%	17 660.02	20 784.53	118%				15 934.60	24 654.57	155%
2. 现有林修复	4 661.81	31 700.32	5 994.11	37 461.38	129%	118%										23 806.72	27 679.29	116%	7 893.60	9 782.09	124%
3. 机构能力建设和监测评价	1 537.82	10 457.15	1 392.73	8 704.12	91%	83%	2 061.40	1 616.86	78%	2 326.11	2 519.44	108%	1 629.20	1 159.68	71%	2 511.44	1 706.75	68%	1 929.00	1 701.40	88%
3.1 办公设备	60.88	413.95	66.92	418.25	110%	101%	92.50	86.98	94%	154.10	172.42	112%	21.00	14.21	68%	45.85	46.13	101%	100.50	98.52	98%
3.2 监测与评价	160.20	1 089.39	202.01	1 262.49	126%	116%	225.00	456.17	203%	237.11	228.73	96%	265.20	193.06	73%	157.08	173.81	111%	205.00	210.72	103%
3.3 项目管理	688.35	4 680.79	413.21	2 582.45	60%	55%	1 105.00	408.91	37%	1 066.56	1 060.56	99%	751.40	693.51	92%	1 757.83	419.48	24%			
3.4 培训与技术服务	506.90	3 446.94	463.86	2 899.00	92%	84%	454.30	500.77	110%	648.34	611.95	94%	489.60	231.29	47%	409.28	357.91	87%	1 445.42	1 197.08	83%
3.4.1 国内培训与考察	325.11	2 210.74	354.01	2 212.44	109%	100%	322.30	424.28	132%	449.24	482.99	108%	267.50	197.70	74%	358.28	230.51	64%	813.42	876.97	108%
3.4.2 国外培训与考察	128.60	874.50	60.67	379.15	47%	43%	126.00	68.59	54%	157.50	89.05	57%	198.00	32.49	16%	42.00	126.20	300%	351.00	62.82	18%
3.4.3 技术咨询	53.19	361.70	49.19	307.41	92%	85%	6.00	7.90	132%	41.60	39.91	96%	24.10	1.10	5%	9.00	1.20	13%	281.00	257.30	92%
3.5 林权制度改革	121.48	826.08	246.72	1 541.93	203%	187%	184.60	164.04	89%	220.00	445.79	203%	102.00	27.62	27%	141.40	709.41	502%	178.08	195.07	110%
3.5.1 实用技术培训推广	48.53	329.99	50.73	317.07	105%	96%	85.00	69.70	82%	130.00	131.54	101%	15.00	8.48	57%	25.00	25.00	100%	74.99	82.35	110%
3.5.2 扶持农民协会	8.84	60.09	16.87	105.46	191%	176%	15.00	14.35	96%	15.00	33.25	222%	15.00	14.14	94%	6.00	26.53	442%	9.09	17.19	189%

（续）

项目建设内容	计划总投资（汇率6.8）		实际完成总投资（建设期加权平均汇率6.25）		实际/计划（%）		河北省（万元）			山西省（万元）			辽宁省（万元）			浙江省（万元）			安徽省（万元）		
	折万美元	万元人民币	折万美元	万元人民币	折万美元	万元人民币	计划	实际	比例	计划	实际	比例	计划	实际	比例	计划	实际	比例	计划	实际	比例
3.5.3 森林经营方案示范	7.94	54.00	33.07	206.67	416%	383%	10.00	11.00	110%	10.00	10.00	100%	10.00	5.00	50%	14.00	168.68	1205%	10.00	11.99	120%
3.5.4 林权改革支持	56.18	382.00	146.04	912.73	260%	239%	74.60	68.99	92%	65.00	271.00	417%	62.00	—	0%	96.40	489.20	507%	84.00	83.54	99%
4. 不可预见费	2 234.08	15 191.71																			
5. 其它支出			764.34	4 776.88			3 190.90	2 111.96	66%	3 125.39	253.18	8%	2 470.78	956.62	39%	2 241.84		0%	4 162.80	1 455.12	35%
5.1 先征费			15.58	97.36							35.70			25.19						36.47	
5.2 世行贷款利息			144.03	900.15							216.18			401.43						282.54	
5.3 汇兑损益			306.61	1 916.23				592.09						530						794.14	
5.4 其它支出			298.12	1 863.14				1 519.87			1.30									341.97	

注：(1)评估时，美元兑人民币汇率按6.8折算。

(2)竣工时，美元兑人民币按加权平均汇率6.25折算。

附表 2　总投资（来源）分省完成情况表

省名	实际与计划变化情况	总投资		世行贷款		配套资金	
		万美元	万元	万美元	万元	万美元	万元
合计	计划	20 000.00	136 000.00	10 000.00	68 000.00	10 000.00	68 000.00
	实际	24 353.10	152 200.47	9 909.38	62 285.28	14 443.72	89 915.19
	完成比例	122%	112%	99%	92%	144%	132%
河北	计划	4 000.00	27 200.00	2 000.00	13 600.00	2 000.00	13 600.00
	实际	4 814.19	30 141.37	1 968.56	12 553.54	2 845.63	17 587.83
	完成比例	120%	111%	98%	92%	142%	129%
山西	计划	4 200.00	28 560.00	2 100.00	14 280.00	2 100.00	14 280.00
	实际	5 158.91	32 179.06	2 097.63	13 061.80	3 061.28	19 117.26
	完成比例	123%	113%	100%	91%	146%	134%
辽宁	计划	3 200.00	21 760.00	1 600.00	10 880.00	1 600.00	10 880.00
	实际	3 643.74	22 900.83	1 543.19	9 915.43	2 100.55	12 985.40
	完成比例	114%	105%	96%	91%	131%	119%
浙江	计划	4 200.00	28 560.00	2 100.00	14 280.00	2 100.00	14 280.00
	实际	4 703.43	29 386.04	2 100.00	13 115.41	2 603.43	16 270.63
	完成比例	112%	103%	100%	92%	124%	114%
安徽	计划	4 400.00	29 920.00	2 200.00	14 960.00	2 200.00	14 960.00
	实际	6 032.84	37 593.18	2 200.00	13 639.10	3 832.84	23 954.08
	完成比例	137%	126%	100%	91%	174%	160%

注：(1) 计划数的美元兑人民币汇率为 6.8。

(2) 世行贷款的实际人民币数，是将各省各年度使用的美元数按各年年底汇率折算。

附表 3　计划和实际投资比较表

内容	总投资		世行贷款			配套资金		
	万美元	万元	万美元	万元	比例	万美元	万元	比例
	1=3+6	2=4+7	3	4	5=4/2	6	7	8=7/2
计划	20 000	136 000	10 000	68 000	50%	10 000	68 000	50%
实际	24 353	152 200	9 909	62 285	41%	14 444	89 915	59%
实际-计划	4 353	16 200	-91	-5 715		4 444	21 915	
(实际-计划)/计划	22%	12%	-0.91%	-8%		44%	32%	

注：(1) 计划，美元兑人民币汇率为 6.8。

(2) 实际，世行贷款 62 285 万元，按项目实施期间各年年底汇率折算。

附表 4　各省世行贷款资金类别调整表

省名	各类别增（+）、减（-）变化		调整后贷款分配额度（美元）			
	A、B 部分（造林、土建）	C 部分（货物、咨询、培训与考察）	合计	A、B 部分（造林、土建）	C 部分（货物、咨询、培训与考察）	先征费
河北省	—	—	20 000 000	19 026 300	923 700	50 000
山西省	443 700	-443 700	21 000 000	20 204 300	743 200	52 500

（续）

省名	各类别增（+）、减（-）变化		调整后贷款分配额度（美元）			
	A、B部分（造林、土建）	C部分（货物、咨询、培训与考察）	合计	A、B部分（造林、土建）	C部分（货物、咨询、培训与考察）	先征费
辽宁省	340 000	-340 000	16 000 000	15 543 300	416 700	40 000
浙江省			21 000 000	20 367 600	579 900	52 500
安徽省	1 000 000	-1 000 000	22 000 000	21 457 300	487 700	55 000
合计	1 783 700	-1 783 700	100 000 000	96 598 800	3 151 200	250 000

附表5 贷款资金分省使用情况表

省名	协定分配贷款总额度（美元）	完成协定分配额度比例（%）	实际使用贷款资金（美元）			
			合计	A、B部分（造林、土建）	C部分（货物、咨询、培训与考察）	先征费
完成类别调整后额度比例%			99.1%	99.7%	79.5%	100%
项目类别调整后分配额度			100 000 000.00	96 598 800.00	3 151 200.00	250 000
实际合计	100 000 000	99.1%	99 093 777.59	96 338 484.07	2 505 293.52	250 000
河北	20 000 000	98.4%	19 685 586.19	18 914 558.94	721 027.25	50 000
山西	21 000 000	99.9%	20 976 283.67	20 197 360.81	726 422.86	52 500
辽宁	16 000 000	96.4%	15 431 907.73	15 075 198.88	316 708.85	40 000
浙江	21 000 000	100%	21 000 000.00	20 438 743.38	508 756.62	52 500
安徽	22 000 000	100%	22 000 000.00	21 712 622.06	232 377.94	55 000

附表6 贷款资金分年度使用情况表

年度	合计（美元）	各年度完成比例（%）	A、B部分（造林、土建）	C部分（货物、咨询、培训与考察）	先征费
合计	99 093 777.59	100%	96 338 484.07	2 505 293.52	250 000
2011	11 111 341.04	11.21%	10 736 553.41	124 787.63	250 000
2012	18 067 965.78	18.23%	17 597 287.80	470 677.98	
2013	31 754 212.96	32.04%	31 021 319.75	732 893.21	
2014	20 314 735.40	20.50%	19 932 500.94	382 234.46	
2015	10 730 167.02	10.83%	10 320 346.54	409 820.48	
2016	7 115 355.39	7.18%	6 730 475.63	384 879.76	

备注：2016年使用的贷款资金包含2017年1~4月使用的金额。

附表7 配套资金分年度到位情况表 单位：万元

年度	各年度到位比例（%）	合计	中央级	省级	地县级	造林实体和其他来源
合计	100%	89 915.19	98.90	19 232.29	20 228.93	50 355.07
		100%	0.11%	21.39%	22.50%	56.00%
2011	20.80%	18 701.21	14.00	5 960.00	4 277.27	8 449.94
2012	19.96%	17 946.99	21.00	4 651.53	4 210.11	9 064.35

（续）

年度	各年度到位比例（%）	合计	中央级	省级	地县级	造林实体和其他来源
合计	100%	89 915. 19	98. 90	19 232. 29	20 228. 93	50 355. 07
		100%	0. 11%	21. 39%	22. 50%	56. 00%
2013	19. 51%	17 539. 28	17. 60	2 375. 64	4 878. 09	10 267. 95
2014	16. 69%	15 005. 53	18. 60	2 360. 00	4 227. 80	8 399. 13
2015	12. 06%	10 843. 20	15. 50	2 078. 96	1 391. 61	7 357. 13
2016	10. 99%	9 878. 99	12. 20	1 806. 16	1 244. 05	6 816. 58

附表 8 配套资金分省到位情况表

单位：万元

省名	计划	实际/计划	合计	中央级	省级	地县级	造林实体和其他来源
实际/计划			132%		98%	96%	185%
计划			68 000. 00		19 700. 00	21 100. 00	27 200. 00
合计	68 000	132%	89 915. 19	98. 90	19 232. 29	20 228. 93	50 355. 07
中央级			98. 90	98. 90			
河北	13 600	129%	17 568. 13		3 280. 12	3 298. 10	10 989. 91
山西	14 280	134%	19 097. 56		5 323. 33	3 263. 97	10 510. 26
辽宁	10 880	119%	12 965. 60		3 264. 00	3 263. 99	6 437. 61
浙江	14 280	114%	16 250. 63		2 876. 84	5 785. 79	7 588. 00
安徽	14 960	160%	23 934. 38		4 488. 00	4 617. 08	14 829. 30

附表 9 项目执行期间各年底汇率变化表

年　度	美元	人民币	各年度与评估时相比，下降幅度
评估年 2010	1	6. 8000	
2010 年 12 月 31 日	1	6. 5915	-3. 07%
2011 年 12 月 31 日	1	6. 3009	-7. 34%
2012 年 12 月 31 日	1	6. 2855	-7. 57%
2013 年 12 月 31 日	1	6. 0969	-10. 34%
2014 年 12 月 31 日	1	6. 1190	-10. 01%
2015 年 12 月 31 日	1	6. 4936	-4. 51%
2016 年 6 月 30 日	1	6. 6312	-2. 48%
2011-2016 加权汇率	1	6. 2497	-8. 09%

注：2016 年项目竣工选用 6 月 30 日汇率，因为下半年贷款支付极少，且汇率波动较大。

附表 10 财务经济分析主要参数调查表

有关指标	评估报告数（2010 年）	中期调查数（2013 年）	竣工调查数（2016 年 6 月）
汇率（1 美元兑换人民币）	6. 8	6. 3	6. 6
劳动力价格（元/日·工）			
河北	60	70	80

（续）

有关指标	评估报告数（2010 年）	中期调查数（2013 年）	竣工调查数（2016 年 6 月）
山西	60	70	80
辽宁	60	70	80
安徽	60	70	80
浙江	80	85	95
碳汇价格（元/吨 CO_2）	50	55	204
防风效益（元/公顷）	5 000	5 500	6 500
水土保持效益（元/吨）	10	11	13

注：竣工时碳汇价格 204 元/吨 CO_2（即 30 美元/吨 CO_2），取自 2014 年 7 月 14 日世行对“项目评价中碳的社会价格指导说明”中，建议的最低值。

附表 11　分省分年度各造林模型完成面积表

造林模型	项目总计划	各年度实际完成面积（公顷）							实际完成面积占项目总计划比例
		合计	2011 年	2012 年	2013 年	2014 年	2015 年	2016 年	
合计	132 615	132 295	17 734	40 690	29 345	24 463	15 539	4 524	99.8%
各年度完成比例%		100%	13.4%	30.8%	22.2%	18.5%	11.7%	3.4%	
一、多功能人工林营造	92 974	93 843	11 675	29 324	26 716	16 666	5 881	3 581	101%
1. 安徽省	15 780	17 256		6 495	5 172	5 265	323		109%
（1）营造针阔混交林	9 800	7 850		3 471	2 438	1 814	127		
（2）营造阔叶混交林	3 450	8 141		2 417	2 342	3 223	160		
（3）营造竹阔混交林	2 530	1 265		608	392	228	37		
2. 河北省	24 555	24 562	6 096	6 930	7 156	2 841		1 539	100%
（1）混交型防风固沙林	8 215	8 214	2 637	1 881	1 757	1 939			
（2）间作型农田防护林	12 670	13 001	2 096	3 690	4 835	842		1 539	
（3）生态经济型防风固沙林	3 670	3 347	1 363	1 360	564	60			
3. 辽宁省	25 606	24 478		8 351	5 029	4 788	4 392	1 918	96%
（1）杨树与松树	7 667	9 401		3 108	2 092	1 435	2 424	342	
（2）杨树与沙棘	1 832	1 412		782	300			330	
（3）杨树与刺槐混交林	3 484	2 515		501	873		187	953	
（4）落叶松与松树	2 200	3 572		1 182	8	1 021	1 361		
（5）杏	3 395	1 183		524	366			293	
（6）榛子	7 028	6 396		2 254	1 390	2 332	420		
4. 山西省	27 033	27 547	5 580	7 547	9 359	3 772	1 166	124	102%
（1）乔木人工林	14 654	15 232	2 731	3 842	5 824	2 276	503	56	
（2）灌木林	5 207	5 391	1 172	1 532	1 455	1 063	166	3	
（3）经济林 A	5 809	5 511	1 495	1 900	1 543	432	102	39	
（4）经济林 B	1 363	1 413	181	273	537		395	26	

（续）

造林模型	项目总计划	各年度实际完成面积（公顷）							实际完成面积占项目总计划比例
		合计	2011 年	2012 年	2013 年	2014 年	2015 年	2016 年	
二、现有林修复	39 641	38 452	6 059	11 366	2 629	7 797	9 658	943	97%
1. 安徽省	15 180	15 049		3 538	2 629	1 736	6 514	633	99%
（1）修复针叶林	13 233	9 365		2 542	1 547	842	4 016	419	
（2）修复阔叶林	1 947	5 684		997	1 082	894	2 498	214	
2. 浙江省	24 461	23 403	6 059	7 827		6 062	3 145	310	96%
（1）松、阔混交林	9 471	9 124	2 028	2 921		2 699	1 461	15	
（2）松、阔、毛竹混交林	1 218	1 151	377	445		329			
（3）杉、阔混交林	5 990	5 279	1 331	2 056		1 271	610	10	
（4）杉、阔、毛竹混交林	4 636	4 113	1 561	1 301		1 001	250		
（5）板栗、阔叶树混交林	2 238	2 047	514	751		533	248		
（6）茶叶、阔叶树复层混交林	908	1 689	248	352		227	576	284	

注：项目中期评估时，辽宁省取消了大枣的造林任务，改为营造“落叶松及松树”。

附表 12　造林模型的实际平均单价调查表

造林模型	计划单价（元/公顷）	实际平均单价调查值（元/公顷）	实际平均单价上涨率
一、多功能人工林营造			
1. 安徽省			
（1）营造针阔混交林	7 900	10 650	35%
（2）营造阔叶混交林	13 700	17 300	26%
（3）营造竹阔混交林	13 700	17 500	28%
2. 河北省			
（1）混交型防风固沙林	7 400	9 000	22%
（2）间作型农田防护林	7 600	9 300	22%
（3）生态经济型防风固沙林	17 000	20 700	22%
3. 辽宁省			
（1）杨树与松树	6 500	8 100	25%
（2）杨树与沙棘	6 500	8 100	25%
（3）杨树与刺槐混交林	6 500	8 100	25%
（4）落叶松与松树	6 600	8 300	26%
（5）杏	7 300	9 100	25%
（6）榛子	7 400	9 300	26%

（续）

造林模型	计划单价（元/公顷）	实际平均单价调查值（元/公顷）	实际平均单价上涨率
4. 山西省			
（1）乔木人工林	7 200	9 400	31%
（2）灌木林	4 800	6 200	29%
（3）经济林 A	13 700	17 800	30%
（4）经济林 B	10 500	13 700	30%
二、现有林修复			
1. 安徽省			
（1）修复针叶林	5 200	6 750	30%
（2）修复阔叶林	5 200	6 090	17%
2. 浙江省			
（1）松、阔混交林	6 900	8 600	25%
（2）松、阔、毛竹混交林	14 000	17 400	24%
（3）杉、阔混交林	10 000	12 400	24%
（4）杉、阔、毛竹混交林	15 000	18 600	24%
（5）板栗、阔叶树混交林	9 200	11 400	24%
（6）茶叶、阔叶树复层混交林	6 200	7 700	24%

附表 13　项目建设期营林投资成本表

造林模型	总成本（万元）	占总成本比例
总计	138 719. 49	100. 00%
一、多功能人工林营造	101 258. 10	72. 99%
1. 安徽省	24 654. 59	17. 77%
（1）营造针阔混交林	8 358. 12	6. 03%
（2）营造阔叶混交林	14 083. 07	10. 15%
（3）营造竹阔混交林	2 213. 40	1. 60%
2. 河北省	26 412. 55	19. 04%
（1）混交型防风固沙林	7 392. 53	5. 33%
（2）间作型农田防护林	12 090. 92	8. 72%
（3）生态经济型防风固沙林	6 929. 10	5. 00%
3. 辽宁省	20 784. 53	14. 98%
（1）杨树与松树	7 614. 49	5. 49%
（2）杨树与沙棘	1 143. 96	0. 82%
（3）杨树与刺槐混交林	2 036. 91	1. 47%
（4）落叶松与松树	2 964. 35	2. 14%
（5）杏	1 076. 27	0. 78%
（6）榛子	5 948. 56	4. 29%

（续）

造林模型	总成本（万元）	占总成本比例
4. 山西省	29 406. 44	21. 20%
（1）乔木人工林	14 318. 06	10. 32%
（2）灌木林	3 342. 28	2. 41%
（3）经济林 A	9 809. 79	7. 07%
（4）经济林 B	1 936. 30	1. 40%
（5）集水窖	221. 01	0. 16%
二、现有林修复	37 461. 39	27. 01%
1. 安徽省	9 782. 10	7. 05%
（1）修复针叶林	6 320. 33	4. 56%
（2）修复阔叶林	3 461. 78	2. 50%
2. 浙江省	27 679. 29	19. 95%
（1）松、阔混交林	7 847. 01	5. 66%
（2）松、阔、毛竹混交林	2 003. 26	1. 44%
（3）杉、阔混交林	6 546. 05	4. 72%
（4）杉、阔、毛竹混交林	7 649. 49	5. 51%
（5）板栗、阔叶树混交林	2 333. 17	1. 68%
（6）茶叶、阔叶树复层混交林	1 300. 31	0. 94%

附表 14　造林模型财务内部收益率对比表

序号	造林模型	2010 年评估（%）	2016 年竣工（%）
1	针阔混交造林（安徽）	12. 4	10. 1
2	阔叶混交造林（安徽）	11. 4	10. 4
3	竹阔混交造林（安徽）	20. 9	9. 9
4	针叶林修复（安徽）	9. 9	10. 0
5	阔叶林修复（安徽）	12. 8	12. 9
6	混交型防风固沙林（河北）	9. 3	6. 8
7	间作型农田防护林（河北）	11. 4	8. 4
8	生态经济型防风固沙林（河北）	19. 3	12. 6
9	杨树和松树（辽宁）	15. 1	11. 5
10	杨树和沙棘（辽宁）	15. 1	11. 5
11	杨树、灌木和刺槐（辽宁）	15. 1	11. 5
12	落叶松和松树（辽宁）	11. 6	11. 7
13	大扁杏（辽宁）	9. 6	6. 8
14	大枣（辽宁）	14. 9	
15	榛子（辽宁）	13. 4	16. 4
16	乔木人工林（山西）	7. 4	6. 1
17	灌木人工林（山西）	4. 1	4. 8

（续）

序号	造林模型	2010 年评估（%）	2016 年竣工（%）
18	经济林 A（山西）	11.7	14.7
19	经济林 B（山西）	13.8	12.1
20	松、阔混交（浙江）	8	6.5
21	松、阔、毛竹混交（浙江）	14.7	10.2
22	杉、阔混交（浙江）	8.9	7.0
23	杉、阔、毛竹混交（浙江）	16.1	9.1
24	板栗、阔叶树混交（浙江）	9.5	7.9
25	茶叶、阔叶树复层混交（浙江）	13.6	18.9
整个项目		11.8	9.6

注：辽宁省没有造“大枣”，此造林模型取消。

附表 15 项目评估和竣工的财务内部收益率和经济内部收益率对比表

省份	2010 年项目评估		2016 年项目竣工	
	财务内部收益率 FIRR	经济内部收益率 EIRR	财务内部收益率 FIRR	经济内部收益率 EIRR
河北	13.0%	19.0%	8.9%	18.8%
山西	9.0%	13.0%	10.5%	16.1%
辽宁	13.0%	21.0%	9.9%	25.2%
浙江	12.0%	13.0%	7.4%	13.1%
安徽	12.0%	15.0%	10.1%	15.3%
合计	12.0%	16.0%	9.6%	17.4%

附表 16 项目竣工时净现值和经济内部收益率一览表

项目省	不含环境效益		含防风效益		含水土保持效益		含碳汇效益		含三项环境效益合计	
	净现值	财务内部收益率 FIRR	净现值	内部收益率	净现值	内部收益率	净现值	内部收益率	净现值	经济内部收益率 EIRR
安徽	336.7	10.1%	336.7	10.1%	509.3	11.9%	633.4	13.9%	806.0	15.3%
河北	152.1	8.9%	808.2	16.2%	152.1	8.9%	377.6	12.8%	1 033.8	18.8%
辽宁	119.2	9.9%	773.2	21.0%	119.2	9.9%	344.0	16.9%	998.0	25.2%
山西	309.5	10.5%	309.5	10.5%	603.8	13.3%	561.8	13.8%	856.8	16.1%
浙江	48.6	7.4%	48.6	7.4%	48.6	7.4%	263.5	13.1%	263.5	13.1%
合计	966.1	9.6%	2 276.2	13.1%	1 433.0	11.0%	2 180.3	13.8%	3 958.1	17.4%

注：净现值以人民币百万元计，贴现率为 6%。

附件Ⅲ　社区林业评估和少数民族发展报告

1　社区林业评估报告

为了确保项目实施产生预期良好的社会效益，避免或消除项目实施可能带来的社会风险或负面影响，根据世界银行的有关政策以及中国的有关法规，项目准备期间，特为本项目制定了《参与式磋商设计手册》，并在项目实施中加以贯彻和执行。

1.1　社区林业评估的目的和意义

项目目标是通过营造以生态效益为优先，兼顾经济效益和社会效益的多功能人工林，最终形成具有重要公共产品效益的多功能人工林的可持续经营和管理模式。各级政府作为项目承贷的主体，项目区农民作为项目实施者，共同构成了项目直接相关的受益群体。在这个受益群体中，各方利益和愿望既有统一，又有不同的侧重和需求。

参与式磋商设计既尊重了社区和农户的合理需求及建议，满足了造林实体的意愿，又确保了与世行达成的项目建设目标和宗旨的实现。不仅有利于提高项目规划设计的合理性，同时也更易得到各相关利益群体的理解、支持与合作，从而保证项目实施的效果和质量。参与式磋商设计方法的使用能够使项目公开透明，把参与项目机会平等地赋予目标群体，使人们能够自主地组织起来，分担不同的责任，朝着共同目标努力工作，在项目的制订者、计划者以及执行者之间形成一种有效的和平等的“合伙人关系”，参与式磋商设计是确保所有目标群体（受益人）自愿、平等参加项目的有效途径；确保受益人能够参与决策，包括确定项目内容、确定造林模型和管护模式，以及寻求避免或消除项目实施对生计带来的产生潜在影响的减缓措施。

1.2　项目评估时社区林业评估的组织与实施

项目准备期间，为高质量完成参与式磋商设计工作，各省项目办成立了参与式磋商设计支持组，并指派专人负责，组织和协调各县开展参与式磋商设计活动；各项目县成立了参与式磋商设计工作小组，组织乡镇林业站实施村级参与式磋商设计的各项活动。通过培训，确保了各级小组成员均能熟练地运用《参与式磋商设计手册》，并为项目开展参与式磋商设计活动。

项目乡镇林业站通过召开村民大会，或发放张贴“林业综合发展项目简介”的方式，宣传项目宗旨、建设内容、资金筹措、申请条件和程序、环境保护和持续资源管理的责任等内容，在全体村民充分了解项目相关信息的基础上，行政村及农户自愿参加项目，填报项目申请表。

各项目县、乡级参与式磋商设计工作小组根据收到的项目申请表，与相关权益人进行磋商，制定村级项目内容与规模，确定最终自愿参加项目的农户名单。磋商过程中，保证妇女、贫困农户平等参加项目的权利。根据磋商结果与项目农户或单位签订项目实施协议。然后，张榜公布协议签订者花名册、村级项目内容与规模汇总表以及避免或减少资源使用限制的应对措施。

各县级项目办汇总各村级参与式磋商设计的结果及开展过程，编写“县级年度参与式磋商设计报告”，并依据报告，组织相关设计单位编制年度项目作业设计。

1.3　项目实施过程中社区林业评估的开展

项目实施过程中，各级项目管理机构与项目受益人持续保持磋商，主要采取定期和不定期两种方式：

1.3.1　定期磋商

每年定期通过制定年度工作计划、年度造林检查验收、年度工作调度会议、各类技术培训和技术咨询、规划设计（施工作业设计）、造林现场技术指导、问卷调查等方式与受益人定期开展磋商。

1.3.2　不定期磋商

每年主要通过不定期开展的随机查访、咨询服务、信息交流、监测调查等方式；通过不定期的现场交流、电视讲座、广播、当地报纸、宣传单、专栏、电话、互联网、发放技术明白纸、科技下乡等方式；通过为受益人解决困难和问题等方式与受益人开展磋商。

1.4　社区林业评估结果和案例分析

1.4.1　项目评估和竣工时参与式磋商总体情况分析

项目评估时，整个项目的社区参与式磋商结果是，项目安排在5个省的68个县、424个乡、2 335个村实施，14 800个个体农户、830个农户联合体/农民合作社、40个村集体林场和7个国有森林管理局分别以不同的经营形式参加项目，受益农户158 680个（包括“个体农户”和“农户联合体/农民合作社”和“集体林场”中的“个体农户”），并获得世行批准。

项目竣工时，整个项目的社区参与式磋商结果是，项目实际在5个省的67个县、526个乡、2 644个村实施，44 709个个体农户、2 671个农户联合体/农民合作社、262个村集体林场和7个国有森林管理局/国有林场分别以不同的经营形式参加项目，受益个体农户158 342个（统计口径同上）。

通过比较可以看出，项目实际执行县数减少了1个，乡数增加了102个、村数增加了309个。项目评估时和竣工时，5个省项目受益人的地区分布和数量变化情况见表1。项目减少的1个县是山西省的晋源区，虽然山西省与太原市，太原市与晋源区已签订项目转贷协议，但由于晋源区隶属太原市郊区，原为项目规划设计的造林地由政府统一做了调整，无法再继续执行项目，故退出项目。项目实际受益个体农户、农户联合体及农民合作社、集体林场和国有森林管理局/国有林场完成情况，分别占各自计划的100%、322%、655%和100%，项目经营形式分省完成情况见表2。农户联合体及农户合作社增加的主要原因是，政府针对土地集约化、劳动力短缺等现状，实行了土地流转等政策，一些农户将项目用地转移给农民合作社经营。

表1　项目受益人的地区分布和数量变化情况表

项目省	计划			实际			数量变化情况		
	县数	乡数	村数	县数	乡数	村数	县数	乡数	村数
合计	68	424	2 335	67	526	2 644	-1	102	309
河北	17	73	359	17	84	392		11	33
山西	26	52	642	25	90	286	-1	38	-356
辽宁	6	56	303	6	108	716		52	413
浙江	4	50	239	4	56	332		6	93
安徽	15	193	792	15	188	918		-5	126

表2　经营形式分省完成情况表

省名	个体农户（户）			农户联合体及农民合作社（个）	集体林场（个）	国有森林管理局/国有林场（个）
	合计	其中：个体农户	其中：农户联合体及农民合作社、集体林场涉及个体农户			
占计划比例	100%	302%	79%	322%	655%	100%
数量变化	-338	29 909	-30 247	1 841	222	-
总计划	158 680	14 800	143 880	830	40	7

（续）

省名	个体农户（户）			农户联合体及农民合作社（个）	集体林场（个）	国有森林管理局/国有林场（个）
	合计	其中：个体农户	其中：农户联合体及农民合作社、集体林场涉及个体农户			
实际合计	158 342	44 709	113 633	2 671	262	7
河北	23 652	13 194	10 458	502	2	
山西	39 259	25 482	13 777	105		2
辽宁	4 451	4 451	—			5
浙江	32 794	249	32 545	430	23	
安徽	58 186	1 333	56 853	1 634	237	

1.4.2 项目省各具特色的参与式磋商结果和案例分析

（1）河北省。河北省在17个县、84个乡、392个村实施了项目，受益农户23 652户，其中富裕户4 453户，占19%；中等户17 897户，占76%；贫困户1 302户，占6%。共签订造林合同13 696份。

案例1 河北省营造经济型防风固沙林的农户效益分析

狄邱乡北张村经济型防风固沙林基地，位于漳河北故道沙化土地区，面积19.6公顷，2010年3月种植，项目由临漳县惠城种植专业合作社承办，造林株行距2米×6米，树种为苹果，为华硕、华丹两个早熟品种。在搞好生态建设的同时，项目还利用林间空地大力发展林下经济，提高林草覆盖率，增加林地土壤微量元素，实现林业收益最大化。一是果药间作。前三年在果树大行间种植毛知母等药材100余亩。二是果菜间作。项目实施期间在果树行间种植西瓜、甜瓜、朝天椒、萝卜、大葱等经济作物，每亩效益可达3 000~4 000元，使基地走向生态循环经营的良性发展轨道。

北张村经济型防风固沙林基地的建设对防治当地土壤沙化，改善生态环境起到积极作用。这种模式既可改善生态环境，还可使农户获得较高的经济收益，由于采取“长期得林、近期得利、远近结合、以短养长”生态立体化的经营模式，对全县林下经济发展起到了很好的示范作用。

（2）山西省。山西省在23个县、2个国有森林管理局，90个乡、286个村实施了项目。项目受益农户39 259户，农户联合体78个，农民合作社27个。

案例2 山西省万荣县小流域治理取得的生态效益

万荣县项目建设规模465.2公顷，其中经济林A 439.8公顷、乔木林23公顷、灌木林2.4公顷。项目累计投资620万元，其中世行贷款310万元、省市县配套资金160万元、农户劳务折抵150万元。

万荣县属黄土高原地区，具有降水集中、强度大、暴雨多等特点。暴雨形成径流是黄土高原水土流失不断发展的主要因素。水土流失将坡耕地成为跑水、跑土、跑肥的“三跑田”，致使土地日益瘠薄、土壤理化性状恶化，土地的透水性、持水力都下降，加剧了干旱的发展。通过世行项目小流域综合治理，增加林地面积465.2公顷，按每公顷森林可截留和减少径流300吨计算，每年可涵养水源14万吨；按水土保持功能计算，每公顷林地可减少土壤流失量40吨，每年可减少流入黄河的泥沙1.86万吨。从而使工程区的风沙危害、水土流失现象得到有效遏制，对万荣县的生态环境治理与保护起到了积极的作用。

（3）辽宁省。辽宁省在6个县的108个乡镇（林场）、716个村分年度组织开展社区参与式磋商。累计召开村民大会1 325次、发放明白纸66 200份、发放自愿参与项目申请表33 100份；参与磋商的林场或村集体达到716个，参与磋商的农户达13 240户，其中贫困户1 986户占15%；参与磋商的人数达33 100多人（次），其中妇女参与磋商活动达15 621人（次），占磋商人数的47%。共收到自愿参与项目申请6 795份，通过磋商确定自愿参与项目申请4 456份，签订项目造林管护合同4 309份；确定自愿实施项目的国有林场5个，自愿实施项目的农户达4 451户，其中贫困户293户，占7%。

（4）浙江省。浙江省在4个县（市、区）、56个乡、332个行政村实施，共张贴项目简介和宣传手册1 611份（册），召开村民大会463次，发放项目明白纸和项目申请表16 672份，在249个个体农户、57个农户联合体、24个集体林场、373个农民合作社开展了参与式磋商设计，共涉及农户37 350户。通过参与式磋商，全省总计签订项目造林协议808份，面积23 092. 8公顷，实际受益农户32 794户。

（5）安徽省。安徽省15个项目县（市、区）共张贴项目简介3 121份，召开村民大会434次，发放项目明白纸和项目申请表94 500份，共918个行政村参与了项目磋商，1 335个（次）个体、1 683个（次）联合体林场、245个（次）集体林场开展了参与式磋商设计，共涉及农户59 234户（其中贫困户4 337户，占7%），人数189 500人（次）。

通过参与式磋商，扩大了项目的宣传和影响，使更多的人参与到项目建设中来，全省总计签订项目造营林实施协议3 395份，面积32 304. 9公顷，参与项目农户58 186户（其中贫困户4 224户，占7%）。其中：个体农户签订协议1 390份，占协议总份数的40. 9%，面积5 736. 5公顷，占总面积的17. 8%；联合体1 756份，占51. 7%，面积20 716. 3公顷，占64. 1%；集体249份，占7. 4%，面积5 852. 1公顷，占18. 1%。

案例3 浙江省临安市百园村参与式磋商助推新农村建设

2011年，临安市开始实施项目，对杉木低效纯林进行生态修复。项目严格按照参与式磋商的方法与步骤进行设计，保证低收入农户、贫困户、妇女等弱势群体享有平等参与项目的机会，并从项目中获益，以此示范带动整个林业建设向更高层次迈进，助推新农村建设。

於潜镇百园村地处浙江省16省道两旁，人口1 195人，老人与妇女占全村人口的62%。全村土地总面积19 000亩，其中山林面积13 800亩。2005年林权制度改革已基本完成，80%的山林已确权到农户手中，其余20%的山林由村集体统一经营管理，产生的经济收入由村民代表大会讨论决定并张榜公布，用于集体的公益事业。项目实施前，该村积极推进新农村建设，村容面貌得到整治，基本实现村容美化、绿化。但山林的状况改变不大，树种单一、林相差、生长衰退，生态效益不明显，经济效益低下，迫切需要改造与提升。

该村实施项目的特点：一是村级管理机制明确，成立书记任组长，村主任任副组长的领导班子，保证了项目顺利实施；二是项目建设由村老年协会和村妇女来承担，项目产生的收益归老年协会正常开支，保证了老人与妇女等低收入村民能够在项目中受益，并保证了老年协会的正常运转，保障了村民老有所乐；三是项目前期需要的营造林资金由村集体先行投入，确保了项目前期建设。这种模式是浙江省临安市林业综合发展项目的一个缩影。

1.5 社区林业评估的主要经验与教训

（1）参与式磋商设计是项目顺利实施的基础。项目首次利用世行贷款大规模营造以生态效益为主的多功能人工林，为体现生态效益优先的原则，模型设计全部采用低密度、混交造林、长周期经营的模式，这与以往常规的营造高密度、短周期的人工纯林模式，在技术上和理念上有根本性变化，项目区林农接受这种变化需要一个过程。通过参与式磋商设计，项目磋商小组人员运用SWOT方法向林农详细分析讲解项目模型和常规造林各自的利弊，让林农在充分理解项目理念和模型的基础上，自愿决定是否参加项目建设，为项目顺利实施打下坚实的基础。

（2）社会经济的发展为项目理念的落实提供了必要的条件。随着社会经济的发展，林业收入占项目区农户总收入的比例逐年下降，同时，随着集体林权制度改革的深入，农户对如何更科学更持续地经营林地的愿望也更加强烈了，认识到为获得短期收益而掠夺式的经营林地造成的水土流失严重、生物多样性降低、林地沙化等生态破坏带来的危害。因此，林农理解了项目营造生态效益为主的多功能人工林能够使他们的林地可持续的经营，项目在有效改善和持久保护他们的居住环境的同时，又能稳定持续地为他们提供林产品，增加他们的收入。林农期待可持续经营自己的林地的愿望为落实项目理念提供了必要的条件。

（3）参与式磋商设计有效地保护了弱势群体的利益。通过在村中显著位置张贴项目简介，召开村民大会，发放项目明白纸和申请表，项目磋商小组人员与林农面对面磋商，对磋商结果张榜公示等公开透明的磋商方式，保证了贫困家庭、妇女、劳动能力弱的农户平等参与项目的机会。在磋商过程中，项目磋商小组人员更加注重对贫困家庭、妇女、劳动能力弱的农户讲解分析项目理念、技术和参加项目的条件等，有效地保障了弱势群体的利益。

2　少数民族发展报告（辽宁省）

在项目准备阶段，通过全面的社区评估，确定了辽宁省阜新蒙古族自治县为项目实施县，该项目县是项目实施的唯一少数民族自治县。在考虑社会稳定与发展的基础上，制定了项目的少数民族发展计划。

2.1　少数民族发展计划的目标与工作范畴

少数民族发展计划的目标是通过开放、及时和充分交流信息的磋商过程达到两个目的：一是避免少数民族社区受到项目潜在的负面影响；二是确保少数民族社区获得适合当地文化特点的社会经济收益，且充分考虑性别和年龄因素。

2.2　少数民族发展计划项目县的确定及其概况

阜新县有16万蒙古族人口，占全县总人口的20.3%。作为蒙古族自治县，阜新县的蒙语教育得到辽宁省政府的支持。所有小学和初中都有蒙语课。阜新县蒙古族小学和县蒙古族中学的所有课程均用蒙语讲授，汉语和英语也是这些学校的课程之一。政府文件的抬头用蒙语打印，但并不用蒙语作为官方语言传达。阜新县城区所有商业和服务机构的牌匾都用蒙语和汉语两种语言显示。所有蒙古族乡镇和村领导在日常交流中都能无障碍地使用汉语。阜新县有蒙文报纸、蒙文电视和蒙文广播台。辽宁省蒙医药研究所也位于阜新县内。阜新县的蒙古族符合了世界银行的业务政策中对少数民族的定义，因此，将少数民族发展计划落到阜新蒙古族自治县开展。

2.3　少数民族的参与机制

在阜新县的蒙古族社区和村民小组，采用参与式设计的方法和工具对蒙古族社区进行了社区评估。主要采取了开放式半结构访谈、小组访谈、参与式打分排序、项目影响的矩阵分析、社区资源踏查和资源图绘制等方法。在开展磋商活动时，都有掌握汉语和蒙语的人参加；磋商时使用的项目简介、申请表等都用汉语和蒙语两种文字打印。通过采取一系列有效的措施，促进了磋商活动的顺利进行，确保了所有蒙古族农户在自愿的基础上，优先安排参加项目，使阜新县蒙古族农户均获得了平等参与项目的机会，参与决策了项目实施内容、技术措施与管理模式等，切实解决了因项目干预可能引起的资源使用限制和对生计可能产生的影响等问题。

2.4　少数民族参与的效果与评价

2.4.1　少数民族参与项目的程度

在阜新县，共有203个村参加了项目建设，其中有蒙古族社区的村数量为41个，占参加项目村总数的20%；全县共签订造林合同716份，其中与蒙古族农户签订合同117份，占16%；项目在阜新县造林6 711公顷，其中分配给蒙古族农户的土地899公顷，占项目造林总数的13%；全县在全年禁牧土地上建立的项目活动有2 010公顷，其中涉及蒙古族农户的199公顷，占10%；所有项目村新建圈舍115个，其中涉及蒙古族农户的23个，占20%；整个项目活动没有建立在季节性禁牧区的情况。少数民族分年度参与项目监测情况，详见表3。总之，由于项目宣传到位，社区评估充分，蒙古族农户的参与度较高，项目为蒙古族农户提供了自愿公平参与项目的权利和机会，保障了民族团结与地区和平稳定发展。

表3　辽宁省少数民族发展分年度监测情况表

监测指标	单位	项目总数					其中：蒙古族									
		小计	2011年	2012年	2013年	2015年	小计		2011年		2012年		2013年		2015年	
							数量	比例	数量	比例	数量	比例	数量	比例	数量	比例
1	2	3=4+5+6+7	4	5	6	7	8=10+12+14+16	9=8/3	10	11=10/4	12	13=12/5	14	15=14/6	16	17=16/7
1. 在所有项目村中有蒙古族社区的村数量和比例	个	203	29	62	76	36	41	20%	9	31%	10	16%	12	16%	10	28%
2. 与蒙古族户签订的合同数量和比例	份	716	225	182	188	121	117	16%	51	23%	34	19%	14	7%	18	15%
3. 项目分配给蒙古族户的土地面积和比例	公顷	6711	1180	2010	1924	1598	899	13%	278	24%	199	10%	132	7%	290	18%
4. 参加项目农户培训的蒙古族户的数量和比例	户	3694	2472	374	600	248	472	13%	262	11%	70	19%	110	18%	30	12%
5. 建立在全年禁牧的土地上的项目活动面积	公顷	2010		2010			199	10%			199	10%				
6. 在所有项目村中新建圈舍的数量	个	115		115			23	20%			23	20%				
7. 建立在季节性禁牧的土地上的项目活动面积	公顷	—	—	—	—	—	—	—	—	—	—	—	—	—	—	-

备注：（1）2014年、2016年造林面积中，没有少数民族户参与。

（2）项目活动没有建立在季节性禁牧区的情况。

2.4.2　对少数民族的培训情况

项目建设期间，阜新县林业局累计培训3 694人日，其中包括参加项目的所有蒙古族农户代表472人日，占阜新县培训总数的13%。培训内容包括多功能人工林营造关键和重点技术、种植材料开发技术、环境保护规程及项目实施应采取的主要环境保护措施、项目林主要病虫害的识别、预防及控制措施、农药安全使用方法、参与式磋商等。培训教材同时使用汉语和蒙语。有效地提升了包括蒙古族农户在内的所有培训人员的技术水平，增强了项目的管理能力。

2.4.3　项目实施在少数民族地区取得的成效

项目实施保证了蒙古族社区和农户具有平等参加项目的机会和权益。蒙古族农户一致认为，通过开展以杨树、樟子松、刺槐、紫穗槐、沙棘、扁杏等为主的造林活动，对当地的风沙防治和水土保持起到积极作用，改善了蒙古族社区的生态环境，提高了应对气候变化的能力。有些生态林还能产生经济收益，通过参与项目获得了劳务补助，增加了经济收入，没有产生对其他资源的使用限制和对环境的负面影响。集体林权制度改革已经完成，宜林荒山、荒滩地块都已成为农户自家的财产，认为该项目是个好项目，希望世行以后多开展类似项目。

附件Ⅳ　林权制度改革支持报告

1　项目支持林权制度改革完成情况

为了解决集体山林产权不明晰，利益分配不合理矛盾，提高广大农民收入，2003 年，我国在福建、江西、辽宁、浙江等省开展了以“森林初始产权在农村集体成员间平等分配”为目标、“明晰产权、放活经营、减轻税费、规范流转”为主要内容的集体林权制度改革。2008 年 6 月，我国政府正式颁发了《全面推进集体林权制度改革的意见》，提出用 5 年左右的时间，基本完成明晰林地使用权和林木所有权、放活经营权、落实处置权、保障收益权为主要内容的综合林权制度改革。

为了满足林改后林农群众对森林资源经营管理、技术培训推广和林业生产经营组织化、规模化等方面的需求，更好地服务林权制度改革，保障林权制度改革顺利进行，本项目制定了“林权制度改革支持计划”，确定了项目支持林权制度改革的建设内容。到目前为止，各项活动均按计划超额完成，见附表 1，有力地促进了河北、山西、辽宁、浙江和安徽 5 个项目省的集体林权制度改革。

1.1　新造林林权证的发放和确认

河北、山西、辽宁和安徽 4 个省高度重视项目实施主体受益人的权属和收益。要求各项目市县在开展造林的同时，结合集体林权制度改革政策，明晰林地使用权和林木所有权，放活经营权，落实处置权，保障收益权。各省项目区林权证，随全省林改工作安排，统一发放。这 4 个省已完成新造林林权证发放和确认面积近 7.49 万公顷，占项目总计划 7.08 万公顷的 106%，其中河北省完成 11 880 公顷、山西省完成 21 293 公顷、辽宁省完成 24 478 公顷、安徽省完成 17 255 公顷，见附表 2。

1.2　实用技术推广培训完成情况

为扩大林改后实用技术推广的范围和覆盖面，提高农民采用实用技术的积极性和能动性，项目在各县对参与林改的农民举办了实用技术推广培训班，共培训技术人员及农民约 4.13 万人日，占总计划的 109%，其中河北省、山西省、辽宁省、浙江省和安徽省分别完成该省计划的 112%、102%、103%、116%、113%（见附表 3）。培训的内容包括优良种植材料、造林辅助材料、造林新技术、环境保护规程、有害生物防控等。通过实用技术推广的培训，充分调动了林农参与项目建设、使用新技术的积极性和主动性，切实提高了林农的技术管理水平，达到了预期的目的。

1.3　扶持组建农民合作社

1.3.1　项目扶持组建农民合作社的总体情况

为了探索林改后森林经营主体分散条件下如何实现森林规模经营，提高林地经营效率和林业经营者应对市场变化能力，项目共扩建或新（改）建了农民合作社 20 个，涉及农户 7 069 个，其中：河北 5 个农民合作社、3 167 个农户，山西 5 个、1 915 个农户，辽宁 5 个、1 045 个农户，浙江 2 个、77 个农户，安徽 3 个、865 个农户。除山西省的永和县永盛核桃专业合作社、吕梁市离石区永建种植专业合作社为新建外，其他 18 个合作社均为扩建。主要经营范围是苗木种植、果品销售、林果加工等，见附表 4。项目对农民合作社的组建、管理和运营等进行了全方位的培训。项目为农民合作社采购了办公设备 133 台，完成总计划的 98%，包括计算机、打印机、办公桌椅、科普资料等，设备运行情况良好，见附表 5。

1.3.2　项目为农民合作社建设开展的主要工作

为了更好地发挥农民合作社的作用，提升农民合作社的工作能力、竞争力和应急能力，提高林地的经营效率，规范技术行为，为森林经营者提供所需的技术支持和行业信息，扩大农民合作社的影响力和辐射范围，为林农提供更优质更高效的服务，各级项目办帮助农民合作社开展了许多卓有成效的工作。

（1）完善了合作社的机构、章程和制度，扩大了林农的参与数量，确保合作社长期稳定运行。

（2）对项目区内、外的造林活动提供技术指导和服务，不定期举办实用技术培训和日常管护活动，特别是对骨干会员进行全方位的培训，提高其生产技能，提升了合作社的号召力和凝聚力。

（3）在确保项目发挥生态效益的前提下，组织林农从事一些有收益的生产活动，不断加快林农脱贫增收的步伐。

农民合作社在宣传世行项目的生态环保理念、动员和组织农户积极参加项目、带领农户按要求完成项目造林任务、不定期对项目农户进行技术培训、指导项目农户开展项目林管护、组织项目区林产品的集中销售等方面发挥了不可替代的作用，有力地保障了项目的实施进度和造林质量，同时也加速了当地林产品走向市场的步伐。

1.3.3　山西省组建的农民合作社服务形式案例分析

（1）利用农民合作社的联合优势共享资源协同发展。左权县共有10个农民合作社参与了项目建设，其中：参与荒山综合治理的5个，以发展核桃为主的5个，吸引农户820户，组建核桃专业技术服务队6支140余人。如组建“左权县兴寺核桃农民合作社”后，实现了多项资源共享。

一是专业技术共享。由技术骨干带动，对合作社内的农户开展核桃树防寒保护、修剪、病虫害防治、鱼鳞坑径流整地技术、地膜覆盖抗旱造林技术和容器大苗栽植等适用技能培训和管理，使技术推广普及速度更快。

二是机具物资共享。农民合作社是各级政府扶持农业农村工作的一项重点，进入合作社组织后，政府部门在机具、肥料等方面给予合作社补贴扶持，社员可以使用社里的旋耕机、喷雾器、修枝剪等机具设备，提高了资源的利用效果。

三是技术培训共享。合作社优先享受了部门组织的技术培训。比如，新型职业农民技术培训、千村万人培训、三区人才培训、贫困人口培训等技术培训，学习技术的机会增多，平均每年培训10余次，项目合作社参加培训800余人。

四是产品规模销售增收。左权县的零散农户销售核桃价格每公斤在8~10元，寺坪村兴寺核桃农民合作社的核桃，由合作社集中销售，品种质量分级，由于核桃产品量大，质量好，价格比零散销售普遍高出1~2元。

（2）利用通讯平台进行技术推广和信息发布。农民合作社与县核桃技术信息平台衔接，较好地利用了通讯手段进行信息发布，技术推广。

一是依托县核桃医院设立了一个核桃树管理平台。由县核桃医院和下设的18个核桃医院分院散布在各个核桃产区，可以有效监控产区核桃生产动态，发现生产中的技术难题，通过电脑网络将照片等发布到信息平台，由左权核桃专业技术人员共同讨论确定解决方案，达到了问题及时解决的目的。

二是利用手机设立了左权核桃微信平台。由县核桃经济林产业中心牵头，县级专家团队50人，19支乡镇村基层技术服务队的技术骨干385名成立了左权核桃技术交流平台，技术人员可以将本区域核桃生产中发现的问题第一时间发布到微信圈，技术人员提出解决方案，实现了技术资源共享。

（3）借助政府产业扶持政策，建立产业文化园区。

一是树典型建立宣传服务平台。左权县政府决定借助世行“林业综合发展项目”，特别是核桃产业典型大户的带动作用，以寺坪村为中心，打造出一个辐射周边11个行政村的核桃综合开发优势集群示范园——九龙岗核桃文化园。利用文化园平台，通过参观交流进行技术普及推广，不局限于服务世行项目，上升到全县核桃产业宣传服务。

二是拓宽了产品交易渠道。每年春秋两季利用核桃文化广场平台，举办核桃集会，至今已举办集会6场，完成核桃苗木交易200余万株，核桃产品及副产品的交易流通近万吨。通过举办核桃文化节，进行技术经验交流、核桃产品展示、产品交易订货、核桃园采摘等项目，累计有8个省区的核桃生产商和县内30余个核桃生产大户参加了交流。

1.3.4　辽宁省昌图县东张家榛子农民合作社案例分析

随着榛子产业的不断发展，昌图县涌现出大量的榛子合作社，东张家榛子合作社是最有影响力的合作社之一。合作社位于昌图县城东侧的东张家村，合作社成员经营面积60 000亩，社员400余户。目前，榛子平均亩产100斤，最高亩产300斤，农户人均增收5 000元。合作社共带动周边农民5 000余户，年产榛子300万公斤。先后获得了省级示范合作社，铁岭市先进榛子合作社，合作社先进党支部，铁岭市AAA级示范合作社等荣誉。

2010年以来，昌图县林业局组织社员参加项目后，就根据榛子生长的环境习性及特点，及时对参与项目的农户开展相应的技术培训、造林指导、监督管理，印发宣传资料，宣传发展榛子产业的重要意义。通过参加项目培训，为合作社培养了一批技术骨干，这些技术骨干各自带领一批初级技术队伍，按照南方茶园经营模式管理榛子生产，采取四个统一和一个协助的原则，将榛子经营技术和理念推广到全县。针对榛子种植面积较大，榛子园管理不均衡的现状，2014年，昌图县林业局采取由榛子合作社牵头，充分利用人人有手机这一特点，根据榛林不同时期管理特点，通过林业局短信互动平台开展信息提示服务，让每个农户都能真正掌握不同阶段榛林管理的要点信息。合作社还根据实际需求，每年举办不同规模、不同层次的榛子栽培技术系列讲座，先后聘请了中国科学院沈阳应用生态研究所、沈阳农业大学、铁岭市林科院的专家授课，并到榛子园进行现场技术指导；县、镇林业部门通过举办科普大集、送科技下乡等活动，宣传榛子栽培技术，使广大榛农全面掌握了榛子从育苗到采摘收获各个环节的生产技术，提高了榛农管理榛园的信心、应急能力和生产效率，大幅度提升了全县榛子园的管理水平，提高了榛子产品的产量和质量。

为确保榛子食品安全，维护铁岭榛子原产地声誉，努力打造昌图榛子无公害、绿色、有机品牌，促进全县榛子产业健康持续发展，县榛子产业协会组织县内榛子合作社及全体会员认真实施规范用药自律工程。审定榛子相关用药，选择榛子用药供应商并签订《规范售药承诺书》；规范技术行为，实行用药自律承诺，填报《规范用药承诺书》，向社会公开做出庄严承诺，保证了榛子食品的绿色品牌。榛子产品在中国（铁岭）榛子节上获得金奖，并获得国家绿色食品标识，创立了东野、丰至塬等名优品牌。

1.3.5　安徽省富溪源茶油专业合作社案例分析

黄山市徽州区富溪源茶油专业合作社，成立于2009年2月20日，是一家从事油茶种植、收购、生产、销售为一体的专业合作组织，由省级林业产业龙头企业——黄山裕籽贵茶油有限公司牵头，联合徽州区油茶主产区杨村乡、富溪乡林农组成，目前有社员300多户。2011年富溪源茶油专业合作社被评为市级示范社，2012年被评为省级农民林业专业合作社示范社。合作社生产的裕籽贵茶油分别在中国国际健康营养食用油产业博览会和义乌国际森林产品博览会荣获金奖。

（1）直接扶持合作社办公设备。项目共支持合作社办公设备13台（套），分别是计算机2台、打印机1台、办公桌椅3套、档案柜3组、电话2个、传真机1台、电视机1台。办公设备按固定资产登记管理，改善了合作社的办公条件，用于为项目开展技术培训。

（2）帮助合作社建立健全规章制度。根据《农民专业合作社法》，按照“入社自愿、退社自由、地位平等、民主管理、利益共享、风险共担”的发展原则，协助合作社建立了生产管理、收购营销、利益分配、财务管理等各项规章制度，制定了合作社发展建设规划，年度合作社工作计划。合作社在开展活动中依据规章制度抓落实，按工作计划开展相应的产销推广活动，促进了合作社规范性建设。

（3）建立项目示范基地推广带动。为更好地发挥合作社的科技示范带头作用，合作社积极参加项目示范林基地建设，在杨村乡八斗建立阔阔混交林（油茶为主栽树种）示范基地1 000亩。基地坚持因地制宜、适地适树、生态优先、兼顾经济效益的原则，选用良种油茶为主栽树种，混交枫香、木荷阔叶树。

（4）探索发展油茶产销订单农业。合作社依靠企业积极探索发展“企业+合作社+基地+农户”的经营模式。裕籽贵公司作为合作社的销售渠道与社员订立产销合同，按高于市场价 20%的价格收购油茶籽，年终给予一定奖励，使社员享受到加工销售环节的利益。同时，通过社员宣传带动先后同 953 户林农签订了《油茶果收购合同书》，涉及 4 个乡镇 10 多个村的近 5 000 人，产销合同涉及共建的油茶林 20 000 多亩。合作社要求社员按照有机农业标准进行油茶林管理，为社员统一提供生物农药，举办技术培训班，每年定期派专业技术员开展现场技术指导，提供生产服务。

（5）创新机制开展林业科技培训。一是创新培训机制，将项目培训计划与合作社活动有机结合，二是创新培训形式，将理论培训与现场培训有机结合。在合作社会议室，借助项目扶持的设备开展室内理论培训；以合作社建立的阔阔混交林作为示范基地，举办现场培训班。项目造林质量好，苗木生长快，树冠大、挂果多，可以直观地看到效果，全区已在示范地开展了 10 多次现场培训。三是创新培训内容，以项目目标、项目技术为核心，同时根据当地产业发展和群众要求加大经济林技术培训，将经济林长期可持续的生态经营技术作为培训重点，示范推广油茶混交林营造技术。四是创新培训手段，通过制作幻灯片课件、技术手册、一封信等形式加大宣传。编制发放的技术手册有《油茶混交林营造技术》《低产茶园混交林改造技术》《良种香榧造林嫁接改造技术》和《针叶林生态恢复技术》。通过科技培训，提升了合作社技术水平和规范性建设，促进和保障了项目顺利建设。

1.3.6 浙江省安吉县新国杨桐农民合作社案例分析

项目是以纯林改造、提高生物多样性、增强生态功能为目标的生态项目。安吉县在严把质量关，提高造林成活率和造林成效的同时，还深入挖掘生态和经济效益俱佳的树种，实现纯林混交后生态和经济效益的最大化。基于这个理念，安吉筛选了杨桐，这个适宜林下套种、半耐阴且经济价值很高的树种，并依托安吉县新国杨桐专业合作社推进项目造林，初显成效。

（1）纯林套种杨桐情况。位于安吉县孝丰镇横柏村的杨桐农民合作社，成立于 2010 年 12 月，现有社员 65 人，基地面积 3 000 亩。2011 年，合作社开始营造杉木、松木林套种杨桐+阔叶树种的两种修复模型，已累计完成 1 000 亩，建成了杨桐高效示范精品园。

（2）取得的经济、生态和社会效益。

一是农民收入显著增加。横柏村属于一个偏僻的小山村，缺乏市场信息和技术信息，原来村民以外出打工为生，2011 年全村农民人均纯收入不足 1 万元。合作社成立后，种植采摘杨桐的农户，年销售收入少的 3 万~5 万元，多的 10 多万元，2012 年全村人均纯收入增加到 1.5 万多元，增长 50%以上。例如社员陈观富，2010 年回乡种植杨桐 60 亩，到 2013 年 9 月底，杨桐销售收入近 7 万元，若按目前的销售价测算，再过 7~8 年，该农户仅杨桐一项收入每年就达 50 万~60 万元。目前，很多村民纷纷返乡种植经营杨桐。

二是生态效益逐步显现。杨桐是一种常绿的阔叶乔木，喜阴耐湿，适应林下种植，具有较强的固持土壤、涵养水源的生态功能。基地杉木、松木等用材林由于长期集约经营，导致林下植被减少。合作社带领林农在林下种植杨桐和其他阔叶树种，既充分利用了林地资源，提高了林地利用率，又恢复了林下植被，改善了生态环境。由于种植杨桐过程中坚持生态环保，产品得到日本等国家的高度认可，供不应求。

三是社会影响不断扩大。一是解决了农村剩余劳动力就业问题。合作社不仅建立了杨桐原材料基地，还进行再加工，使用本地劳动力 100 余人；二是培训了一批农村林业技术能人。县林业局以世行项目为载体，专门邀请专家为合作社社员开展林业技术指导和授课，培训社员 320 人次，赠送了兴林富民林业技术科普丛书，还为合作社配备了办公桌椅、电脑、电视机等办公用品，大大改善了合作社的办公条件；三是示范推动林下产业发展。在世行项目造林模式的示范带动下，2014 年，全县共套种杨桐 3 540 亩，林下空间得到充分利用，在全县范围内掀起种植杨桐的热潮，为林农发展提供了一条创新富民之路。

总之，通过项目林下套种杨桐模型的成功示范与带动，既美了一方生态又富了一方林农。

1.4　森林经营方案示范

1.4.1　森林经营方案总体完成情况

森林经营方案是林权所有者经营管理森林的基础，也是开展森林采伐、利用林木的依据。科学、合理的森林经营方案也是提高森林经营集约度、发挥林地生产力、增加林木生长量，以及实现森林可持续经营的保障。项目主要支持开展了森林经营方案编制使用、森林经营方案实施与效果监测评价等方面的培训，并编制完成示范点的森林经营方案等内容。

项目共编制了5个森林经营方案，每个省各1个，已于2013年1月上报世行。涉及面积879公顷，是计划面积400公顷的220%，见附表6。项目还为编制森林经营方案示范开展培训1 394人日，完成计划的106%，分省完成情况见附表7。在此基础上，各地开展了一些具有建设性的工作：一是编制区域内的活动严格按照森林经营方案进行，做到科学施工；二是开展了培训工作，扩大森林经营方案编制的社会影响。我们认为，项目编制的森林经营方案对实施单位的森林经营发挥了示范与指导作用，它成为指导实施单位保护、发展、合理利用森林资源，实现科学经营、永续利用和提高森林经营管理水平的总体规划设计文件，成为实施单位编制中长期营林计划，组织各类森林经营，确定采伐限额，安排营林生产计划和投资计划的依据。

1.4.2　山西省森林经营方案执行情况

2012年，在保障森林资源可持续发展条件下，项目制定了《离石区坪头乡李家山村森林经营方案（2012~2022年）》，经营方案编制总面积为516公顷，其中林业用地面积423.44公顷，达到项目计划编制80公顷的近6.5倍。

几年来，李家山村以森林经营方案为指导，大力开展经济林管护、生态林抚育，强化幼林抚育经营管理，林分质量得到进一步提升。

一是促进了幼林生长。通过近几年的调查发现，开展抚育管护的3~5年生未成林地，比没有开展抚育管护的成林率提高50%以上，核桃经济林树冠形成与进入盛果期提前了5~10年。

二是提高了森林生态效益。通过分类经营，调整了树种结构，为发展多树种、多层次、多色彩、多功能的生态风景林，提升森林景观效果和质量奠定了基础。

三是调动了林区群众开展幼林抚育的积极性。分类经营为科学进行幼林抚育提供了直观的样本，对开展面上幼林抚育起到了典型示范和带动作用。

四是增加了林区群众的收入。开展幼林抚育，增加了大量的工作岗位，解决了一部分农村劳动力就业问题，增加了林农群众的收入。据统计，4年来，幼林抚育受益林农达301人，劳务总收入达30万元。

1.5　研究与评估开展情况

为完成研究与评估工作，河北和安徽2个省累计使用配套资金101万元，占项目总计划的173%。两个省的研究报告已于2016年4月上报世行。

1.5.1　河北省的研究与评估

河北省委托河北农大林学院选择林改较为成熟的邢台市威县、邯郸市馆陶县分别在2014年、2015年两个年度开展林改研究与评估工作。在充分完成问卷、调研等工作的基础上，对两个县开展研究评价工作，于2015年底完成了研究报告。研究报告回顾了两个县的林权制度改革历程和现状，分析了林地使用权流转动因、现状、案例、成效、问题及对策等。

1.5.2　安徽省的研究与评估

安徽省委托安徽农业大学开展了林改研究与评估工作。课题组为了解世行项目支持林改的效果，设计了调查问卷，调查结果表明，88%的农户认为世行项目对林改有支持效果，其中24%的农户认为效果十分明显。研究报告定性分析了项目支持林改的效果，设计指标体系定量评价了项目支持林改的结果，深入剖析了支持林改的个案效果，提出了优化林改效果的建议。

1.6 林改经验总结与研讨

按照项目设计，辽宁、安徽、河北、山西4个省已分别于2014年1月、2014年8月、2015年12月、2016年5月召开了林改经验总结研讨会，全部完成项目计划，各省的林改经验总结报告已上报世行审阅。4个省在全面回顾全省和项目林改情况的基础上，充分研讨了项目对促进林改发挥的重要作用。研讨会达成共识，认为项目选择支持林改的建设内容，对促进和巩固林改政策落实，具有积极的意义。项目建设与林改，达到项目建设巩固林改成果、林改推动项目建设“双赢”的效果，最终成为加速全省林改的动力和正能量。项目对林改支持的成效和经验主要体现在：

一是项目对造林实体提供了资金支持，巩固了林改成果。

二是项目对林改农户提供了技术支持，提高了造林实体经营管理水平。

三是项目对农民合作社提供支持，加强了农民合作社的基础设施建设，提高了农民合作社的服务能力。

四是编制森林经营方案，为林改后的森林经营指明了方向。

1.7 林改课题研究完成情况

浙江省承担了项目的《林地使用权改革实践研究》《林业综合发展评价研究》《农民合作社功能及服务模式研究》《生态修复综合技术研究》4个林改课题的研究，已全部完成，并上报世行。

1.7.1 《林地使用权改革实践研究》

由浙江农林大学负责。该研究以浙江省安吉县林地使用权改革为例，在阐述林权改革历程、林地流转动因及现状的基础上，分析了林地流转产生的效果：实现了林地规模经营，改善了林业生产基础设施；盘活了森林资产，实现了森林资源的优化配置；促进了林业标准化生产和品牌化经营，提升了林产品的市场竞争力；促进了农村劳动力就业及转移，增加了农民收入。

剖析了林地流转过程中存在的问题：林地流转不规范；林地流转价格偏低；林地流转面积过大、期限过长；存在山林倒卖、炒卖现象。针对存在的问题提出了对策建议：规范林地流转行为，确保集体和林农的合法权益；促进林地股份制流转，避免农民失山失地；加强林地流转服务体系建设，创造良好的林地流转外部环境。

该研究成果不仅为当前安吉县林权改革面临的问题提出对策和建议，还为今后浙江省林权改革的发展提供借鉴和参考。

1.7.2 《林业综合发展评价研究》

由中国林科院亚林所负责。该研究将林业作为区域社会经济发展的一个重要组成部分，在系统总结国内外相关研究的基础上，提出一套科学合理的世行贷款项目林业综合发展评价指标体系、评价方法和评价模型，并以浙江项目区为例，运用综合评价方法，科学、客观地研究区域林业与当地社会、经济、生态环境之间的协调关系，探讨促进区域林业经济稳定增长的途径。主要研究结论：

一是阐述了项目林业综合发展评价指标选取原则，将项目区实地调查筛选的指标作为构建林业综合发展评价的首要选择源，将世行要求及项目实际需要作为主要选择源，将国内外研究成果作为参考选择源，从生态系统结构、生态系统功能、社会经济效益及支撑保障体系四大方面选取了34项指标，构建了林业综合发展评价指标体系，其中生态系统结构评价分别从群落组成、生物多样性两个方面选取了5个指标；生态系统功能分别从初级生产、水土保持、养分循环、病虫害防治四个方面选取了14个指标；社会经济效益分别从社会效益、经济效益两方面选取了7个指标；支撑保障体系分别从科技与教育、林业政策、组织保障三方面选取了8个指标。

二是基于对低效纯林生态修复实施前后林业综合发展评价指标变化的比较分析可知，项目对增加阔叶树种比例、增加农民和女性就业机会、提高农民收入和农民生态保护意识等有较明显的推动作用；对增加生物多样性、降低森林病虫害发生率、改善林分密度等有一定的作用。项目实施过程中，造林和抚育需要投入一定的人工，为当地农民提供了就业机会，增加了农民的劳务收入。同时，由于该项目建设以产生森林生态和环境效益为主，注重项目的宣传，提高了农户的生态保护意识和对林业价值的认识。项目还尽量吸收妇女参与，妇女通过参加项目得到报酬，改善了生活，提高了她们在家庭和社区中的地位。

三是项目培养和锻炼了一大批林业专业技术人员，提高了农民的林业经营技术水平，提高了各县（市）项目办的管理能力，为今后实施类似项目积累经验。各项目县（市）高度重视项目的实施，成立了项目领导小组，县林业局专门成立了项目办公室，抽调技术业务骨干，配备了专职财务、业务工作人员，具体负责项目落实与实施。建立和完善了县乡村三级培训推广体系，开展了一系列相关的省市级、乡镇级培训。不断丰富培训内容，涉及林地整理、补植标准、施肥管理等多方面。

1.7.3　《农民合作社功能及服务模式研究》

由浙江农林大学负责，在临安市开展。该研究在全面回顾临安市农民合作社发展历程和现状的基础上，深入剖析了农民社会化服务需求、合作社服务功能、合作社服务模式及适用条件等。

研究结果表明：从林地整理（劈山、炼山、挖穴等）、造林、幼林抚育（除草、施肥、松土、勾梢、去顶、除蘖等）、抚育间伐、采伐（或林产品收获）、加工、储运、销售等环节调查农民社会化服务需求。社员农户对幼林抚育的社会化服务需求最高，达到63.6%，主要原因是幼林抚育阶段劳动强度较大且劳动力需求高。其次，对林地整理、造林等的社会化需求也比较强。而对林产品加工的需求则较少，只有9.1%。从林业生产环节看，农民社会化服务需求、获得渠道和满足程度，主要包括技术、信息、农资、产品收购与销售、资金借贷、资产评估、林权抵押贷款、政策性保险、信用合作等方面。在受调查的22户社员农户中，农民对病虫害防治、种子种苗、化肥的社会化服务需求很高，分别到达77.3%、72.7%、72.7%，而在信用合作、资产评估、护林防火方面的社会化服务需求很低，分别只有9.1%、4.5%、9.1%。

社员社会化服务需求的获得途径，除生产技术、经营技术和病虫害防治这三项，农户对农技人员的依赖性较强外，大部分社员农户的社会化服务需求如市场价格、产品销售、种子种苗、肥料等信息都是由合作社提供。可见，合作社在帮助社员农户解决农林业生产中遇到的问题起到了积极的作用，成为社会化服务的重要载体。

从整体看，由于合作社发展处于初期，社会化服务功能还不明显，缩小合作社与农户之间的服务供需缺口是促进合作社发展和提高社会化服务水平的重要内容。根据不同的分类标准，可将临安合作社的社会化服务划分为单一服务、延伸服务和统一服务等模式。

1.7.4　《生态修复综合技术研究》

该研究在安吉县开展。主要研究了不同林分套种树种选择；不同林分套种树种改造后植物多样性动态变化及补植树种生长研究；不同林分套种后的综合效益等内容。

1.8　项目支持林改投资完成情况

项目为支持项目区林改实际完成投资1 542万元，占项目计划总投资的187%，见附表8。

按内容分，实用技术推广317万元，占计划的96%；扶持农民合作社105万元，占计划的176%；森林经营方案示范207万元，占计划的383%；林改研讨及其他研究投入913万元，占计划的239%。

2　项目支持林改效果研究与评估（以安徽省为例）

为了解项目林权改革支持实施情况和实施效果，安徽省委托安徽农业大学开展了林改研究与评估工作。课题组设计了项目区调查问卷，共发放260份，收回有效问卷242份。其中参与项目农户170名，占70%。另外，还对宁国市万家乡云山等3个村进行了访谈。结果显示：有88%的农户认为项目对林权改革支持有效果，其中24%的农户认为效果十分明显（表1）。

表1 世行项目林改支持效果林农评价表

成效状况	人数	比重
明显效果	41	24.1%
效果一般	72	42.2%
有效果，但不明显	36	21.2%
没有效果	14	8.23%
反效果	1	0.59%
说不清楚	6	3.53%
总计	170	100%

资料来源：调查问卷整理。

项目支持林权改革的效果主要体现在以下四个方面：

2.1 促进了林权证的发放，加快了林权改革进程

林权改革分为主体改革和配套改革。主体改革的内容是“明晰产权、放活经营、确权发证”。截止目前，以确权发证为主要内容的安徽省林权改革主体改革虽已经基本完成，林权证到户率达91%。在项目区，项目实施过程中多次宣讲促进，积极深入调查研究和广泛听取群众意见，最终通过多方协调的方式，妥善解决各种矛盾纠纷，促进了林权证的100%发放。

2.2 加大了林权改革的认知度，促进配套改革

主体改革分山到户，确定林农对于林地的使用权和森林、林木的所有权和使用权，但仅仅界定产权还远远不够，只有森林资源保险、补贴、林权抵押贷款、林地适度流转等配套工作及时跟进，才能增强集体林地经营者获取收益的潜力。项目在实施的过程中由于采取参与式磋商设计方法，农户在参与项目实施、决策管理过程中，逐步了解了林权改革配套改革的相关政策内容，和非项目农户相比，提升了对林权改革的认知度（表2）。

表2 林农对林改配套政策内容的认知情况

	知道配套政策内容					知道人数	不知道人数	总数
	森林保险	林权流转	林权抵押贷款	信息咨询	总频数			
非项目（人）	2	. 15	6	2	25	23	49	72
比例	8.0%	60.0%	24.0%	8.0%	100.0%	31.5%	68.4%	100.0%
项目（人）	22	158	66	6	252	147	23	170
比例	8.7%	62.7%	26.2%	2.4%	100%	86.2%	21.8%	100%

注：如何知道配套改革内容和知道配套改革的哪些内容为多选，用频数表示。
资料来源：调查问卷整理。

由表2可以看出，参加项目的农户86%了解林权改革配套政策的内容，远远高于没有参加项目农户的32%，对林改配套政策内容咨询的比例也由8%下降为2%，项目实施有助于林农依据政策知晓林业、参与林业和管理林业。

2.3 提升林权改革的经济绩效，增强了林农经营意愿

林权改革调动了林农林业经营的积极性，由于林农对林业生产经营的资金、技术、信息等投入与林业为其所带来的利益密切相关，林权改革后林农对林业生产经营的资金、技术、信息等的需求加大，其中资金支持和技术指导需求最为强烈，需求比重达70%（表3）。

表 3 林改后林农发展需求表

需求内容	需求频度	需求比重
技术指导	123	29. 15%
资金支持	172	40. 73%
采伐指标	19	4. 50%
山林管护	29	6. 87%
优良种苗	75	17. 80%
其他	4	0. 95%
总计	422	100. 00%

资料来源：调查问卷整理。

表 4 项目对林农发展的供给

供给内容	供给频度	供给比重
技术指导	141	23. 38%
资金支持	160	26. 55%
帮助成立合作社	56	9. 29%
各类培训	103	17. 08%
编制实施森林经营方案等示范	121	20. 07%
其他	22	3. 65%
总计	603	100. 00%

资料来源：调查问卷整理。

由表 4 可以看出，项目的实施，对指导编制和实施森林经营方案的示范、帮助成立合作社、技术培训和指导以及资金等方面都提供了扶持，尤其是在林农需求强烈的资金和技术方面提供了有力的支持，供给比重达 60%，很好地满足了林权改革后林农的需求。因此，在调查中，有 84%的林农认为项目的实施使得林权改革后林业经营效果更好，项目林农和非项目林农户均收入的对比也进一步表明项目扶持有助于增加林农的户均林业收入（表 5）。

表 5 非项目和项目林农户均林业收入及结构对比表

	非项目（元）	收入结构	项目（元）	收入结构	增长额（元）	增长比例
用材林原木	553. 68	15. 25%	631. 08	15. 10%	77. 40	13. 98%
林下经营产品	7. 07	0. 19%	0. 00	0. 00%	-7. 07	-100. 00%
经济林产品	3070. 73	84. 56%	3547. 04	84. 90%	476. 31	15. 51%
林业收入合计	3631. 48	100. 00%	4178. 12	100. 00%	546. 64	15. 05%

注：项目林虽也有林下种植中草药等林下经济，但由于短期经济效益不显著，本次调查未能有效反映。

资料来源：调查问卷整理。

经济效益的提升增加了林农经营林业的积极性，和非项目农户相比，林权改革后 87%的项目农户更愿意经营林业，相对非项目农户 63%而言，项目农户林改后经营林业的意愿更强烈。

2. 4 增加了林权改革的满意度，保障林权改革目标实现

林权改革的最终目标是实现生态和经济的双丰收。项目实施强调必须改变传统的全垦、炼山等造林方式，实行低密度造林、不造纯林等近自然的林业生态经营理念，并通过宣传、培训和示范，大大

增强了项目农户生态认同度，不造纯林和不准炼山的认同达到了100%。

项目的实施也改善了当地的生态环境，86%的项目农户认为项目的实施有助于增加植被覆盖率和生物多样性，减少自然灾害和水土流失。因此，从生态效益角度，项目提升了林农的满意度。

此外，任何制度变革，在本质上都是利益的再调整和再分配。项目区林农自主参与决定实施方案，一定程度上促进了村民民主与自治，项目参与过程中的相互沟通和交流，也促进了乡村和谐，减少林权争议。从项目实施前、后对比来看，案件发生率显著减少（降低86%），处理各类林权争议效率显著提高（增加51%）。因此，从社会效益角度，项目也提升了林权改革的满意度（表6）。

表6　项目前后林农林权争议案件的变化情况

项目	林权争议案件（年均）	已处理案件（年均）	未处理案件（年均）	案件处理率
项目前	168	45	123	26.79%
项目后	23	18	5	78.26%
变化率	86.31%			51.47%

资料来源：宁国市访谈资料整理。

3　政策建议

3.1　建立支持集体林业发展的公共财政制度

建立和完善森林生态效益补偿基金制度；建立造林、抚育、保护、管理投入补贴制度；对森林防火、林业有害生物防治、林木良种建设、农民林业专业合作社给予补贴；加大对森林抚育、珍贵树种及大径材培育的扶持力度。

3.2　建立林业金融支撑制度

延长贷款期限，降低贷款利率、简化贷款程序；加大财政对林业贴息贷款的力度；建立林权证抵押贷款制度；加快建立政策性森林保险制度；多方拓宽林业融资渠道；探索公益林国家赎买和林地收储机制。

3.3　建立和完善林木采伐管理制度改革

编制森林经营方案；完善林木采伐限额管理制度；简化采伐审批程序，方便群众生产经营；商品林应按照基础产业进行管理，主要由市场配置资源，发挥市场在配置资源中的基础作用，政府给予必要扶持；公益林按公益事业管理，以政府投入为主，吸引社会力量共同建设。

3.4　大力推进和发展林下经济

针对分散经营的现状，鼓励和支持农户大力推进和发展林下经济，采取“龙头企业+专业合作组织+基地+农户”的发展方式，龙头企业与专业合作组织、基地、农户可以互为条件，互为依托，相互影响、相互促进。重点推进林下种植、林下养殖、林下产品采集加工、森林景观利用等，延长产业链，提高经济效益。

附表1　林改支持完成情况表

林改支持主要内容	单位	计划	实际	完成比例
1. 新造林林权证发放和确认面积	公顷	70 832	74 906	106%
2. 生态修复综合技术研究	人日	140	140	100%
3. 农民合作社功能及服务模式研究	人日	60	60	100%

（续）

林改支持主要内容	单位	计划	实际	完成比例
4. 林地使用权改革实践研究	万元	50	50	100%
5. 林业综合发展评价研究	万元	26.4	26	98%
6. 林改经验总结研讨	次	4	4	100%
7. 林改研究及评估	万元	59	101	173%

附表 2　新造林林权证发放和确认面积表

省名	计划（公顷）	实际（公顷）	完成比例
合计	**70 832**	**74 906**	**106%**
河北	11 880	11 880	100%
山西	21 000	21 293	101%
辽宁	22 172	24 478	110%
安徽	15 780	17 255	109%

附表 3　实用技术推广培训分省完成情况表

省名	计划（人日）	实际（人日）	完成比例
合计	**38 000**	**41 302**	**109%**
河北	10 625	11 900	112%
山西	13 000	13 210	102%
辽宁	1 875	1 926	103%
浙江	3 125	3 638	116%
安徽	9 375	10 628	113%

附表 4　扶持农民合作社完成情况表

省名	数量	农民合作社名称	所在县名	建设方式	经营内容	涉及农户
合计	**20**					**7 069**
河北	**小计**					**3 167**
	1	肥乡县曙光苗木专业合作社	肥乡	扩建	国槐、法桐、白蜡、女贞、北栾、垂柳造林经营与管理	2 500
	2	馆陶县益民林果种植专业合作社	馆陶	扩建	种植与管理果品、种苗等	386
	3	东留善固林果技术协会	临西	扩建	林果技术指导和管理	68
	4	武邑绿华种植专业合作社	武邑	扩建	农业、林业种植	57
	5	永清县西桑园优质果品专业合作社	永清	扩建	果树的集中管护和果品的统一管理、统一包装、统一定价、统一销售	156
山西	**小计**					**1 915**
	1	永和县永盛核桃专业合作社	永和县	新建	核桃树栽植、核桃销售	25
	2	牛贵核桃种植专业合作社	中阳县	扩建	核桃种植与管理	31
	3	左权县兴寺核桃农民专业合作社	左权县	扩建	核桃种植与管理	288
	4	吕梁市离石区永建种植专业合作社	离石	新建	小杂粮、核桃种植与管理	11
	5	昌荣核桃专业合作社	临猗县	扩建	核桃种植与管理	1 560

（续）

省名	数量	农民合作社名称	所在县名	建设方式	经营内容	涉及农户
辽宁	小计					**1 045**
	1	兴林油松良种培育协会	阜新县	扩建	油松相关营林	74
	2	种苗花卉协会	阜新县	扩建	造林苗木供应	82
	3	钓鱼乡建民榛子开发专业合作社	西丰县	扩建	榛子相关营林	129
	4	成平乡平榛榛子专业合作社	西丰县	扩建	榛子相关营林	360
	5	东张家榛子协会	昌图县	扩建	榛子相关营林	400
浙江	小计					**77**
	1	临安三口香榧专业合作社	临安市	扩建	香榧及用材林种植	12
	2	新国杨桐专业合作社	安吉县	扩建	杨桐种植销售	65
安徽	小计					**865**
	1	万家一品来山核桃专业合作社	宁国市	扩建	山核桃种植、加工、销售及技术培训、推广、信息交流、咨询等	325
	2	太湖县天华林果业协会	太湖县	扩建	造林、林下种植	380
	3	富溪源茶油合作社	黄山市徽州区	扩建	油茶种植、加工、销售	160

附表 5 为扶持农民合作社采购完成情况表

采购内容	单位	计划	分年度完成情况		分省完成情况					实际完成	完成比例
			2011 年	2012 年	河北	山西	辽宁	浙江	安徽		
合计		**136**	**39**	**94**	**30**	**15**	**40**	**12**	**36**	**133**	**98%**
1. 计算机	台	23	11	12	5	5	5	2	6	23	100%
2. 打印机	台	20	11	9	5	5	5	2	3	20	100%
3. 办公桌椅	套	53	4	41	10		25	4	6	45	85%
4. 科普资料	套	2	2	—				2		2	100%
5. 档案柜	套	9	—	14	5				9	14	156%
6. 电话	部	6	—	6					6	6	100%
7. 传真机	台	3	—	3					3	3	100%
8. 电视机	台	20	11	9	5	5	5	2	3	20	100%

附表 6 森林经营方案编制完成面积表

省名	森林经营方案编制地点	计划编制面积（公顷）	实际编制面积（公顷）	完成比例
合计		**400**	**879**	**220%**
河北	武邑县	80	82	102%
山西	离市区坪头乡李家山村	80	516	645%
辽宁	阜新县旧庙镇代海村	80	100	125%
浙江	安吉县孝丰镇狮古桥村	80	100	125%
安徽	旌德县孙村乡	80	81	102%

附表 7　为森林经营方案示范完成培训表

省名	计划（人日）	实际（人日）	完成比例
合计	**1 320**	**1 394**	**106%**
河北	750	750	100%
山西	20	87	435%
浙江	500	507	101%
安徽	50	50	100%

附表 8　项目支持林改投资完成情况表

项目建设内容	计划总投资（万元）	实际完成总投资（万元）	完成比例
合计	**826.08**	**1 541.93**	**187%**
1. 实用技术培训推广	329.99	317.07	96%
2. 扶持农民合作社	60.09	105.46	176%
3. 森林经营方案示范	54.00	206.67	383%
4. 林改研讨及其他研究	382.00	912.73	239%

附件V 创新和造林模型

随着我国经济实力的不断增强和外汇储备的高额持有，林业综合发展项目在设计和实施中，始终把机制和科技创新作为首要任务，项目通过几年的实施，积累了十分可贵的经验，为林业持续发展提供了很好的借鉴。

造林模型是创新的一个重要方面。尽管林业的周期长、见效慢，很难在短期内对此进行效果评价。然而，项目特别关注这一工作，一些省份通过案例评价已经取得阶段性的成果。

容器苗造林是造林模型创新的重要组成部分，与以往世行项目和国内造林项目相比较，本项目在容器苗造林方面，特别是阔叶树种容器苗造林方面，取得了实质性的进展。

1 机制和科技创新经验

项目在部门协作、造林模式、持续发展等方面进行了大胆地创新，形成了成套的机制和科技创新经验。

1.1 通力协作谋发展，强大合力搞项目

项目在立项、评估、实施过程中，形成了发改、财政、林业、审计等部门“统一领导、归口管理、分工负责、各司其职”的合作方式，建立健全了齐抓共管的工作机制，形成了推动项目建设的强大合力，保证了项目的顺利实施，也为今后政府投资建设的林业工程提供了良好的多部门协同管理机制的示范。

在项目的立项和评估过程中，发改委牢牢把握项目建设方向，给予项目巨大支持，为项目的顺利实施奠定坚实基础。

在项目实施过程中，财政部门负责项目资金管理，足额安排配套资金，审查提款报账材料并向世行提取贷款资金，按时拨付；并负责回收还款资金，偿还债务。审计部门负责项目的监督管理，对项目的资金使用、配套资金到位、造林成活率等进行全方位审计，督促项目主管部门和实施单位，严格执行有关制度，确保项目资金专款专用，确保各级配套资金按时足额到位，为项目的顺利实施起到保驾护航的作用。林业部门负责做好项目的实施工作，同时根据审计报告和世行检查组备忘录中提出的问题和建议，通过自查自纠、重点检查等方式，查找项目资金使用、营林管理中存在的薄弱环节，并加以改进。

发改、财政、审计、林业等多部门全程参与项目的管理，切实履行各自的职责，对项目和资金运行全过程实施科学化、精细化管理；各部门通过联合检查指导项目建设、联合开展项目管理培训、联合宣传推广项目经验等做法，确保了项目建设进度和质量。

1.2 自然恢复要重视，人工修复不可少

项目紧把时代脉搏，根据当前林业面临的挑战，引用近自然林业的理念，坚持生态优先，关注森林多功能，聚焦林业可持续发展，创新设计并大规模实践了人工林生态修复模型，采用“自然恢复为主，与人工修复相结合”的方法，在生态环境脆弱地区，通过多树种混交，营造多功能人工林，修复现有残次林，恢复森林生态防护能力。

项目所采用的设计理念和技术措施走在了理论和实践的前沿，且与中央的决策高度一致。2015年4月25日《中共中央 国务院关于加快推进生态文明建设的意见》指出：坚持把节约优先、保护优先、自然恢复为主作为基本方针……在环境保护与发展中，把保护放在优先位置，在发展中保护、

在保护中发展；在生态建设与修复中，以自然恢复为主，与人工修复相结合。中共中央政治局 2015 年 9 月 11 日审议通过的《生态文明体制改革总体方案》中，提出了生态文明体制改革的指导思想：坚持节约资源和保护环境基本国策，坚持节约优先、保护优先、自然恢复为主方针……改善环境质量，提高资源利用效率，推动形成人与自然和谐发展的现代化建设新格局。

1.3 政府还贷要生态，群众造林有收益

以往世行项目均采取“谁承贷，谁受益，谁还款”的转贷方式。林业综合发展项目的首要目标是改善生态环境和保障国土生态安全，项目的受益主体是广大人民群众。因此，项目采取了“政府承贷，林农用款，政府还贷”的贷款使用方式，不仅利于政府统筹规划和组织实施项目，也解除了参与项目的实体和农户在偿还贷款上的后顾之忧，充分调动了参与项目的积极性，保证了项目的顺利实施和项目目标的全面实现。这一由县级政府统贷统还、利用世界银行贷款开展生态建设的宝贵经验，为我国今后实施具有公共产品效益的林业工程项目提供了可借鉴的投资管理模式。

项目还从创新社区参与式设计方法，强化合同管理两方面入手，从制度上确保农户和实体能公平、公正的参加项目并从中受益。在参与式设计方面，加强项目理念宣传和实施内容磋商，便于农户了解项目，提高农民参与项目的积极性；在合同管理方面，政府与每一个受益人签订了全面细致的项目实施合同，明确了项目参与各方的责任、权利与义务及收益分配，使项目实施合同成为确保项目建设任务顺利完成的根本保证。

1.4 世行经验大推广，示范带动推发展

项目以生态建设为主要目标，采取先进的技术理念，引领着当前林业发展方向。为使项目各项先进的经验和技术能够得到及时的推广应用，辐射更大的范围，由过去在项目实施结束后进行总结推广的传统模式，转变为“边实施，边总结，边推广”，通过举办培训班、现场指导、专家咨询等形式，使项目中的先进理念、经验和技术在“全国储备林基地建设项目”“国家开发银行林业建设项目”和“安徽省千万亩森林增长工程”等国内林业重点工程项目中及时得到了推广应用，取得了良好的示范带动作用。

1.5 阔叶树种多功能，混交造林创模型

林业综合发展项目在我国北方平原沙地、山地丘陵、黄土高原和南方丘陵等生态脆弱地区创新提出了混交造林模型 37 个，其中：新造多功能人工林混交模型 29 个，现有人工林修复混交模型 8 个。河北、山西、辽宁、浙江和安徽省分别有 7、12、7、6 和 5 个造林技术模型，分别涉及 20、16、10、35、52 个树种，见表 1。

表 1 造林模型实施情况

省份	合计			多功能人工林			现有林修复		
	报账模型	技术模型	树种个数	报账模型	技术模型	树种个数	报账模型	技术模型	树种个数
河北	3	7	20	3	7	20			
山西	4	12	16	4	12	16			
辽宁	7	7	10	7	7	10			
浙江	6	6	35				6	6	35
安徽	5	5	52	3	3	48	2	2	19
合计	**25**	**37**		**17**	**29**		**8**	**8**	

以浙江省为例，该省的 6 个现有人工林修复混交模型，涉及 35 个树种，52 个树种配置组合。通过新造多功能混交人工林和对现有人工林生态修复和完善，模拟天然森林生态系统，恢复或重建与当地自然条件相适应的近自然森林生态系统，大大增强了森林生态系统的水土保持、防风固沙和保护农

田等多重生态防护功能，有效改善了当地生态环境。

（1）模型设计理念。造林模型设计的技术理念由过去的“高密度、单一树种、商品林、成熟林皆伐”，转变为“低密度、混交林、多功能、可持续”。技术模型设计主要考虑两个因素：一是解决生态脆弱地区的水土流失、土地沙化，以及林分退化导致的森林涵养水源能力降低，生物多样性丧失等生态环境问题；二是兼顾当地农民生活水平的改善。因此，造林模型设计的技术理念主要体现在以下几个方面：一是坚持生态效益优先，适当兼顾经济效益；二是营造混交林；三是在现有林退化地区引入改良环境树种；四是采取低密度造林恢复林下植被；五是在经营模式上采用近自然林业的经营标准和方法。

（2）模式分类和效果。平原沙地多功能混交林造林模式。在辽宁省科尔沁沙地的风沙区以及河北省黄河故道和永定河下游的土地沙化地区，成功探索了以防风固沙和农田防护为主要目的的多功能混交林模式，起到了遏制风沙侵蚀、保护农田的作用。

北方山地丘陵多功能水土保持林混交林造林模式。在辽宁省辽河、大凌河、柳河流域水土流失严重的丘陵区以及山西省太行山石质山区水土流失严重地区，成功探索了以控制水土流失为主要目的的多功能混交林模式，取得了水土保持和增加农民经济收入的双重效益。

北方黄土高原小流域综合治理混交林造林模式。在山西省黄土高原地形破碎、土壤侵蚀严重地区，为了有效控制水土流失，在梁峁顶、丘陵坡面、侵蚀沟、梯田、坡地农田等地形，按照小流域综合治理模式，采用营造混交林方式，控制小流域内的水土流失，达到“土不下山，水不出沟”的目的。最终形成以小流域为单元的水土保持林体系，成功探索了以小流域综合治理为目的多树种镶嵌式的多功能混交林模式，达到了控制土壤侵蚀和增加农民收入的双赢效果。

南方山地丘陵多功能混交林造林模式。在安徽省的长江流域中下游山地、丘陵地区，成功探索了以控制土壤侵蚀、提高水源涵养能力和改善文化遗产周边地区生态环境为目的的多功能混交林模式，起到了水土保持、提高森林生态稳定性和增加森林多重效益的综合作用。

南方山地丘陵退化人工林修复混交林模式。在安徽和浙江省生态功能低下的退化人工林地区，成功探索了以预防水土流失、生物多样性降低和病虫害频繁发生为目的的退化人工林修复混交林模式，从而提高了退化人工林的生态稳定性，改善了退化经济林产品的产量和品质，增加了人工林生物多样性，实现了当地森林的可持续经营。

1.6 大力推行容器苗，生长潜力再挖掘

项目的总目标是在生态脆弱地区开展生态修复，选择的造林立地条件较差，采用常规造林技术成活率低，因此项目大力推广应用了一系列技术措施，从育苗、整地、栽植、抚育管理等方面全方位提高困难立地条件下造林成活率。尤其是大规模采用容器苗造林，困难立地条件下的造林成活率提高了20%左右，保证了项目的实施质量。以往世行贷款项目的容器苗使用率不到2%，而林业综合发展项目的容器苗使用率已经达到20%。浙江项目区的容器苗使用率达到100%。

项目在我国生态脆弱地区创新的混交造林模型，其设计理念和技术措施均走在理论和实践的前沿，经过6年的项目实施，取得了良好的效果。但是这些模型还有待系统、科学、持续地验证。

2 山西造林模式和流域治理效果评价

山西省在认真总结和分析项目监测成果的基础上，于2016年下半年，成立了项目造林模式和小流域治理评价组，来自不同领域专家共计9人，其中：教授级高工5人、高工2人、工程师2人，对项目的造林模型和成效进行了全面地评价，形成了翔实的《IFDP 山西省小流域治理及造林模式监测评价报告》，得出了阶段性的结论。

2.1 模式评价

山西通过对项目造林模式评价，分别各区域提出如下优良和推广模式：

（1）在东北区域范围内，可主要推广油松+柠条块状或带状造林模式，在低海拔地区可以推广仁用杏+柠条块状造林模式。

（2）在西北区域范围内，可主要推广的油松+柠条或刺槐块状造林模式，在低海拔地区可以推广侧柏+刺槐或山杏、仁用杏+柠条块状造林模式。

（3）在西部区域范围内，在沟川地或梯田可主要推广核桃+山杏或其他灌木树种块状或带状混交造林模式，在沿黄的低海拔区沟川地或梯田可以主要推广枣树+其他灌木树种块状或带状混交造林模式，在中海拔地区沟坡面可以推广油松+刺槐或柠条块状造林模式，在低海拔地区沟坡面可以推广侧柏+刺槐或山杏块状造林模式。

（4）在中部区域范围内，在沟川地或梯田可主要推广核桃+山杏或其他灌木树种块状或带状混交造林模式，在中海拔地区沟坡面可以推广油松+刺槐或柠条块状造林模式，在低海拔地区沟坡面可以推广侧柏+刺槐或山杏块状造林模式。

（5）在西南区域范围内，在垣面或梯田可主要推广核桃+山杏或其他灌木树种块状或带状混交造林模式，在沟坡面可以推广油松+刺槐或山杏块状造林模式。

（6）在东南区域范围内，可以推广侧柏+刺槐块状造林模式。

2.2 小流域治理评价

山西通过对流域治理的典型调查，发现到2016年，3个小流域已经产生明显的生态和社会效益。

（1）黑茶林业局魏家滩林场木崖头营林区大井上小流域面积3147公顷，乔木郁闭度6%，灌木盖度16%，植被覆盖率20%，物种23种；每年可减少地表径流31027立方米，减少土壤流失1849吨。

（2）临猗县孙吉乡高村小流域面积42公顷，乔木郁闭度21%，灌木盖度6%，植被覆盖率27%，物种28种；所种植的核桃盛果期可年收入142~284万元；每年可减少地表径流467立方米，减少土壤流失47吨。

（3）永和县张家源沟小流域445.8公顷，乔木郁闭度25%，灌木盖度35%，植被覆盖率60%，物种19种；所种植的核桃在盛果期可年收入748~1496万元；每年可减少地表径流4739立方米，减少土壤流失626吨。

由此不难看出，项目按照小流域综合治理模式，特别是要求优先选择较完整的小流域，针对不同地形条件分别采用了不同混交林模式，形成了以小流域为单元的水土保持林体系，以生物措施为主的小流域综合治理模式。在小流域的单元内，控制水土流失现象，达到"保塬、护坡、固沟"的目的。最终形成以小流域为单元的水土保持林示范体系，整体推进小流域综合治理的效果。

2.3 项目整体效益

通过项目的实施，为项目区的农民带来参与项目的机会，增加劳动就业的机会，项目区的农民可以获得17 290万元的劳务费收入；项目区乔木郁闭度平均15.3%，植被覆盖25.6%；到目前每年可以减少地表径流量351 945立方米，可以减少土壤流失量29 286吨。随着林木的继续生长、覆盖度的不断提高，其发挥的生态效益将更加显著。

3 河北不同造林模式生长量和与经济效益

河北省为研究项目的多功能效果，于2016年下半年，由林业科学研究院牵头，对项目造林模型的成本和效益进行了调查。调查组由8位专家组成，其中：教授级高工2人、高工5人、工程师1人。在科学调查和分析的基础上，专家组形成了《世行贷款林业综合发展项目河北省造林模型成本与效益评价报告》，如下是不同模型生长量和效益案例。

3.1 混交型防风固沙林生长量与经济效益

河北永清县柳园107杨+白榆混交型生长量与效益案例。该案例位于永清县管家务乡柳园村，造林地为永定河滩地，风沙土。造林模型为用材树种混交型防风固沙林。2012年春季造林，造林树种为107杨和白榆，面积8公顷，采用单行混交模式，混交比例4：6。杨树株行距3米×4米，榆树株行距1.8米×4米，造林密度1130株/公顷，林木保存率97%。该案例项目林营造基本情况见表2。

表2 项目林造林基本情况

<table>
<tr><th>地点</th><th>造林模型</th><th>造林树种</th><th>造林时间（年）</th><th>面积（公顷）</th><th>胸径（厘米）</th><th>苗高（米）</th><th>株行距（米）</th><th>保存率（%）</th></tr>
<tr><td rowspan="2">永清县管家务乡柳园村</td><td rowspan="2">模型Ⅰ</td><td>107杨</td><td rowspan="2">2012</td><td rowspan="2">8.0</td><td>3.0</td><td>3.0</td><td>3×4</td><td>98</td></tr>
<tr><td>白榆</td><td>0.8</td><td>1.2</td><td>1.8×4</td><td>96</td></tr>
</table>

根据各年度对项目林生长情况的调查数据，项目林主要林分因子的变化情况见表3。

表3 项目林主要林分因子

造林模型	树种	指标	2012年	2013年	2015年	2016年	年均生长量
Ⅰ	107杨	胸径（厘米）	4.6	9.7	15.9	17.8	3.0
		树高（米）	5.9	8.1	13.3	14.8	2.7
		冠幅（米）	1.1	2.3	3.4	3.5	0.7
	白榆	胸径（厘米）	—	3.7	6.6	8.0	2.0
		树高（米）	2.0	2.85	6.7	7.5	1.3
		冠幅（米）	1.1	2.1	2.9	4.2	0.8

由表3各项林分因子的年度调查数据可知，项目林经过5年生长，107杨和白榆生长良好，林分郁闭度达到0.8，已基本郁闭成林；尤其是107杨生长速度快，胸径年均生长量3.0厘米，已能够产出小径材，单株蓄积约0.107立方米，公顷蓄积量48立方米，年平均生长量8立方米，高于同等立地条件15%左右。白榆生长相对较慢，树高为107杨的1/2，胸径不足1/2，主要原因是造林苗木过小（1年生苗），但其生长量也明显高出其他平原常见阔叶树种（$D_{年}$<1.0厘米）。

3.2 间作型防风固沙林生长量与经济效益

河北临漳县西羊羔乡西羊羔村107杨+白芍间作生长量与效益案例。造林地为河滩地，通体沙质土。2010年造林，造林面积13.2公顷，造林模型为间作型防风固沙林，造林树种为欧美107杨，株行距3米×3米×7米，造林密度667株/公顷（表4）。行间种植白芍、菊花、知母、桔梗等药材。

表4 项目林营造情况

地点	造林模型	造林树种	造林时间	面积（公顷）	胸径（厘米）	苗高（米）	株行距（米）	保存率（%）
临漳县西羊羔乡西羊羔村	模型Ⅱ	107杨	2010年	13.2	2.0	2.5	3×3×7	99

该项目林杨树生长良好，林分郁闭度约 0.8，林分生长较好，胸径年生长量 2.6 厘米，树高年均生长量 2.1 厘米，单株材积 0.1499 立方米，公顷蓄积量 99.75 立方米，年均生长量 14.25 立方米，高于同类立地条件的生长量 20%左右，见表 5。

表 5　林生长情况

造林模型	树种	指标	2010 年	2016 年	年均生长量
Ⅱ	107 杨	胸径（厘米）	2.0	20.0	2.6
		树高（米）	2.5	17.3	2.1
		冠幅（米）	0	4.1	0.6

间作的白芍属于耐阴药材，具有生长周期长和管理简便的特点，但投入较高，主要由于种苗费用高，但收益也相对较高，公顷收益达 10875 元/年，高于常规农作物的收益，见表 6。

表 6　间作物经济效益

造林模型	间作物	4 年产量（公斤/公顷）	价格（元/公斤）	毛收入（元/公顷）	经营成本（元/公顷）	4 年纯收入（元/公顷）
Ⅱ	白芍	4 500	18	81 000	37 500	43 500

3.3　生态经济型防风固沙林生长量与经济效益

河北邱县润升公司文冠果生态经济型生长量与效益案例。该案例位于邱县梁二庄镇东梁二庄村，河北润升农业科技有限公司建设文冠果及中草药产业基地，位于邱县 106 国道东侧梁二庄镇现代农业示范园区，已种植文冠果树 53.3 公顷，株行距 2 米×3 米，林木密度 1 667 株/公顷。间作有黄芪、金银花、大豆等经济作物。文冠果的果实可进行榨油，叶加工成茶叶，效益可观，见表 7 和表 8。

表 7　项目林营造情况

地点	造林模型	造林树种	造林时间	面积（公顷）	基径（厘米）	苗高（米）	株行距（米）	保存率（%）
邱县梁二庄镇东二梁庄	模型Ⅲ	文冠果	2012 年	53.3	1.3	0.8	2×3	100

表 8　项目林生长情况

造林模型	树种	指标	2012 年	2016 年	年均生长量
Ⅲ	文冠果	基径（厘米）	1.3	6.0	0.1
		树高（米）	0.8	1.8	0.2
		冠幅（米）	0	1.5	0.3

文冠果是近年来新发展的生态经济树种，由于产油量高、品质好，栽培效益非常可观。该案例处于结果初期，树形尚未发育完好，林分郁闭度约 0.5，每公顷结果量达 2 250 公斤，可实现经济效益 31 500 元/公顷（表 9）。间作作物在前 3 年，每年收入 7 500 元/公顷左右。该项目林后期经济效益非常可观。

表 9　项目林经济收益

造林模型	树种	果实产量（公斤/公顷）	产油量（公斤/公顷）	价格（公斤/元）	成本（元/公顷）	纯收益（元/公顷）
Ⅲ	文冠果	2 250	1 350	40	22 500	31 500

4 安徽典型混交模型效果分析

安徽省农业大学等对混交林的研究已经有 30 多年的历史，本项目是在该研究的基础上进行的。徐小牛教授等在对林业综合发展项目造林模型进行监测的基础上，进行了较为全面地分析和评价。

4.1 松阔混交林模型

早在 20 世纪 80 年代初，安徽省就开展了以马尾松为主的松阔混交林试验，阔叶树种主要有枫香、马褂木、麻栎、黄檀。通过 30 年的监测，结果表明，马尾松+黄檀、马尾松+麻栎、湿地松+麻栎混交林，行间混交方式，混交效益明显，林分蓄积量分别比松纯林提高 12.7%~26.9%。而马尾松+枫香、马尾松+马褂木、湿地松+马褂木混交林，采用行带状混交方式，即松树 3~5 行，阔叶树 1 行，则表现出显著的混交效益，20 年生后林分蓄积量比松纯林提高 23.6%~47.3%。

混交林生态功能明显提高。与松纯林相比较，松阔混交林土壤质量显著提高，土壤有机质含量提高 31.9%~53.9%、全氮含量提高 19.6%~33.5%、有效氮和有效磷含量分别提高了 20.1%~33.8% 和 25.4%~41.6%。同时，混交林中物种丰富度高于松纯林，特别是鸟类在林中出现数据显著高于松纯林；森林水源涵养功能及碳固持能力显著提高，表现出显著的生态效益。

4.2 杉阔混交林模型

杉木是安徽皖南及大别山区主要造林树种，随着一、二代杉木林的采伐利用，为了维持立地生产力，迹地更新造林树种选择及其造林模式成为营林生产的重要课题。在世行贷款项目建设中，积极推广应用混交造林技术，取得显著成果。选择的主要混交阔叶树种有枫香、檫树、木荷、光皮桦、桤木等，混交方式主要有行间混交、行带混交。

杉阔混交林生长优势明显，现有林分调查结果显示，与杉纯林相比较，混交林生产力提高 20.0%~47.3%。同时，杉阔混交促进了地表凋落物的分解转化，林地养分循环速率显著提高，成熟林分地表枯落物层蓄积量平均减少 22.9%，表层 0~20 厘米土壤有机质含量平均提高 16.1%、有效氮含量平均提高 28.4%、有效磷含量平均提高 22.9%，林分碳储量提高 27.7%。杉阔混交林中，以杉木+桤木、杉木+光皮桦混交林混交效应更佳，其原因与桤木、光皮桦落叶养分含量高有直接关系，特别是桤木具有固氮作用，落叶全氮含量高达 2.0%以上，而光皮桦落叶全氮含量也较高，达 1.6%~2.0%；这些落叶分解快，养分周转迅速，维持立地效果显著。由此可见，杉阔混交在林分生产力和立地质量维持方面具有显著作用。

4.3 杉竹混交林模型

安徽杉木林采伐迹地栽植毛竹，同时利用杉木萌芽更新特性，促成杉木+毛竹混交林，森林更新成本低，效果好。更新林分每株杉木伐桩留养一根萌条，培育中小径材，栽竹密度 250~300 株/公顷（母竹造林）或 600~750 株/公顷（毛竹实生苗造林）。这种方式混交林形成速度快，关键技术措施就是伐后控萌，每株杉木选留一根强旺萌条进行培育；毛竹实生苗造林时，3~4 年生后需进行疏伐，砍除密集老竹。

杉木中龄林间伐后栽竹，或成熟林采用渐伐方式采伐后栽竹，母竹造林时株距 6 米，若实生苗造林株距 4 米，改造成杉木+毛竹混交林。毛竹接近满园时，选留杉木 150~200 株/公顷，培育大径材，最终成为毛竹+杉木混交林。这种方式形成的混交林，杉木生长促进效果显著，特别是行带状间伐（或采伐）后，边缘效应显著，特别是采伐带内光照充足，土壤温度明显提高，加速了地表凋落物的分解，促进了林下植被发育，物种多样性显著提高，混交林物种丰富度增加 1 倍多；由于采伐带生境条件变化，促进了有机质分解转化，林地表层土壤有机质含量提高 13.9%、有效氮含量提高 15.2%、有效磷含量提高 12.6%。立地环境变化，促进了杉木生长，其胸径生长量提高了 15%~20%。同时，混交林中保留的杉木继续培育，形成优质大径材，林分经营效益大大提高。

4.4 不同模型的固碳作用

研究发现，混交林固碳能力普遍显著高于同龄针叶纯林，其中湿地松阔叶树混交林最为显著。与湿地松同龄纯林相比，湿地松+枫香中龄混交林生物量碳储量平均提高 38.7%，湿地松+麻栎成熟混交林平均提高 21.6%。

杉木阔叶树混交林的增汇效应同样十分显著，中龄杉木+枫香混交林生物量碳储量比杉木纯林平均提高 25.5%，而杉木+檫树成熟混交林则平均提高了 31.2%。

马尾松阔叶树混交林生物量碳储量平均高于马尾松纯林的 11.0%~24.6%。此外，根据现实林分调查结果，毛竹混交林的生物量碳储量亦显著高于毛竹纯林。在混交树种达到成熟林时，毛竹-杉木混交林高出毛竹纯林 38.2%~53.9%，毛竹-枫香混交林高出毛竹纯林 43.6%~68.4%，毛竹-苦槠混交林高出毛竹纯林 29.5%~37.3%。

由此可见，针阔混交林提高了生态系统固碳能力，增汇效益明显。

5 浙江生态修复综合技术研究成果和项目林案例

5.1 安吉生态修复综合技术

为监测项目的实施效果，浙江农林大学在安吉县设置项目林样地 30 块，对照样地 25 块，对项目不同模型的实施效果进行了监测，形成了《世行贷款林业综合发展项目浙江安吉县生态修复综合技术研究报告》，主要的研究结论如下：

5.1.1 低质低效马尾松林修复

马尾松林生态修复后，树种丰富度从 10 种提高到 37 种，树种多样性大大提高；阔叶树比重增加了 10%；单一层次单一树种林分向多树种混交复合层次的针阔混交转化，改善了马尾松林单一化状况；灌木层树种丰富度提高了 21.3%，草本层物种丰富度提高了 75.0%，灌木层和草本层植物组成都发生了明显变化；改造后土壤总贮水量、滞留贮水量和吸持贮水量增加了 2%左右；改造后土壤有机质、速效钾、碱解氮和有效磷增加了 2%~11%。随着改造效果的显现，土壤涵养水源能力和肥力还将得到明显提高。

马尾松林适宜混交的阔叶树种有枫香、檫树、冬青、青冈、香樟、榆树、山矾、苦槠、亮叶青冈等。

5.1.2 低质低效杉木林修复

杉木人工林是安吉主要林分类型。集中连片多代连作杉木人工纯林的经营方式引起了地力衰退、林分结构单一、物种多样性下降、林地生产力低下、林木产量和质量退化、林地病虫害多发、抗逆性差等系列问题，形成了大面积的低质低效杉木林。世行项目中，积极开展低质低效杉木林改造，除了补植阔叶树种外，还重点保护培育现有林分中的硬阔植株，如檫树、山矾、亮叶山矾等，选择的主要混交阔叶树种有浙江楠、檫树、枫香，形成了杉木阔叶树混交林，这是改善土壤、防止地力衰退的有效方法。

研究发现：生态修复明显增加了阔叶树种的比重，杉木纯林化现象得到明显改善；提高了乔木层物种多样性水平；提高了乔灌层树种丰富度，增加树种 7 种；木本植物组成变化比草本植物组成大；补植的浙江楠占据越来越重要的生态位，未来可形成杉木檫树浙江楠混交林；虽然改造时有一些人为活动产生了干扰，但是并没有降低灌木层和草本层多样性水平；土壤涵养水源能力和肥力也没有因改造活动而在近期内受到不良影响，改造后土壤总贮水量、滞留贮水量和吸持贮水量增加了 3%左右；改造后土壤有机质、速效钾、碱解氮和有效磷增加了 2%~14%。随着改造效果的显现，土壤涵养水源能力和肥力还将得到明显提高。

5.1.3 低效板栗林修复

在低效板栗纯林中补植光皮桦、红叶石楠、日本晚樱、香榧等效果较好。

经过修复后，板栗林中其他阔叶树的比重明显增加，板栗纯林化的现象得到明显改善；有部分林分已经由板栗纯林发展为了板栗光皮桦混交林；提高了乔灌层树种丰富度，增加树种6种；下木层的空旷现象也得到明显改善，林地利用率和空间利用率大幅度提升；景观功能明显增加，板栗纯林变成观赏性较强的复层景观林，美景度大大提高；改造后土壤总贮水量、滞留贮水量和吸持贮水量增加了3%~7%；改造后土壤有机质、速效钾、碱解氮和有效磷增加了2%~14%。改造后的板栗林发挥了森林的多功能效应。

5.1.4 茶叶纯林改造

改造后，白茶纯林单层林变为由白茶、光皮桦、红叶石楠、木荷、桂花等多树种组成的茶阔乔灌复合混交林，例如补植3年的光皮桦平均胸径达9.7厘米，平均树高6.2米，木荷平均胸径达6.7厘米，平均树高4.3米，生长非常迅速；改造后，白茶纯林增加了3~6米不等的乔木层，由单层林变成复层林；改造后白茶林的树种结构和垂直结构均得到显著改善。

改造后的白茶林提高了减缓霜冻、耐高温、水源涵养的能力，不但可以减轻因霜冻危害引起茶叶品质下降、产量减少的现象，也可以减缓持续高温对白茶的损害，白茶混交化改造对保证广大茶农利益有着重要作用。

改造后白茶林景观价值也大为提高，茶林美化环境的功能大为增强；生物多样性水平、对病虫害的生态控制能力得到提高，有利于茶园生态系统的平衡。

5.2 项目林典型案例调查

5.2.1 浙江德清县林木生长量情况案例

德清县武康镇上柏联合林场和筏头乡兰树坑村，在项目实施前，项目林受松材线虫病影响大，枯死松木比例大，林分下层树木生长不良，受杂灌木影响大。武康镇上柏联合林场2011年补植木荷，苗高70厘米；到2015年10月，林木平均高度为200厘米左右，逐渐形成第二层乔木林层。2014年，筏头乡兰树坑项目林在清理枯死松木的基础上，保留原生阔叶树种，对原生阔叶树种采用除灌、除草、松土等抚育措施，同时在林下空地补植阔叶树种；到2015年10月，小班原生阔叶树种胸径增长量0.3厘米，明显优于世行项目实施前的林下阔叶树生长；其补植的浙江楠年生长量为10厘米，木荷年生长量为30厘米。

5.2.2 临安市林木生长量情况案例

浙江临安县於潜镇昔口村2014年4月对杉木采伐后萌芽林进行修复，当时，林分平均高度为40厘米左右，主干直径平均为0.5厘米。项目通过砍除多余的萌芽条和补植阔叶树，到2015年4月，杉木萌芽林平均高度为135厘米左右，年高生长量平均为95厘米，主干直径平均为2.2厘米，明显高于其他未实施世行项目的杉木萌芽林（年高平均生长量55厘米左右）。新种植阔叶树中，银杏年高生长量平均为20厘米，红叶石楠年高生长量平均为55厘米。

6 浙江容器苗造林生长潜力大

6.1 浙江省容器育苗造林居全国前列

2007年，浙江省颁布实施了《林业容器育苗》地方标准。近年来，油茶、桂花等常见苗木的容器育苗地方标准也在浙江陆续制定颁布，以推动全省容器苗培育和造林。据不完全统计，2015年，浙江省年容器苗生产能力约为4.5亿株。

6.2 项目容器苗造林的优势明显

浙江林业综合发展项目采用100%容器苗造林。与常规方式相比，容器苗造林主要优点如下：一是延长造林季节，造林不受栽植季节限制，容器苗一年四季均可栽植，便于合理安排劳力，有计划地进行分期栽植。二是可以提高栽植成活率，容器苗栽植是全根全苗，根部不受损伤，可大大提高栽植成活率，达到96%以上，比裸根苗高出17%。三是有利于提早发挥效益，容器育苗所用培养基肥力高，有利于苗木生长，容器苗高生长比裸根苗高出30%以上。四是容器苗根系发育好，抵抗不良环境能力强，栽后缓苗期短，甚至不缓苗，有利于提早发挥造林效益。

浙江省林业科学研究院于2000年开始对主要阔叶树种的工厂化容器苗培育进行了系统研究，并与裸根苗成活率做了大量的对比试验。试验结果表明，容器苗成活率显著高于裸根苗成活率（表10和表11）。

表10 主要阔叶树种容器苗与裸根苗造林成活率比较

树种	成活率（%）			新梢生长量（厘米）		
	裸根苗	容器苗	提高（%）	裸根苗	容器苗	提高（%）
平均	79.5	96.5	17.0	31.7	46.4	45.8
乳源木莲	70.2	96.5	26.3	24.9	36.2	45.4
香樟	82.1	95.7	13.6	18.9	31.5	66.7
深山含笑	81.6	97.3	15.7	22.4	33.6	50.0
黄山木兰	72.6	97.0	24.4	28.4	41.0	44.4
浙江楠	78.4	93.2	14.8	18.5	23.5	27.0
浙江樟	79.9	98.2	18.3	20.5	29.8	45.4
杜英	82.6	94.6	12.0	24.1	33.3	38.2
乌桕	88.7	99.3	10.6	95.6	142.4	49.0

表11 部分阔叶树种容器苗与裸根苗造林质量比较

树种	成活率（%）			2年苗高生长量（厘米）		
	裸根苗	容器苗	提高幅度（%）	裸根苗	容器苗	增加幅度（厘米）
平均	75.4	92.0	16.7	25.7	35.3	9.6
青冈	72.4	91.4	19	20.2	25	4.8
闽楠	71.3	90.5	19.2	35.4	50.5	15.1
木荷	82.4	94.2	11.8	21.5	30.4	8.9

6.3 浙江采用无纺布覆盖技术降低抚育成本

为降低造林抚育成本，浙江省安吉县和富阳区在项目实施期间对无纺布覆盖造林技术进行了试验研究。以富阳区的试验为例：

（1）试验地处理。根据山体形状，采用行状或带状进行林地清理，带宽1.5米。整地方式为穴状，除去杂竹、杂草和其他小灌木，规格0.5米×0.5米。种植株行距2米×3米，种植穴40厘米×40厘米×30厘米，并回填表土；种苗选择为浙江楠、乌桕等，2年生一级容器苗。

地面覆盖材料为100厘米×100厘米的无纺布。试验区地面覆盖面积为3公顷。

（2）结果分析。试验取得了两项重要成果：一是试验样点的造林成活率达到96%，对照样点的造林成活率83%，高出13%。二是无纺布覆盖项目林抚育成本为3 399元/公顷，对照林抚育成本4 800元/公顷，无纺布覆盖后可减少抚育成本1 401元/公顷，采用无纺布覆盖技术当年即可使抚育成本减少29%。

7 辽宁杨树容器育苗和造林

辽宁省由于降雨量较小，极端干旱时常出现，影响了造林成活率。为解决这一矛盾，新民市机械林场采用杨树容器育苗和容器苗造林技术，有效延长了造林季节，提高了成活率，加快了造林速度。

7.1 育苗技术

3月中旬开始建设塑料大棚，棚长150米，宽7米，面积1 050平方米，支架使用轻便材料，钢丝固定防止倒伏，留有通风口。棚内作床，床上铺地膜留有排水孔，将装满土壤的容器摆放在床内，容器上口与地面齐平，容器间用细沙灌严，浇足水。在4月初，地温升高适宜时，在容器内扦插（单芽插穗）。由于棚内温度较高，插穗发育比棚外苗地要早30天时间，生长速度也远远大于棚外普通扦插苗。到5月20日左右时，将生长良好容器苗移到室外育苗地，进行培育管理。经调查，辽宁杨由于速生、插穗芽眼较稀，以前普通扦插成活率只有60%~70%；采用容器育苗移植培育法，成活率稳定在98%以上。同时，除了棚内利用单芽插穗容器育苗外，还使用了棚内嫩枝扦插育苗技术，加快了优良品种的繁殖和推广速度。

7.2 造林技术

容器苗高度达到30厘米以上方可用于造林。在每年6月即将进入雨季时，凡是早春造林成活率低于90%的地块，可以利用容器苗进行补植；或者由于春旱未能造林的地块，可以用容器苗进行雨季造林。经监测，无论补植造林还是雨季新造林，幼树生长与春季造林幼树生长没有差别，有效地提高了造林成活率。

7.3 比较优势

一是造林成本低；二是成活率高；三是增加了一个造林季节；四是减少了春季幼苗管护的环节。

8 浙江借鉴项目成果，全面推进混交林建设

8.1 项目建设目标与当地政府的战略部署高度一致

十二五期间，浙江省人民政府作出了建设“森林浙江”的重大战略部署，《浙江省林业十二五规划》明确提出：优化林分结构，提高森林质量，加强低效林的改造和抚育管理，提高针阔混交林和阔叶林的比重。全省开展中幼林抚育100万公顷，实施针叶林阔叶化改造6.7万公顷。

世行林业综合发展项目的建设目标与这一重大战略部署高度一致，世行项目的示范带动作用，大大促进了这一战略目标的实现，得到了政府和广大林农的高度认可。

8.2 项目经验已经被纳入林业规划之中

“林业综合发展项目”在机制和科技创新方面积累了大量经验。部分经验已经被纳入《浙江省林业十三五规划》的之中，项目的影响力向高层面延伸。《规划》提出：“加快培育多目标、多功能的健康森林。全面推进以培育珍贵彩色森林为重点内容的森林抚育工作，完成抚育改造67万公顷。大力发展珍贵森林，以珍贵树种示范县、国有林场和国乡合作造林为重点，新植1亿株珍贵树种，发展珍贵森林13万公顷，其中：大径材培育6.5万公顷、珍贵树种造林6.5万公顷。积极推进彩色森林建设，打造‘美丽林相’，以高速公路和国省道沿线、主要流域两侧、城市城镇周边、重要旅游景区周围等可视范围内山体为重点实施区域，通过抽针补阔、补植造林、疏伐改造、间伐抚育等综合措施，沿线连片整体推进，优化树种组成，改善森林结构，提升森林景观。加快建设健康森林，实施退

化防护林生态修复，以松林为主要对象，以松材线虫病防治为主要目的，提升林分质量，维持森林生态系统健康稳定”“大力种植涵养水源能力强的优良乡土阔叶树种和珍贵树种，建成多树种、多层次、多功能的森林生态系统”。

8.3　世行项目经验已经在国内项目中推广

浙江省在平原绿化、森林抚育、彩色健康森林、阔叶化改造、沿海防护林、“四边（公路边、铁路边、河边、山边）三化（洁化、绿化、美化）”等多个项目中，都直接或间接到采用世行项目理念。如：(1) 松林阔叶化改造工程。对纯松林或松林密度较高的林分进行林相改造，采用去松留阔、补植阔叶树等措施进行树种结构调整。将松林改造为松阔混交林，以提高林分自身抵抗能力。(2) 在森林抚育、珍贵彩色森林等建设中，在原有低效林分中补植彩色树种，打造生态、健康、彩色森林，并在建设中提倡世行项目环保理念，保留好山顶、山腰、山脚的原生植被，禁止全垦。林下补植浙江樟、木荷、枫香、黄山栾树、无患子等树种，进行彩化提升改造。对立地条件较差的马尾松林，采用容器大苗在林中补植，在林窗补植耐瘠薄干旱彩色树种枫香、黄山栾树、无患子等树种。(3) 在沿海防护林、“四边三化”建设中，积极推广应用项目建设中成活率高、生长势好的树种，例如榉树、黄山栾树、无患子等树种。

8.4　项目茶阔造林模型推广案例

白茶是浙江安吉特色的地方经济林树种，经济效益好，但林地生态系统较单一。在茶园套种阔叶树，一方面利用林木的遮阴作用，改善茶园的生态条件，使之有利茶树生长；另一方面增加茶园生物多样性，使生物群落保持最大的稳定性；林茶间作还能净化空气，有利于生产绿色食品。安吉县世行贷款林业综合发展项目自2011年项目启动实施以来，通过宣传和示范，得到了政府和茶农的高度认可。2014年，安吉县人民政府将茶园生态修复模式列入县“山青水净”“河流治理”的工作范畴，在全县茶园中进行推广。2014年、2015年两年已连续累计完成2 667公顷茶园生态修复面积，取得了初步的建设成效。

浙江德清县茶叶栽培面积达到867公顷，年产量1 409吨，总产值4 937万元。为提高茶叶的价值、保护生态环境，德清县学习引进了安吉县世行项目的茶阔混交造林模式，并结合当地实际情况进行科学推广。经宣传和磋商，最终2个镇（街道）18户农户参加项目，修复面积234公顷。为保证茶园在冬季得到充分光照，德清选用的阔叶树种为枫香、榉树、浙江楠等7个彩色落叶树种。

9　安徽应用项目创新成果，推动国内项目建设水平

9.1　项目经验在国内项目中得到推广

安徽省自2011年开始，在储备林建设项目中，均采用了林业综合发展项目“混交林、低密度、多功能、可持续”的技术理念。在2012年10月发布的《安徽省千万亩森林增长工程有关技术标准》中，把营造混交林作为重要任务；在设计的6个山区主要造林模式中，有5个是混交林模式。宿松县政府在下达2015年造林计划时，明确要求营造混交林，技术措施参照世行项目执行。

9.2　借鉴项目理念，科学编制林业发展规划

安徽省在林业十三五规划中，大量采用林业综合发展项目的理念。

在“天然林保护工程”“公益林培育工程”“重点水源地水源涵养林保护工程”等生态项目的建设中，通过人工促进天然更新，调整林分层次结构，优化树种组成，大力培育复层异龄林。对稀疏的天然林实行封育和补植补造。对重要水源地、风景区等地的中幼林进行培育改造，确保天然林分面积逐渐增加，质量明显提升。推进人工公益林近自然经营，优先选择乡土树种、深根系树种作为目标

树，大力培育混交、复层森林结构。根据林分生长状况和自然分化情况，科学实施抚育经营，适时调整林分密度，促进林木生长。

在“中幼龄林抚育经营工程”“低产低效林和退化防护林改造工程”“珍贵树种培育工程”等林业提质增效项目建设中，借鉴项目的生态修复理念，以促进森林可持续经营，构建健康、稳定、高效的森林生态系统为目标，以创新政策机制为动力，应用先进技术和科学经营措施，进一步优化森林结构，大力提升森林经营水平，提高单位面积森林蓄积量，提高林地生产力、增强森林综合功能和效益。

附件Ⅵ　科技培训与推广总结报告

1　引言

项目科技培训与推广工作是世行贷款“林业综合发展项目（IFDP）”的重要组成内容和支持保障手段，旨在加强项目实施的宏观管理，保持与先期项目科技推广的连续性，其目标和任务就是要通过建立培训与推广组织体系和开展各项培训与推广活动，提高项目的科技含量和实施效果，以提高项目管理的科学性，确保项目总目标的实现。具体地说，就是围绕项目目标，大力推广实用的科技成果与先进的管理方法，提高基层管理人员和技术人员，特别是广大农民的生产、经营水平。

从2010年项目启动实施，到2016年项目竣工时，已经创造性地圆满完成了建立培训与推广体系、开展管理和技术培训、开展支持林改相关培训、组织专家进行现场技术指导与咨询、组织国内外考察、编制和传播管理与技术信息、推广应用优良品种和先进技术等一系列培训与推广活动的实施任务，全面实现了确保项目管理和技术标准及规程的落实和应用、提高项目建设的科技含量和综合效益、改善各级项目人员的管理和技术能力、培养项目受益人（特别是广大项目农户）林业科学知识和生产技能等预期目标，为保障项目建设工程的高质量施工以及最终实现项目区林业可持续发展、改善环境等项目总目标起到了关键的促进和支撑作用。本报告简述了“林业综合发展项目”所开展的培训与推广的内容、项目期间的实施情况，以及对所取得的成效进行全面总结和评价。

2　培训与推广计划概述

2.1　培训与推广内容

2.1.1　项目管理知识

重点是学习掌握《世行采购指南》《世行项目物资设备采购管理办法》《项目实施管理和质量控制》《项目环保规程》《资金与财务管理办法》《报账提款暂行规定》《世行财务软件》《检查验收办法》等项目管理和实施规定。

2.1.2　多功能人工林营造与现有森林修复关键和重点技术

主要是一些对造林质量起关键作用的营林技术、国家林业局推荐的新科技成果和项目省（区）的先进实用技术。在防护林（含竹林）方面，重点是各造林树种的立地、造林密度、整地和栽植方式、幼林抚育、施肥技术等。在经济型生态林方面，重点是各树种的定植密度、修枝整形、林地施肥与土壤管理等技术。

2.1.3　种植材料开发技术

主要是项目造林树种优良种植材料的选择（种源和品种）、培育和苗圃管理技术等有关技术标准和规程等。

2.1.4　病虫害防治与农药使用技术

重点是了解和掌握有可能发生哪些病虫害，了解和掌握森林病虫害发生的特征与规律，学会采用哪些防治方法可有效防治病虫害和如何使用农药防治病虫害，了解与掌握所使用农药的毒性、药效期的长短和如何保证施药人员的安全，及了解农药的安全运输、仓储的方法。

2.1.5　参与式磋商培训

重点是掌握和利用参与式磋商的方法，筛选项目参与人，保证各类人员都有公平机会自愿参加本项目。

2.1.6 与林改支持相关的培训

重点是森林资源的调查和区划、编制森林经营方案及其实施、学习农民专业合作社法等法律知识以及如何组建、运营和管理农民经济合作组织等。

2.2 实施方法与措施

2.2.1 建立推广与培训组织体系

（1）建立中央级培训与推广支持组和技术咨询专家库，在中国林科院成立世行项目办公室。

（2）建立省级培训与推广组织。

（3）建立县级培训与推广组织。

2.2.2 开展管理和技术培训

（1）国家级培训国家林业局世行贷款项目管理中心和中国林科院世行项目办公室通过举办培训班的方式，对省级项目人员进行项目管理、新技术、新成果和推广方法的培训。

（2）省级培训各省项目办采用讲课和现场参观等方式，对县级项目人员进行项目管理方法与规程及先进实用技术的培训。

（3）县乡级培训各县（市、区）项目办采取举办培训班和现场讲解及操作示范等方式，对乡级林业站人员及参加项目的农户进行项目施工管理和技术的培训。

2.2.3 编印传播管理和技术信息

国家、省、县三级项目机构编印和传播与项目实施相关的各种规定、办法和技术标准等管理手册以及项目主要造林树种，包括生态林、经济林造林与经营管理相关的关键技术丛书。

2.2.4 组织国内专家到项目区进行现场技术指导和咨询

由国家、省、县三级分别组织国内专家到项目区开展现场技术指导和咨询。

2.2.5 组织项目人员出国考察和培训

组织项目有关人员到国外进行短期考察和培训，学习先进林业技术和现代管理方法，提高他们的技术素质和管理能力。

2.2.6 组织国内考察交流

组织项目省项目县之间的考察交流项目管理和技术（如种植材料开发、现有森林修复等），促进先进科学技术和管理方法在不同地区间的推广传播，提高项目建设的整体效果。

3 培训与推广计划的实施

3.1 建立了国家级、省级和县级培训与推广组织体系

为了确保“林业综合发展项目”培训与推广计划的顺利实施，建立了国家级、省级、县级培训与推广组织体系，其人员构成和职责如下。

3.1.1 国家级培训与推广组织

为了确保“林业综合发展项目”国家级科技培训与推广工作的顺利开展和全面完成，建立了项目“国家级科技培训与推广支持组”。该“支持组”由国家林业局世界银行贷款项目管理中心和中国林科院的有关领导和专家组成，主要负责指导和组织实施整个项目的科技培训与推广工作，“支持组”成员名单见附表1。

在国家林业局世界银行贷款项目管理中心的领导下，中国林科院世行办负责举办国家级培训班、编制和传播技术信息、组织国家级专家到项目区进行现场技术指导和咨询，并对项目整个培训与推广计划的实施、进展和成效进行管理、监测和评价。

国家级培训与推广组织的职责如下：

• 编制国家级培训与推广计划实施方案；

• 制定项目的培训与推广计划；

• 组织专家对项目技术问题进行指导和咨询；

• 组织开展各项国家级培训与推广活动，包括举办培训班、编制和传播管理与技术信息、组织专家进行现场技术咨询等；

• 检查、监测和评价各项目省培训与推广计划的实施进展及效果；

• 及时收集、汇总和分析整个项目的培训与推广活动信息，向国家林业局和世界银行提交项目培训与推广工作的进展报告。

3.1.2 省级培训与推广组织

在各省世行项目办公室下设立“林业综合发展项目”省级培训与推广支持组和技术咨询专家组，由本省林业厅（局）、林科院（所）、当地高校以及森防站、林业技术推广站等单位的有关专家和省世行项目办公室的管理人员组成。

5个项目省的省级培训与推广支持组共93人，其中高级职称人员77人，占总人数83%；中级职称人员16人，占总人数17%。各项目省的省级支持组人员构成情况参见附表2。

5个项目省的省级技术咨询专家组共有92人，其中项目管理专家29人，营造林专家28人，森林修复专家3人，种植材料开发专家15人，病虫害防治专家13人，其他领域专家4人。项目省的省级技术咨询专家组人员构成情况参见附表3。

省级培训与推广组织的职责是：

• 在项目培训与推广计划指导下，编制本省的培训与推广计划实施方案；

• 指导并接受咨询本省项目实施中的技术问题；

• 组织开展本省的各项培训与推广活动，包括举办省级培训班、编制和传播部分管理与技术信息等；

• 指导、检查和监测各项目县培训与推广工作的实施进展及效果。

3.1.3 县级培训与推广组织

在各项目县（市、区）世行项目办公室协调下，成立“林业综合发展项目”县级培训与推广组织，由本县（市、区）林业局、农业局、水利局等有关单位的技术人员和县（市、区）世行办的管理人员组成。

5个项目省的县级培训与推广支持组共1 233人，其中高级职称人员154人，占总人数12%；中级职称人员465人，占总人数38%；初级职称人员511人，占总人数41%，一般技术人员103人，占总人数8%。各项目省的县级支持组人员构成情况参见附表2。

5个项目省的县级技术咨询专家组共有794人，其中项目管理专家132人，营造林专家276人，森林修复专家93人，种植材料开发专家112人，病虫害防治专家125人，其他领域专家56人。项目省的县级技术咨询专家组人员构成情况参见附表3。

县级培训与推广组织的主要职责是：

• 在项目培训与推广计划指导下，制定本县（市、区）的培训与推广计划实施方案；

• 组织开展各项县级培训与推广活动，包括技术培训、编印技术读物等；

• 向基层技术人员及项目农户现场讲授和示范项目造林施工与经营管理的操作技术。

• 指导和帮助造林实体和项目农户按项目的技术标准与规程完成造林施工任务和项目林的经营管理。

3.2 制订各级培训与推广计划实施方案

为了把“林业综合发展项目”培训与推广计划中的各项内容分工和落实到国家、省、县各级培训与推广组织加以实施，国家级、省级、县级都制定了相应的培训与推广计划实施方案，作为各自开展工作的指导文件。

3.2.1　国家级培训与推广计划实施方案

根据“林业综合发展项目”培训与推广计划的有关要求，中国林科院世行项目办公室制定了详细的国家级培训与推广计划实施方案，对各项科技推广活动的内容、规模、时间都作了合理安排，主要包括以下方面：

- 举办项目管理、多功能人工混交林营造技术、现有退化林修复技术、优良种植材料开发技术、病虫害防治技术及推广方法等内容的国家级培训班；
- 编制和传播世行项目管理手册及生态林、经济林和竹林栽培技术丛书；
- 组织国内专家到项目区进行现场技术指导和咨询；
- 组织国外考察与交流；
- 监测与评价项目各级培训与推广工作的进展和成效，对各省项目实施中出现的技术问题给予指导并接受咨询。

3.2.2　省级培训与推广计划实施方案

根据“林业综合发展项目”培训与推广计划的有关要求，在中国林科院世行项目办公室的指导下，5个项目省的世行项目办公室都组织制定了各自的省级培训与推广计划实施方案，对本省项目培训与推广活动的内容、规模、时间等事项作了具体安排，主要包括以下方面：

- 举办省级项目管理、多功能人工混交林营造技术、现有退化林修复技术、优良种植材料开发技术、病虫害防治技术等内容的培训班；
- 编制和传播项目管理办法、标准和规程以及项目造林及人工林经营管理技术资料；
- 组织专家到项目区进行现场技术指导和咨询；
- 组织国内考察与交流；
- 监测与评价本省项目各级培训与推广工作的进展及成效，对本省项目实施中出现的技术问题给予指导并接受咨询。

3.2.3　县级培训与推广计划实施方案

在中国林科院世行项目科技推广办公室和各省世行项目办公室的指导下，各项目县（市、区）世行项目办公室根据“林业综合发展项目”培训与推广计划的有关要求，制定了本县（市、区）的培训与推广计划实施方案，结合本地项目实施的技术需求，对各项县级和乡级培训与推广活动做出了具体安排，主要包括以下方面：

- 举办县级项目实施标准、规程和项目树种育苗、造林和人工林经营管理技术培训班；
- 开展对基层技术人员和项目农户的实地技术培训和操作示范；
- 编制和传播通俗易懂的实用技术资料。

3.3　开展管理与技术培训

3.3.1　国家级培训

国家级培训主要是采取举办培训班或召开研讨会等形式，着重对各项目省及重点县（市、区）的管理和技术人员进行管理与技术培训。国家林业局世界银行贷款项目管理中心和中国林科院世行项目办公室共组织了13次国家级培训班，培训内容包括设备采购、咨询顾问聘请、项目实施管理、财务管理、监测与评价、森林经营方案编制、造林技术、经营技术、绩效评价、经验总结等方面，共计培训2 291人日，是计划任务120人日的近20倍，历次培训班名称、时间和规模参见附表4。

通过参加国家级培训，各项目省及重点县（市、区）的管理和技术人员掌握了项目新的管理方法，学习了最新的林业新知识和新技术，交流了项目省之间项目管理与项目实施中的经验和教训，提高了知识和技能，并将这些知识和技能应用到了实际工作当中，通过培训解决了项目管理当中遇到的难题，提高了工作效率，起到了良好的效果。

例如在管理方面，以往世行项目资金账户由国家林业局世行中心统一管理，林业综合发展项目实行各省设立账户由各省单独管理，省级管理人员缺乏相关财务管理经验，通过一系列财务管理培训后，省级项目办财务人员掌握了世行财务管理的要求和流程。在技术方面，以往项目造林均为纯林，技术人员不了解混交林的造林与抚育技术，通过混交人工林造林与经营技术培训，技术人员掌握了不同立地类型不同混交树种的造林抚育方法，不但直接应用于指导项目实施，还通过省级培训班传授给了项目县的技术人员。

3.3.2 省级培训

省级对县级的培训主要采用举办培训班和现场参观的方式进行，把项目管理办法、标准和规程以及与项目实施有关的先进实用技术传授给项目县（市、区）的管理和技术人员。培训内容主要为与项目实施管理有关的财务管理、物资采购管理、环境管理、参与式磋商、检查验收等管理培训，以及种植材料开发技术、多功能人工林营造技术、现有退化林修复关键技术、病虫害防治技术等技术培训。

在项目实施期间，5 个项目省一共举办了省级培训班 105 期，累计培训项目县（市、区）管理和技术人员 10 911 人日，培训人日数是计划培训 10 420 人日的 105%。各项目省举办的培训班期数、培训人日数参见附表 5。

通过参加省级培训，各项目县（市、区）的管理和技术人员掌握了项目管理方法、工作思路和方法，学习了最新的林业新知识和新技术，交流了项目县之间项目管理与项目实施中的经验和教训，提高了知识和技能，并将这些知识和技能应用到实际工作当中，通过培训解决了项目管理当中遇到的难题，提高了工作效率，起到了良好的效果。

例如在管理方面，许多项目县管理人员没有世行项目经验，省级培训使他们到学习较为全面的世行项目管理方法，针对与国内林业工程项目不同的特点还进行了重点培训，尤其参与式磋商方法是许多县项目办人员从未接触过的新知识新方法。通过培训，他们学习了《参与式磋商手册》，掌握了参与式磋商流程与方法，并在项目实施中严格按照流程开展磋商，使农户能自愿、公平地参与项目，并参与完成选地、树种选择等项目技术方案，确保了贫困农户、少数民族农户、妇女等可能被边缘化的群体能够享有公平参加项目的机会。

3.3.3 县乡级培训

县乡级培训主要是对乡（镇）干部、林业站等基层技术人员、项目实体和项目农户的培训，主要采取讲课和现场操作示范的方式进行。主要培训内容包括项目管理方法和技术标准与规程以及育苗、营造林、经济林丰产栽培、幼林抚育管理及病虫害防治等实用技术。在项目实施期间，5 个项目省一共举办了管理和技术培训班 13 857 期，累计培训项目乡（镇）管理和技术人员及农户 259 592 人日，其中培训农民 229 091 人日，占总人数 88%，培训人日数是计划培训 194 868 人日的 133%。各项目县（市、区）举办的县级培训班期数、培训人次数参见附表 6。

县乡级培训的主要培训对象为项目实体和农户，通过培训，项目实体掌握了从施工设计、组织实施到检查验收一整套技术规程、技术标准和操作方法，广大农户经过培训掌握了多项林业实用技术，并将培训中学到的知识和技术应用在生产中，在项目不同的实施阶段取得了相应的效果，如提高造林成活率、营造优良品种的人工林、节约造林成本、及时发现病虫害并进行有效防治等。

例如在辽宁省昌图县，通过培训农户掌握了榛子倒茬复壮、疏伐定株、补植，以及基肥、追肥、叶面喷肥、测土施肥，有害生物防治等一系列榛子栽培配套技术。每公顷产量从以前的 375~450 公斤，增产到现在的 750 公斤，农户得到了真正的收益。安徽省岳西县通过培训技术干部和农民，使他们掌握板栗高接换优的关键技术，再通过他们对嫁接人员进行二次培训，嫁接成活率达到 95%以上，培训了 15 名嫁接技术能手。河北临漳县农户学会了杨树等生态林幼林的灌溉、施肥、除草及病虫害防治等实用技术，学会了防治当地常见的腐烂病、尺蠖等杨树常见病虫害，通过综合配套技术的学习和应用，当地杨树生长量较以往增加了 10%以上。浙江省富阳市通过育苗技术和造林技术培训，使育苗户掌握了主要造林树种的育苗技术和造林技术，造林苗木质量明显提高，特别是在项目后期补植使用的苗木采用了二年生以上的优质大苗，大大提高了造林的成活率，成活率可以达到95%以上。

3.3.4 各级培训人日数对比分析

对项目实施期间各级完成的培训总人日数进行综合分析表明，国家级：省级：县乡级为1：5：113，形成一个基部扎实的大金字塔形，参见表1。

表1 “林业综合发展项目”各级完成培训人日数统计表

类别	计划培训人日数	完成培训人日数	完成计划比例
国家级	120	2 291	1 909%
省级	10 420	10 911	105%
县乡级	194 868	259 592	133%

3.4 组织开展了支持林改的相关培训

3.4.1 实用技术培训

为了支持林改工作，满足对实用技术的需求，对参与林改的农民进行了一系列实用技术培训。5个项目省共举办实用技术培训1 856期（次），培训农民41 302人日。培训人日数是计划培训38 000人日的109%。各项目省举办的实用技术培训班期数、培训人次数参见附表7。

实用技术培训由于实用性强，效果好，深受农户欢迎，项目区农户在学习掌握实用技术后，还能传播给当地其他农户。以安徽太湖县为例，以往当地科技培训主要采取购买技术资料请当地老师、林业技术干部以授课的形式教学，这种培训也因授课人员整体水平不高、专业知识面窄，收效较少。世行项目实施以来，培训大多采用“政府或行政主管部门+相关科研单位+合作社+农户”的四位一体的培训推广模式，即通过政府或行政主管部门牵线搭桥，促成相关科研单位与农民专业合作社联姻，通过农民专业合作社引进新品种、向社员、农（林）户传授技术知识、提供科技和信息服务，促进科技知识的快速推广和应用，培训教材、资金也采用“政府或林业主管部门资助、科研单位捐助、农民专业合作社自筹、社员自愿募集”等形式取得。通过项目推动，合作社与安徽省林科所、安徽农业大学和安徽省油茶协会的教授、专家取得长期联系合作的共识。这些科研单位自2011年开始先后4次派出6位教授、专家进行整形、施肥、病虫害防治和复壮技术等油茶栽培技术现场指导和示范，手把手地教会了该合作社46户54人基本掌握油茶栽培技术，并且示范带动全镇其他2个专业合作社119户133人也学会了基本的油茶栽植培育技术。

3.4.2 森林经营方案示范培训

森林经营方案示范培训内容主要是对各省选择的已发放林权证的森林经营单位在编制森林经营方案后进行的森林经营方案实施与效果评价等方面的培训。5个项目省共举办森林经营方案示范培训班18期，培训人员1 394人日。培训人日数是计划培训1 320人日的106%。各项目省举办的森林经营方案示范培训班期数、培训人次数参见附表8。

目前，大多数集体和造林农户林地未开展森林经营方案编制工作，营造林活动随意性较大，没有永续利用的经营理念，农民缺乏森林经营技术，林业综合发展项目创新开展了集体林森林经营方案编制与实施的示范推广并进行相关培训，提高了林农经营森林意识，增加了森林经营的科技含量和合理性，使林业得到持续快速发展，森林资源稳步增长，例如在安徽省旌德县森林经营方案编制试点，乔木林单位面积蓄积量由之前的每公顷57.2立方米增加到67.5立方米，且林分结构更加合理。

3.5 组织专家进行现场技术指导和咨询

针对项目地区存在的主要技术困难和问题，国家级、省级培训与县级推广组织的有关专家和技术人员还不定期到项目实施地区和现场进行技术指导和咨询，使基层项目管理人员和技术人员，特别是项目造林实体和广大农户及时得到所需的技术指导和帮助。

专家咨询在不同程度上满足了造林实体和农户对相应造林技术和森林经营管理方面的科技需求，

通过组织专家咨询对项目实施中的各类技术问题进行指导和咨询，解决项目实施过程中遇到的各种技术问题，极大地增强了造林实体和农户对项目建设和参与的信心，使得更多的新技术、新方法通过直接传递的方式授予了造林实体和农户，提升了参与项目建设的造林实体和农户的理论水平和技术水平，确保了项目实施质量。

3.5.1 国家级组织的现场指导和咨询

项目的实施中，国家林业局世行贷款项目管理中心和中国林科院世行项目办公室针对各地出现的技术困难和问题，组织国家级技术咨询专家到有关项目省进行现场技术指导和咨询，帮助省和县级世行项目办公室解决普遍性的技术难题。并且，将专家现场技术咨询的总结报告发放到其他项目省，使整个项目地区都能从中受益。

开展咨询的主要内容包括：咨询采购、项目成果监测、项目实施质量管理、造林模型调整、项目财务管理、项目绩效评价等。在项目实施期间，国家级累计开展技术专家咨询 305 人日，国家级历年开展的咨询统计见表 2。

例如中国林科院世行项目办公室专家到各项目省生态环境成果监测样地进行实地咨询指导，对生态环境监测方法、样地设置方法等问题进行充分交流，使得项目省的监测工作能够按照世行项目的要求进行，确保了监测数据的准确性与科学性。

表 2 “林业综合发展项目”国家级历年组织专家进行现场技术指导和咨询统计表

年度	2011	2012	2013	2014	2015	2016	合计
咨询量（人日）	30	55	60	50	70	40	305

3.5.2 省级组织的现场指导和咨询

项目实施期间，各省根据本省项目实际情况，不定期组织专家和技术人员进行现场技术培训和演示，对于个别地点存在的技术问题，采取具体指导的方式，给广大基层项目技术人员及项目农户提供了有力的技术支持，直接有效地帮助他们解决遇到的实际问题。在项目实施期间，各省累计开展技术专家咨询 3 905 人日，完成计划任务的 109%，省级开展的咨询统计见附表 9。

例如，山西省林业厅技术专家张云龙针对当地项目林生长缓慢的问题，在河曲县沙泉乡采用现场指导的方式对当地林业技术人员进行了幼林抚育管理技术咨询，通过专家咨询，提高了当地林业技术人员幼林管理理论知识和技能水平。在以后的实施过程中当地林业技术人员和林农按照学习的技术规程实施，从苗木调运、整地、栽植，到后期管护严格执行掌握的操作方法，项目林生长缓慢的问题有了明显的改善。在浙江省德清县，针对 2011 年项目实施过程发现的项目林地选择不符要求、造林技术标准不统一问题，通过专家现场咨询，让项目技术人员和参加实施主体对项目林、造林标准有了系统、直观的认识，在下一年度项目实施中明显提升了造林质量。

3.6 国内外考察

3.6.1 国外考察与培训

为了学习和引进国外先进的林业经营管理经验和技术，结合项目实施的各项内容，国家林业局世行项目管理中心先后组织 5 个项目省的各级项目管理人员和技术人员共 9 个团组 75 人次，累计完成考察和培训 1 529 人日，占总计划 2 915 人日的 52%，先后到英国、巴西、瑞典、芬兰、澳大利亚、美国、南非和俄罗斯进行考察和培训，使他们了解和学习到这些国家科学的林业发展理念和现代的森林经营管理技术，以及高度集约化的森林资源管理方法。出国考察和培训完成的人次、人日数参见附表 10。

国外考察和培训受中国政府政策变动的影响，造成项目计划难以完成。

总体来看，国外考察和培训取得了良好的效果。有 78.38% 的人认为国外考察与培训对自己的管理或技术工作非常有帮助，对工作的帮助主要体现在转变观念和改进工作方法上。参加国外考察与培训后，培训人员的收获主要集中在吸收新的理念、知识、技术和管理方法等方面，解决实际工作中面临难题的效果并不明显。在应用效果上，97.30%的人能将学习的内容应用到实际工作当中，且62.16%认为工作效率有所提高，45.95%认为提升了工作质量，并且近50%的人将从国外学习的先进理念和方法传授给了10人以上。

考察内容涉及人工林可持续经营与管理、森林保护与人工林生态修复技术、多功能森林经营技术与管理等方面。通过国外考察，开阔了项目管理和技术人员的视角，更新了知识技能，主要学习了国外多功能森林经营、森林多样性保护、可持续经营与管理的先进技术和理念，促进了中外林业知识合作与技术交流，提高了项目管理人员的业务技术水平。

3.6.2　国内考察

为学习借鉴其他项目省或本省项目县的项目实施与管理经验，提高自身项目实施的技术与管理水平，5个省项目办组织了本省、市或县级项目技术与管理人员开展了其他项目省或省内项目县间的考察与交流活动，共计完成了2 920人日的考察交流活动，完成计划任务的69%（参见附表11）。

国内考察是项目管理人员学习项目经验与交流的重要平台和渠道，通过有针对性的学习兄弟单位好的做法，能够快速起到取长补短的作用。例如，为了提高项目资金，特别是贷款资金的支付及使用效率，辽宁省从2012年初开始，利用“国际金融组织和政府贷款项目管理信息系统”，大大提高了资金使用效率。山西省项目办管理人员到辽宁进行考察学习后，在提款报账办法的基础上，采取网上“预审核”有效减少和避免世行贷款报账及资金回补缓慢等现象发生。

3.7　编制和传播管理与技术信息

3.7.1　国家级编发的项目管理手册

国家林业局世行项目管理中心在项目实施期间颁发了一系列项目管理文件和管理办法，发放给项目区省级项目管理人员，用于指导他们开展项目管理，严格执行项目各项要求。中国林科院世行办编制了与监测、培训评价、项目机制创新等相关的大纲和指南，用于指导省项目办人员和监测组成员开展监测、培训评价及项目经验总结。国家级编发的年度、管理手册名称及数量请参见表3。

表3　“林业综合发展项目”国家级编发的项目管理手册统计表

年度	手册名称	编制单位	分发份数
2011	《世界银行贷款林业综合发展项目文件汇编》	世行中心	100
2011	《世界银行贷款林业综合发展项目项目管理办法（试行）》	世行中心	30
2011	《世界银行贷款林业综合发展项目财务管理办法（试行）》	世行中心	30
2011	《项目成果监测结果汇总统计与报告大纲》	中国林科院	20
2013	《项目社会经济成果监测指南》	中国林科院	50
2014	《科技培训与推广效果评价方案》	中国林科院	50
2015	《林业综合发展项目机制与科技创新总结大纲》	中国林科院	50

3.7.2　国家级编发的技术资料

为了在项目实施中推广和应用乡土阔叶树种育苗、造林和混交林经营及人工林可持续经营和半干旱地区混交林经营等方面的科技成果和先进技术，中国林科院世行办组织有关专家编制了《乡土阔叶树种育苗及混交造林技术》《南方人工林可持续经营技术》和《半干旱地区沙地多功能人工林混交林营造与经营》，共给各项目省印发了170份。

3.7.3　国家级建立的“林业推广网”网站（www.cafwb.net）

中国林科院世行办于2002年开始主办“林业推广网”网站，利用现代化信息传播工具，向世行项目区快捷地传递科技推广信息、开展技术咨询、宣传研究成果、推广技术丛书以及进行对世行项目科技推广工作的监测。在以往世行项目实施过程中，“林业推广网”受到了世界银行检查组的肯定和项目地区各级技术和管理人员的欢迎。

2011 年起，对“林业推广网”进行了重建，现已建成信息量更丰富、功能更完善的新网站。根据林业综合发展项目的技术需求，选择和编辑了 800 多条林业科技成果信息，包括多功能人工林混交造林技术、森林修复技术、生态防护林营造技术、抗旱造林技术、乡土阔叶树育苗及造林技术、农林间作技术、生态经济林栽培技术以及病虫害综合防治技术等内容，在林业推广网上进行了发布。

3.7.4　省级编发的项目管理和实用技术读物

在积极传播和使用国家编制的技术与管理信息的同时，各项目省项目办根据本省项目实施的需要，也组织编制了文件汇编、书籍、小册子等多种形式的管理与技术读物发放给各项目县（市、区）的技术人员、管理人员、项目实体和农户，用以指导项目实施活动。5 个省的项目办一共组织编制和发放了 39 种管理与技术读物，其中管理类读物 13 种，2 413 册，技术类读物 26 种，6 394 册，共计 8 807册，各省编发的省级管理和技术读物种类、数量和读物主要内容参见附表 12。

3.7.5　县级编发的项目管理和实用技术读物

在传播和使用国家级和省级编制的各种技术与管理信息的同时，各项目省的县（市、区）项目办针对本地项目实施中的具体技术需要，组织编制了以小册子和明白纸为主要形式的技术读物，发放到项目乡（镇）的林业技术人员、项目实体和农户手中，作为他们开展技术培训和施工作业的参考资料或操作指南。5 个省的项目县（市、区）编印和发放了 89 种管理与技术读物，其中管理类读物 16 种 70 151 册，技术类读物 73 种 486 442 册，共计 556 593 册，各省编发的县级管理和技术读物种类、数量和读物主要内容参见附表 13。

3.8　在项目中推广和应用优良品种和先进技术

3.8.1　推广和应用优良品种

各项目省在多功能人工林营造和现有林修复中，积极推广和应用优良品种。安徽、河北、山西、辽宁在项目实施中共使用了 30 个树种的 52 个优良品种，推广应用面积 7 518 公顷。各省推广应用优良品种及规模参见表 14。

推广应用的优良品种是在适地适树的基础上，利用经过科学验证过的适宜当地生长的、抗性更强、生长更优的造林树种，通过推广应用优良品种，丰富了当地项目造林的树种选择，提升了项目造林的质量，提高了项目建设的科技水平。

例如安徽省推广应用的油茶长林系列优良品种具有适应性强，生长快，早产丰产性好，出油率高，茶油品质好，且抗逆性强，病虫害发生率低等特点，3 年树龄的油茶平均密度 1 500 株/公顷，平均保存率达到了 95%，平均高 1.6 米，平均冠幅 1.2 米，平均地径 2.5 厘米。预测三年后油茶果产量能达到 7 500 公斤/公顷，大大高于当地普通品种。山西推广应用的双季槐经济效益显著，通过在国槐上嫁接双季槐，不但生长速度较快，具有较高的生态效益，由于其槐米具有较高的经济价值，农户还能获得较好的经济效益，预计每公顷增加农民经济收入约 3 万元。

3.8.2　推广和应用林业科研成果和先进技术

各项目省在项目实施过程中，积极推广和应用林业科研成果和先进技术。5 个省在项目实施中累计推广和应用了种植材料繁殖与育苗技术、造林技术、现有林修复技术、人工林栽培管理技术以及病虫害防治技术等先进技术共计 44 项，推广应用面积达 34 438 公顷，各省推广应用先进技术的内容、规模和应用地点参见附表 15。

通过积极推广先进实用技术，开展集约化经营，提高了林业经营者的素质，提高科技营林与经营管理水平，提升了林业质量和效益，提高了科技在项目建设中的贡献率，增加了项目造林的成活率和保存率，降低了造林成本，增加了林农收入，调动了林农实施项目的积极性，完善了项目造林环节，确保了项目建设的质量，从根本上保障了项目的成功实施。

例如安徽省怀宁县积极推广应用的湿地松容器育苗造林技术，在正常降雨年份，容器苗造林成活率可达 98%，比裸根苗造林成活率高 20%；相同立地条件下，容器苗高生长比裸根苗提高 100%。每公顷节约补植费用 577 元，整个项目节约费用 33.9 万元，而且提高了幼苗的生长量。安徽省泾县推广应用的青檀石质山地造林技术，使造林成活率平均提高了15%，保存率提高了10%，每公顷造林补值和抚育成本降低了700元左右。辽宁省昌图县推广应用的榛子密度调控与施肥技术，产量从以前每亩的25~30公斤，增产到现在的50公斤，农户能得到真正的收益。同时，榛果无农药残留，虫蛀果率小于3%，榛果出仁率高于37%。育苗成活率达到70%以上，榛子当年成活率在90%以上，保存率在85%以上。山西省五台林局推广应用的水袋滴渗技术，在荒山干旱造林地、无灌溉条件下造林，可显著提高造林成活率，成果率可达80%以上。浙江省安吉县推广应用注干施药防治松材线虫病技术，有效降低了松墨天牛的发生率和松材线虫病的发病率，使松树死亡率降低50%以上。

4　培训与推广的成效分析

“林业综合发展项目”通过建立完善的国家级、省级、县级培训与推广组织体系，制定完善的国家级、省级和县级培训与推广计划实施方案，开展管理与技术培训和支持林改相关培训、组织专家进行现场技术指导和咨询、组织国内外考察、编制和传播管理与技术信息以及推广应用优良品种和先进技术等一系列培训与推广活动，使一大批现代的世行项目管理理念、方法和技术标准在本项目实施中贯彻和应用，保证了项目管理制度贯彻与落实；使参与项目实施的各级项目管理和技术人员提高了管理与技术素质和能力，成为当地林业建设和发展的骨干力量，提高了林业机构的项目管理能力；使一大批优良新品种和先进技术推广和应用到了项目造林和经营管理中，增加了项目实施的科技含量和综合效益；使参加项目的农户学会并掌握先进的林业知识与实用技能，提高了森林经营水平。项目培训与推广工作取得的各项成效主要表现在以下方面。

4.1　保证项目管理制度贯彻与落实

在项目实施期间，通过国家级、省级、县乡级3级培训，有效地将项目管理知识传播给参与项目的省级和县级的项目管理和技术人员，使项目的财务管理、物资采购管理、技术和质量管理、环境保护等一系列与国际接轨的项目管理知识和技术规范被省级和县级项目管理人员所掌握。此外，国家林业局世行项目管理中心还编制和发放了一系列“项目管理办法”，各省和县（市、区）项目办还补充编制和发放了一系列针对本地区项目实施应用的具体管理办法、规程和标准，作为培训教材或工作手册。

这些培训活动和项目管理读物进而使这些科学、先进的项目管理知识和方法在项目实施过程中得到准确无误的推行和应用，保证了项目管理制度的贯彻与落实，确保了项目实施的高标准和高质量。

4.2　提高林业机构项目管理能力

通过参加管理培训和国内外考察这些活动，参加项目的各级管理和技术人员一是掌握了先进的世行项目管理理念和方法，二是学习了国内外成功的项目管理经验，三是解决了实际工作中遇到的问题，并将这些理念、方法和经验应用到了项目管理当中，同时成为了先进项目管理方法和理念的重要传播者。通过调查显示，94%以上的项目管理和技术人员能将学习掌握的内容应用到实际工作当中，并且80%以上认为对工作非常有帮助，85%以上解决了实际工作中遇到的问题。由此可见，先进的项目管理理念、方法和经验通过参与项目的各级项目管理和技术人员学习、应用、传播、再应用的过程，有效地提高了林业机构的项目管理能力。

4.3　增强项目实体和农户知识与技能

项目实体和广大林农是项目科技培训与推广的主要对象，又是林业新技术、新成果向更大范围辐射的推动者和传播者。通过县乡级培训、实用技术培训、森林经营方案培训、专家咨询、编发技术读物等一系列科技培训推广活动，项目实体和广大林农掌握了育苗技术、造林技术、经营管理技术和病虫害防治技术等实用技术。项目实体和农户在提高自身技能水平的同时还是新技术的主要推动者，调查结果显示，96%的林农能将学到的技术传播给他人。这些项目农户成为当地的技术能手，是项目区基层社会林业发展的中坚力量。

4.4　促进优良品种推广和应用

项目实施中推广使用了一大批优良新品种，这些优良新品种在项目区的大面积推广和应用进一步提高了项目造林质量和人工林的产量以及产品的质量，为增加项目人工林的效益奠定了基础，同时极大地提高了项目实施的科技含量，在项目区及周边对优良品种的推广应用起到了巨大的示范和带动作用。

4.5　促进先进林业技术推广和应用

在项目实施中累计推广和应用了种植材料繁殖与育苗技术、造林技术、现有林修复技术、人工林栽培管理技术以及病虫害防治技术等先进技术。这些先进技术在项目实施中的推广和应用，使项目的育苗生产管理和技术水平有了明显的提高，使项目造林质量和人工林经营管理水平有了很大的改善，从而使项目林的整体质量和效益得到更好的保障，项目地区环境得到了更好的保护。这些先进技术推广应用，还为当地建设和发展人工林做出了良好示范，进而在项目地区得到更大范围的推广和应用，将为提升当地林业技术的整体水平发挥更大的作用。

4.6　提高农户森林经营水平

根据项目科技培训与推广的内容，各级项目办通过采取技术培训、森林经营方案示范培训、印发资料、专家咨询、现场观摩、以会代训等多种形式，使得林农认识到森林经营的重要性，摒弃了重造轻管的传统理念，学习掌握了一系列科学规范、先进的、实用的和可操作的多项森林经营技术，有效地提高了广大林农的森林经营水平。

5　评价与建议

从上述对“林业综合发展项目”培训与推广工作的总结中可以看出，在国家级、省级和县级项目管理机构以及培训推广组织的共同努力下，全面完成了对项目管理与技术人员以及广大受益人的培训、组织专家进行现场技术指导和咨询、编制和传播管理与技术信息以及推广应用优良品种和先进技术等一系列培训与推广活动，并且取得了保障项目管理办法与技术规范的准确执行和应用、推广传播先进的优良品种和林业技术，为项目地区培养林业管理和技术人才以及提高项目受益人，特别是广大项目农户的知识与技能等良好效果，为确保项目实施的高质量和高效益起到了重要的支撑作用，同时也为项目地区今天的林业建设与发展起到了推动作用。

由此可见，把培训与推广作为林业建设项目的组成部分，并且与造林工程同步实施，是世行贷款林业建设项目的成功做法之一，这种成功做法不仅使得以“林业综合发展项目”为代表的世行贷款林业建设项目的实施质量和综合效益得到了保障，并且在项目实施地区乃至全国树立了良好的榜样。因此，我们建议在林业建设项目中，向世界银行学习，把培训与推广作为项目的组成部分，视为项目建设取得高质量和高效益的重要支撑和保障措施之一。

附表1　IFDP国家级科技培训与推广支持组成员名单

姓名	工作单位	职务、职称	分工
储富祥	中国林科院	副院长、研究员	组长
尹发权	国家林业局世行贷款项目管理中心	副主任、高工	副组长
姜喜山	国家林业局世行贷款项目管理中心	副主任、高工	副组长
兰再平	中国林科院世行贷款项目办公室	主任、研究员	副组长

（续）

姓名	工作单位	职务、职称	分工
王周绪	国家林业局世行贷款项目管理中心 外资项目管理处	处长、教授级高工	成员
董晖	国家林业局世行贷款项目管理中心 外资项目管理处	副处长、教授级高工	成员
周泽福	中国林科院荒漠化研究所	研究员	成员
陆元昌	中国林科院资源信息研究所	研究员	成员
张真	中国林科院森林生态环境与保护研究所	研究员	成员
臧润国	中国林科院森林生态环境与保护研究所	研究员	成员
张劲松	中国林科院林业研究所	研究员	成员
孙尚伟	中国林科院世行贷款项目办公室	助理研究员	成员

附表 2　IFDP 省级和县级科技培训与推广组人员统计表　　单位：人

层次	项目省	高级职称	中级职称	初级职称	其他	合计
省级	安徽	7				7
	河北	13	2			15
	辽宁	5	4			9
	山西	42				42
	浙江	10	10			20
	合计	77	16			93
县级	安徽	55	162	100	21	338
	河北	46	112	177	70	405
	辽宁	10	16	19	9	54
	山西	27	141	211	0	379
	浙江	16	34	4	3	57
	合计	154	465	511	103	1 233

附表 3　IFDP 省级和县级技术咨询专家组人员信息统计表　　单位：人

级别	项目省	技术领域						合计
		项目管理	造林营林	森林修复	种植材料开发	病虫害防治	其他	
省级	安徽	5	4	1			3	13
	河北	2	2	1	1	1	1	8
	辽宁	9	5		2	4		20
	山西	8	16	0	11	7	0	42
	浙江	5	1	1	1	1		9
	合计	29	28	3	15	13	4	92
省级	安徽	45	90	75	53	45	30	338
	河北	25	44	12	17	17	25	140
	辽宁	28	46		10	14		98
	山西	25	78	0	25	40	0	168
	浙江	9	18	6	7	9	1	50
	合计	132	276	93	112	125	56	794

附表 4 IFDP 国家级培训统计表

序号	培训班名称	培训时间	培训天数	培训人次	培训人日
1	采购和咨询顾问聘请及监测与评价培训班	2011. 6. 22~24	3	50	150
2	项目实施管理培训班	2011. 12. 11~13	3	61	183
3	森林经营方案编制及监测评价培训班	2012. 7. 1~4	4	40	160
4	财务管理培训班	2012. 10. 26~28	3	30	90
5	造林技术培训班	2012. 11. 7~10	4	63	252
6	中期调整培训班	2013. 3. 19~22	4	52	208
7	经营技术培训班	2013. 7. 16~19	4	51	204
8	绩效评价培训班	2014. 5. 20~24	5	40	200
9	技术培训班	2014. 11. 3~6	4	52	208
10	混交林技术培训班	2015. 5. 26~29	4	50	200
11	项目经验总结培训班	2015. 12. 15~18	4	40	160
12	项目示范模式总结培训	2016. 5. 22~24	3	37	111
13	项目竣工总结培训班	2016. 11. 3~5	3	55	165
合计			**48**	**621**	**2 291**

附表 5 IFDP 省级培训统计表

项目省	举办期数	培训人次	培训人日	计划任务人日	已完成比例
安徽	28	1 539	2 802	2 900	97%
河北	15	1 165	3 070	2 820	109%
辽宁	22	900	1 368	1 254	109%
山西	21	1 530	3 089	3 000	103%
浙江	19	356	582	446	130%
合计（平均比例）	105	5 490	10 911	10 420	105%

附表 6 IFDP 县乡级培训统计表

项目省	举办期数	培训人次	培训人日	其中农民人日	计划任务人日	已完成比例
安徽	11 839	136 873	95 414	78 694	75 928	126%
河北	486	75 612	64 532	61 297	23 500	275%
辽宁	374	16 676	22 037	17 146	21 042	105%
山西	686	25 458	34 802	32 004	33 280	105%
浙江	472	38 498	42 807	39 950	41 118	104%
合计（平均比例）	**13 857**	**293 117**	**259 592**	**229 091**	**194 868**	**133%**

附表 7 IFDP 支持林改培训——实用技术培训统计表

项目省	举办期数	培训人次	培训人日	计划任务人日	已完成比例
安徽	1 447	20 229	10 628	9 375	113%
河北	102	11 900	11 900	10 625	112%
辽宁	39	1 926	1 926	1 875	103%
山西	224	7 758	13 210	13 000	102%
浙江	44	3 638	3 638	3 125	116%
合计（平均比例）	**1 856**	**45 451**	**41 302**	**38 000**	**109%**

附表 8　IFDP 支持林改培训——森林经营方案示范培训统计表

项目省	举办期数	培训人次	培训人日	计划任务人日	已完成比例
安徽	2	50	50	50	100%
河北	6	750	750	750	100%
辽宁	—	—	—	—	—
山西	5	87	87	20	435%
浙江	5	507	507	500	101%
合计（平均比例）	18	1 394	1 394	1 320	106%

附表 9　IFDP 省级组织的现场指导和咨询统计表

省份	专家工作人日	计划任务人日	已完成比例
安徽	2 958	2 810	105%
河北	159	60	265%
辽宁	200	200	100%
山西	446	416	107%
浙江	142	90	158%
合计（平均比例）	3 905	3 576	109%

附表 10　IFDP 国外考察与培训统计表

省份	完成人次	完成人日	计划任务人日	已完成比例
中央级	11	198	—	—
安徽	10	267	1 170	23%
河北	15	265	420	63%
辽宁	6	153	660	23%
山西	14	268	525	51%
浙江	19	378	140	270%
合计（平均比例）	75	1 529	2 915	52%

附表 11　IFDP 国内考察与交流统计表

省份	完成人日	计划任务人日	已完成比例
安徽	718	1 800	40%
河北	264	432	61%
辽宁	410	490	84%
山西	1 278	1 260	133%
浙江	250	230	109%
合计（平均比例）	2 920	4 212	69%

附表 12　IFDP 省级编发的管理和技术读物统计表

省	管理读物		技术读物		主要内容
	种类	编发数量（册）	种类	编发数量（册）	
安徽	3	1 205	6	2 895	IFDP 项目文件汇编、项目管理细则、项目财务管理办法、物资设备采购管理办法、项目提款报账办法、项目检查验收办法、项目总体设计方法、项目施工设计方法、主要树种造林与经营技术、项目苗木标准、项目参与式磋商设计手册、项目营造林模型说明书、乡土阔叶林培育技术、林下经济作物种植指南、常见病虫害防治技术等
河北	4	630	4	1 949	
辽宁	1	150			
山西	3	300	5	1 050	
浙江	2	128	11	500	
合计	**13**	**2 413**	**26**	**6 394**	

附表 13　IFDP 县级编发的管理和技术读物统计表

省	管理读物		技术读物		主要内容
	种类	编发数量（册）	种类	编发数量（册）	
安徽	1	1 500	25	175 790	项目简介与项目信息宣传手册、项目总体规划设计、造林作业设计方法、项目造林检查验收办法、项目参与式规划设计、育苗技术、造林模型与选择方法、混交林培育与经营技术、低产林改造技术、现有林修复技术、主要经济树种栽培管理技术、无公害林果生产技术、竹林丰产栽培技术、珍稀乡土阔叶树种造林和管理技术、沙地造林技术、林下种植技术、常见病虫害防治技术、农药安全使用方法、施肥技术手册、ABT 生根粉应用技术、保水剂应用技术、农民合作社建设与管理知识、森林生态保护知识、林业法规等
河北	4	53 000	4	234 813	
辽宁	2	900	26	26 328	
山西	3	10 844	7	30 165	
浙江	6	3 907	11	19 346	
合计	**16**	**70 151**	**73**	**486 442**	

附表 14　IFDP 推广应用的优良品种统计表

省	序号	树种	优良品种数量	推广县（市、区）	推广面积（公顷）
安徽	1	湿地松	2	怀宁县、宿松县、泾县	865.4
	2	望春花	1	怀宁县	142.4
	3	油茶	7	祁门县、宣州区、泾县、宁国市、宿松县、霍山县、太湖县、怀宁县、黟县、岳西县、徽州区	919.9
	4	香榧	2	祁门县、黄山区、宁国市、徽州区	528.6
	5	泡桐	1	泾县	28
	6	枫香	1	旌德县、宿松县	202
	7	山核桃	1	宁国市	200
	8	杨树	2	宿松县	51.1
	9	青檀	1	宿松县	4.6
	小计				**2 942**

（续）

省	序号	树种	优良品种数量	推广县（市、区）	推广面积（公顷）
河北	1	苹果	3	临漳、永年	30
	2	葡萄	5	临漳、永年、肥乡、永清、威县、武邑	72
	3	樱桃	4	鸡泽	20
	4	榆树	3	邱县、永清、馆陶县	159.1
	5	梨	4	曲周、威县	520
	6	蓝莓	1	曲周	10
	7	核桃	1	永年	6
	8	桃	3	武邑、景县、临漳	26
	9	杨树	2	威县、广宗、临漳、馆陶、文安	1 000
	10	刺槐	1	威县、广宗、临漳、馆陶、文安	200
	11	国槐	1	临漳、临西	100
	小计				**2 143**
辽宁	1	杨树	1	阜新县	133.3
	2	柳树	1	新民市	500
	小计				**633**
山西	1	核桃	3	和顺、左权、中阳盐湖区、闻喜县	700
	2	落叶松	1	黑茶林局	1 000
	3	枣	2	太谷	100
	小计				**1 800**
合计					**7 518**

附表 15 IFDP 中推广应用的林业科研成果和先进技术统计表

省	序号	先进技术名称	应用树种	推广县（市、区）	推广面积（公顷）
安徽	1	皖南主要落叶阔叶树种育苗与造林技术模式	主要落叶阔叶树	祁门县、徽州区、黟县、黄山区、旌德县、泾县、宣州区、宁国市	2 860
	2	山地阔叶树种育苗与造林技术模式	枫香、南酸枣、光皮桦、檫木、黄檀、麻栎等	15 个项目县市区	13 593
	3	容器育苗造林	湿地松	怀宁县	587.4
				宿松县	229
	4	香榧根盘覆盖技术	香榧	黄山区	65
	5	“特色榧”良种选育及高效栽培技术		徽州区	100
	6	诸暨香榧丰产栽培技术		宁国市	200
	7	油茶造林技术	油茶	徽州区	500
	8	泡桐接干技术	泡桐	泾县	28
	9	青檀石质山地造林技术	青檀	泾县	220
	10	针阔混交造林技术	杉木、湿地松枫香、檫木等	泾县	521.6
	11	优良乡土阔叶树造林	枫香	旌德县	196.2
	12	山核桃有害生物可持续控制及丰产栽培技术	山核桃	宁国市	1 000
	13	山核桃林生态修复和重建技术		宁国市	2 000
	14	珍稀乡土树种混交造林技术	香樟、桂花、紫薇等	宁国市	200
	小计				**22 300.2**

（续）

省	序号	先进技术名称	应用树种	推广县（市、区）	推广面积（公顷）
河北	1	杨槐混交造林技术	速生红花槐+杨树	永清县	5
				威县县	5
	2	地膜覆盖及保水剂推广应用	杨树及部分经济林树种	17个项目县	1 000
	3	ABT生根粉蘸根	杨树及部分经济林树种	17个项目县	1 000
	4	杨树深栽技术	107、108	临漳、馆陶、大名、永清、大城等县	600
	5	旱地造林综合技术	杨、槐	威县、景县、鸡泽、肥乡等县	200
	6	推广矮化密植中间砧苹果技术	苹果	曲周县	60
	7	苹果树优质丰产栽培技术	苹果	馆陶县	10
	8	葡萄树优质丰产栽培技术	葡萄	临漳县	20
	9	苗林一体化经营	柳树、臭椿	鸡泽县	10
	10	农林复合种植模式	白蜡	鸡泽县	100
	11	树体涂聚乙烯醇防冻技术	核桃	永年县	20
	12	梨省力化密植高效栽培技术	梨	威县县	200
	13	ABT、GGR实用技术	速生杨	临漳县	67
	14	带状整地技术	速生杨	文安县	67
	15	树木涂白技术	杨树	馆陶县、肥乡县	100
	小计				**3 464**
辽宁	1	杨树、樟子松机械造林	杨、樟	昌图县	1 590
	2	榛子密度与施肥技术	榛子	昌图县	51.3
	3	野生榛林垦复技术	榛子	昌图县	33.3
	4	油松容器大苗造林	油松	阜新县	133.3
	5	杨树容器育苗造林技术	杨树	新民县	1 000
	小计				**2 807.9**
山西	1	抗旱造林技术	落叶松、核桃	中阳县、临县	500
				黑茶、五台林局	1 000
	2	容器苗造林技术	油松	和顺县、广灵县、浑源县	600
				黑茶林局	500
	3	混交林营造技术	油松、落叶松、柠条等	广灵县、浑源县、永和县	300
				黑茶林局	1 000
	4	混交林营造技术	油松、柠条	河曲县	250
				偏关县	250
	小计				**4 400**

（续）

省	序号	先进技术名称	应用树种	推广县（市、区）	推广面积（公顷）
浙江	1	机械式抚育	杉	临安市	27
	2	无纺布覆盖造林技术	松、杉	安吉县、富阳区	66
	3	松材线虫病除治迹地生态修复技术	松树	富阳区	400
	4	富春江流域水源涵养林构建与示范技术	杉	富阳区	60
	5	生态修复技术应用（彩色健康森林、珍贵用材林基地建设）	杉、松	富阳区	513
	6	注干施药防治松材线虫病技术	松	安吉县	400
	小计				**1 466**
合计					**34 438**

附件Ⅶ　科技培训与推广效果评价报告

科技培训与推广是推动林业科技进步和林业产业发展的重要力量，是连接林业科技与生产的桥梁和纽带，能够为林业全面实现可持续发展提供技术支撑。科技培训与推广是世界银行贷款“林业综合发展项目”的重要组成内容和支持保障手段，其目标和任务是通过建立培训与推广组织体系和开展各项培训与推广活动，提高项目的科技含量和实施效果，确保项目总目标的实现。项目实施以来，国家林业局世行中心和中国林科院世行项目办公室组织各项目省做了大量的科技培训与推广工作，包括国外考察与培训、国内各级培训、国内考察、国内专家咨询、优良品种和先进技术推广应用等。

为了评估各项科技培训与推广内容实施的成效，及时总结经验并发现实施过程中存在的问题，国家林业局世行中心于 2015 年 7 月下发了《关于开展林业综合发展项目创新经验总结和推广效果评价的通知》，明确要求对项目实施过程中开展的各项科技培训与推广活动进行效果评价。

评价工作是在国家林业局世行中心的领导下，由中国林科院世行项目办公室具体指导，各省项目办组织实施完成的。评价内容包括项目实施过程中开展的国外考察与培训、国家级培训、省级培训、县级培训、乡级培训、国内考察、国内专家咨询、推广应用优良品种和先进技术共 9 项评价内容，在各省省级评价报告的基础上，中国林科院世行项目办公室完成了此报告。现将评价工作的组织与实施过程、评价方法、评价结果、经验与教训报告如下。

1　评价工作的组织与实施

国家林业局世行中心下发《关于开展林业综合发展项目创新经验总结和推广效果评价的通知》后，中国林科院世行项目办公室制定了《IFDP 科技培训与推广效果评价方案》，明确了具体的评价内容，评价方法和评价工作进度安排，并在国家级培训班上对各省项目管理和技术人员进行了相关培训。随后各省项目办相继成立了评价工作组，对县级项目办人员进行培训，并按照《评价方案》要求积极组织开展评价工作。

1.1　评价工作组组建及职责

（1）中国林科院世行项目办公室成立评价小组，主要负责：①编制“IFDP 科技培训与推广评价方案”；②设计所有调查问卷及数据汇总统计表；③在各省评价结果和报告的基础上，完成 IFDP 科技培训与推广效果评价报告。

（2）各省项目办成立评价小组，主要负责：①开展“国外考察与培训”“国家级培训”“省级培训”“国内考察”和“国内专家咨询”的评价工作；②根据各县提交的评价结果和数据进行汇总和分析，完成省级科技培训与推广效果评价报告，并提交至中国林科院世行项目办公室。

（3）各县（市、区）项目办成立评价小组，主要负责：①开展“县级培训”“乡级培训”“推广应用优良品种”和“推广应用先进技术”的评价工作；②组建项目实体和农户培训效果调查小组，开展项目实体、农户的访谈和问卷调查工作。

1.2　评价工作实施进度

2015 年 7 月组建评价小组。

2015 年 8 月中国林科院世行项目办公室完成《IFDP 科技培训与推广效果评价方案》，并设计完成了所有查问卷及数据汇总统计表。

2016 年 6 月 30 日前各省完成各项评价内容调查及统计，并完成省级 IFDP 科技培训与推广效果评价报。

2016 年 9 月 30 日前完成了整个项目科技培训与推广效果评价报告。

2 评价内容

根据 IFDP 科技培训与推广活动的主要内容，评价内容包括国外考察与培训、国家级培训、省级培训、县级培训、乡级培训、国内考察、国内专家咨询、推广应用优良品种和先进技术共 9 项评价内容。

3 评价方法

本次评价将采用问卷调查、典型案例调查和数据统计相结合的方法进行。

3.1 国外考察与培训

3.1.1 评价指标与方法

对项目人员参加国外考察与培训后，在项目管理和技术等方面取得的成效进行评价，评价指标有三个方面：①学习知识；②提高技能；③应用效果。

国外考察与培训评价方法采用问卷调查方式进行，国外考察与培训效果调查问卷参见附件 1。

3.1.2 调查对象与方法

调查问卷发放对象为所有参加国外考察与培训的人员。

3.2 国内培训

3.2.1 国内各级项目管理和技术人员培训效果评价

3.2.1.1 评价指标与方法

对各级项目管理人员和技术人员参加国家级培训、省级培训和县级培训后，在项目管理和技术等方面取得的成效进行评价，评价指标有三个方面：①学习知识；②提高技能；③应用效果。

评价方法采用问卷调查方式进行，调查问卷分为如下几类：

（1）国家级培训效果调查问卷（参见附件 2）；

（2）省级培训效果调查问卷（参见附件 3）；

（3）县级培训效果调查问卷（参见附件 4）。

3.2.1.2 调查对象与方法

（1）国家级培训效果调查问卷的发放对象为省级项目管理和技术人员；

（2）省级培训效果调查问卷的发放对象为县级项目管理和技术人员；

（3）县级培训效果调查问卷的发放对象为乡级和林场项目管理和技术人员。

3.2.2 参加项目实体和农户培训效果评价

3.2.2.1 评价指标与方法

对参加项目的实体和农户参加县级培训和乡级培训后，在提高技术方面取得的成效进行评价，评价指标有三个方面：①学习知识；②提高技能；③应用效果。

评价方法采用问卷调查方式进行，根据项目实体和农户参加项目实施的内容，即多功能人工林营造和现有林修复两类生产活动，分别制定调查问卷，如下：

（1）多功能人工林营造类实体和农户培训效果调查问卷（参见附件 5）；

（2）现有林修复类实体和农户培训效果调查问卷（参见附件 6）。

3.2.2.2 调查对象与方法

分别对参加项目多功能人工林营造和现有林修复的实体和农户进行抽样，每个项目县抽样 30 户，对抽样农户进行问卷调查。

多功能人工林营造类实体和农户培训效果调查问卷的发放对象为参加多功能人工林营造的项目实体和农户；

现有林修复类实体和农户培训效果调查问卷的发放对象为参加现有林修复的项目实体和农户。

3.3 国内考察

3.3.1 评价指标与方法

对项目人员参加国内考察后，在项目管理和技术等方面取得的成效进行评价，评价指标有三个方面：①学习知识；②提高技能；③应用效果。

国内考察评价方法采用问卷调查方式进行，国内考察效果调查问卷参见附件7。

3.3.2 调查对象与方法

调查问卷发放对象为参加过省间或省内考察交流的各级项目管理和技术人员。

3.4 国内专家咨询

对国家级和省级专家到项目区实地进行现场咨询所取得的成效进行评价，采用典型案例调查方法进行。每省选择典型案例开展调查工作，对何时、何地针对何种管理或技术问题，聘请哪些专家进行技术咨询，咨询的方式和内容，通过咨询解决了哪些关键问题和取得的效果进行总结和分析。

3.5 推广应用优良品种效果

对在项目实施中推广应用优良品种的规模和取得的成效进行评价。采用数据统计和典型案例调查相结合的方法进行。

3.5.1 推广应用规模统计

对在项目实施中推广应用的各个优良品种的名称、地点和面积进行汇总统计，统计时间截至2016年6月30日。

3.5.2 典型案例调查

对在项目实施中推广应用优良品种取得的明显成效的案例进行调查分析和总结，每省选择典型案例开展调查工作，对优良品种名称、推广应用地点、新造多功能人工林（现有林修复）面积以及取得的良好效果进行分析和总结。

3.6 推广应用先进技术效果

对在项目实施中推广应用先进技术的规模和取得的成效进行评价。采用数据统计和典型案例调查相结合的方法进行。

3.6.1 推广应用规模统计

对在项目实施中推广应用的各项先进技术及其应用树种、推广应用地点和面积进行汇总统计，统计时间截至2016年6月30日。

3.6.2 典型案例调查

对在项目实施中推广应用先进技术取得的明显成效的案例进行调查分析和总结，每省选择典型案例开展调查工作，对推广应用先进技术的名称、推广应用地点和面积以及取得的良好效果进行分析和总结。

4 评价结果

4.1 国外考察与培训

本次《林业综合发展项目国外考察与培训效果调查问卷》共发放37份，回收有效问卷37份，其中安徽省4份，河北省7份，辽宁省5份，山西省14份，浙江省7份。调查对象中有34人参加过1次国外考察与培训，占受访总人数91.89%，3人参加过2次国外考察与培训，占8.11%，调查对象参加国外考察与培训的国家有美国、英国、巴西、澳大利亚、瑞典、芬兰、南非、俄罗斯，涵盖了历次组织的所有考察国家。

所有调查对象对国外考察与培训的效果均给予了正面评价。78.38%调查对象认为国外考察与培训对自己的管理或技术工作非常有帮助，21.62%的调查对象认为有一些帮助（图1）。对工作的帮助主要体现在转变观念和改进工作方法上，例如从瑞典和芬兰学习了“先进的种植材料开发技术是提高造林质量的根本途径”，从澳大利亚学习了“林业要稳定持续发展，必须制定长期的科学的发展规划”，从南非学习了“发展集约经营人工林应遵循可持续发展”，从俄罗斯学习了“复层异龄混交林经营技术”。

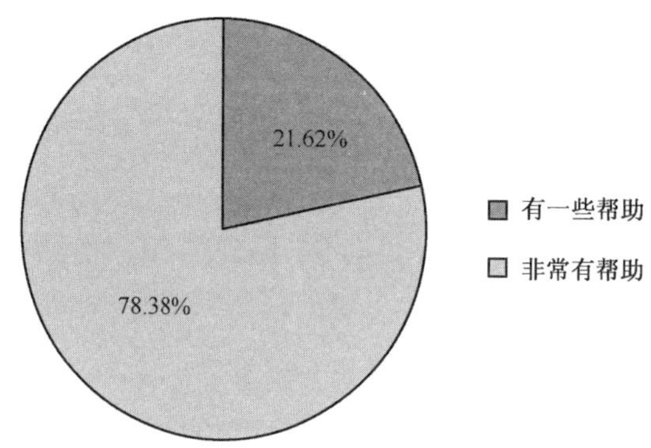

图1 国外考察与培训对工作是否有帮助

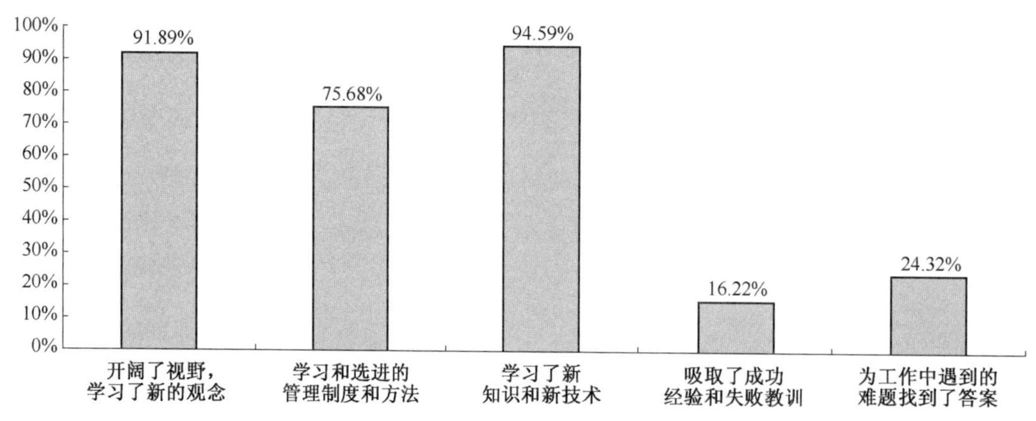

图2 参加国外考察与培训后获得的收获

参加国外考察与培训后，培训人员的收获主要集中在吸收新的理念、知识、技术和管理方法等方面，高达91.89%的调查对象认为通过国外考察与培训，开阔了视野，学习了新的理念，75.68%的调查对象认为学习了先进的管理制度和方法，94.59%的调查对象认为学习了新知识和新技术，而认为吸取了成功经验和失败教训和为工作中遇到的难题找到答案的调查对象分别只有16.22%和24.32%（图2），这说明参加国外考察与培训的主要作用是学习知识和技能，解决实际工作中面临难题的效果并不明显。

参加出国考察与培训的人员不但能将学习的知识和技能应用在实际工作当中，还能将这些新知识和技能大范围传播给他人。在参加出国考察与培训后，97.30%的调查对象将学习的内容如森林可持续发展理念、定向培育技术、原生植被保护与环保措施、种植材料开发技术、森林可持续经营技术等应用到实际工作当中（图3），并且近半数调查对象将从国外学习的先进理念和方法传授给10人以上（图4），81.08%的调查对象传授给5人以上。在将学习内容应用到实际工作后，62.16%的调查对象认为工作效率有所提高，45.95%的调查对象认为提升了工作质量，10.81%的调查对象认为效益有所增加。

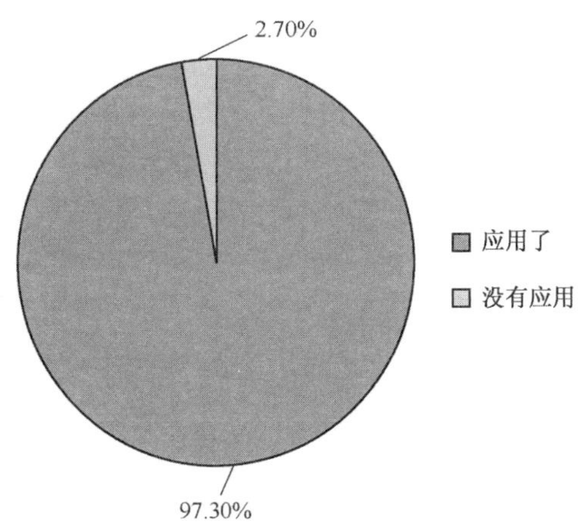

图3　学习的内容是否在实际工作当中有所应用

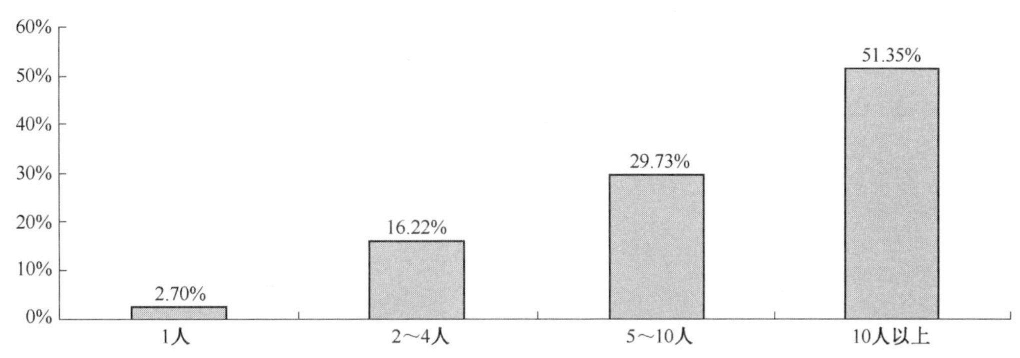

图4　从国外学习先进理念和方法后传授的人数

4.2　国内各级项目管理和技术人员培训

4.2.1　国家级培训

《林业综合发展项目国家级培训效果调查问卷》共发放45份，回收有效问卷45份。其中安徽省4份，河北省10份，辽宁省10份，山西省9份，浙江省12份。调查对象中有15人参加过1次国家级培训，占受访总人数33.33%，6人参加过两次，占13.33%，4人参加过3次，占8.89%，3人参加过5次，占6.67%，9人参加过6次，占20%，2人参加过7次，占4.44%，6人参加过8次，占13.33%。国家级培训对象主要为省级管理和技术人员，人员相对固定，有一半以上的调查对象参加过3次以上国家级培训。

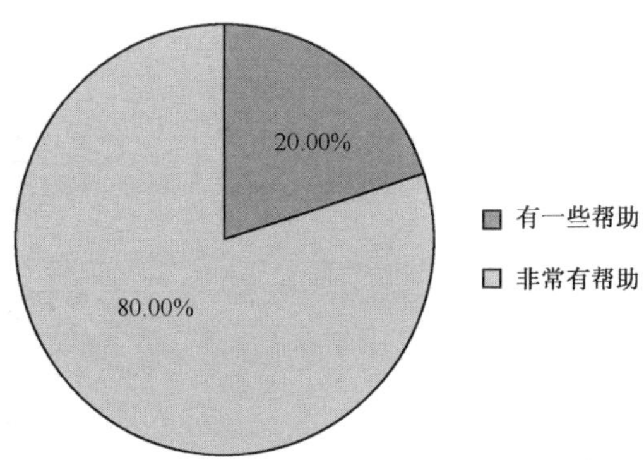

图5　国家级培训对工作是否有帮助

参加过国家级培训的调查对象总体对培训满意，80%认为对工作非常有帮助，20%认为对工作有一些帮助（图5）。调查对象认为在国家级培训中学习到了管理办法、工作思路和方法、新知识和新技术、兄弟省的经验和教训的比例分别为80%、88.89%、86.67%、82.22%（图6）。

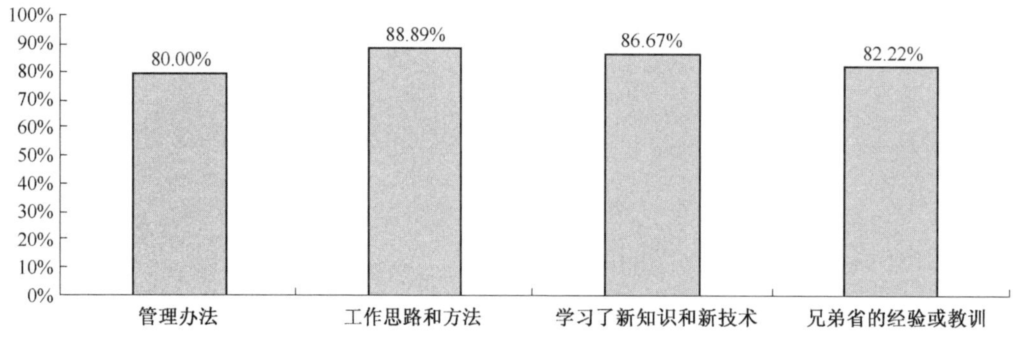

图6　通过国家级培训学习到的内容

100%的调查对象将学习内容应用到了实际工作当中，应用方式有两种，一种是将学习的内容应用到自身实际工作当中，如将学习到的项目管理和财务管理知识，编制成省级项目管理和财务管理办法，并用于项目管理的各个环节，规范了项目建设过程，促进了项目目标实现；第二种应用方式是通过举办省级培训班，将学习到的内容传播给县（市）级项目管理人员，86.7%的调查对象将自己在国家级培训学习和掌握的内容应用到省级培训当中，例如将学习到的项目管理办法、财务管理办法、营造林新技术、混交林技术造林与经营技术等，通过省级培训的方式指导项目实施，取得了良好的效果（图7）。

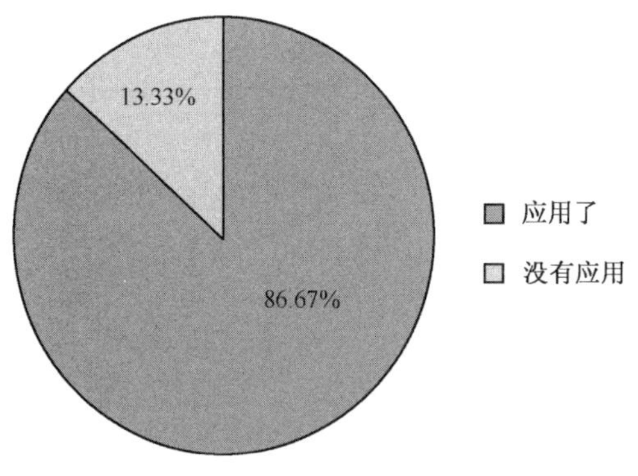

图7　国家级培训学习内容是否在省级培训中得到了应用

参加国家级培训班，省级项目管理和技术人员不但能提高知识和技能，还能在一定程度上解决管理和技术工作中存在的问题，84.4%的调查对象认为国家级培训能够解决自己在实际管理和技术工作中遇到的难题（图8）。在管理方面，通过培训，解决了部分省资金到位速度慢、提款报账进度慢的问题，纠正了部分项目县财务管理不规范、资金记录不正确、账目处理不当等现象；在技术方面，解决了部分省混交林树种比例不当、混交模型配置不科学及造林模型调整的问题。

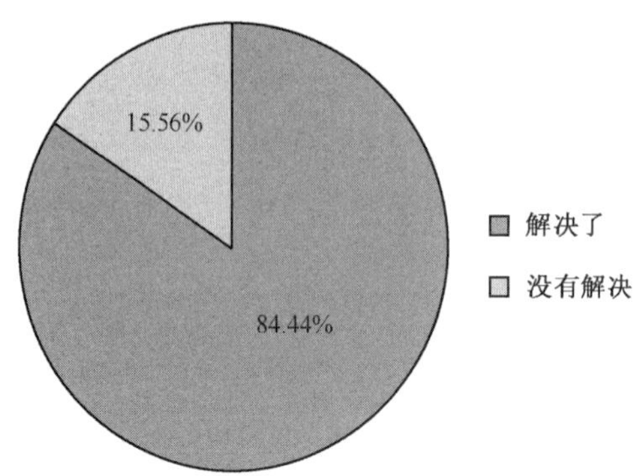

图8　国家级培训是否解决了在管理和技术工作中存在的问题

4.2.2 省级培训

《林业综合发展项目省级培训效果调查问卷》共发放223份，回收有效问卷223份。其中安徽省24份，河北省95份，辽宁省17份，山西省72份，浙江省15份。调查对象中有35人参加过1~3次省级培训，占受访总人数15.7%，46人参加过省级培训4~6次，占20.63%，59人参加过7~9次，占26.46%，83人参加过10次以上，占比最高，为37.22%。省级培训对象主要为县级管理和技术人员，人员相对固定，84.3%的调查对象参加过3次以上省级培训。

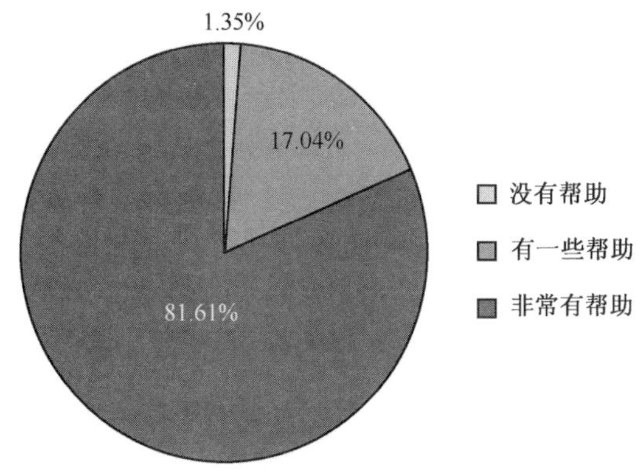

图9 省级培训对工作是否有帮助

参加过省级培训的调查对象总体上对培训满意，81.61%认为省级培训对工作非常有帮助，17.04%认为对工作有一些帮助，1.35%认为对工作没有帮助（图9）。调查对象认为在省级培训中学习到管理办法、工作思路和方法、新知识和新技术、兄弟单位的经验和教训的比例分别为70.85%、65.92%、69.96%、63.23%（图10）。

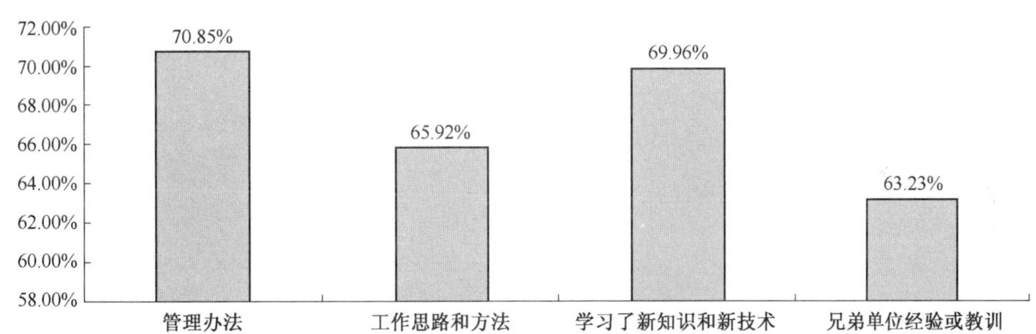

图10 通过省级培训学习到的内容

99%的调查对象将学习内容应用到实际工作当中，应用方式有两种，一种是将学习的内容应用到自身实际工作当中，这类人员主要包括参加省级培训的县林业局分管领导、县项目办负责人和财务人员，县林业局分管领导和项目办负责人通过参加省级培训，提高对项目建设目标的理解，将管理办法和技术标准在项目实施中应用，解决项目施工技术问题，使得项目建设能够符合项目要求；财务人员通过培训，学习掌握了项目财务管理知识、会计记账方法、提款报账程序和方法，使项目资金使用、拨付渠道畅通，保证了项目财务管理、资金运作更加合理规范。第二种应用方式是通过举办县级培训班，将学习到的内容传播给乡级项目管理人员和林农，82.96%的调查对象将自己在省级培训学习和掌握的内容应用到县级培训当中，例如将学习到的项目管理办法和要求、育苗技术、营造林新技术、混交林技术、造林与经营技术等，通过县级培训的方式传授给乡级管理人员和林农（图11）。

参加省级培训班，县级项目管理和技术人员不但能提高知识和技能，还能在一定程度上解决管理和技术工作中存在的问题，89.24%的调查对象认为省级培训能够解决自己在实际管理和技术工作中遇到的难题（图12）。在观念方面，通过培训逐步从单纯追求项目造林的经济效益向多功能多效益转变，进一步树立了生态优先的林业发展理念；在管理方面，通过培训，解决了项目管理中出现的资金

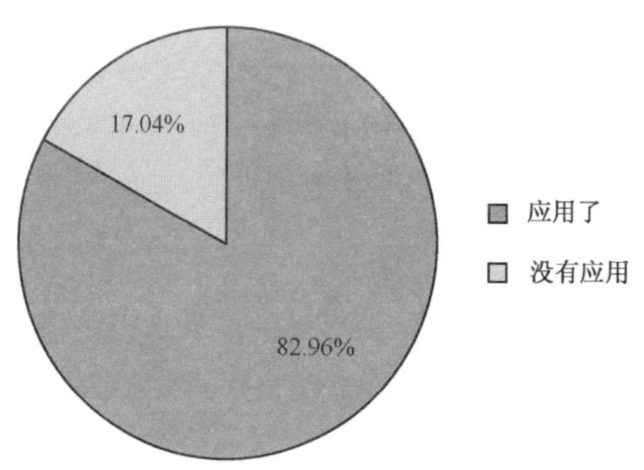

图 11　省级培训学习内容是否在县级培训中得到了应用

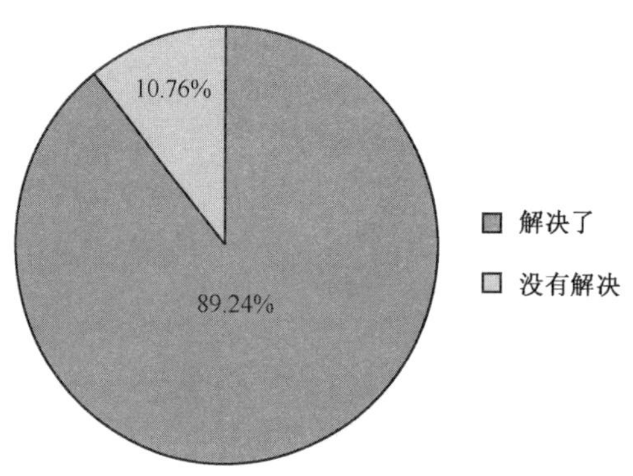

图 12　省级培训是否解决了在管理和技术工作中存在的问题

使用、记账不正确、不合理、不规范问题，提高了项目财务管理水平；在技术方面，解决了项目中混交林造林成活率低、间作方法不正确、造林模型执行不严格的问题，使项目造林更加符合项目造林模型标准和要求，大大提高了造林质量和成效。

4.2.3　县级培训

《林业综合发展项目县级培训效果调查问卷》共发放 1326 份，回收有效问卷 1326 份。其中安徽省 106 份，河北省 170 份，辽宁省 180 份，山西省 750 份，浙江省 120 份。调查对象中有 43.06%参加过 1~3 次培训，32.64%参加过 4~6 次培训，14.93%参加过 7~9 次培训，参加过 10 次以上培训的占比最低，为 9.38%。县级培训对象主要为乡级管理和技术人员，与省级、县级项目管理和技术人员相比，人员流动性相对较大，仅有 56.94%的调查对象参加过 3 次以上县级培训。

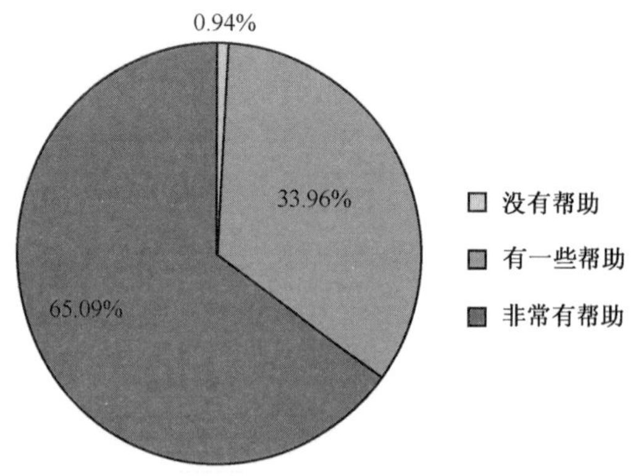

图 13　县级培训对工作是否有帮助

参加过县级培训的调查对象总体上对培训满意，65.09%认为省级培训对工作非常有帮助，33.96%认为对工作有一些帮助，0.94%认为对工作没有帮助（图 13）。调查对象认为在省级培训中学习到管理办法、工作思路和方法、新知识和新技术、兄弟单位的经验和教训的比例分别为

70.75%、88.68%、96.23%、66.98%（图14）。

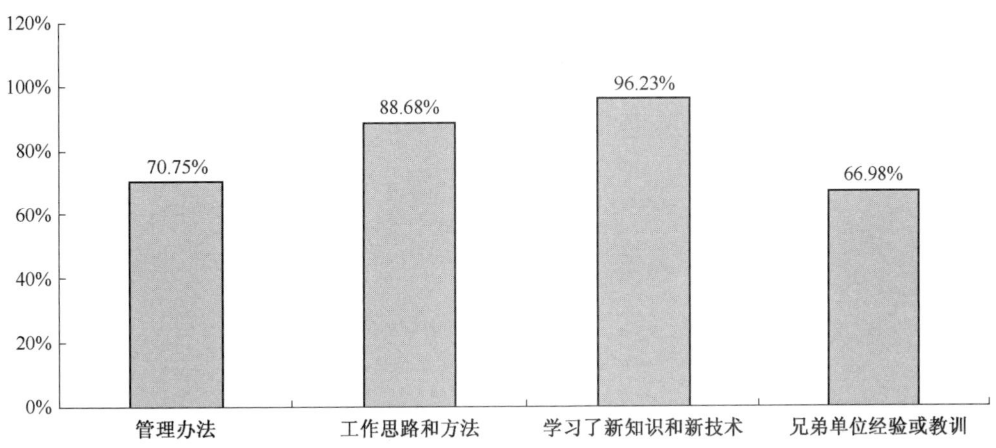

图14　通过县级培训学习到的内容

94.27%的调查对象将学习内容应用到实际工作当中，一种是将学习的内容应用到自身实际工作当中，包括项目管理知识和参与式磋商方法，比如将学到的项目管理、施工作业设计、检查验收等项目实施管理办法用于指导造林实体、林农严格按项目要求施工，确保项目顺利实施；将学习到的生态优先的理念和参与式设计方法用于项目宣传、动员和参与式磋商过程；第二种应用方式是通过举办乡级培训班，将学习到的种植材料开发技术、多功能营造林和现有林修复技术等传播给造林实体和林农，80.38%的调查对象将自己在县级培训学习和掌握的内容应用到乡级培训当中，比如将学习到的混交林营造技术、经济林高效栽培技术和病虫害监测这些新技术传播给造林和林农并指导项目实施，提高了造林成活率和林分质量，保证了项目的实施成效（图15）。

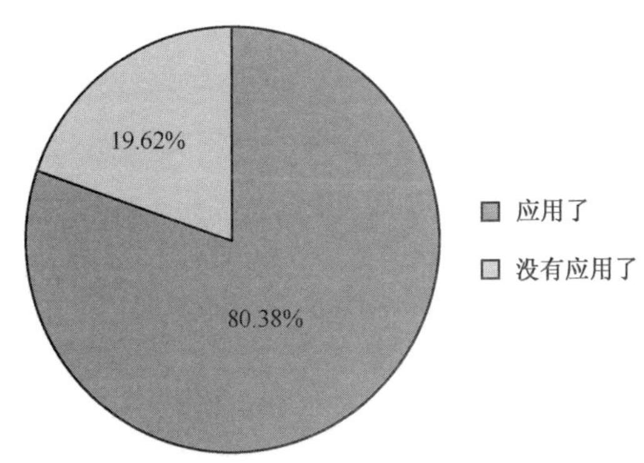

图15　县级培训学习内容是否在乡级培训中得到了应用

参加县级培训班，乡级项目管理和技术人员不但能提高知识和技能，还能在一定程度上解决管理和技术工作中存在的问题，91.32%的调查对象认为县级培训能够解决自己在实际管理和技术工作中遇到的难题（图16）。在观念方面，通过培训逐步从单纯追求项目造林的经济效益向多功能多效益转变，进一步树立了生态优先的林业发展理念。在管理方面，培训后采用自下而上的参与式设计方法使受益人参与决策，解决了过去项目自上而下产生的林农对项目认可程度不高的问题；解决了项目实施中年度作业设计水平不高、造林合同不规范、档案管理混乱等问题；协助当地林业、果品、农业等专业合作社解决了规范制度、技术支持、培训与指导等方面问题。在技术方面，通过对造林实体和林农指导，解决了混交林树种少、模式单一的问题，通过引进林农更容易接受的混交模式和树种，提高了造林实体和林农营造混交林积极性；通过抗旱造林和容器苗栽植等新技术的运用，解决了造林成活率和保存率不高的问题；帮助编制森林经营方案，解决造林实体只造林不懂森林经营或根本不会经营的问题。

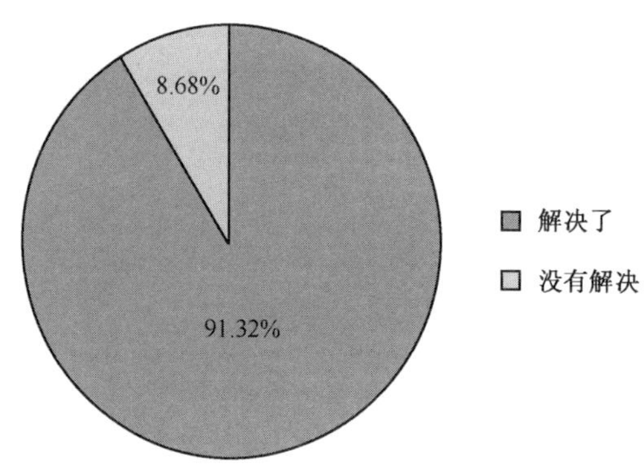

图 16 县级培训是否解决了在管理和技术工作中存在的问题

4.3 参加项目实体和农户培训

4.3.1 多功能人工林营造类实体和农户培训

对参加多功能人工林营造项目实体和农户派发《林业综合发展项目多功能人工林营造类实体和农户培训效果调查问卷》共计 1 674 份，回收 1 674 份。其中安徽省 264 份，河北省 510 份，辽宁省 150 份，山西省 750 份。

（1）性别、年龄及民族构成。参加过多功能人工林营造类实体和农户培训的调查对象中，男性占 57. 35%，女性占 42. 65%。年龄主要集中在 40 岁以上，占 74. 61%；21 ~ 30 岁的调查对象占 4. 60%，31~40 岁的调查对象占 20. 79%，41 ~ 50 岁的调查对象占 39. 43%，51 ~ 60 岁的调查对象占 28. 79%，60 岁以上的调查对象占 6. 39%（图 17），说明农村中老年劳动力是参加项目的主体。从民族构成来看，97. 07%的调查对象是汉族，只有 49 个调查对象为少数民族，占总数 2. 93%。这 49 个少数民族调查对象中，有 37 人来自于辽宁项目区，有 12 人来自于河北项目区。

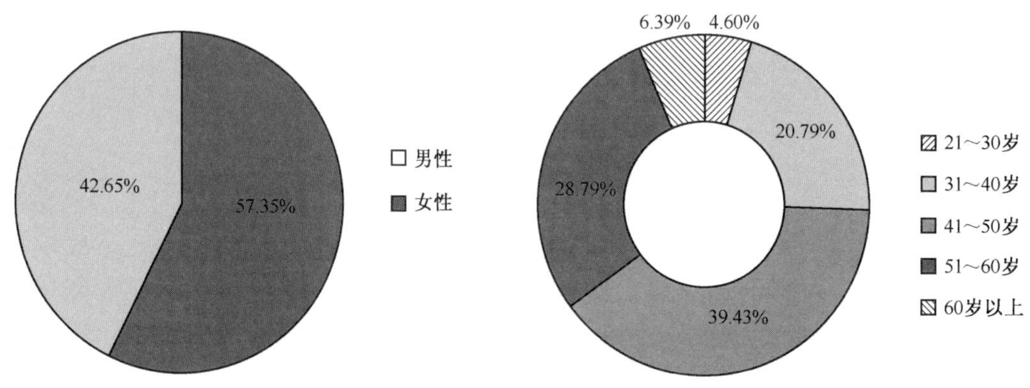

图 17 多功能人工林营造类实体和农户培训人员性别比例和年龄构成

（2）培训效果。25. 27%的调查对象参加过 1~3 次培训，23. 84%的调查对象参加过 4 ~ 6 次培训，5. 08%的调查对象参加过 7 ~ 9 次培训，参加过 10 次培训以上的调查对象占 45. 82%。

经统计分析，有 85. 07%的调查对象认为培训对自己非常有帮助，14. 58%的人认为有一些帮助，仅有 0. 36%的人认为没有什么帮助，总体来看，林业综合发展项目多功能人工林营造类实体和农户培训对受训者具有帮助作用。

通过参加林业综合发展项目多功能人工林营造类实体和农户培训，76. 28%的调查对象认为可以学到造林技术、38. 11%的调查对象认为可以学到林农间作的方法、78. 32%的调查对象认为可以学到病虫害识别和防治技术、57.11%的调查对象认为可以学到经济林栽培技术、63.62%的调查对象认为可以学到环境保护知识。

仅有不到1%的调查对象未将从世行项目培训中学到的知识和技术应用在生产中。从世行项目培训中学到技术后，80.53%的调查对象认为可以提高造林成活率、49.64%的调查对象认为可以营造优良品种的人工林、82.86%的调查对象认为所营造的项目林都通过了检查验收、30.47%的调查对象认为可以节约造林成本、60.04%的调查对象认为可以及时发现病虫害并进行有效防治、54.54%的调查对象认为可以增加林产品的收入。

（3）传播范围。97.07%的调查对象将学到的内容传递给了其他造林实体或农户，其中有17.32%的调查对象传授给了10人以上，35.54%的调查对象传授了5~10人，42.35%的调查对象传授了2~4人，4.78%的调查对象传授了1人，主要是传授给周边的其他造林实体或农户。99%的调查对象希望以后能继续参加世行项目的培训活动。

4.3.2　现有林修复类实体和农户培训

对参加现有林生态修复项目实体和农户派发《林业综合发展项目多功能人工林营造类实体和农户培训效果调查问卷》共计356份，回收352份，其中安徽省发放223份，回收223份，浙江省发放133份，回收129份。

（1）性别、年龄及民族构成。参加过现有林生态修复类实体和农户培训的调查对象中，男性占92%，女性占8%。年龄主要集中在41~60岁，共占82.39%，21~30岁的调查对象占1.7%，31~40岁的调查对象占11.93%，41~50岁的调查对象占总数的46.88%，51~60岁的调查对象占35.51%，60岁以上的调查对象占3.98%。调查对象基本上均为汉族，只有浙江省有2人为少数民族，占总数0.57%。

（2）培训效果。71.59%的调查对象参加过1~3次培训，22.44%的调查对象参加过4~6次培训，参加过7~9次和10次以上的调查对象分别为4.26%和1.70%。经统计分析，有50.28%的调查对象认为培训对自己非常有帮助，48.01%的人认为有一些帮助，1.70%的人认为没有什么帮助，总体而言，现有林生态修复类实体和农户培训对受训者具有帮助作用。

通过参加培训，51.99%的调查对象认为可以学到识别退化人工林的方法、48.01%的调查对象认为可以学到间伐技术、55.68%的调查对象认为可以学到在退化人工林中应该间种哪些树种和品种、71.02%的调查对象认为可以学到在退化林地中宜采用的造林方法，48.01%的调查对象认为可以学到在退化经济林中应该间种的树种和造林方法，45.17%的调查对象认为可以学到经济林高产栽培技术，76.70%的调查对象认为可以学到环境保护知识。

98.30%的调查对象认为可以将从世行项目培训中学到的知识和技术应用在生产中。从培训中学到技术后，82.10%的调查对象认为可以提高造林成活率，59.94%的调查对象认为减少了森林病虫害，54.83%的调查对象认为所营造的项目林都通过了检查验收，67.05%的调查对象认为可以节约造林成本，42.05%的调查对象认为可以及时发现病虫害并进行有效防治，42.61%的调查对象认为可以增加林产品的收入。

（3）传播范围。96.02%的调查对象认为可以将学到的内容传播给其他造林实体或农户，其中有12.78%的调查对象传授了10人以上，21.31%的调查对象传授了5~10人，54.83%的调查对象传授了2~4人，11.08%的调查对象传授了1人，主要都是传授给了周边的其他造林实体或农户。96.88%的调查对象希望以后能继续参加世行项目的培训活动。

4.4　国内考察

《林业综合发展项目国内考察效果调查问卷》共发放346份，回收有效问卷336份。其中有效问卷安徽省10份，河北省40份，辽宁省25份，山西省250份，浙江省11份。

调查对象中有0.9%参加过5次以上林业综合发展项目组织的国内考察，3.87%参加过3次，25.60%参加过2次，62.20%参加过1次。

调查对象中有 80. 36%认为国内考察对做好管理或技术工作非常有帮助，19. 64%认为国内考察对做好管理或技术工作有一些帮助。

58. 93%的调查对象认为参加国内考察开阔了视野，学习了新的观念，有 34. 82%调查对象认为参加国内考察学习了先进的管理制度和方法，有 65. 77%调查对象认为学习了新知识和新技术，有 82. 74%调查对象认为参加国内考察吸取了成功经验和失败教训，有 77. 08%调查对象认为参加国内考察为工作中遇到的难题找到了答案。

91. 96%的调查对象认为参加国内考察可以将学习的内容应用到实际工作当中，如项目的管理方法、阔叶树育苗、轻基质容器育苗方法、混交树种选择、混交林经营理念、世行检查程序及审计等。所有的调查对象认为从其他省或县学习的先进理念和方法可以传授给他人，其中 76%的调查对象传授了 10 人以上，24%的调查对象传授了 5~10 人。

4.5　国内专家咨询与现场指导

为帮助各项目县（市、区）解决项目实施中存在的主要技术问题，各省组织专家到项目区提供形式多样的指导和咨询服务，咨询服务形式有现场技术指导，还有室内培训与现场结合的方式。咨询内容包括育苗技术、混交林营造技术、现有林修复技术、经济林栽培与管理、幼林抚育及后续管理、生态环境成果监测技术等方面，通过多种形式的专家咨询与现场指导，不但及时解决了项目实施中出现的技术难题，确保项目实施质量，还起到了提高林农实用技能，增加林农经济收益等多方面的作用，受到林农广泛好评。

案例 1　安徽省生态环境成果监测技术专家咨询案例

安徽省林科院监测组在吴中能研究员的带领下，按照监测任务定期前往岳西开展监测活动，同时对当地的林业技术人员和林农开展技术咨询。指导他们熟练掌握监测方法，并能独立开展相关监测工作，确保监测数据能够满足精度要求。具体咨询时间、咨询地点、咨询内容与效果请见表 1。

表 1　安徽省生态环境成果监测技术专家咨询情况表

咨询时间	2011 年 7 月、2013 年 5 月、7 月、2015 年 8 月
咨询地点	安徽省岳西县响肠镇无愁村、毛尖山乡板舍村
专家来源	安徽省林业科学研究院
咨询方式与内容	咨询方式：现场咨询 咨询内容：植物多样性、盖度及地表径流量、土壤侵蚀量监测方法
咨询效果说明	1. 岳西县林业局及响肠镇林业站相关工作人员认识了监测固定样地内所有植物种类，并熟练掌握植物（乔木、灌木、草本）多样性及盖度调查方法。 2. 岳西县林业局、毛尖山乡林业站相关工作人员及径流场现场监测人员已熟练掌握降雨量、降雨强度、地表径流量、土壤侵蚀量、土壤侵蚀模数等监测方法，并能独立开展相关监测工作，监测数据满足精度要求。

案例 2　安徽省用材树种混交造林技术专家咨询案例

黄山学院方乐金教授作为安徽省省级科研推广支持组专家，重点负责黄山、宣城市所辖的 8 个项目县（市、区）用材树种混交造林技术的培训、研究和推广工作，解决项目实施中出现的技术问题、提供技术指导以及完成人员培训任务。项目实施以来，方教授课题组一行多次深入到项目县（市、区），开展相应的技术指导及现场培训。具体咨询时间、咨询地点、咨询内容与效果请见表 2。

表 2　安徽省用材树种混交造林技术专家咨询情况表

咨询时间	2012~2016 年
咨询地点	安徽省黟县、黄山区、旌德县示范基地
专家来源	黄山学院

（续）

咨询方式与内容	咨询方式：现场指导、通讯指导 咨询内容：低效杉木修复技术、用材树种混交造林技术
咨询效果说明	1. 黟县杉木采伐迹地复层异龄林更新技术 在杉木采伐时，保留原树种立木 8-10 株/亩，然后栽植阔叶树种，形成多树种、多层次异龄林森林的结构，发挥持续生产木材、提供森林生态效益功能，是一种兼顾林业生产效益和森林生态保护的经营模式。目前已推广应用至祁门县，面积 50 公顷，对安徽人工林经营方式具有较大的创新、示范效果 2. 黄山区桐坑山现有林生态修复技术 在原有林分基础上，按照项目要求，结合山场条件，科学选择树种，见缝插针式补植，通过抚育管护，与天然更新幼树和植被结合，形成结构合理、树种丰富的混交林 3. 旌德县珍稀树种混交造林经营技术 旌德县采用免炼山带状方法进行林地清理，建立各树种不炼山造林的示范基地，选择珍稀乡土树种，采用定向育苗，确保项目所需苗木，降低造林初植密度，营造混交林的系列技术，利于增加土壤腐殖质，恢复提高地力，改善生态环境，调整林种结构。是杉木采伐迹地更新的新模式

案例 3 安徽省油茶造林和抚育管理技术专家咨询案例

2015 年 5 月，安徽省林业科学研究院肖正东研究员在宿松县进行油茶栽培技术咨询，采用室内公开讲座和现场指导相结合的方式，使农户学习掌握了油茶造林地选择、造林技术、病虫害防治和抚育管理等技术知识，并重点学习了修剪技术，极大地提高了农户在油茶造林和抚育管理方面的技能。具体咨询时间、咨询地点、咨询内容与效果请见表 3。

表 3 安徽省油茶造林和抚育管理技术专家咨询情况表

咨询时间	2015 年 5 月
咨询地点	安徽省宿松县长铺镇横山村
专家来源	安徽省林业科学研究院
咨询方式与内容	咨询方式：室内培训+现场指导 咨询内容：油茶造林地选择、造林技术、病虫害防治和抚育管理
咨询效果说明	专家讲解油茶造林地选择、造林技术、病虫害防治和抚育管理等技术知识，并在造林地现场就修剪技术方法做了很好的示范，对油茶整形修枝手把手地进行培训，并鼓励参会人员大胆尝试操作。集中培训后，所有参会人员分成三个小组实地操作，通过专家和油茶生产单位零距离互动，极大地提高了参会人员的实用技能

案例 4 安徽省板栗高接换优的关键技术专家咨询案例

2013 年 2 月，安徽省林业科学研究院肖正东研究员在岳西县进行板栗大树高接换优技术咨询，通过现场指导咨询，使农户掌握了板栗高接换优的关键技术，再通过他们为嫁接人员进行二次培训，嫁接成活率达到 95%以上，培训了 15 名嫁接技术能手。具体咨询时间、咨询地点、咨询内容与效果请见表 4。

表 4 安徽省板栗高接换优的关键技术专家咨询情况表

咨询时间	2013 年 2 月 28 日
咨询地点	安徽省岳西县冶溪镇
专家来源	安徽省林科院
咨询方式与内容	咨询方式：现场指导 咨询内容：板栗大树高接换优技术
咨询效果说明	培训技术干部和农民，通过现场指导培训，使他们掌握板栗高接换优的关键技术，再通过他们为嫁接人员进行二次培训，嫁接成活率达到 95%以上，培训了 15 名嫁接技术能手

案例 5 安徽省长山核桃良种丰产栽培技术专家咨询案例

2015 年 3 月，安徽省林科院和安徽省林木种苗总站的专家在全椒县进行技术咨询，采用室内公开讲座和现场指导相结合的方式，使农户掌握了长山核桃良种丰产栽培技术，取得了良好的效果。具体咨询时间、咨询地点、咨询内容与效果请见表 5。

表 5 安徽省长山核桃良种丰产栽培技术专家咨询情况表

咨询时间	2015 年 3 月 10 日
咨询地点	安徽省全椒县林业局、长山核桃栽植点
专家来源	安徽省林科院，安徽省林木种苗总站
咨询方式与内容	咨询方式：现场指导+室内培训 咨询内容：长山核桃良种丰产栽培技术
咨询效果说明	专家们从园地选择、整地与施肥、栽植管理、授粉树配置、林下种植、幼树管理、结果树管理及病虫害防治等技术进行了详细的讲解，建议后续开展现场修剪培训班，解决幼树树形培育问题。并就现场人员提出的技术问题给予了一一解答。参加培训人员深感培训内容丰富，涵盖广泛，培训班取得了圆满成功

案例 6 辽宁省榛子经营管理技术专家咨询案例

2011 年 6 月，邀请铁岭市林科院专家赴昌图县进行榛子经营管理技术咨询，通过咨询解决了一系列榛子后期经营管理的技术难题，受到当地造林实体和农户的广泛好评。具体咨询时间、咨询地点、咨询内容与效果请见表 6。

表 6 辽宁省榛子经营管理技术专家咨询情况表

咨询时间	2011 年 6 月
咨询地点	辽宁省昌图县
专家来源	辽宁省铁岭市林科院
咨询方式与内容	咨询方式：室内培训+现场指导 咨询内容：榛子经营管理技术
咨询效果说明	专家对榛子倒茬复壮、疏伐定株、补植，以及基肥、追肥、叶面喷肥、测土施肥、有害生物防治等技术进行咨询指导。让造林实体和农户对榛子的经营管理有了全面的了解，使平榛造林地块能非常合理进行地密度调控，做到通风透光，每公顷产量从以前的 375~450 公斤，增产到现在的 750 公斤，农户能得到真正的收益

案例 7 辽宁省杨树营造林技术专家咨询案例

为解决杨树造林成活率不高的问题，于 2012 年 3~4 月，聘请辽宁省林业科学研究院专家赴彰武县杨树营造林技术咨询，通过咨询，农户掌握了杨树造林、抚育管理、修枝抚育、病虫害防治等方面的技术，并现场学习了杨树修枝操作方法、杨树病虫害的辨别方法，使得该地区农户的杨树造林成活率有了大幅提升。具体咨询时间、咨询地点、咨询内容与效果请见表 7。

表 7 辽宁省杨树营造林技术专家咨询情况表

咨询时间	2012 年 3~4 月
咨询地点	辽宁省彰武县
专家来源	辽宁省林业科学研究院
咨询方式与内容	咨询方式：室内培训+现场指导 咨询内容：杨树营造林技术
咨询效果说明	咨询了杨树造林、抚育管理、修枝抚育、病虫害防治等方面的技术，并现场解答了杨树修枝操作方法、杨树病虫害的辨别方法等相关问题，为造林实体和农户解决了造林和经营过程中遇到的具体问题，使得当年杨树造林成活率有了大幅提升，深受欢迎

案例8 辽宁省榛子育苗及经营技术专家咨询案例

2013年4月，邀请县榛子产业协会专家在昌图县进行榛子育苗及经营技术咨询，采用室内公开讲座和现场指导相结合的方式，使农户学会了倒平茬技术、除杂补植技术、密度结构调控技术、水肥管控技术、有害生物无公害综合防治等技术。具体咨询时间、咨询地点、咨询内容与效果请见表8。

表8 辽宁省榛子育苗及经营技术专家咨询情况表

咨询时间	2013年4月
咨询地点	辽宁省昌图县
专家来源	县榛子产业协会
咨询方式与内容	咨询方式：室内培训+现场指导 咨询内容：榛子育苗及经营技术
咨询效果说明	通过咨询，使农户学会了榛子倒平茬技术、除杂补植技术、密度结构调控技术、水肥管控技术、有害生物无公害综合防治等技术，使平榛造林户每公顷产量能达到825公斤左右，由于产量的提高，林农对平榛的造林积极性极高，对当地的平榛产业发展有了一个大幅度的提高，帮助了林农尽早脱贫致富

案例9 辽宁省杨树栽培技术专家咨询案例

2013年8月，邀请辽宁省杨树研究所专家在阜新县进行杨树造林技术措施咨询，本次专家技术咨询主要采用室内公开讲座和现场指导相结合的方式，使农户掌握了杨树栽培方面的实用知识，对推动杨树营造林技术在当地的发展奠定了良好的基础。具体咨询时间、咨询地点、咨询内容与效果请见表9。

表9 辽宁省杨树栽培技术专家咨询情况表

咨询时间	2013年8月
咨询地点	辽宁省阜新县
专家来源	辽宁省杨树研究所
咨询方式与内容	咨询方式：室内培训+室外现场指导 咨询内容：杨树栽培技术
咨询效果说明	通过聘请专家讲授，学员提问，双向互动的方式进行，积极探讨有关杨树栽培方面的实用知识，使学员们开阔了眼界，增长了杨树科学管理和经营的知识，并结合现地情况进行操作，使他们进一步掌握了杨树的栽培关键技术，对推动杨树营造林在当地的发展，为示范区推广应用杨树造林技术奠定了良好的基础

案例10 辽宁省油松容器苗造林技术专家咨询案例

2014年3月，邀请辽宁省固沙造林研究所专家在阜新县进行油松容器苗造林技术咨询，通过咨询，农户掌握了油松容器苗造林的技术，提升了当年油松容器苗造林的成活率，受到广大造林实体和农户的欢迎。具体咨询时间、咨询地点、咨询内容与效果请见表10。

表10 辽宁省油松容器苗造林技术专家咨询情况表

咨询时间	2014年3月
咨询地点	辽宁省阜新县
专家来源	辽宁省固沙造林研究所
咨询方式与内容	咨询方式：室内培训+现场指导 咨询内容：油松容器苗造林技术
咨询效果说明	通过咨询，农户了解了油松容器苗造林的优点，学习掌握了造林技术措施，解决了油松容器苗造林过程中出现的问题，如造林营养杯的摘取方式、造林过程中浇水量等影响造林成活的问题，提升了当年油松容器苗造林的成活率，受到广大造林实体和农户的欢迎

案例 11　山西省核桃丰产栽培技术专家咨询案例

2015 年 5 月，山西省核桃专家在和顺县进行核桃良种丰产栽培技术指导，通过现场指导，农户学会了核桃幼树管理技术，解决了在核桃林经营管理过程中遇到的具体问题。具体咨询时间、咨询地点、咨询内容与效果请见表 11。

表 11　山西省核桃丰产栽培技术专家咨询情况表

咨询时间	2015 年 5 月
咨询地点	山西和顺县松烟镇东山村
专家来源	山西省林科院
咨询方式与内容	咨询方式：现场培训 咨询内容：核桃丰产栽培技术
咨询效果说明	通过现场咨询使农户懂得了如何管理核桃经济林。专家对核桃幼树灌溉施肥、除草方法和结果树抹芽、摘心、修剪方法及病虫害防治等技术进行了详细的咨询，并就现场人员提出的技术问题给予了一一解答，为造林实体和农户解决了在核桃林经营管理过程中遇到的具体问题，使得当地林农掌握了实用的核桃栽培技术

案例 12　山西省幼林抚育管理技术专家咨询案例

2015 年 7 月，山西省林业厅技术专家张云龙针对当地项目林生长缓慢的问题，在河曲县沙泉乡采用现场指导的方式对当地林业技术人员进行了幼林抚育管理技术咨询，使他们到认识幼林期林木管护的重要性，提高了当地林业技术人员幼林管理理论知识和技能水平。具体咨询时间、咨询地点、咨询内容与效果请见表 12。

表 12　山西省幼林抚育管理技术专家咨询情况表

咨询时间	2015 年 7 月
咨询地点	山西和河曲县沙泉乡神树嘴世行工程区
专家来源	山西省林业厅
咨询方式与内容	咨询方式：现场培训 咨询内容：幼林抚育管理技术
咨询效果说明	对当地林业技术人员进行了幼林抚育管理技术指导，强调了幼林期林木管护的重要性，如通过疏光伐来增加光照，通过卫生伐来清除老弱病残枝条，这样不但能增强林木树势，增加林木抗病能力，还能促进林木的生长。通过专家咨询，提高了当地林业技术人员幼林管理理论知识和技能水平。在以后的实施过程中按照学习的技术规程实施，从苗木调运、整地、栽植，后期管护严格执行掌握的操作方法，项目林生长缓慢的问题有了明显的改善

案例 13　山西省核桃育苗技术专家咨询案例

2011 年，山西省临汾市大宁县邀请市种苗站技术人员，在大宁县中心苗圃对项目有关核桃育苗技术方面的问题进行了技术指导和咨询，经过咨询，项目区的技术人员，初步掌握了核桃砧木培育、选芽、嫁接等关键技术，参加培训人员嫁接成活率提高 30%以上，为今后大力发展核桃产业奠定了良好的基础。具体咨询时间、咨询地点、咨询内容与效果请见表 13。

表 13　山西省幼林抚育管理技术专家咨询情况表

咨询时间	2011 年 10 月
咨询地点	大宁县中心苗圃
专家来源	临汾市林业局种苗站
咨询方式与内容	咨询方式：现场培训 咨询内容：核桃育苗技术

（续）

咨询效果说明	山西省临汾市林业局种苗站技术人员对项目有关核桃育苗技术方面的问题进行了技术指导和咨询，经过咨询，大宁项目区的技术人员，初步掌握了核桃砧木培育、选芽、嫁接等关键技术，参加培训人员嫁接成活率提高了30%以上

案例14　山西省小流域综合治理技术专家咨询案例

2011年3月山西省林科院专家在临县项目区制定了当地小流域治理措施的技术路线和实施方法，特别是针对当地立地和自然条件下最适宜的治理模式进行了现场咨询。具体咨询时间、咨询地点、咨询内容与效果请见表14。

表14　山西省小流域综合治理技术专家咨询情况表

咨询时间	2011年3月
咨询地点	山西省临县城庄镇南沟岔项目区
专家来源	山西省林科院
咨询方式与内容	咨询方式：现场培训 咨询内容：小流域综合治理技术
咨询效果说明	专家就以小流域（沟壑）为单元，对沟、坡、峁、垣进行生物和工程措施相结合的综合治理措施制定了一系列技术路线和实施方法，其中生物措施以营林为主，乔灌结合，不同立地选择适宜的整地方式和栽植适宜的树种；工程措施以科学整地、蓄水、保土为主，同时在有条件的地块边缘修建拦水埂。通过咨询，项目区技术人员掌握了小流域综合治理方法，明白了项目营造人工林的同时要结合小流域治理，达到保持水土，涵养水源，改善生态环境的治理目的

案例15　山西省核桃病虫害防治技术专家咨询案例

2011年10月，山西省林科院专家在左权县项目区针对项目区核桃可能发生的主要病虫害的危害症状、发生规律、防治方法等进行了详细的讲解，并进行现场病虫害防治技术示范，取得了良好的效果。具体咨询时间、咨询地点、咨询内容与效果请见表15。

表15　山西省核桃病虫害防治技术专家咨询情况表

咨询时间	2011年10月
咨询地点	山西左权龙泉乡连壁村
专家来源	山西省林科院专家
咨询方式与内容	咨询方式：现场培训 咨询内容：核桃病虫害防治技术
咨询效果说明	针对项目区核桃可能发生的核桃举肢蛾、核桃黑斑病、核桃炭疽病等主要病虫害的危害症状、发生规律、防治方法等进行了详细的讲解，并就学员提出的问题进行了现场答疑。咨询受到了项目区广大果农的热情参与和积极支持，参加人员有合作社技术人员、有多年种植经营的大户等，专家咨询产生了良好的社会效应，得到了核桃栽植农户的高度赞誉

案例16　浙江省生态修复林技术专家咨询案例

2012年，浙江省德清县邀请县林业局高级林业工程师，在阜溪街道（原武康镇）民进村横山冲项目对德清县项目办及镇（街道）技术人员、项目林修复实施主体，进行项目生态修复林技术的咨询，采用现场观摩、学习、讨论的方式，与培训人员面对面交流互动，解决项目实施中对项目林地选择、项目生态修复技术应用的问题。针对2011年项目实施过程发现的问题，通过现场观摩、培训讨论学习，让项目技术人员、参加实施主体对项目林、造林标准有系统、直观的认识，有效推进项目实施，特别在下一年度项目实施进展中明显提升了造林质量和标准。具体咨询时间、咨询地点、咨询内容与效果请见表16。

表 16 浙江省生态修复综合技术专家咨询情况表

咨询时间	2012 年 11 月
咨询地点	浙江省德清县
专家来源	县林业局技术专家
咨询方式与内容	咨询方式：采用现场观摩、培训相结合的方式。 咨询内容：①项目林地选择标准；②项目造林技术标准
咨询效果说明	针对 2011 年项目实施过程发现的问题：①项目林地选择不符要求，林相郁闭度高，林下植被覆盖度高；②生态修复技术中造林技术标准不统一。通过现场观摩、培训讨论学习，让项目技术人员、参加实施主体对项目林、造林标准有系统、直观的认识，有效推进项目实施，特别在下一年度项目实施进展中明显提升了造林质量和标准

案例 17 浙江省育苗实用技术专家咨询案例

2014 年 6 月，富阳邀请浙江农林大学专家进行种苗技术咨询，通过技术咨询，使育苗户掌握了主要造林树种的育苗技术，造林苗木质量明显提高，特别是在项目后期管理补植使用的苗木采用了二年生以上的优质大苗，提升了造林的成活率，受到广大造林实体和农户的欢迎。具体咨询时间、咨询地点、咨询内容与效果请见表 17。

表 17 浙江省育苗实用技术专家咨询情况表

咨询时间	2014 年 6 月
咨询地点	浙江省富阳市
专家来源	浙江农林大学
咨询方式与内容	咨询方式：室内培训+现场指导 咨询内容：林木育苗实用技术
咨询效果说明	由于富阳区是第一次参加世行项目，对种苗要求认识不足，育苗户也迫切需要实用技术，因此，适时地举办了林木种苗技能培训，通过培训，使育苗户掌握了主要造林树种的育苗技术，造林苗木质量明显提高，特别是在项目后期管理补植使用的苗木采用了二年生以上的优质大苗

案例 18 浙江省生态修复技术专家咨询案例

2015 年 11 月，邀请浙江农林大学专家赴安吉县进行生态修复综合技术的讲解，本次专家技术咨询主要在室内和室外以现场咨询的形式开展，通过咨询探讨，明确了不同林分套种树种改造后植物多样性动态变化及补植树种生长研究的方法和方案；探讨了不同林分套种后的综合效益研究技术，确定了通过套种阔叶树后的综合效益监测研究方案等。具体咨询时间、咨询地点、咨询内容与效果请见表 18。

表 18 浙江省生态修复技术专家咨询情况表

咨询时间	2015 年 11 月
咨询地点	安吉县
专家来源	浙江农林大学
咨询方式与内容	咨询方式：现场指导 咨询内容：生态修复技术
咨询效果说明	对安吉生态修复综合技术研究进行了详细指导，包括如何开展松、杉、板栗、茶园等纯林的不同林分套种适宜树种的研究；不同林分套种树种改造后植物多样性动态变化及补植树种生长研究；不同林分套种后的综合效益研究：开展松、杉、板栗、茶园等纯林，通过套种阔叶树后的综合效益监测研究；在规定时间内完成以上研究内容，提交研究报告，解决客户在项目实施过程中遇到的技术难题和瓶颈，为世行贷款林业综合发展项目提供技术支撑

案例 19 浙江省林木补植技术专家咨询案例

2012 年 1 月，通过现场观摩、培训和讨论学习，让项目技术人员、参加实施主体对项目林、造林标准有系统、直观的认识，理解合理补植的重要性，掌握合理补植方法和造林技术，有效推进项目实施，特别在下一年度项目实施进展中明显提升了造林质量和标准。具体咨询时间、咨询地点、咨询内容与效果请见表19。

表19　浙江省林木补植技术专家咨询情况表

咨询时间	2012年1月
咨询地点	浙江省临安市
专家来源	浙江省林科院
咨询方式与内容	咨询方式：现场指导 咨询内容：林木补植技术
咨询效果说明	针对2011年项目实施过程发现的问题：①补植密度不均匀，下密上疏；②造林技术不过关，部分林地成活率偏低。通过现场观摩、培训和讨论学习，让项目技术人员、参加实施主体对项目林、造林标准有系统、直观的认识，理解合理补植的重要性，掌握合理补植方法和造林技术，有效推进项目实施，特别在下一年度项目实施进展中明显提升了造林质量和标准

案例20　河北省生态环境监测专家咨询案例

2012年4月和6月，河北省林科院监测组在毕君副院长的带领下，按照监测任务前往廊坊市项目区开展监测活动，同时对当地的林业技术人员和林农开展技术咨询。指导他们熟练掌握植物（乔木、灌木、草本）多样性及盖度调查方法；熟练掌握风蚀沙埋监测和农作物产量监测方法，并能独立开展相关监测工作，确保监测数据能够满足精度要求。具体咨询时间、咨询地点、咨询内容与效果请见表20。

表20　河北省生态环境监测专家咨询情况表

咨询时间	2011年4月、6月
咨询地点	河北省廊坊市永清县曹家务乡柳园村
专家来源	河北省林业科学研究院
咨询方式与内容	咨询方式：现场咨询 咨询内容：植物多样性和植被盖度、风蚀沙埋、农作物产量监测方法
咨询效果说明	①永清县林业局及林业站相关工作人员认识了监测固定样地内所有植物种类，并熟练掌握植物（乔木、灌木、草本）多样性及盖度调查方法； ②乡林业站相关工作人员已熟练掌握农作物产量和风蚀沙埋等监测方法，并能独立开展相关监测工作，监测数据满足精度要求

案例21　河北省生态林栽培管理技术专家咨询案例

2013年10月，河北农业大学专家在临漳县进行栽培管理技术咨询，通过技术咨询，农户掌握了生态林树种幼林经营关键技术，为造林实体和农户解决了在项目林经营管理过程中遇到的具体问题。具体咨询时间、咨询地点、咨询内容与效果请见表21。

表21　河北省生态林栽培管理技术专家咨询情况表

咨询时间	2013年10月
咨询地点	河北省邯郸市临漳县
专家来源	河北农业大学
咨询方式与内容	咨询方式：室内培训+现场指导 咨询内容：生态林栽培管理技术
咨询效果说明	通过专家咨询，农户学会了杨树等生态林幼林的灌溉、施肥、除草及病虫害防治等实用技术，为造林实体和农户解决了在项目林经营管理过程中遇到的具体问题，对当地林农掌握实用的林木栽培技术起到了很大作用

案例 22 河北省经济林栽培管理技术专家咨询案例

2013 年 10 月，河北农业大学专家在临漳县进行经济林栽培管理技术咨询，通过咨询，农户和造林实体掌握了经济林的前期管理技术，并为造林实体和农户解决了在项目林经营管理过程中遇到的具体问题。具体咨询时间、咨询地点、咨询内容与效果请见表 22。

表 22 河北省经济林栽培管理技术专家咨询情况表

咨询时间	2013 年 10 月
咨询地点	河北省邯郸市临漳县
专家来源	河北农业大学
咨询方式与内容	咨询方式：室内培训+现场指导 咨询内容：经济林栽培管理技术
咨询效果说明	聘请河北农业大学专家对苹果、核桃、桃等经济林的前期管理技术进行了咨询，并就现场人员提出的技术问题给予了一一解答，通过现场示范，造林实体和农户学会了项目经济林经营管理过程中遇到的如修枝、病虫害防治等具体问题，使得当地林农掌握了实用的经济林栽培技术，取得了良好的效果

4.6 推广应用优良品种

4.6.1 推广应用的优良品种及规模

各项目省在多功能人工林营造和现有林修复中，积极推广和应用优良品种。据统计，安徽、河北、辽宁、山西省在项目实施中共使用了 30 个树种的 52 个优良品种，推广应用面积 7 518 公顷。其中安徽省推广面积 2 942 公顷；河北省推广面积 2 143 公顷；辽宁省推广面积 633 公顷；山西省推广面积 1 800 公顷。各省推广应用优良品种及规模参见表 23。

4.6.2 推广应用的优良品种效果案例

案例 1 安徽省香榧推广应用效果

安徽省黄山市黄山区自然条件非常适宜香榧生长，境内天然分布的香榧面积有 30 000 多亩，其中新明乡樵山香榧曾在唐朝天宝年间被御名为“贡榧”。香榧属于常绿乔木，枝叶茂盛，须根系发达，寿命长，栽植密度小，不需要全垦整地，是保持水土、保护山地生态环境的重要生态经济树种，完全符合项目树种选择标准。因此，黄山区世行项目针阔混交造林模型选择了香榧优良品种浙江细榧造林，面积 65 公顷，主要采取浙江细榧和茶叶混交，主栽树种是浙江细榧，造林山场周边、路旁栽植有少量桂花，光皮桦，混交比例 6∶4 或 6∶3∶1。浙江细榧采用大苗造林，抚育管护采用根盘覆盖技术，浙江细榧根盘地毯覆盖起到防止杂草生长、保水、保肥作用，大大降低抚育管护成本，保存率在 95%以上，目前造林苗木每亩保存 30 株，新梢长势旺盛，2015 年部分进入初果期，预计亩产香榧 5 公斤。

案例 2 安徽省长林系列油茶推广应用效果

2012 年造林，造林地位于安徽省黄山市徽州区岩寺镇洪坑塔岭下山场，造林模式为阔阔混交林，主栽树种油茶、混交树种枫香和木荷，示范基地面积 13.3 公顷。示范基地经营权为当地造林专业户洪加忠转让后建立，经过坚持不懈地精心抚育管理，油茶苗生长旺盛，造林质量优秀。2014 年初产收获油茶籽 1 000 公斤，2015 年示范基地油茶果实累累，产量有望能达到 5 000 公斤。在当地油茶造林推广中起到很好的示范带头作用。

油茶苗选自区内省林业厅定点的油茶生产基地——黄山三友农林发展有限公司，从中国林业科学研究院亚热带林业研究所引进油茶——长林系列品种。省林业厅在全省油茶栽培区推荐使用的 5 个品种，即长林 4 号、27 号、40 号、53 号、166 号，这五个品种在当地栽培表现良好，适应性强，生长快，早产丰产性好，出油率高，茶油品质好，且抗逆性强，病虫害发生率低，更适合在安徽省推广应用。基地使用苗木规格为二年生一级或特级嫁接苗。

表 23　各省推广应用优良品种及规模统计表

省	序号	树种	优良品种数量	推广县（市、区）	推广面积（公顷）
安徽	1	湿地松	2	怀宁、宿松、泾县	865.4
	2	望春花	1	怀宁县	142.4
	3	油茶	7	祁门，宣州，泾县，宁国，宿松，霍山，太湖，怀宁、黟县、岳西、徽州	919.9
	4	香榧	2	祁门，黄山，宁国，徽州	528.6
	5	泡桐	1	泾县	28
	6	枫香	1	旌德、宿松	202
	7	山核桃	1	宁国	200
	8	杨树	2	宿松	51.1
	9	青檀	1	宿松	4.6
	小计				2 942
河北	1	苹果	3	临漳、永年	30
	2	葡萄	5	临漳、永年、肥乡、永清、威县、武邑	72
	3	樱桃	4	鸡泽	20
	4	榆树	3	邱县、永清、馆陶	159.1
	5	梨	4	曲周、威县	520
	6	蓝莓	1	曲周	10
	7	核桃	1	永年	6
	8	桃	3	武邑、景县、临漳	26
	9	杨树	2	威县、广宗、临漳、馆陶、文安	1 000
	10	刺槐	1	威县、广宗、临漳、馆陶、文安	200
	11	槐树	1	临漳、临西	100
	小计				2 143
辽宁	1	杨树	1	阜新	133.3
	2	柳树	1	新民	500
	小计				633
山西	1	核桃	3	和顺、左权、中阳 盐湖、闻喜	700
	2	落叶松	1	黑茶林局	1 000
	3	枣	2	太谷	100
	小计				**1 800**
合计					**7 518**

示范基地 2011 年冬季进行林地清理和局部整地，清理出山场内影响造林施工的杂灌和藤蔓，再进行块状局部整地，按等高线 2.2 米×3 米配置定植点，定植点一平方米整地破土面，挖除小的树桩、竹兜、草兜，整地深度 25 厘米，同时挖好定植穴备春季造林。2012 年春季 2 月开始调油茶苗造林，3 月 10 日前全面完成基地造林。当年和第二年进行了补植，基地每年扩穴抚育二次，追施复合肥二次。2015 年调查基地油茶平均密度 1 500 株/公顷，平均保存率达到 95%，平均高 1.6 米，平均冠幅 1.2 米，平均地径 2.5 厘米。只要保持精细抚育管理，预测三年后油茶果产量能达到 7 500 公斤/公顷。

期间示范基地还大力发展林下经济，养殖了土鸡、草兔，引进丹皮牡丹进行试种取得了成功。目前示范基地虽然取得很好示范带动作用，由于还没有到丰产期，经济效益还没有完全显现出来，油茶丰产后将发挥更大的推广效果。

案例 3 辽宁省小美旱杨推广应用效果

小美旱杨于 2012 年 12 月 29 日通过辽宁省良种委员会审定为省内杨树优良品种。在阜新县推广面积是 133.3 公顷。在相同立地条件下，小美旱杨具有繁殖容易，育苗、造林成活率高，生长速度快，抗病虫，耐盐碱，生长周期长等特点，是一个速生抗性强的树种，适宜沈阳、鞍山、阜新、锦州、葫芦岛及盘锦市的适宜地区推广。针对辽西半干旱、贫瘠地区，相对速生、抗旱、抗寒、耐盐碱的杨树品种非常少的现状，通过营造小美旱杨试验示范对比林，优中选优，经过多年的研究，小美旱杨在半干旱地区的速生性、抗旱性、抗病性都优于其他杨树品种。目前在阜新县生长表现良好，受到广大造林实体和农户的欢迎。

案例 4 辽宁省杞柳推广应用效果

杞柳是一种灌木柳，在项目设计之初，设计的防风固沙林的混交树种有紫穗槐、沙棘等灌木，以及樟子松等乔木，杨树樟子松混交林在彰武、昌图地区表现良好，在新民地区的实际效果表现不是十分理想，为了实现项目的预期目标，达到防风固沙的目的，新民市引进了杞柳。在新民市推广面积为 100 公顷，营造杨树杞柳水土保持林。杞柳呈丛状分布，每丛根部面积达到 0.8~1 平方米。从项目林防风固沙的配置来看，是上下联动，立体配置的模式，上部有杨树的树冠，冠下有杞柳的灌丛，对风力的阻滞作用非常明显，尤其是秋季庄稼即将成熟的季节，这种林带的防护作用更是明显。杞柳不但有很好的防风固沙作用，其枝条还有很高的经济价值，每年割下的萌条可以做柳编，用于育苗，还可以做饲料等。因此，杨树杞柳混交造林模式在当地取得了显著效果，受到造林实体的普遍欢迎。

案例 5 山西省运城市盐湖区、闻喜县双季槐推广应用效果

运城地处山西西南部，适宜种植双季槐，双季槐是创始人雷茂端从国槐优良单株中选育，2012 年经运城市林木种苗站提出申请，山西林木品种审定委员会审定通过，并公告为良种。双季槐经济效益显著，其经济价值主要体现在槐米上，槐米中含有芦丁和槲皮素等黄酮类成分，具有维持及恢复毛细血管的正常弹性、增强其抵抗力的功效，同时还具有抗炎、抗病毒、抗氧化等药理作用，临床常用于治疗高血压、冠心病、防治脑溢血及吐血、风热目赤等。

项目区树种为国槐，在不影响生态效应的基础上，农户为了增加经济收入，2013 年经县林业局请示批准，嫁接双季槐，每公顷增加经济收入约 3 万元。

案例 6 山西省运城市临猗县岱香核桃推广应用效果

岱香核桃是山东省果树研究所用辽核 1 号做母本，香林做副本，进行人工杂交育成的新品种，2003 年 11 月通过鉴定，同年 12 月通过山东省林木良种审定委员会审定并命名。该核桃品种坚果综合品质优良，枝条粗壮，节间短，雄花较少，早实丰产，坚果大，核仁饱满，香味浓，适宜密植栽培，是一个优良的短枝新品种。于 2010 年开始在运城市临猗县引进并推广种植，取得了良好的效果。

案例 7 河北省大叶红花槐推广应用效果

大叶红花槐是河北农大从德国引种选育出的多用途优良刺槐无性系，其品种特性主要有：①生长迅速，4 年生平均胸径达 9.16 厘米，平均树高达 7.35 米，生长量极显著高于普通刺槐，可作为用材林品种使用。②树形美观，花色艳丽，红色或淡紫色，分两次开花，花期较长，适宜作观赏树品种。③叶片肥大，产量高，叶片营养价值高，适宜作饲料林品种使用。④根系发达，根蘖能力强，是防风固沙、水土保持的优良品种。⑤适应性广，具有较强的抗旱、耐盐碱能力。

大叶红花槐既是优质用材、高蛋白饲料和绿化观赏兼用的树种，也是防风固沙、水土保持的优良品种，此外还有生态、薪炭、蜜源等多种用途。

河北省在威县、广宗、临漳、馆陶、文安 5 个项目县推广应用大叶红花槐，用于营造混交型防风固沙林，丰富了与杨树混交的造林品种。项目营造的红花槐长势良好，并且相对于其他树种有较好的固沙作用。

案例8 河北省耐盐白榆推广应用效果

耐盐白榆是河北省馆陶县创汇农业科技邯郸有限公司从上海杉一植物科技有限公司引进的榆树新品种。该榆树品种的特性：①生长速度快。普通白榆一年生实生苗生长高度仅1.5米左右，而耐盐白榆组培苗一年生长高度可达3~4米。年胸径生长量可达3.5厘米以上，6年生胸径平均为22厘米，最高可达28厘米。②耐盐碱。耐盐白榆耐盐碱达5‰~6‰，土壤PH值8~9。③抗性强。耐盐白榆经过抗病虫筛选，对病虫害具有较强的抗性。此外还具有耐旱、耐寒、耐瘠薄、抗风、抗污染等优良特性。④适用范围广。可广泛种植于我国东北、华北、西北、华东、华中等地区。⑤遗传稳定。组培繁育过程中不会发生品种退化现象，保证了苗木的高成活率及高生长量。⑥材质好。木材坚重，硬度适中，力学强度高，有光泽，具花纹，拥有韧性强，弯绕性能良好，耐磨、耐腐等优点，为造船、建筑、室内装修地板、家具的上等优良用材。耐盐白榆为项目造林添加了新的速生、耐盐碱、材质好、适合与杨树混交的造林树种。目前在永清、馆陶等县推广杨树榆树混交型防风固沙林，杨树、榆树长势均良好，并对美国白蛾有一定的预防效果。

4.7 推广应用先进技术

4.7.1 推广应用的先进技术及规模

各项目省在项目实施过程中，积极推广和应用林业科研成果和先进技术。据统计，5个省在项目实施中累计推广和应用了种植材料繁殖与育苗技术、造林技术、现有林修复技术、人工林栽培管理技术以及病虫害防治技术等先进技术共计44项，推广应用面积达34 438公顷（表24）。

案例1 安徽省怀宁县推广应用湿地松容器育苗造林技术

安徽省怀宁县积极推广应用湿地松容器育苗造林技术，在针阔混交造林模型中累计推广应用587.4公顷。湿地松容器苗与裸根苗相比，具有节约种子、育苗不受场地限制、造林成活率高、造林后缓苗期短、幼苗生长快、造林不受季节限制等优点。容器育苗不受场地限制，可在造林地附近育苗，减少运输成本。容器育苗一般采用芽苗移栽技术，可以节省种子，比大田播种育苗可节约30%的种子，同时苗木整齐，质量高。可以缩短育苗周期，做到当年育苗当年造林。对造林地适应性强，在石质多、土层浅、土壤干旱的立地上，裸根苗造林极难成功，而容器苗造林可取得良好效果。可以延长造林时间，由于容器苗带土移栽，除夏季高温季节，大部分时间均可造林，有利于劳力的安排和造林工作的组织实施。容器苗因带原土团，不伤根，造林成活率高，造林成效显著。容器苗造林后无缓苗期，造林当年能快速生长。

根据调查，正常降雨年份，容器苗造林成活率达到98%，比裸根苗造林成活率高20%；相同立地条件下，容器苗高生长比裸根苗提高100%。每公顷节约补植费用577元，整个项目节约费用33.9万元，而且提高了幼苗的生长量。

案例2 安徽省旌德县推广应用优良乡土阔叶树造林技术

枫香是安徽省优良的乡土阔叶树，适应性强，用途广泛，枫香造林能产生良好的生态、经济和社会效益。旌德县在不同的地类中进行了造林实验，均取得较好的成效，特别是在杉木采伐迹地上用枫香更新造林，前期以杉木萌条和枫香形成混交林，后期通过抚育间伐等措施最后可保留为混交林或枫香纯林。2011年林业综合发展项目实施以来，以枫香为主要树种，采用针阔混交林、阔阔混交林、阔竹混交林等营造林模型营造多功能人工林192.6公顷。旌德县现有杉木近成过熟林7 000公顷，每年采伐后形成300公顷采伐迹地，但杉木纯林二代更新造林树种的选择，是困扰

表 24 各省推广应用先进技术统计表

省	序号	先进技术名称	应用树种	推广县（市、区）	推广面积（公顷）
安徽	1	皖南主要落叶阔叶树种育苗与造林技术模式	主要落叶阔叶树	祁门县、徽州区、黟县、黄山区、旌德县、泾县、宣州区、宁国市	2 860
	2	山地阔叶树种育苗与造林技术模式	枫香、南酸枣、光皮桦、檫木、黄檀、麻栎等	15 个项目县市区	13 593
	3	容器育苗造林	湿地松	宁县	587.4
				宿松县	229
	4	香榧根盘覆盖技术	香榧	黄山区	65
	5	浙江林学院的“特色榧良种选育及高效栽培技术研究与示范”		徽州区	100
	6	诸暨香榧丰产栽培技术		宁国市	200
	7	安徽省油茶造林技术标准	油茶	徽州区	500
	8	泡桐接干技术	泡桐	泾县	28
	9	青檀石质山地造林技术	青檀	泾县	220
	10	针阔混交造林技术	杉木、湿地松、枫香、檫木等	泾县	521.6
	11	优良乡土阔叶树造林	枫香	旌德县	196.2
	12	山核桃有害生物可持续控制及丰产栽培技术	山核桃	宁国市	1 000
	13	山核桃林生态修复和重建技术		宁国市	2 000
	14	珍稀乡土树种混交造林技术	香樟、桂花、紫薇等	宁国市	200
	小计				**22 300.2**
河北	1	杨槐混交造林技术	速生红花槐 + 杨树	永清县	5
				威县县	5
	2	地膜覆盖及保水剂推广应用	杨树及部分经济林树种	17 个项目县	1 000
	3	ABT 生根粉蘸根	杨树及部分经济林树种	17 个项目县	1 000
	4	杨树深栽技术	107、108	临漳、馆陶、大名、永清、大城等县	600
	5	旱地造林综合技术	杨、槐	威县、景县、鸡泽、肥乡等县	200
	6	推广矮化密植中间砧苹果技术	苹果	曲周县	60
	7	苹果树优质丰产栽培技术	苹果	馆陶县	10
	8	葡萄树优质丰产栽培技术	葡萄	临漳县	20
	9	苗林一体化经营	柳树、臭椿	鸡泽县	10
	10	农林复合种植模式	白蜡	鸡泽县	100
	11	树体涂聚乙烯醇防冻技术	核桃	永年县	20
	12	梨省力化密植高效栽培技术	梨	威县县	200
	13	ABT、GGR 在生产中的应用	速生杨	临漳县	67
	14	带状整地在实践中的应用	速生杨	文安县	67
	15	树木涂白技术	杨树	馆陶县、肥乡县	100
	小计				**3 464**

（续）

省	序号	先进技术名称	应用树种	推广县（市、区）	推广面积（公顷）
辽宁	1	杨树、樟子松机械造林	杨、樟	昌图县	1 590
	2	榛子密度与施肥技术	榛子	昌图县	51.3
	3	野生榛林垦复技术	榛子	昌图县	33.3
	4	油松容器大苗造林	油松	阜新县	133.3
	5	杨树容器育苗造林技术	杨树	新民县	1000
	小计				**2 807.9**
山西	1	抗旱造林技术	落叶松、核桃	中阳、临县	
				黑茶、五台林局	
	2	容器苗造林技术	油松	和顺、广灵、浑源	
				黑茶林局	
	3	混交林营造技术	油松、落叶松、柠条等	广灵县、浑源县、永和县	
				黑茶林局	
	4	混交林营造技术	油松、柠条	河曲县	
				偏关县	
	小计				**4 400**
浙江	1	机械式抚育	杉	临安市	27
	2	无纺布覆盖造林技术	松、杉	安吉县、富阳区	66
	3	松材线虫病除治迹地生态修复技术	松树	富阳区	400
	4	富春江流域水源涵养林构建与示范技术	杉	富阳区	60
	5	生态修复技术应用（彩色健康森林、珍贵用材林基地建设）	杉、松	富阳区	513
	6	注干施药防治松材线虫病技术	松	安吉县	400
	小计				**1 466**
合计					**34 438**

该县林业生产的一大难点，是制约森林资源发展的重要障碍因素之一。在杉木采伐迹地上进行枫香等阔叶树造林更新，建设效果明显，有利于增加土壤腐殖质，恢复提高地力，改善生态环境，调整林种结构。通过林业综合发展项目的试验和推广应用，探索解决了杉木采伐迹地二代林更新技术难题的新模式。

案例 3 安徽省泾县推广应用泡桐接干技术

安徽省泾县推广应用泡桐接干技术 28 公顷。高干干形培育是加快泡桐生长、提高木材利用率和材质规格的重要技术措施。主要采取抹芽和接干技术培育高干干形。泡桐造林当年，苗干上会从腋芽处萌发侧枝，有的萌发位置在苗干的三分之二以下部位，造成主干过低，影响出材率和木材质量。对一年生树干上分布较低的腋芽，在萌发后必须及早抹（摘）除，以提高主干的高度生长，培育高大通直无节良材。抹芽时，一是要掌握留枝数量，作为短周期工业原料林，保留侧枝数以 4~6 对为宜。二是要反复抹芽，因为腋芽萌芽能力很强，第一次抹芽后，还会反复萌发新芽，只有当枝条生长到 0.5~1 米以后，抹过的芽才不会再萌发，故必须重复抹芽 2~3 次。接干可采取平茬接干和剪梢接干两种方式。

通过该项目技术推广，一是增加木材产量，提高林农经济收入；二是增加森林覆盖率，对进一步改善项目区生态环境，保持水土、涵养水源、改善气候将起到重要作用；三是提高森林表土抗蚀功能。通过森林植被、林冠减缓降水对地表的冲力，植物根系又能紧紧地固持土体，从而提高土壤的抗蚀能力；四是通过项目的实施，培养出一批技术业务精通，经营管理能力强的骨干力量；四是通过项目科学技术的应用与推广，强化了山区农民科学营造林技术和管理新经验。从而引起全社会对培育阔叶树的全面关注与足够重视，营造社会共同参与林业建设的氛围。

案例 4　安徽省泾县推广应用青檀石质山地造林技术

泾县存在大量石质山地，主要包括石灰岩山地、山体裸露山地和普通石砾含量较高的山地。石质山地由于其特殊性，普遍存在立地条件差、土层瘠薄、适生树种少的情况。在石质山地如果采用常规造林方法，造林存活率和保存率均低，难以郁闭成林。因此泾县结合县内宣纸产业发展特点和需求，在石质山地推广应用青檀造林技术，包括改土、保水、选苗、苗木处理和抚育等技术，使造林成活率平均提高了 15%，保存率提高了 10%，每公顷造林补值和抚育成本降低了 700 元左右。

案例 5　辽宁省昌图县推广应用机械造林技术

辽宁省昌图县采用机械造林技术营造杨树樟子松混交林，在昌图县推广应用了 1 590 公顷，主要应用于平原地区防风固沙林的营造。在造林前，用多菌灵浸泡苗木 6 个小时。机械造林时机械开沟宽度为 30 厘米，深度 35 厘米，植苗后机械踏实。不仅提高了工作效率，降低了了造林成本，而且造林成活率较常规造林有了一定提升，是一项值得推广的造林技术。

案例 6　辽宁省昌图县推广应用榛子密度调控与施肥技术

辽宁省昌图县推广应用榛子密度与施肥技术 51. 3 公顷。通过倒茬复壮、疏伐定株、补植等密度调整技术和基肥、追肥、叶面喷肥、测土施肥等施肥技术，配合平榛播种育苗技术和有害生物防治技术等，使山区野生平榛造林地块能非常合理很好密度调控，做到通风透光，产量从以前的 25 ~ 30 公斤，增产到现在的 50 公斤，农户能得到真正的收益。同时，榛果五农药残留，虫蛀果率小于 3%，榛果出仁率高于 37%。育苗成活率达到 70%以上，榛子当年成活率在 90%以上，保存率保持在 85%以上。

案例 7　辽宁省阜新县推广应用油松容器大苗造林技术

油松容器大苗造林技术在阜新县推广应用了 1 021 公顷。油松容器大苗造林技术选择 2+2 苗龄型（即实生苗培育 2 年，装杯后培育 2 年）。选择海拔 300 米左右的低山丘陵中下部，采用高标准机械整地，规格为 60 厘米×60 厘米×60 厘米，穴状，坑下腹筑埂。实行株混和块混，主要混栽树种有侧柏、文冠果、刺槐、荆条和柠条等树种。当年成活率达 91%，3 年后保存率达 90%，平均株高 70. 5 厘米以上，地径 2. 1 厘米。使用容器大苗可以解决困难立地条件下一次性造林成功难的问题，提高半干旱地区荒山造林的成活率和保存率，解决多次造林、林龄不一、林分质量低、个体间相互影响大等问题，受到广大造林实体和农户的欢迎。

案例 8　辽宁省新民县推广应用杨树容器苗造林技术

杨树容器育苗造林技术在新民市推广了 1 000 公顷。项目区地处辽西地区，干旱少雨、风沙严重，杨树造林一般选择在春季或者秋季，但春季的冻害、干旱、风沙、虫害的影响，经常使春季造林失败，如果一旦春季造林失败，其补救措施只能是下一年重造，为了防止出现这种现象，新民市机械林场研究了杨树营养杯育苗造林技术，用杨树营养杯苗在雨季进行补植，在每年六月即将进入雨季时，对于成活不好的地块进行营养杯苗的补植，或者春季未能造林的地块，进行雨季造林，营养杯苗高度达到 30 厘米以上方可用于补植造林。经监测，营养杯苗只要管理、栽植及时，幼树生长与春季造林的幼树没有差别，有效地提高了造林成活率。凡是早春成活率低于 90%的地块都要进行营养杯补苗，因此项目造林地块秋季总成活率一直很高。该技术优势为：①造林成本低；②成功率高；③增加了一个造林季节；④减少了春季幼苗管护的环节。

案例 9　山西省五台林局推广应用水袋滴渗技术

山西省五台林局豆村林场技术人员在造林实践中发明了水袋滴渗技术。适用于荒山干旱造林地、无灌溉条件下造林，可有效提高造林成活率，在项目中推广应用了 100 公顷。水袋滴渗技术是将长 70 厘米、径 14 厘米、厚 0.02 厘米的塑料袋内装水至 50 厘米高，约 5 公斤，为了更加有效，可配成 10%的根宝或尿素液体。袋口打死结，不能漏水。将水袋横放于苗木根部，在袋中段对正苗干处用缝衣针针尖扎一微小孔，使袋内水以 60~90 滴/分钟的速度，滴渗入苗根部土壤。袋内水可持续滴渗5~7 天，当袋内水量剩余不到十分之一时，由于重力的因素，这时水也很难再向外渗出，但由于有水的作用，袋子不会被风刮走，它后期仍可起到有效覆盖作用，覆盖面积达 700 平方厘米左右。水可渗入土壤 30 厘米深，可以有效提高苗木成活率。

案例 10　山西省五台林局推广应用覆盖栽植技术

山西省黑茶山国有林管理局 8 个项目实施单位在造林中应用了地膜覆盖、石片覆盖、灌草覆盖等技术，大大提高了干旱造林地的造林成活率，已推广应用了 120 公顷。其中地膜覆盖技术用地膜覆盖造林穴表面，可以减少 35%的水分蒸发、提高地温 2℃，并防止围堰涂白被冲刷。石片覆盖技术是在有石片石块的造林地段，苗木栽植后在穴面和苗木周围就地取材覆盖石块，覆盖面积要达到 40 厘米×40 厘米。灌草覆盖技术是结合幼林抚育，将割下的灌草覆盖在造林穴面苗木周围，既保持了造林穴内的土壤水分，灌草腐烂后又可为幼苗提供有机养分。

案例 11　浙江省安吉县推广应用注干施药防治松材线虫病技术

“注干施药防治技术”是由浙江农林大学研发的一种新型松材线虫病防治技术，松树在注药后能保持 2~3 年时间内对松材线虫病免疫。为提高项目中低效松林生态修复质量，安吉县 2015 年在昌硕街道城南社区推广应用了注干施药防治松材线虫病技术，面积 50 公顷。通过使用这种技术，保存了原有松林的数量和质量，有效降低了松墨天牛的发生率和松材线虫病的发病率，减少了松树死亡率，使松树死亡率降低 50%以上。

案例 12　浙江省安吉县推广应用无纺布覆盖技术

浙江省安吉县在项目林实施“无纺布覆盖”技术，即在补植树种四周地面覆盖 1 平方米的黑色无纺布，通过压制杂草等非目标植被的蔓延，减少初期森林抚育的次数，降低劳动力成本。在杭垓镇新上塘村选择 8 公顷阔杉混交林模式做试验比较，将覆盖无纺布技术与无覆盖无纺布的同品种苗木进行对比，定期测定种植树种的成活率、生长量、土壤温度和土壤含水量，验证其效果，核算其成本，证实该项技术推广价值和意义，并为我县、乃至全省的林业综合发展项目提供科学的、可行的实施经验。

案例 13　河北省推广应用杨树混交造林技术

为充分发挥项目造林生态功能，河北省项目设计了混交造林技术模型。但在项目启动之初，混交林很能难得到群众认可，通过项目引导、加大宣传等手段，使群众逐步认识到单一树种纯林在生态方面、景观效果、病虫害发生方面的不足，而逐步接受了混交林这一新的造林模式。在永清、威县应用杨树槐树、杨树榆树、榆树白蜡、槐树柳树等较为成熟的混交造林技术，采用带状混交方式，混交比例不小于 6∶4，株行距一般为 3 米×8 米、3 米×5 米，株行间呈“品”字形排列。通过项目技术示范推广，混交造林模式和技术为河北平原地区造林提供了示范，除了防风固沙作用以外，还有较高的景观效益，综合生态功能也逐步凸显。

案例 14 河北省推广应用林药间作造林技术

临漳县西羊羔乡南羊羔村林药间作型防风固沙林基地，总面积 20 公顷，2010 年，该基地依托世行贷款河北省林业综合发展项目，以林药间作立体种植为抓手，按照“适地、适时、适生、适种”的思路，充分利用林业资源优势，合理布局，规模开发，创新模式，打造特色，实现林药种植产业向规模化、产业化、效益化、景观化方向发展。通过“公司+基地+农户”发展路子，建设高标准“林药复合立体种植示范基地”，主要栽植 107、108 等速生杨，株行距为 3 米×5 米，重点栽培白芍、牡丹、知母、桔梗、射干、黄芪等中药材品种。

通过几年来大胆实践，该基地的林药复合立体种植模式已展现出明显的特色、优势和效益，基地速生杨长势强劲，枝繁叶茂，胸径已达到 25 厘米左右；以白芍为主的林下中药材，经济价值高，当前市场行情亩效益在 15 000 元左右，白芍花期较长、色彩艳丽，可与牡丹相媲美。每年 5 月 1 日前后进入盛花期，非常适合游览观赏。这种模式有效破解了植树造林周期长、见效慢，土地利用率差、经济效益低，生态环境景观单一等难题，探索出了一条集经济效益、景观打造、环境创新为一体的现代林业发展新途径。

5 评价结论

5.1 国外考察与培训

国家林业局世界银行贷款项目管理中心组织了 9 个国外考察和培训团组，分别赴英国、巴西、瑞典、芬兰、澳大利亚、美国、南非和俄罗斯进行考察和培训，考察和培训内容涉及林业可持续发展与管理、森林修复与人工林管理、造林经营技术与管理、森林资源经营与项目管理、种植材料开发技术、森林保护与人工林生态修复、多功能森林经营技术与管理等方面。

总体来看，国外考察和培训取得了良好的效果。78. 38%调查对象认为国外考察与培训对自己的管理或技术工作非常有帮助，对工作的帮助主要体现在转变观念和改进工作方法上。参加国外考察与培训后，培训人员的收获主要集中在吸收新的理念、知识、技术和管理方法等方面，解决实际工作中面临难题的效果并不明显。在应用效果上，97. 30%的调查对象将学习的内容应用到了实际工作当中，且 62. 16%的调查对象认为工作效率有所提高，45. 95%的调查对象认为提升了工作质量，并且近半数调查对象将从国外学习的先进理念和方法传授给了 10 人以上。

5.2 国内各级项目管理和技术人员培训

国内各级项目管理和技术人员培训包括国家级、省级、县级三级培训，培训对象分别是省级、县级和乡级管理和技术人员，培训的内容主要包括项目管理、财务管理、项目监测等与项目实施有关的知识内容，以及种植材料开发技术、新造多功能人工林技术、现有林修复技术育苗技术、森林持续经营技术等先进的林业技术和理念。

总体而言，国内各级项目管理和技术人员培训取得了良好的效果。各级培训的满意度都比较好，国家级、省级、县级培训中分别有 80%、82%、65%调查对象认为培训对自己的工作非常有帮助，在省级和县级培训中认为对工作没有帮助的仅占 1. 4%和 0. 9%。

不同层级培训中，省级培训的受训人员接受培训的机会最多，接受过 3 次以上培训的比例为 84%，而国家级和县级培训的相应比例均只有 50%左右。

在学习内容方面，不同层级培训学到的知识内容结构有所不同。国家级培训的培训内容较为均衡，认为学到管理办法、工作思路和方法、新知识和新技术、兄弟单位经验教训的比例均在 80%～89%之间；省级培训相对应上述内容的比例有所下降，在 63%～71%之间；县级培训在培训内容上更偏重于新知识和新技术，认为学习到了新知识和新技术的比例为 96%，其次是工作思路方法和管理办法，比例为89%和71%，最后是兄弟单位经验教训，比例为67%。

基本上所有的受训人员都能将在培训中学习的内容应用到工作当中。国家级、省级、县级培训的比例分别为100%、99%、94%。应用方式主要有两种，一种是将学习的内容应用到自身实际工作当中，另一种应用方式是通过举办培训班，将学习到的内容传播给下一层级管理人员、技术人员或林农，在国家级、省级、县级培训中，将学习和掌握的内容应用到了下一层级培训当中的比例分别为87%、83%和80%。国内各级培训班不但能提高参加培训人员的知识和技能，还能在一定程度上解决他们在管理和技术工作中存在的问题，国家级、省级和县级培训解决培训人员工作中问题的比例分别为85%、89%和91%。

5.3　参加项目实体和农户培训

参加项目实体和农户培训包括两大类培训，分别是多功能人工林营造类培训和现有林修复类培训，培训对象为参加多功能人工营造和现有林修复的项目实体和林农，培训的内容主要包括基本项目知识和育苗、造林、经营管理、病虫害防治等实用技术。

在上述两类培训中，参加培训人员性别比例和参加培训的机会大不相同。参加多功能人工林营造类培训的人员主要为40岁以上的中老年，占比75%，女性比例为43%，参加10次培训以上的比例为46%；而参加现有林修复类培训的人员，同样主要为40岁以上的中老年，占比82%，女性比例仅为8%，参加1~3次培训的比例为72%。相比较而言，参加现有林修复类培训的女性比例较低，参加培训的机会较少。

通过培训，项目实体完全掌握了从施工设计、组织实施到检查验收一整套技术规程、技术标准和操作方法，广大农户经过培训掌握了多项林业实用技术，取得了很好成效。项目实体和林农对培训总体满意。在多功能人工林营造类培训中，85.07%认为培训对自己非常有帮助，14.58%认为有一些帮助；在现有林修复类培训中，50.28%认为培训对自己非常有帮助，48.01%认为有一些帮助。并且几乎所有的人在可以将从世行项目培训中学到的知识和技术应用在生产中，在项目不同的实施阶段获得相应的成果，如提高造林成活率、营造优良品种的人工林、节约造林成本、及时发现病虫害并进行有效防治等。

培训有着很好的传播效应，96%以上参加培训后会将学到的内容传递给其他造林实体或农户，传播人数2~4人的比例最高，为42%~55%，说明参加培训的林农主要是传授给周边的其他造林实体或农户。97%~99%的人希望以后能继续参加世行项目的培训活动。说明项目造林实体和农户培训的内容可以被广大造林实体和农户接受，能够解决项目建设和经营中的存在的问题，提升了造林实体和农户的生产水平和经营水平，效果得到了肯定。

5.4　国内考察

国内考察参加对象是省、市、县项目办管理人员和技术人员，受到参与者的普遍欢迎，均认为参加国内考察对做好管理或技术工作具有帮助。参加国内考察不仅可以开阔视野、学习新的理念、先进的管理制度、最重要的是可以学习兄弟省份或市县的成功经验。通过国内考察，77%的人可以为现实工作中遇到的问题寻找到答案，92%的人将国内考察学到的理论、技术和方法应用到实际工作中，并且传授给其他人，传播10人以上的比例高达76%。说明国内考察达到开阔视野，取长补短，互为借鉴的效果，同时能促进先进科学技术和管理方法在不同地区间的推广和传播，提升了项目管理人员和技术人员的理论水平和技术水平，丰富了其项目管理的经验，完善了技术人员的技能，进而提高项目实施管理水平。

5.5　国内专家咨询

国内专家咨询在不同程度上满足了造林实体和农户对相应造林技术和森林经营管理方面的科技需求，通过组织专家咨询对项目实施中的各类技术问题进行指导和咨询，解决项目实施过程中遇到的各种技术问题，极大地增强了造林实体和农户对项目建设和参与的信心，使得更多的新技术、新方法通过直接传递的方式授予了造林实体和农户，提升了参与项目建设的造林实体和农户的理论水平和技术水平，确保了项目实施质量。

5.6 推广应用优良品种

在项目实施中共使用了30个树种的52个优良品种，推广应用面积7 518公顷。推广应用的优良品种在适地适树的基础上，利用经过科学验证过的适宜当地生长的、抗性更强、生长更优的造林树种，丰富了当地项目造林的树种，提升了项目造林质量，提高了项目建设的科技水平。同时，跟踪调研推广应用优良品种造林的效果，确保项目建设的可行性和稳定性。

5.7 推广应用先进技术

5个省在项目实施中累计推广和应用了种植材料繁殖与育苗技术、造林技术、现有林修复技术、人工林栽培管理技术以及病虫害防治技术等先进技术共计44项，推广应用面积达34 438公顷。

通过积极推广先进实用技术，开展集约化经营，提高了林业经营者的素质，提高了科技营林与经营管理水平，提升了林业质量和效益，提高了科技在项目建设中的贡献率，增加了项目造林的成活率和保存率，降低了造林成本，增加了林农收入，调动了林农实施项目的积极性，完善了项目造林环节，确保了项目建设的质量，从根本上保障了项目的成功实施。

通过不同形式的技术培训与推广，不断地更新观念，提高了广大林农营林水平。如湿地松容器育苗造林，一定程度上改变了过去见种就采、品质低下的状况，使广大林农充分认识到良种壮苗在营林中的重要性；通过栽培技术和抚育管理方法的推广应用，陈旧的观念也得到了改变，比如优良乡土阔叶树造林技术，改变了造林树种单一的局面，对于加快我国林业结构调整，提高和优化林分质量，特别是解决人工林针叶林纯林连作，导致林地生产力下降的突出问题具有十分重要的意义，这些先进技术都被项目区广大林农所接受和应用。

6 问题与建议

（1）科技培训与推广工作要与项目建设内容紧密结合。在制定科技培训与推广计划时，要针对项目的建设内容和技术需要，对急需的关键技术开展研究，选择最新科技成果、先进技术和现代管理方法在项目设计、组织实施和运营管理等各个环节进行推广，要将科研试验和科技示范点的布局与项目建设内容和实施区域紧密结合。

（2）科技培训与推广工作要早启动。在项目的准备和规划设计阶段，就要选择最新科技成果，用于编制和设计项目总体规划、造林模型、种植材料开发计划、环境保护规程和病虫害综合管理计划等项目技术规范。把尽可能多的新品种和新技术吸收、运用到项目技术标准和管理规程中，为优良品种和先进技术在项目建设中推广和应用奠定基础。

（3）科技培训与推广工作管理要规范。项目的科研课题要实行合同制管理，从课题立项、合同签订、课题实施、运行检查、任务调整、经费管理等都要有一套严格的管理办法，形成了一套新的管理模式，有力地促进了课题的顺利开展。省项目办可根据项目建设的实际需要，围绕项目实施过程中的技术难点，适时调整研究内容和方法，使有限的资金发挥出较大的作用。

（4）科技培训与推广工作要有针对性。要将科技培训与推广贯彻到项目实施全过程，贯彻到项目实施主体和林农，尤其要关注基层技术人员和林农的技术培训，因为他们是项目实施的主要力量，提高他们的技术水平是项目成功的关键。各级项目办在科技培训与推广中要采用各种不同方式对他们进行培训，向他们发放通俗易懂的技术信息或明白纸，及时为他们提供现场技术指导和咨询，切实提高他们的技术水平和管理能力，这是科技培训和推广工作的核心和落脚点，它决定着各项技术措施能否真正被广大项目施工者所掌握，并运用到人工林营造和经营管理实践中。

附件 1　林业综合发展项目国外考察与培训效果调查问卷

省：　　　　市：　　　　县：　　　　工作单位：

姓名：　　　　联系电话：

请在合适的选项上打钩。

1. 您参加过几次林业综合发展项目组织的国外考察与培训？

A. 1 次　　　　B. 2 次　　　　C. 3 次及以上

2. 您参加的国外考察与培训，去过的国家是

3. 您认为国外考察与培训对您做好管理或技术工作有帮助吗？

A. 没有什么帮助　　　　B. 有一些帮助　　　　C. 非常有帮助

4. 通过参加国外考察与培训，您认为自己获得了哪些收获（可多选）：

A. 开阔了视野，学习了新的观念

B. 学习了先进的管理制度和方法

C. 学习了新知识和新技术

D. 吸取了成功经验和失败教训

E. 为工作中遇到的难题找到了答案

5. 出国考察与培训后，是否将学习的内容应用到了实际工作当中？

A. 是　　　　B. 否

6. 如果是，请列举一项你所应用的管理或技术措施。

7. 您是否将自己从国外学习的先进理念和方法传授给了他人？

A. 是　　　　B. 否

8. 如果是，传授给了几个人？

A. 1 个　　　　B. 2~4 个　　　　C. 5~10 个　　　　D. 10 个及以上

9. 请列举一个应用出国考察与培训所学改进工作思路或方法的例子。

什么时候：

从哪个国家：

学习了何方法：

取得了哪些成效？

A. 效率提高　　　　B. 质量提升　　　　C. 效益增加

10. 如果世行项目将组织下一次出国考察与培训，您首选的国家是：

希望学习的内容是：

附件 2 林业综合发展项目国家级培训效果调查问卷

省： 工作单位：

姓名： 联系电话：

请在合适的选项上打钩。

1. 您参加过几次林业综合发展项目组织的国家级培训？

A. 1 次 B. 2 次 C. 3 次 D. 4 次 E. 5 次 F. 6 次 G. 7 次 H. 8 次

2. 您认为培训对您做好管理或技术工作有帮助吗？

A. 没有什么帮助 B. 有一些帮助 C. 非常有帮助

3. 您认为通过参加培训，学到了哪些管理和技术？（可多选）：

A. 管理办法

B. 工作思路和方法

C. 学习了新知识和新技术

D. 兄弟省的经验或教训

4. 培训后，是否将学习内容应用到了实际工作当中？

A. 是 B. 否

5. 如果是，是如何应用的，应用效果如何？

6. 您通过国家级培训学习和掌握的内容，是否在省级培训中得到了应用？

A. 是 B. 否

7. 您认为通过参加培训，是否解决了在管理和技术工作中存在的问题？

A. 是 B. 否

8. 如果是，请说明主要解决了哪些问题？

9. 您希望下一次培训班的内容的是：

附件3　林业综合发展项目省级培训效果调查问卷

省：　　　　　　市：　　　　　　县（林场）：　　　　　　工作单位：

姓名：　　　　　联系电话：

请在合适的选项上打钩。

1. 您参加过几次林业综合发展项目组织的省级培训？

A. 1~3次　　　　B. 4~6次　　　　C. 7~9次　　　　D. 10次及以上

2. 您认为培训对您做好管理或技术工作有帮助吗？

A. 没有什么帮助　B. 有一些帮助　　C. 非常有帮助

3. 您认为通过参加培训，学到了哪些管理和技术？（可多选）：

A. 管理办法

B. 工作思路和方法

C. 学习了新知识和新技术

D. 兄弟单位的经验或教训

4. 培训后，是否将学习的内容应用到了实际工作当中？

A. 是　　　　　B. 否

5. 如果是，是如何应用的，应用效果如何？

6. 您通过省级培训学习和掌握的内容，是否在县级培训中得到了应用？

A. 是　　　　　B. 否

7. 您认为通过参加培训，是否解决了在管理和技术工作中存在的问题？

A. 是　　　　　B. 否

8. 如果是，请说明主要解决了哪些问题？

9. 您希望下一次培训班的内容的是：

附件 4 林业综合发展项目县级培训效果调查问卷

省： 市： 县（林场）： 乡：
工作单位： 姓名： 联系电话：

请在合适的选项上打钩。

1. 您参加过几次林业综合发展项目组织的县级培训？

A. 1~3 次 B. 4~6 次 C. 7~9 次 D. 10 次及以上

2. 您认为培训对您做好管理或技术工作有帮助吗？

A. 没有什么帮助 B. 有一些帮助 C. 非常有帮助

3. 您认为通过参加培训，学到了哪些管理和技术？（可多选）：

A. 管理办法

B. 工作思路和方法

C. 学习了新知识和新技术

D. 兄弟单位的经验或教训

4. 培训后，是否将学习的技能应用到了实际工作当中？

A. 是 B. 否

5. 如果是，是如何应用的，应用效果如何？

6. 您通过县级培训学习和掌握的内容，是否在乡级培训中得到了应用？

A. 是 B. 否

7. 您认为通过参加培训，是否解决了在管理和技术工作中存在的问题？

A. 是 B. 否

8. 如果是，请说明主要解决了哪些问题？

9. 您希望下一次培训班的内容的是：

附件 5 林业综合发展项目多功能人工林营造类实体和农户培训效果调查问卷

省：　　　　市：　　　　县：　　　　乡：
村：　　　　姓名：　　　　联系电话：

请在合适的选项上打钩。

1. 您的性别：

A. 男　　B. 女

2. 您的年龄：

A. 21~30 岁　　B. 31~40 岁　　C. 41~50 岁　　D. 51~60 岁　　E. 60 岁以上

3. 您的民族：

A. 汉族　　B. 少数民族

4. 您参加过几次世行项目组织的培训？

A. 1~3 次　　B. 4~6 次　　C. 7~9 次　　D. 10 次及以上

5. 您觉得参加世行项目培训对你有帮助吗？

A. 没有什么帮助　　B. 有一些帮助　　C. 非常有帮助

6. 您认为通过培训，学到了哪些知识和技术？（可多选）

A. 种树技术　　B. 农林间作方法
C. 病虫害识别和防治技术　　D. 经济林栽培技术
E. 环境保护知识

7. 您从世行项目培训中学到的知识和技术是否在生产中应用了？

A. 是　　B. 否

8. 您应用从世行项目培训中学到的技术后，取得了什么好的效果？（可多选）

A. 造林成活率提高了　　B. 营造了优良品种人工林
C. 所营造的项目林都通过了检查验收　　D. 节约了造林成本
E. 及时发现了病虫害并进行了有效防治　　F. 增加了林产品的收入

9. 您是否把从世行项目培训中学到的知识和技术教给了别人？

A. 是　　B. 否

10. 如果是，教给了几个人？

1. 1 个　　B. 2~4 个　　C. 5~10 个　　D. 10 个及以上

11. 如果以后世行项目还举办培训活动，您是否愿意参加？

A. 是　　B. 否

附件 6　林业综合发展项目现有林修复类实体和农户培训效果调查问卷

省：　　　　　市：　　　　　县：　　　　　乡：

村：　　　　　姓名：　　　　　联系电话：

请在合适的选项上打钩。

1. 您的性别：

A. 男　　　　B. 女

2. 您的年龄：

A. 21~30 岁　　B. 31~40 岁　　C. 41~50 岁　　D. 51~60 岁　　E. 60 岁以上

3. 您的民族：

A. 汉族　　　　B. 少数民族

4. 您参加过几次世行项目组织的培训？

A. 1~3 次　　B. 4~6 次　　C. 7~9 次　　D. 10 次及以上

5. 您觉得参加世行项目培训对你有帮助吗？

A. 没有什么帮助　B. 有一些帮助　　C. 非常有帮助

6. 您认为通过培训，学到了哪些知识和技术？（可多选）

A. 识别退化人工林的方法

B. 间伐技术

C. 在退化人工林中应该间种哪些树种和品种

D. 在退化林地中的造林方法

E. 在退化经济林中应该间种的树种和造林方法

F. 经济林高产栽培技术

G. 环境保护知识

7. 您从世行项目培训中学到的知识和技术是否在生产中应用了？

A. 是　　　　B. 否

8. 您应用从世行项目培训中学到的技术后，取得了什么好的效果？（可多选）

A. 造林成活率提高了　　　　B. 减少了森林病虫害

C. 所营造的项目林都通过了检查验收　　　　D. 节约了造林成本

E. 及时发现了病虫害并进行了有效防治　　　　F. 增加了林产品的收入

9. 您是否把从世行项目培训中学到的知识和技术教给了别人？

A. 是　　　　B. 否

10. 如果是，教给了几个人？

2. 1 个　　B. 2~4 个　　C. 5~10 个　　D. 10 个及以上

11. 如果以后世行项目还举办培训活动，您是否愿意参加？

A. 是　　　　B. 否

附件7　林业综合发展项目国内考察效果调查问卷

省：　　　　　　市：　　　　　　县：　　　　　　工作单位：

姓名：　　　　　联系电话：

请在合适的选项上打钩。

1. 您参加过几次林业综合发展项目组织的国内考察？

A. 1次　　　B. 2次　　　C. 3次　　　D. 4次　　　E. 5次及以上

2. 您参加过哪类国内考察？

A. 省外考察　　B. 省内考察　　C. 省外、省内考察都参加过

3. 您认为国内考察对您做好管理或技术工作有帮助吗？

A. 没有什么帮助　B. 有一些帮助　　C. 非常有帮助

4. 通过参加国内考察，您认为自己最大的收获是（可多选）：

A. 开阔了视野，学习了新的观念

B. 学习了先进的管理制度和方法

C. 学习了新知识和新技术

D. 吸取了成功经验和失败教训

E. 为工作中遇到的难题找到了答案

5. 国内考察后，是否将学习的内容应用到了实际工作当中？

A. 是　　　　B. 否

6. 如果是，请列举一项你所应用的管理或技术措施。

7. 您是否将自己从其他省或县学习的先进理念和方法传授给了他人？

A. 是　　　　B. 否

8. 如果是，传授给了几个人？

A. 1个　　　B. 2~4个　　　C. 5~10个　　　D. 10个及以上

9. 请列举一个应用国内考察所学改进工作思路或方法的例子。

什么时候：

从哪个省（或县）：

学习了何方法：

取得了哪些成效？

A. 效率提高　　B. 质量提升　　C. 效益增加

10. 如果世行项目继续组织国内考察，您希望学习的内容是：

附件Ⅷ　生态环境成果监测结果分析与评价报告

世界银行贷款“林业综合发展项目”是以优化森林生态系统、发挥森林多种功能为目的，突出森林生态效益，兼顾社会效益和经济效益的综合性林业项目。

为了全面反映项目的生态效果，《世界银行贷款“林业综合发展项目”项目评估文件》和《世界银行贷款“林业综合发展项目”项目实施计划》及《项目监测与评价计划》规定，在项目实施的第1、3、5年要开展项目的生态环境成果监测，监测内容包括植被盖度与植物多样性监测、土壤侵蚀与地表径流监测、农作物产量监测、风蚀沙埋监测和病虫害监测。

为了使项目监测与评价工作顺利进行，国家林业局世行中心和中国林科院世行办在项目实施期间多次举办国家级培训班，对各省承担生态环境监测的单位技术人员进行了相关培训。此外，中国林科院世行办还编写了《项目成果监测结果汇总统计与报告大纲》，用于指导各省监测工作。在项目监测期间，中国林科院世行办组织专家多次赴5个项目省的监测点，对监测方法给予了实地指导和咨询。

承担生态成果监测的5个项目省在咨询采购完成后，各自组建了监测小组，并开展了一系列监测工作，包括监测点的建设与维护，开展监测相关的培训与现场指导，监测数据调查分析、建立监测数据库与档案等。

由于河北、辽宁、山西和浙江4省在监测任务承担机构的咨询采购进程缓慢，最终在2011年底至2012年初才完成了全部咨询采购程序，并与监测任务承担机构签订了服务合同。因此，这4个省的生态环境成果监测工作推迟到2012年启动。而安徽省利用配套资金开展此项工作，无需通过咨询采购程序选定监测任务承担机构，故于2011年就启动了生态环境成果监测。为了更好地展示项目的生态环境成果，世行检查组决定将2015年度的监测工作改为2016年进行监测。因此，最终项目的监测年度为2012年、2013年和2016年（安徽省为2011年、2013年和2016年）。

现将上述3个年度的项目生态环境成果监测结果报告如下。

1　植被盖度与植物多样性监测

1.1　监测点基本情况

植被盖度与植物多样性监测共设置了18个监测点，其中安徽省2个，河北省3个，辽宁省4个，山西省5个，浙江省4个。监测点共覆盖了16个模型，其中修复模型3个，新造林模型13个。各监测点位置、海拔、坡度、土壤类型、整地方式、造林树种及密度、混交比例、造林（修复）时间等基本信息详见附表1。

1.2　监测方法

1.2.1　样地设置

选择有代表性的地段和林分，在项目林和非项目林（对照）中各设3块固定监测样地，每块样地的面积为30米×30米，分别布局在山坡的上、中、下部位。要求项目林与非项目林（对照）样地的坡向、海拔、坡度、土壤等条件基本一致。

1.2.2　调查内容与方法

乔木：对乔木进行每木调查，调查内容为乔木的种类、数量、郁闭度及乔木总郁闭度。

灌木：在监测样地四角及中央设置5个面积为5米×5米的样方，调查内容为灌木的种类、盖度及灌木总盖度。

草本植物：在灌木样方内设置 5 个 2 米×2 米的样方，调查内容为草本植物的种类、盖度及草本总盖度。

1.2.3 调查时间

2012 年（安徽省的调查时间为 2011 年）、2013 年、2016 年 7~8 月。

1.3 监测结果

1.3.1 植被盖度

各监测点植被盖度监测结果见表 1。

监测结果显示，项目实施期间，项目对植被盖度的影响主要体现在乔木层，对灌木层和草本层的盖度影响不大。

（1）乔木层：监测结果显示，项目林乔木郁闭度 2016 年新造多功能人工林模型各监测点项目林的乔木郁闭度为 5%~85%，对照样地除了个别监测样地有少量乔木，其余均无乔木。生态修复模型各监测点项目林的乔木郁闭度为 36%~88%，均显著高于对照，增幅为 22%~62%。

项目实施后，随着时间的推移，项目林的乔木郁闭度呈现出快速增加的趋势，而非项目林（对照）则相对增加缓慢。另外，增幅与模型和立地条件紧密相关，模型树种速生性越强、树种冠幅越大、种植密度越大、立地条件越好，乔木郁闭度增幅越大（图 1）。

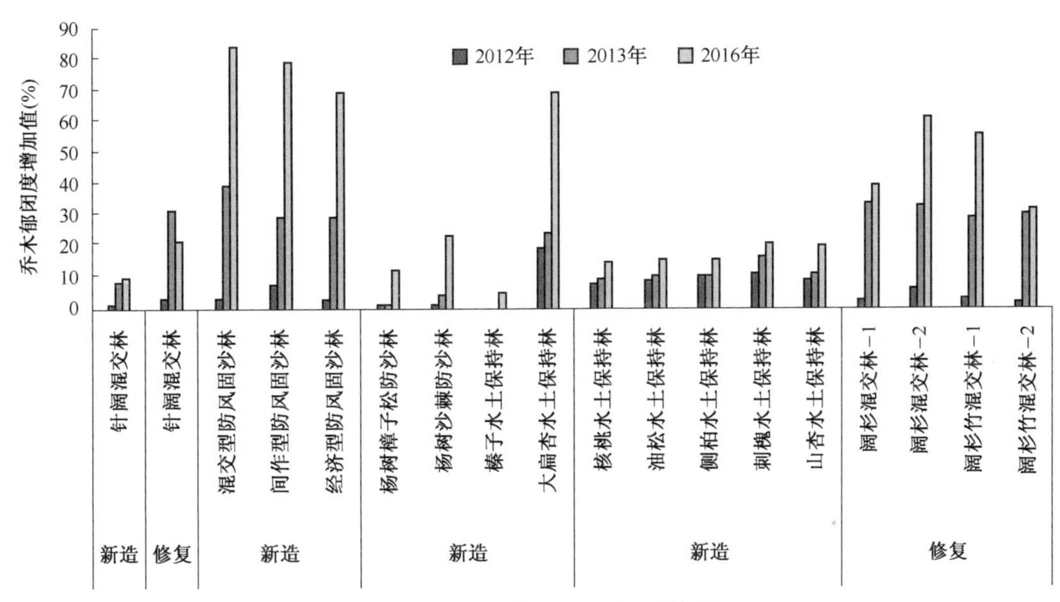

图 1 项目林乔木郁闭度比对照增加值

（2）灌木层和草本层：项目实施期间对灌木层和草本层的植被盖度影响不大。各监测点项目林样地和对照样地间灌木盖度和草本盖度互有高低。整体来看，不同模型间林下植被盖度差异显著，生态修复模型的林下植被盖度尤其是灌木盖度要远远大于新造多功能人工林模型。新造多功能人工林模型中有农作物间作的模型和经济林树种模型，受人为干扰因素，林下基本没有灌木生长。对于乔木郁闭度较高的监测模型，草本盖度呈现明显下降的趋势。

1.3.2 植物多样性

各监测点植物多样性监测结果见表 2。

监测结果显示，项目实施能有效增加项目地区的植物多样性，相比对照，各监测点的植物种类明显增加。

表 1 IFDP 植被盖度监测结果

省	类型	模型	乔木郁闭度（%）						灌木盖度（%）						草本盖度（%）						乔木郁闭度+灌木盖度（%）					
			项目林			对照			项目林			对照			项目林			对照			项目林			对照		
			2012	2013	2016	2012	2013	2016	2012	2013	2016	2012	2013	2016	2012	2013	2016	2012	2013	2016	2012	2013	2016	2012	2013	2016
安徽	新造	针阔混交林	1.6	8.0	13	0.3	2.9	5	12.0	18.0	21	11.5	17.1	23.4	92.0	97.0	94	93.0	99.0	99	13.6	26.0	34.0	11.8	20.0	28.4
	修复	针阔混交林	15.0	32.0	36	11	14.0	15	11.0	16.9	18	13.0	26.2	27	68.0	74.0	66	72.0	75.0	87	26.0	48.9	54.0	24.0	40.2	42.0
河北	新造	混交型防风固沙林	3.0	40.0	85.0	0.0	0.0	0.0	0.0	0.0	0.0	0.0	0.0	0.0	80.0	65.0	40.0	70.0	60.0	80.0	3.0	40.0	85.0	0.0	0.0	0.0
		间作型防风固沙林	8.0	30.0	80.0	0.0	0.0	0.0	0.0	0.0	0.0	0.0	0.0	0.0	80.0	95.0	65.0	80.0	98.0	90.0	8.0	30.0	80.0	0.0	0.0	0.0
		经济型防风固沙林	3.0	30.0	70.0	0.0	0.0	0.0	0.0	0.0	0.0	0.0	0.0	0.0	70.0	20.0	30.0	70.0	95.0	95.0	3.0	30.0	70.0	0.0	0.0	0.0
辽宁	新造	杨树樟子松防沙林	1.5	1.6	12.5	0.0	0.0	0.0	0.5	0.0	0.0	0.0	0.0	0.0	85.0	98.0	85.0	95.0	95.0	95.0	2.0	1.3	12.5	0.0	0.0	0.0
		杨树沙棘防沙林	1.4	4.8	24.0	0.0	0.0	0.0	0.5	0.1	0.0	0.0	0.0	0.0	97.0	89.0	93.0	95.0	92.0	98.0	1.9	4.9	24.0	0.0	0.0	0.0
		榛子水土保持林	0.0	0.0	5	0.0	0.0	35	25.0	20.0	55	0.0	0.0	5	60.0	75.0	80	30.0	95.0	98	25.0	20.0	60.0	0.0	0.0	40.0
		大扁杏水土保持林	20.0	25.0	70	0.0	0.0	5	40.0	30.0	55	0.0	0.0	50	20.0	40.0	60	10.0	75.0	80	60.0	55.0	100.0	0.0	0.0	55.0
山西	新造	核桃水土保持林	8.3	9.3	15.0	0.0	0.0	0.0	0.7	1.0	4.7	5.3	6.7	12.3	75.7	78.3	78.7	89.0	89.0	90.7	9.0	10.3	19.7	5.3	6.7	12.3
		油松水土保持林	9.3	11.0	15.7	0.0	0.0	0.0	9.3	10.0	22.0	9.0	14.7	26.3	82.3	88.0	92.0	87.3	92.3	90.0	18.6	21.0	37.7	9.0	14.7	26.3
		侧柏水土保持林	11.0	11.0	16.3	0.0	0.0	0.0	8.0	17.0	32.7	11.7	15.3	37.0	45.0	53.0	60.0	39.3	44.3	50.0	19.0	28.0	49.0	11.7	15.3	37.0
		刺槐水土保持林	11.7	17.0	21.3	0.0	0.0	0.0	2.3	3.3	18.0	15.3	17.0	26.0	78.3	79.0	87.7	76.7	78.3	84.7	14.0	20.3	39.3	15.3	17.0	26.0
		山杏水土保持林	9.3	11.3	20.0	0.0	0.0	0.0	8.3	16.7	38.7	8.0	20.0	31.0	77.7	66.7	76.0	84.7	82.0	90.7	17.6	28.0	58.7	8.0	20.0	31.0
浙江	修复	阔杉混交林-1	32.5	34.3	72	30.0	32.0	70	51.8	57.5	79	33.0	36.2	40	96.0	98.0	81	97.0	97.0	83	84.3	91.8	100.0	63.0	68.2	100.0
		阔杉混交林-2	31.8	33.6	88	25.0	25.6	76	36.3	37.7	60	38.1	39.8	45	77.1	78.3	55	98.0	96.0	75	68.1	71.3	100.0	63.1	65.4	100.0
		阔杉竹混交林-1	27.7	29.7	83	24.2	26.5	82.7	35.15	37.9	88	44.0	46.1	87	69.4	65.0	75	71.6	74.6	65	62.9	67.6	100.0	68.2	72.6	100.0
		阔杉竹混交林-2	29.2	30.7	60.5	27.1	28.1	51	32.1	48.6	88	20.2	28.3	90	78.21	74.7	70	94.0	98.0	90	61.3	79.3	100.0	47.3	56.4	100.0

注：安徽省第 1 个监测年度为 2011 年。

表 2 IFDP 植物多样性监测结果

省	类型	模型	乔木郁闭度（%）						灌木盖度（%）						草本盖度（%）						植物种类					
			项目林			对照			项目林			对照			项目林			对照			项目林			对照		
			2012	2013	2016	2012	2013	2016	2012	2013	2016	2012	2013	2016	2012	2013	2016	2012	2013	2016	2012	2013	2016	2012	2013	2016
安徽	新造	针阔混交林	3	3	4	1	1	1	12	13	14	11	13	14	3	3	3	3	3	3	18	19	21	15	17	18
	修复	针阔混交林	5	5	6	3	3	3	12	14	15	12	13	14	4	5	5	3	5	4	21	24	26	18	21	21
河北	新造	混交型防风固沙林	2	2	2	0	0	0	0	0	0	0	0	0	11	12	11	9	7	12	13	14	13	9	7	12
		间作型防风固沙林	1	1	1	0	0	0	0	0	0	0	0	0	9	10	14	9	5	8	10	11	15	9	5	8
		经济型防风固沙林	1	1	1	0	0	0	0	0	0	0	0	0	11	7	14	11	5	11	12	8	15	11	5	11
辽宁	新造	杨树樟子松防沙林	2	2	2	0	0	0	2	2	0	0	1	0	13	12	4	10	8	1	17	16	6	10	9	1
		杨树沙棘防沙林	1	1	1	0	0	0	1	2	0	0	1	0	12	13	22	5	12	1	14	16	23	5	13	1
		榛子水土保持林	0	0	1	0	0	1	1	1	3	0	0	1	4	9	20	4	9	13	5	10	24	4	9	15
		大扁杏水土保持林	1	1	2	0	0	2	2	2	1	0	0	1	4	7	15	4	8	10	7	10	18	4	8	13
山西	新造	核桃水土保持林	1	1	1	0	0	0	0	1	1	0	1	2	5	4	4	5	5	5	6	6	6	5	6	7
		油松水土保持林	1	1	1	0	0	0	3	3	4	4	3	3	16	16	20	15	15	15	20	20	24	19	18	18
		侧柏水土保持林	2	2	2	0	0	0	3	3	4	3	3	3	4	6	6	5	5	5	9	11	12	8	8	8
		刺槐水土保持林	1	1	1	0	0	0	2	2	3	0	1	3	9	9	10	12	12	12	12	12	14	12	13	15
		山杏水土保持林	2	2	2	0	0	0	6	5	5	4	4	4	13	13	13	13	13	13	21	20	20	17	17	17
浙江	修复	阔杉混交林-1	3	3	3	1	1	1	26	27	14	22	25	9	13	23	12	13	26	8	42	53	29	36	52	18
		阔杉混交林-2	3	4	4	1	1	1	22	20	11	17	11	8	9	10	3	11	10	3	34	34	18	29	22	12
		阔杉竹混交林-1	3	4	4	1	2	1	26	18	10	21	18	8	21	16	5	21	16	5	50	38	19	43	36	14
		阔杉竹混交林-2	5	6	6	1	2	1	21	23	13	12	16	10	20	18	12	13	24	10	46	47	31	26	42	21

注：安徽省第 1 个监测年度为 2011 年。

2016 年新造多功能人工林模型中，安徽项目林乔木种类比对照增加 3 种，灌木和草本种类与对照相同；河北项目林植物种类比对照增加 1~7 种，其中乔木种类增加 1~2 种，草本种类增加 3~6 种；辽宁项目林植物种类比对照增加 5~22 种，其中乔木种类增加 0~2 种（榛子水土保持林模型中榛子按灌木种类计），灌木种类增加 0~2 种，草本种类增加 3~21 种；山西项目林植物种类比对照增加 3~6 种或减少 1 种，其中乔木种类增加 1~2 种，灌木种类基本与对照相同，草本种类与对照相比互有高低，相差 1~6 种。

生态修复模型中，安徽项目林植物种类比对照增加 5 种，其中乔木种类增加 3 种，灌木和草本种类各增加 1 种；浙江项目林植物种类比对照增加 5~11 种，其中乔木种类比对照增加 2~5 种，灌木种类增加 2~5 种，草本种类或与对照相同，或减少 3~6 种。

1.4　评价

各省及整个项目的植被盖度和植物多样性的加权平均值见表 3 和表 4。

1.4.1　植被盖度评价

根据世行要求，以乔木郁闭度和灌木盖度之和作为项目植被盖度评价指标。

2016 年整个项目的植被盖度为 59.7%，比基线值 10%增加了 49.7%。与对照相比，增加了 22.1%，增幅随着时间的推移逐渐扩大，说明项目实施期间，项目区植被覆盖率明显增加，且有逐年加快的趋势。

分模型来看，新造多功能人工林模型项目林的植被盖度为 49.9%，比对照增加 29.7%；生态修复模型项目林的植被盖度为 82.5%，比基线值 26%增加 56.5%，与对照相比增加 4.5%。与同期对照相比，新造多功能人工林模型植被盖度比生态修复模型增加速度较快，除受原有植被影响因素外，主要原因有三点：一是树种速生性强，例如河北混交型防风固沙林和间作型防风固沙林模型的主要树种均为杨树，再加上立地条件相对较好，生长速度快；二是栽植密度大，相对于生态修复模型，新造多功能人工林模型的栽植密度普遍更大；三是新造模型中的经济林树种，由于涉及农户直接经济利益，管理水平相对较高，长势较好。

分省来看，2016 年安徽、河北、辽宁、山西、浙江项目林的植被盖度分别为 43.8%、80.2%、44.6%、37.4%、100.0%，比基线值分别增加了 33.8%、80.2%、44.6%、27.4%、70.0%；与对照相比，安徽、河北、辽宁、山西分别增加 8.7%、80.2%、14.7%、13.2%，浙江 2016 年项目林和对照样地的植被盖度均达到 100%。

1.4.2　植物多样性评价

2016 年整个项目的项目林植物种类比对照增加了 5 种，其中乔木增加 2 种，草本增加 3 种，说明项目实施对项目区植物多样性有一定的促进作用。分模型来看，新造多功能人工林模型项目林的植物种类比对照增加 4 种，其中乔木种类增加 2 种，草本种类增加 2 种；生态修复模型植物种类增加 6 种，其中乔木增加 3 种，灌木增加 2 种，草本增加 1 种。分省来看，各省项目林的植物种类比对照均有明显增加，其中安徽增加 4 种、河北增加 4 种、辽宁增加 10 种、山西增加 2 种、浙江增加 8 种。

表 3 植被盖度加权平均值（以新造或修复模型的面积为权重）

模型	乔木郁闭度（%）						灌木盖度（%）						草本盖度（%）						乔木郁闭度+灌木盖度（%）					
	项目林			对照			项目林			对照			项目林			对照			项目林			对照		
	2012	2013	2016	2012	2013	2016	2012	2013	2016	2012	2013	2016	2012	2013	2016	2012	2013	2016	2012	2013	2016	2012	2013	2016
安徽	8.2	19.8	24.3	5.1	8.3	9.9	11.5	17.5	19.5	12.2	21.6	25.2	80.0	85.7	80.3	82.5	87.2	93.1	19.7	37.2	43.8	17.3	29.9	35.1
河北	5.6	33.3	80.2	0.0	0.0	0.0	0.0	0.0	0.0	0.0	0.0	0.0	78.5	73.9	51.5	75.2	85.0	87.5	5.6	33.3	80.2	0.0	0.0	0.0
辽宁	6.8	9.1	30.4	0.0	0.0	12.6	20.6	15.8	34.7	0.0	0.0	17.3	58.9	70.8	77.0	47.8	88.2	91.8	27.5	24.8	44.6	0.0	0.0	29.9
山西	10.1	11.5	17.2	0.0	0.0	0.0	5.9	8.2	20.2	10.2	13.4	24.2	71.2	73.9	78.8	74	79.1	82.7	15.9	19.7	37.4	10.2	13.4	24.2
浙江	30.3	32.3	76.4	26.6	28.1	70.3	38.8	45.7	77.6	33.8	37.7	62.7	80.2	80.1	70.0	90.2	92.0	78.3	69.1	78.0	100.0	60.4	65.8	100.0
整个项目	11.9	20.8	43.9	6.2	7.2	17.8	15	17.3	29.9	11.2	14.8	25.8	73.9	77.2	72.2	74.2	86.3	87.0	26.9	38.1	59.7	17.4	21.9	37.6
整个项目新造模型	6.6	15.9	36.6	0.1	0.5	4.4	9.4	9.9	19.1	4.9	6.8	15.9	73.3	76.9	73.8	70.3	86.6	89.3	16.0	25.8	49.9	5.0	7.3	20.2
整个项目修复模型	24.5	32.2	61.0	20.6	22.8	49.3	28.2	34.8	55.0	25.8	33.3	49.2	75.5	77.8	68.5	83.2	85.6	81.6	52.6	66.9	82.5	46.4	56.1	78.0

注：安徽省第 1 个监测年度为 2011 年。

表 4 植物多样性加权平均值（以新造或修复模型的面积为权重）

模型	乔木种类						灌木种类						草本种类						植物种类					
	项目林			对照			项目林			对照			项目林			对照			项目林			对照		
	2012	2013	2016	2012	2013	2016	2012	2013	2016	2012	2013	2016	2012	2013	2016	2012	2013	2016	2012	2013	2016	2012	2013	2016
安徽	4	4	5	2	2	2	12	13	14	12	13	14	4	4	4	3	4	3	20	21	23	17	19	19
河北	1	1	1	0	0	0	0	0	0	0	0	0	10	10	13	9	6	10	12	12	14	9	6	10
辽宁	1	1	2	0	0	1	2	2	1	0	0	1	7	10	16	5	9	8	10	13	19	5	9	9
山西	1	1	1	0	0	0	3	3	3	2	2	3	9	9	10	10	9	9	14	13	14	12	11	12
浙江	4	4	4	1	2	1	24	22	12	18	18	9	16	17	8	15	19	7	44	43	24	34	39	16
整个项目	3	3	3	1	1	1	8	8	6	6	7	6	9	10	10	8	9	7	20	21	19	15	17	14
整个项目新造模型	2	2	2	0	0	0	3	3	4	2	3	4	8	8	10	7	7	8	13	13	16	10	10	12
整个项目修复模型	4	5	5	2	2	2	19	19	13	16	16	11	11	12	7	10	14	6	35	36	25	28	32	19

注：安徽省第 1 个监测年度为 2011 年。

2 土壤侵蚀与地表径流监测

2.1 监测点基本情况

土壤侵蚀与地表径流监测共设置11个监测点，其中安徽省2个，辽宁省2个，山西省5个，浙江省2个。监测点共覆盖了11个模型，其中修复模型3个，新造林模型8个。各监测点位置、海拔、坡度、土壤类型、整地方式、造林树种及密度、混交比例、造林（修复）时间等基本信息详见附表2。

2.2 监测方法

2.2.1 样地设置

在监测点选择坡面平整、立地条件具有代表性的地段，建立3个标准小区，其中2个建在项目林地上，1个建在非项目林地上作为对照，要求小区坡度、坡向、植被等条件基本一致。每个径流小区的结构按统一标准设计和建造，小区水平投影面积100平方米，水平方向5米，垂直等高线方向20米，小区包括边界墙、集水槽、引水槽、接流池以及在径流小区上缘外修建的排水沟和在径流小区两侧设置的保护带。在固定小区附近空旷处安置一台自记雨量计、两台雨量筒，用于观测降雨实况。

2.2.2 观测内容与方法

降雨量、降雨强度和降雨历时：用自记雨量计测定，并参考雨量筒实测值。

地表径流量：每天测定一次（晚上降雨早晨测，白天降雨下午测，遇连续暴雨时，增加观测次数，以避免池水溢出），用钢尺在池内直接测定，如池内淤泥体积多时，则要减去淤泥。

土壤流失量：包括地表径流量中的含沙量和淤泥量。当池内淤泥很少或仅为浑水时，先搅拌池内浑水，取水样1 000毫升放入玻璃瓶内沉淀2~3天倒出清水，烘干，测出含沙率，再求出液体中的含沙重量。淤泥很多时，可以称其湿重及含水率，求出淤泥干重。

2.2.3 观测时间

由于各省小区建成时间不同，开始观测时间也有所不同。除了安徽省的监测年度为2011年、2013年和2016年外，河北、辽宁、山西和浙江省的监测年度均为2012年、2013年和2016年。

2.3 监测结果

各监测点的降雨量、地表径流量、径流系数、土壤流失量见表5。

2016年，11个监测点中有9个监测点项目林的地表径流量和土壤流失量均小于对照，地表径流量比对照减少1%~40%，土壤流失量减少1%~60%。这说明项目林在减少当地水土流失方面发挥了积极的作用。

辽宁榛子水土保持林和大扁杏水土保持林两个监测点由于在2016年没有产生径流的有效降雨，故以上两个监测点的项目林和对照在2016年监测中均无径流产生。其主要原因：一是几次降雨量大的降雨过程，历时都很长，使降雨强度减小，所以很难形成径流；二是两个监测点试验地植被自我修复能力强，植被盖度已经达到100%的全覆盖状态；三是高低错落的乔灌草植物群落，使雨滴动能大大降低，短时间内很难形成径流；四是小区地表已经形成2~5厘米的枯枝落叶层，大大增加了土壤含水能力，阻止了径流的产生。

从不同年度监测结果来看，随着时间的推移，大部分监测点项目林的地表径流量和土壤流失量比非项目林地区减少的比例有所增加（图2、图3），这说明项目林的水土保持功能随着时间的推移在不断增强。

项目林在水土保持方面的作用受到立地条件、造林整地方式和造林后是否受到人为活动干扰等因素影响。安徽新造针阔混交林模型和生态修复针阔混交林模型两个监测点，造林地属于石质山地，土

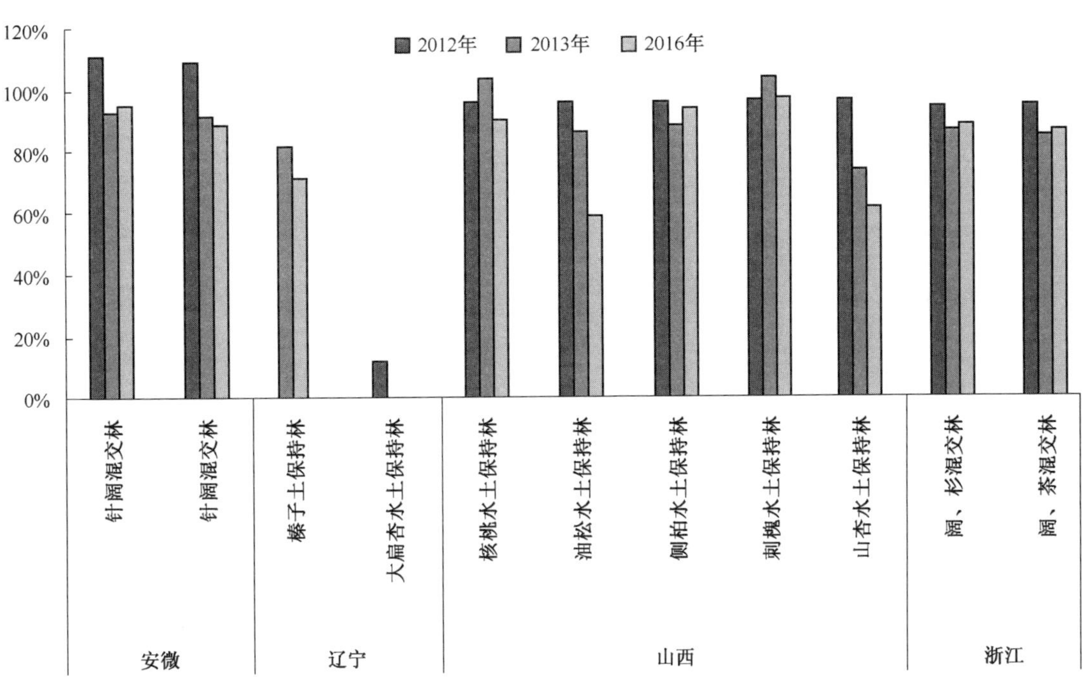

图 2 各监测点项目林地表径流量与对照比值

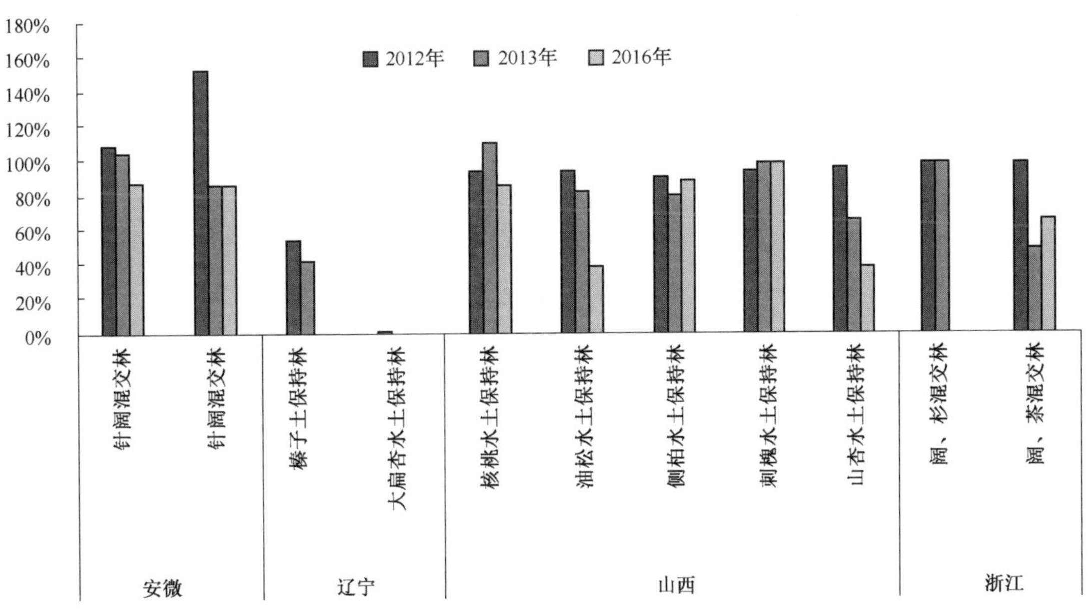

图 3 各监测点项目林土壤流失量与对照比值

层较薄，原有植被脆弱，在造林当年由于造林过程中对原有植被和土壤的干扰，会加剧水土的流失，直到造林后第 3 年，项目林的水土保持功能才开始发挥作用。辽宁的大扁杏水土保持林模型由于采用了反坡梯田的整地方式，从造林当年就开始发挥较强的水土保持保持功能。山西的核桃水土保持林模型在 2013 年由于除草等人为活动较多，林下植被保存较少，水土流失增加，而到 2016 年树龄增大，人为活动减少时，则开始发挥其水土保持功能。

表 5　IFDP 土壤侵蚀与地表径流监测结果

省	类型	模型	降雨量（mm）			地表径流量（m^3/hm^2）						径流系数						土壤流失量（t/hm^2）					
						项目林			对照			项目林			对照			项目林			对照		
			2012	2013	2016	2012	2013	2016	2012	2013	2016	2012	2013	2016	2012	2013	2016	2012	2013	2016	2012	2013	2016
安徽	新造	针阔混交林	790	1 503	1 971	650	1 018	1 843	578	1 077	1 907	8.2%	6.8%	9.3%	7.3%	7.2%	9.7%	5.5	5.4	24.0	5.0	5.1	27.1
	修复	针阔混交林	790	1 503	1 971	674	1 452	1 807	608	1 558	2 000	8.5%	9.7%	9.2%	7.7%	10.4%	10.1%	8.2	14.6	31.5	5.3	16.7	35.9
辽宁	新造	榛子水土保持林	367	541	516	901	135	0	1 086	185	0	24.6%	2.5%	0.0%	29.6%	3.4%	0.0%	29.5	2.3	0.0	53.8	5.3	0.0
		大扁杏水土保持林	391	340	314	110	0	0	902	178	0	2.8%	0.0%	0.0%	23.1%	5.2%	0.0%	0.7	0.0	0.0	52.2	4.1	0.0
山西	新造	核桃水土保持林	429	740	310	45	306	212	46	291	231	1.1%	4.1%	6.8%	1.1%	3.9%	7.5%	4.7	9.4	2.0	4.9	8.4	2.3
		油松水土保持林	381	548	574	81	85	24	84	97	40	2.1%	1.5%	0.4%	2.2%	1.8%	0.7%	6.5	0.5	0.2	6.8	0.6	0.5
		侧柏水土保持林	367	446	438	190	209	318	194	233	334	5.2%	4.7%	7.2%	5.3%	5.2%	7.6%	20.5	22.1	51.5	22.5	27.4	57.2
		刺槐水土保持林	429	740	615	51	119	198	52	113	228	1.2%	1.6%	3.4%	1.2%	1.5%	3.4%	5.6	0.7	1.6	5.9	0.7	1.9
		山杏水土保持林	381	548	574	82	73	25	84	97	40	2.2%	1.3%	0.4%	2.2%	1.8%	0.7%	6.6	0.4	0.2	6.8	0.6	0.5
浙江	修复	阔、杉混交林	752	1 205	1 312	193	282	260	202	320	289	2.6%	2.3%	2.0%	2.7%	2.7%	2.2%	0.1	0.2	0.2	0.1	0.2	0.2
		阔、茶混交林	924	986	1 273	214	186	293	222	216	331	2.3%	1.9%	2.3%	2.4%	2.2%	2.6%	0.1	0.1	0.2	0.1	0.2	0.3

注：安徽省第 1 个监测年度为 2011 年。

2.4 评价

各省及整个项目的土壤侵蚀与地表径流加权平均值见表6。

表6 土壤侵蚀与地表径流加权平均值（以新造或修复模型的面积为权重）

省	地表径流量（立方米/公顷）						土壤流失量（吨/公顷）					
	项目林			对照			项目林			对照		
	2012	2013	2016	2012	2013	2016	2012	2013	2016	2012	2013	2016
安徽	662	1 235	1 825	593	1 317	1 953	6.83	9.98	27.72	5.14	10.86	31.51
辽宁	643	90	0	1 026	183	0	20.09	1.56	0.00	53.28	4.91	0.00
山西	83	182	165	85	186	184	8.13	7.08	9.64	8.64	7.69	10.84
浙江	196	270	264	205	306	295	0.07	0.16	0.17	0.07	0.19	0.21
整个项目	407	482	624	480	537	671	8.77	5.03	10.40	16.27	6.24	11.78

2016年，安徽、山西、浙江项目林地表径流分别比对照减少了7%、8%、11%，土壤流失量分别减少了12%、11%、19%，辽宁监测点全年无有效降雨，无径流产生。2016年整个项目的项目林地表径流量为624立方米/公顷，土壤流失量为10.4吨/公顷，分别比对照减少7%和12%。

水土流失主要和降雨强度有关，单位时间降雨强度越大，水土流失越多。大部分监测点2013年、2016年两次监测的水土流失量要高于2012年，这是因为降雨量增多，高强度降雨次数增加导致。综合比较历次监测结果（图4、图5）可以看出，各省项目林地表径流量和土壤流失量比对照降幅逐年增大，说明项目林的水土保持功能在逐渐增强。

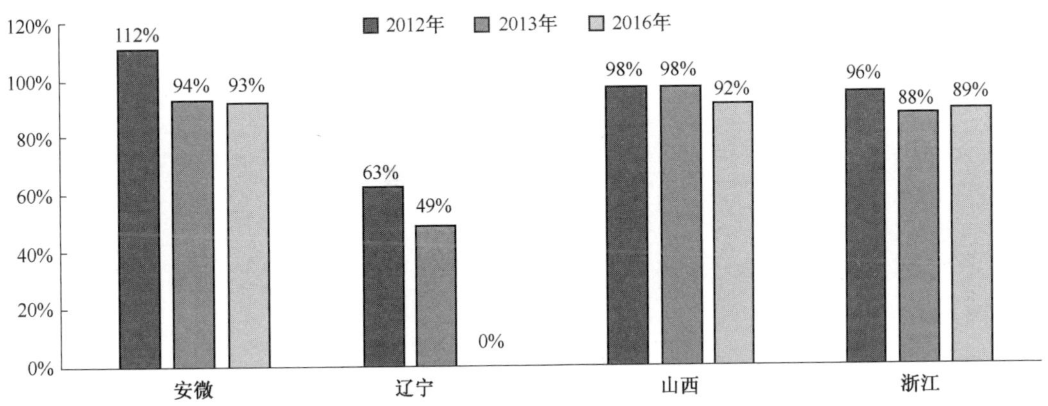

图4 各省项目林地表径流量与对照比值

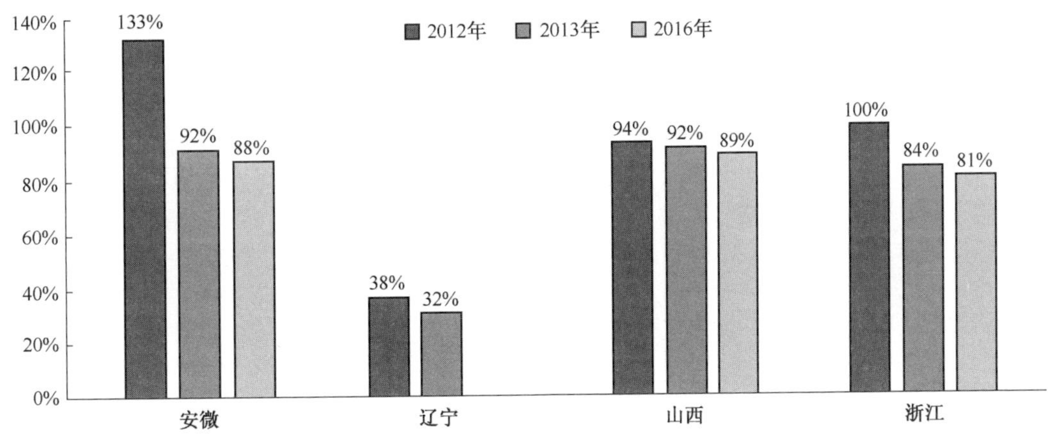

图5 各省项目林土壤流失量与对照比值

3 农作物产量监测

3.1 监测点基本情况

农作物产量监测共设置了5个监测点，其中河北省3个，辽宁省2个。监测点共覆盖了5个模型。各监测点位置、海拔、坡度、土壤类型、整地方式、造林树种及密度、混交比例、造林时间等基本信息详见附表3。

3.2 监测方法

3.2.1 样地设置

在监测点项目林的主风向下确定1块农田作为受保护农田，在监测点邻近选择立地条件相一致、无林分保护的农田作为对照，种植相同的作物品种，采用相同的田间管理措施。

3.2.2 调查内容与方法

在作物收获期采用等距法（距防护林不同距离）布设调查样方（5米×5米）5个，详细记录农作物的平均株高、密度、长势等，收割测定农作物粮食鲜产量；室内烘干至绝对干重，并按相应的标准含水率折算，最后换算出单位面积年产量，以实测当地亩有效种植面积，即农田实际面积扣除水渠、沟的面积，作为折算单位面积产量的依据。

3.2.3 调查时间

调查时间为2012年、2013年、2016年10月。

3.3 监测结果

各监测点农作物产量的监测结果见表7。

河北省和辽宁省项目区沙化农田均为低产田，由于土壤贫瘠，又缺少灌溉条件，监测点花生产量远低于该区农业生产平均值。

与对照相比，2016年各监测点受项目林保护农田的作物产量均有不同程度的增加，河北混交型、间作型和经济型防风固沙林模型受保护农田的花生产量较对照分别增产10.6%、11.6%和9.2%。辽宁杨树樟子松和杨树沙棘防沙林模型分别增产17.1%和10.1%。

表7 IFDP农作物产量监测结果

省	类型	模型	作物种类	受保护农田作物产量（公斤/公顷）			对照农田作物产量（公斤/公顷）		
				2012	2013	2016	2012	2013	2016
河北	新造	混交型防风固沙林	花生	—	3 000	3 300	—	2 670	2 985
		间作型防风固沙林	花生	3 000	2 955	3 180	2 625	2 625	2 850
		经济型防风固沙林	花生	3 000	3 615	3 735	2 700	3 345	3 420
辽宁	新造	杨树樟子松防沙林	花生	1 800	2 850	1 950	1 800	2 745	1 665
		杨树沙棘防沙林	花生	2 625	2 190	1 800	2 625	2 100	1 635

3.4 评价

各省及整个项目的农作物产量加权平均值见表8。

分省来看，2016年河北受保护农田的花生产量比对照增产10.8%，辽宁受保护农田的花生产量比对照增产15.8%。

综合来看，将花生作为整个项目农作物产量监测对象，2016年受项目林保护农田花生的产量比对照增加了11.7%，增幅与前两个监测年度基本相近，说明项目林在发挥森林生态功能的同时，可以有效提高受保护农田的产量。

表 8　农作物产量加权平均值（以新造模型的面积为权重）

省	类型	作物种类	受保护农田作物产量（公斤/公顷）			对照农田作物产量（公斤/公顷）		
			2012	2013	2016	2012	2013	2016
河北	新造	花生	3 000	3 075	3 303	2 670	2 745	2 979
辽宁	新造	花生	2 220	2 730	1 921	2 220	2 625	1 659
整个项目	新造	花生	2 780	2 970	2 920	2 537	2 715	2 611

4　风蚀沙埋监测

4.1　监测点基本情况

风蚀沙埋监测共设置了 5 个监测点，其中河北省 3 个，辽宁省 2 个。监测点共覆盖了 5 个模型。各监测点位置、海拔、坡度、土壤类型、整地方式、造林树种及密度、混交比例、造林时间等基本信息详见附表 4。

4.2　监测方法

4.2.1　样地设置

项目区属我国北方半干旱半湿润地区，风沙活动期集中发生于春季的 3~5 月，主导风向为西北风。野外调查采用插钎法，采用粗度 2.3 毫米的钢钎，长度 24 厘米，插入土壤深度为 21 厘米（地上部保留 3 厘米）。于土壤解冻初期在项目林林缘，沿主导风向下风向，采用 5 米等间距分别在距离中心林缘 5 米、10 米、15 米、20 米、25 米、30 米、35 米、40 米、45 米、50 米位置处布设有标记的插钎，设 3 次重复，共布设插钎 30 个。在非项目林地（对照）的沙化地同样设置 3 条监测样带，与项目林相对应，每隔 5 米设置一个插钎，共布设插钎 30 个。

对各项目林设定 30 米×40 米或 40 米×50 米固定样地观测林木生长情况。

4.2.2　观测内容与方法

风蚀深度或沙埋厚度：利用钢尺测量每根插钎的风蚀深度或沙埋厚度。

4.2.3　调查时间

风蚀沙埋监测调查时间为 2012 年、2013 年和 2016 年 3~5 月。

4.3　监测结果

监测点风蚀沙埋监测结果见表 9。表中数据负数表示风蚀深度，正数表示沙埋厚度。

2016 年各监测点项目林、对照均存在明显的风蚀现象。监测结果显示，项目林能有效遏制土壤风蚀，其中河北混交型防风固沙林模型风蚀量比对照减少 34.8%，间作型防风固沙林模型减少 45.8%，经济型防风固沙林模型减少 37.1%，辽宁杨树樟子松防沙林模型风蚀量比对照减少 52.1%，杨树沙棘防沙林模型减少 88.1%。

从河北监测点来看，随着项目林生长，项目林的风蚀量有减小趋势。从各造林模型防护效果的角度分析，间作型防风固沙林对减少风蚀量的效果最为明显，平均防护效果 37.78%；其次是混交型防风固沙林，平均防护效果 35.13%；而生态经济型防风固沙林的防护效果相对较低，平均防护效果 30.09%。根据各年度测定的林缘不同距离上风蚀深度的变化，项目林目前的防护效果主要体现在距林缘 0~30 米的范围之内。

辽宁监测点在 2012 年度监测采取了围封措施，围封内没有人为活动，植被尤其是草本恢复较快，风蚀量很小，世行专家认为围封内取得的数据不能代表当地实际情况，建议数据在围封外采集，因此从2013年开始，监测数据是从围封外取得的，导致2013年监测到的风蚀程度比2012年严重得多。此外，2016年监测点春季大风次数较往年明显偏多，导致风蚀量较往年也有所增加。

表9 IFDP风蚀沙埋监测结果

省	类型	模型	风蚀深度或沙埋厚度（毫米）					
			项目林			对照		
			2012	2013	2016	2012	2013	2016
河北	新造	混交型防风固沙林	-3.4	-2.7	-1.5	-4.4	-4.9	-2.3
		间作型防风固沙林	-7.5	-5.3	-1.3	-8.0	-11.8	-2.4
		经济型防风固沙林	-4.7	-2.4	-2.2	-6.3	-3.3	-3.5
辽宁	新造	杨树樟子松防沙林	-3.0	-13.0	-26.2	-4.0	-35.0	-54.7
		杨树沙棘防沙林	-3.0	-14.0	-2.9	-3.0	-15	-24.4

4.4 评价

各省及整个项目的风蚀深度加权平均值见表10。综合来看，2016年河北项目林的风蚀深度为1.5毫米，对照为2.5毫米，降幅为40%，与2012年度对照6.5毫米相比，降幅接近80%；辽宁项目林的风蚀深度为21.7毫米，对照为48.9毫米，降幅为55.6%；整个项目的项目林风蚀深度为7.1毫米，对照为15.5毫米，降幅为54.1%。综合比较历次监测结果，与非项目林地区相比，项目林的风蚀深度降幅逐渐增加，由2012年的13.8%增加至2016年的54.1%。由此可以看出，在沙化土地上通过营造防风固沙林，在项目初期就能有效减缓风蚀，随着树龄增大，固沙作用也在明显增加。

表10 风蚀深度加权平均值（以新造模型的面积为权重）

省	类型	风蚀深度或沙埋厚度（毫米）					
		项目林			对照		
		2012	2013	2016	2012	2013	2016
河北	新造	-5.7	-4.0	-1.5	-6.5	-8.2	-2.5
辽宁	新造	-3.0	-13.2	-21.7	-3.8	-31.1	-48.9
整个项目	新造	-5.0	-6.6	-7.1	-5.8	-14.6	-15.5

5 病虫害监测

5.1 监测点基本情况

病虫害监测设置了1个监测点，位于浙江省德清县，覆盖了1个模型。该监测点的位置、海拔、坡度、土壤类型、整地方式、造林树种及密度、混交比例、造林时间等基本信息详见附表5。

5.2 监测方法

5.2.1 样地设置

选择有代表性的地段和林分，在项目林设置2块监测样地，在非项目林（对照）中设置1块监测样地，要求项目林与非项目林（对照）样地的坡向、海拔、坡度、土壤、植被等条件基本一致。

5.2.2 调查内容与方法

在样地内采用机械抽样方法确定标准树30株，进行标记后作为固定观测标准树。调查病虫害发生的种类、发生率及危害程度。

5.2.3 调查时间

2012年、2013年、2016年8~9月。

5.3　监测结果与评价

根据2016年样地调查结果汇总，样地调查共发现了5种病虫害，分别为松材线虫病、白粉病、松针褐斑病、松毛虫和松尺蠖。项目林共调查了60株树，有病虫害株数为8棵，总发生率13.33%；对照样地调查株数为30棵，有病虫害株数7棵，总发生率23.33%。病虫害发生率与2013年持平，病虫害疫情得到一定程度遏制。项目林与对照相比病虫害发生率降幅达42.86%，远远大于基线值（2012年）的对比降幅12.03%，项目林病虫害发生率远远低于对照样地（表11）。由此可以看出，马尾松人工纯林，经过补植乡土阔叶树种等修复措施，抵御病虫害的能力有了一定程度的增强，有利于提高森林健康程度。

表11　病虫害监测汇总统计表

单位:%

监测指标	2012年			2013年			2016年		
	项目林	对照	降幅	项目林	对照	降幅	项目林	对照	降幅
病虫害发生率	11.70	13.30	12.03	13.33	23.33	42.86	13.33	23.33	42.86

6　总体评价

林业综合发展项目实施6年的生态环境成果监测结果表明，在安徽、河北、辽宁、山西、浙江5个省生态环境脆弱的地区开展人工造林和森林生态修复后，能有效恢复项目区森林植被，增加植被盖度，提高植物多样性水平，改善森林生态系统结构，从而起到防风固沙、蓄水保土、改善农业生产条件和减少病虫害发生等生态防护作用。

6.1　项目区植被盖度明显增加

项目通过新造多功能人工林和现有林生态修复措施，项目区植被覆盖率明显增加，且有逐年加快的趋势。项目实施后2016年整个项目地区的植被盖度为59.7%，比非项目地区提高了22.1%，比基线值10%增加了49.7%，其中新造多功能人工林地区植被盖度为49.9%，比非项目地区增加了29.7%，森林生态修复地区植被盖度为82.5%，比非项目地区增加了4.5%，比基线值26%增加了56.5%。

6.2　项目区水土流失得到有效缓解

山西项目区主要位于海拔1 000米以上植被稀少的黄土高原地区和太行山区，是黄河中游水土流失最严重的地区；辽宁项目区部分丘陵山地由于植被缺乏，水土流失情况也相当普遍，浙江项目区山地丘陵区和安徽南部山地是长江流域下游水土流失主要分布区。项目通过在山西、辽宁、安徽3省项目区植被盖度较低且水土流失严重的地区新造水土保持林，在安徽、浙江项目区生态功能退化的人工纯林和经济林补植乡土阔叶树种，有效地减缓了水土流失。2016年整个项目的项目林地表径流量加权平均值为624立方米/公顷，土壤流失量为10.4吨/公顷，分别比非项目地区减少7%和12%。项目实施期间，与非项目林地区相比，上述地区项目林的地表径流量和土壤流失量的减少比例在逐年增加，表明项目实施后，项目林起到了良好的水土保持作用，而且随着时间的推移，水土保持功能在不断加强。

6.3　项目区防风固沙效应初步显现

河北项目区主要位于黄河和永定河故道沙区，辽宁项目区沙地位于科尔沁沙地南缘，主要是半固定沙地、固定沙丘和沙化土地。两个地区的生态环境极为脆弱，原生植被稀少，连续耕作对土地过度利用造成环境不断恶化，土地沙化面积持续扩大，风蚀十分严重，风沙危害对周边地区人们的生产和生活带来严重的影响。项目通过在上述地区建设高标准的网格化防风固沙林和农田防护林，充分发挥了森林防风固沙、改善小气候等方面的作用。2016 年，河北、辽宁项目林风蚀深度加权平均值为 7.1 毫米，非项目地区为 15.5 毫米，降幅为 54.1%，项目林固沙效果显著。由于小气候的改善，项目林周边受保护农田的作物产量也有了明显提高，增产幅度为 11.7%。

6.4　项目区森林植物多样性有效增加，森林健康水平明显改善

浙江省和安徽省在历史上形成了较大规模集中连片的人工纯林，群落结构简单，生物多样性水平差，抵御自然灾害特别是病虫害的能力显著下降。项目通过在现有人工纯林中补植阔叶树种，重建或恢复与当地自然条件相适应的近自然森林生态系统，有效地提高了植物多样性水平，改善了森林群落结构，促进了森林生态系统的健康与稳定。2016 年整个项目地区植物种类加权平均值为 19 种，比非项目地区增加 5 种，其中新造多功能人工林地区植物种类加权平均值为 16 种，增加 4 种，森林生态修复地区植物种类加权平均值为 25 种，增加 6 种，植物多样性明显增加。森林群落结构的改善使得森林抵御病虫害的能力有所增强，2016 年，项目林病虫害发生率为 13.3%，未实施生态修复的人工纯林病虫害发生率为 23.3%，降幅为 42.9%。

7　问题与建议

项目启动后再进行咨询采购聘请监测单位，导致项目原本第一年的监测活动推迟到了第二年，另外导致项目基线调查不能及时开展。建议今后实施世行项目，在项目设计阶段，将监测单位咨询采购流程安排在项目启动之前，确保项目能及时开展监测活动。

附表 1　植被盖度与植物多样性监测点基本信息表

省	类型	模型	地点（县、乡、村、林场）	海拔（米）	坡度（度）	土壤类型	整地方式	造林树种	造林密度（株/公顷）	混交比例	造林（修复）时间
安徽	新造	针阔混交林	岳西县响肠乡无愁村站办林场	450	25	山地黄棕壤	穴状整地	马尾松、枫香	1 667	1：1	2011
	修复	针阔混交林	岳西县响肠乡无愁村站办林场	450	20	山地黄棕壤	穴状整地	原有杉木补植枫香等		1：1	2011
河北	新造	混交型防风固沙林	永清县曹家务乡柳园村	13	<3	风沙土	机械开沟	107 杨+白榆	1 040	4：6	2012
		间作型防风固沙林	临漳县张村集乡新明古寺村	62	<5	风沙土	穴状整地	中林 46 杨	481		2011
		经济型防风固沙林	馆陶县寿山寺乡张高村	36	<3	风沙土	穴状整地	苹果	1 667		2012
辽宁	新造	榛子水土保持林	昌图县昌图镇东明村	200	10	沙土	穴状整地	榛子	5 000		2012
		大扁杏水土保持林	义县刘龙台镇山下村谢屯	210	10	石质土	梯田整地	大扁杏	1 250		2010
		杨树樟子松防沙林	彰武县冯家镇得力村	188	<5	沙土	穴状整地	杨树、樟子松	833	7：3	2012
		杨树沙棘防沙林	昌图县三江口镇庄稼窑村	116	<5	沙土	全面整地	杨树、沙棘	833	6：4	2012
山西	新造	核桃水土保持林	离石区坪头乡焉口村	1 153	20	黄土	穴状整地	核桃	556		2010
		油松水土保持林	左权县拐儿乡秋林滩	1 522	25	褐土	穴状整地	油松	1 667		2009
		侧柏水土保持林	永和县阁底乡退干村	823	20	褐土	穴状整地	侧柏	1 667		2010
		刺槐水土保持林	离石区坪头乡赵家山	1 107	20	黄土	穴状整地	刺槐	1 667		2010
		山杏水土保持林	左权县拐儿乡秋林滩	1 501	15	褐土	穴状整地	山杏	1 667		2009
浙江	修复	阔、杉混交林	临安市板桥镇灵溪村	70	40	红壤	穴状整地	原有杉木补植枫香、木荷、青冈	450		2011
			临安市太湖源镇第一林场	230	20	红壤	穴状整地	原有杉木补植枫香、木荷、青冈	450		2011
		阔、杉、竹混交林	富阳市万市镇平山村	240	30	红壤	穴状整地	原有杉木补植乐昌含笑、毛竹	540		2011
			富阳市胥口镇新峤村	100	28	红壤	穴状整地	原有杉木补植枫香、木荷、毛竹	540		2011

附表 2　土壤侵蚀与地表径流监测点基本信息表

省	类型	模型	地点（县、乡、村、林场）	海拔（米）	坡度（度）	土壤类型	整地方式	造林树种	造林密度（株/公顷）	混交比例	造林（修复）时间
安徽	新造	针阔混交林	岳西县响肠乡无愁村站办林场	680	27	山地黄棕壤	块状整地	马尾松、枫香	1 667	1∶1	2011
	修复	阔叶混交林	岳西县响肠乡无愁村站办林场	780	26	山地黄棕壤	穴状整地	原有茶树补植银杏		1∶1	2011
辽宁	新造	榛子水土保持林	昌图县昌图镇东明村	200	10	沙土	穴状整地	榛子	5 000		2012
		大扁杏水土保持林	义县刘龙台镇山下村谢屯	210	10	石质土	梯田整地	大扁杏	1 250		2010
山西	新造	核桃水土保持林	离石区坪头乡焉口村	1 153	20	黄土	穴状整地	核桃	556		2010
		油松水土保持林	左权县拐儿乡秋林滩	1 522	20	褐土	穴状整地	油松	1 667		2009
		侧柏水土保持林	永和县阁底乡退干村	837	35	褐土	穴状整地	侧柏	1 667		2010
		刺槐水土保持林	离石区坪头乡赵家山	1 123	20	黄土	穴状整地	刺槐	1 667		2010
		山杏水土保持林	左权县拐儿乡秋林滩	1 538	20	褐土	穴状整地	山杏	1 667		2009
浙江	修复	阔、杉混交林	临安市板桥镇灵溪村	66	40	红壤	穴状整地	原有杉木补植枫香、木荷、青冈	450		2011
		阔、茶混交林	安吉县溪龙乡黄杜村	90	22	黄红壤	穴状整地	原有茶树补植银杏、光皮桦、榉树	300		2011

附表 3　农作物产量监测点基本信息表

省	类型	模型	地点（县、乡、村、林场）	海拔（米）	坡度（度）	土壤类型	整地方式	造林树种	造林密度（株/公顷）	混交比例	造林时间
河北	新造	混交型防风固沙林	永清县曹家务乡柳园村	13	<3	风沙土	机械开沟	107 杨+白榆	1 040	4∶6	2012
		间作型防风固沙林	临漳县张村集乡新明古寺村	62	<5	风沙土	穴状整地	中林 46 杨	481		2011
		经济型防风固沙林	馆陶县寿山寺乡张高村	36	<3	风沙土	穴状整地	苹果	1 667		2012
辽宁	新造	杨树樟子松防沙林	彰武县冯家镇得力村	188	<5	沙土	穴状整地	杨树、樟子松	833	7∶3	2012
		杨树沙棘防沙林	昌图县三江口镇庄稼窑村	116	<5	沙土	全面整地	杨树、沙棘	833	6∶4	2012

附表 4 风蚀沙埋监测点基本信息表

省	类型	模型	地点（县、乡、村、林场）	海拔（米）	坡度（度）	土壤类型	整地方式	造林树种	造林密度（株/公顷）	混交比例	造林时间
河北	新造	混交型防风固沙林	永清县曹家务乡柳园村	13	<3	风沙土	机械开沟	107 杨+白榆	1 040	4：6	2012
		间作型防风固沙林	临漳县张村集乡新明古寺村	62	<5	风沙土	穴状整地	中林 46 杨	481		2011
		经济型防风固沙林	馆陶县寿山寺乡张高村	36	<3	风沙土	穴状整地	苹果	1 667		2012
辽宁	新造	杨树樟子松防沙林	彰武县冯家镇得力村	188	<5	沙土	穴状整地	杨树、樟子松	833	7：3	2012
		杨树沙棘防沙林	昌图县三江口镇庄稼窑村	116	<5	沙土	全面整地	杨树、沙棘	833	6：4	2012

附表 5 病虫害监测点基本信息表

省	类型	模型	地点（县、乡、村、林场）	海拔（米）	坡度（度）	土壤类型	整地方式	造林树种	造林密度（株/公顷）	混交比例	修复时间
浙江	修复	阔、松混交林	德清县武康镇	50	20	红壤	穴状整地	原有马尾松补植枫香、木荷、青冈、无患子	300		2012

附件Ⅸ　社会经济成果监测结果分析与评价报告

根据《世界银行贷款“林业综合发展项目”项目评估文件》和《世界银行贷款“林业综合发展项目”项目实施计划》及《项目监测与评价计划》中的有关规定，在项目建设期间要开展项目的社会经济成果监测，以揭示项目实施对项目区社会经济产生的影响。

为了使这项监测与评价工作顺利进行，国家林业局世行中心和中国林科院世行办针对项目社会经济成果监测内容与方法为各省社会监测组人员举办了培训班，并印发了由中国林科院世行办编写的《项目社会经济成果监测指南》，用于指导各省的监测工作。

社会经济成果监测包括项目参加实体构成情况、贫困农户与少数民族农户参加项目情况、农户参与磋商及妇女参与情况、项目农户劳务费增收情况和农户从项目林产品获得收益情况 5 个方面的内容，其中农户从项目林产品获得收益情况监测时间为2016 年，其他 4 项监测时间均为 2013 年和 2016 年。现将项目社会经济成果监测结果报告如下。

1　监测工作概述

所有项目省在咨询采购完成后，开展了一系列相关工作，包括组建监测队伍、制定监测方案、编写访谈提纲和调查问卷、开展监测相关的培训与现场指导、监测数据的调查与分析、建立监测档案与数据库。

1.1　监测队伍建设情况

根据项目监测工作需要，各省组建了由省级监测组和县级监测组构成的监测队伍。省级监测组主要由省级项目办工作人员或咨询采购确定的监测单位人员组成，县级监测组由县项目办有关人员组成。各省监测组人员组成情况见表 1。

表 1　各省监测队伍人员构成

省	省级监测组	县级监测组
安徽	省项目办	县项目办
河北	河北师范大学商学院	县项目办
辽宁	省项目办	县项目办
山西	山西怡林林业工程设计咨询有限公司	县项目办
浙江	浙江农林大学	县项目办

1.2　确定抽样县、乡、村

农户参与磋商及妇女参与情况、项目农户劳务费增收情况和农户从项目林产品获得收益情况 3 个方面的监测内容是通过对抽样县、乡和村的监测完成的。

1.2.1　抽样方法

（1）抽样县、乡选择方法。选择有代表性的项目县和项目乡（镇）作为抽样县和抽样乡。

（2）抽样村选择方法。

①选择人口规模较大、项目任务较多的村作为抽样村。

②选择在 2011 年承担项目任务的村作为抽样村。

③所确定的抽样村中要包括经济条件较好、中等及较差的村，以保证抽样具有代表性。

（3）抽样户选择方法。

①抽样户在参与项目活动的农户中抽取，由于各抽样村参与项目农户数量相差较大，抽样比例确定为参与项目活动农户数的10%~25%，且抽样数量不少于5户。

②采取分层随机抽样的原则，首先把抽样村中参与项目活动的农户根据家庭经济状况分成好、中、差三层，再在每个层次中随机抽取一定数量的农户。

1.2.2 抽样结果

安徽、河北、辽宁、山西和浙江5个省共抽样调查了28个县，41个乡（镇），54个村，各省县、乡（镇）、村、抽样数量见表2。

表2 各省抽样数量

单位：个

省	县	乡（镇）	村
安徽	15	15	15
河北	3	9	9
辽宁	3	3	6
山西	3	4	6
浙江	4	10	18
合计	28	41	54

表中县、乡（镇）、村名单详见附表1。

1.3 开展监测活动

自项目社会经济成果监测工作启动以来，各省监测组开展了以下相关监测活动：

（1）了解世界银行贷款“林业综合发展项目”的相关背景和资料，以及社会经济成果监测的任务要求；

（2）编制监测实施方案和计划，设计、编写调查问卷和访谈提纲；

（3）开展相关培训；

（4）监测组开展监测工作，对项目参加实体构成情况、贫困农户与少数民族农户参加项目情况进行汇总统计；在抽样村进行农户参与磋商及妇女参与情况监测；在抽样村进行农户抽样，对项目农户劳务费增收情况进行监测；

（5）在对监测结果汇总统计和分析的基础上，撰写监测与评价报告。

1.4 建立监测档案和数据库

在开展监测过程中，各省以项目县为单位建立了监测结果档案和数据库，为后期的监测提供支持。

2 监测内容、方法与结果

2.1 项目参加实体构成情况监测

2.1.1 监测方法

采用统计方法，以所有项目乡为单位统计截止到2016年的项目参加实体构成情况，包括国有林场、集体林场、合作社、农户联合体、个体农户的数量及受益农户的总数。

2.1.2 监测结果与分析

项目参加实体构成汇总统计结果见表3。

截至2016年，安徽、河北、辽宁、山西和浙江5个项目省共计67个项目县，526个项目乡，2 644个项目村，共有国家林场7个，集体林场262个，合作社591个，农户联合体2 080个，个体农户44 709个，项目受益农户总数为158 342个（表3）。

表3 IFDP项目参加实体构成情况统计表（以项目乡为单位）

省	项目县数量（个）	项目乡数量（个）	项目村数量（个）	国有林场数量（个）	集体林场		合作社		农户联合体		个体受益农户数（个）	受益农户总数（个）
					总数（个）	其中受益农户数（个）	总数（个）	其中受益农户数（个）	总数（个）	其中受益农户数（个）		
安徽	15	188	918	0	237	10 623	50	2 267	1 584	43 963	1 333	58 186
河北	17	84	392	0	2	21	141	3 099	361	7 338	13 194	23 652
辽宁	6	108	716	5	0	0	0	0	0	0	4 451	4 451
山西	25	90	286	2	0	0	27	869	78	12 908	25 482	39 259
浙江	4	56	332	0	23	580	373	31 754	57	211	249	32 794
合计	67	526	2 644	7	262	11 224	591	37 989	2 080	64 420	44 709	158 342

2.2 贫困农户与少数民族农户参加项目情况监测

2.2.1 监测方法

采用统计方法进行，以所有项目乡为单位统计截至2016年的贫困农户总户数和参加项目的贫困户数，以及少数民族户数和参加项目的少数民族户数。

2.2.2 监测结果与分析

2.2.2.1 贫困农户中参加项目农户占的比例

截至2016年，整个项目地区有贫困农户182 681户，其中14 929户参加了项目，贫困农户中参加项目农户占的比例为8.17%，其中安徽、河北、辽宁、山西参加项目贫困农户占当地贫困农户总数的比例分别为6.30%、27.01%、0.42%和22.37%（表4）。

浙江省4个项目县（市）均属于浙江省经济比较发达的县（市），没有贫困农户。

表4 IFDP贫困农户中参加项目农户占的比例（以项目乡为单位）

省	贫困农户总数		参加项目贫困农户数		贫困农户中加项目农户占的比例	
	2013	2016	2013	2016	2013	2016
安徽	67 650	67 342	3 979	4 244	5.88%	6.30%
河北	46 022	4 821	1 302	1 302	2.83%	27.01%
辽宁	60 769	69 890	278	293	0.46%	0.42%
山西	39 608	40 628	8 070	9 090	20.37%	22.37%
浙江	0	0	0	0	0.00%	0.00%
合计	**214 049**	**182 681**	**13 629**	**14 929**	**6.37%**	**8.17%**

2.2.2.2 参加项目农户中贫困农户占的比例

截至2016年，5个省参加项目农户总数为158 342个，其中贫困农户14 929个，占比9.43%，安徽、河北、辽宁、山西参加项目农户中贫困农户占的比例分别为7.29%、5.50%、6.58%、23.15%（表5）。

表 5 IFDP 参加项目农户中贫困农户占的比例（以项目乡为单位）

省	参加项目农户总数		参加项目贫困农户数		参加项目农户中贫困户占的比例	
	2013	**2016**	**2013**	**2016**	**2013**	**2016**
安徽	39 943	58 186	3 979	4 244	9.96%	7.29%
河北	15 118	23 652	1 302	1 302	8.61%	5.50%
辽宁	4 170	4 451	278	293	6.67%	6.58%
山西	23 104	39 259	8 070	9 090	34.93%	23.15%
浙江	27 812	32 794	0	0	0.00%	0.00%
合计	**110 147**	**158 342**	**13 629**	**14 929**	**12.37%**	**9.43%**

2.2.2.3 少数民族参加项目情况

截至 2016 年，所有项目县中，只有辽宁省阜新蒙古族自治县有少数民族农户，共计 117 个少数民族农户参加项目，占该县参加项目农户总数 715 的 16.4%，占当地少数民族总户数 36 081 的 0.32%（表 6）。

表 6 IFDP 少数民族农户中参加项目农户占的比例（以项目乡为单位）

省	少数民族总户数		少数民族参加项目户数		少数民族农户中参加项目农户占的比例	
	2013	**2016**	**2013**	**2016**	**2013**	**2016**
安徽	0	0	0	0	0.00%	0.00%
河北	0	0	0	0	0.00%	0.00%
辽宁	20 926	36 081	99	117	0.47%	0.32%
山西	0	0	0	0	0.00%	0.00%
浙江	0	0	0	0	0.00%	0.00%
合计	20 926	**36 081**	99	**117**	0.47%	**0.32%**

2.3 农户参与磋商及妇女参与情况监测

2.3.1 抽样村基本信息

农户参与磋商及妇女参与情况监测 5 个省共抽样了 28 个县中的 41 个乡（镇）的 54 个村，共有农户 40 193 户，其中参加项目农户 5 460 户，参加项目农户占比 13.58%，覆盖项目林面积 5 889 公顷。

2.3.2 调查方法

调查采用参与式小组访谈的方法进行，小组访谈对象由行政村干部和村民小组组长及村民代表构成，访谈的内容包括：抽样村基本情况、参加项目情况、项目实施带来的负面影响的主要表现形式及受影响农户数量、参加项目活动的人数及妇女参加的人数等。

2.3.3 监测结果与分析

农户参与磋商及妇女参与情况监测结果见附表 2。

（1）受影响农户参与磋商情况。截至 2016 年，5 个省 54 个抽样村受项目影响的农户总数为 12 950户，其中参与磋商 4 159 户，占受项目影响农户数的 32%，这一比例比 2013 年监测结果提高了 5%。安徽、河北、辽宁、山西、浙江受影响农户参与磋商比例分别为 45%、18%、21%、100%、32%，见表 7。

表 7 IFDP 受影响农户参与磋商情况统计表

省	受项目影响农户总数（个）		其中参与磋商户数（个）		受项目影响农户参与磋商比例	
	2013	**2016**	**2013**	**2016**	**2013**	**2016**
安徽	5 034	5 544	1 775	2 491	35%	45%
河北	2 864	2 864	521	521	18%	18%
辽宁	2 855	2 855	542	612	19%	21%
山西	2	2	2	2	100%	100%
浙江	1 282	1 685	351	533	27%	32%
合计	**12 037**	**12 950**	**3 191**	**4 159**	**27%**	**32%**

在调查中还发现，项目对当地农户产生的负面影响普遍较小。主要原因是外出打工在农村地区相当普遍，打工收入是农户家庭经济收入的重要来源，总体上农户对林业的依赖程度较低，因项目实施造成的资源使用的限制，如项目实施对放牧的限制、禁止樵采等情况对农户的影响很小。

（2）妇女参与情况。截至 2016 年，5 个省 54 个抽样村参加项目活动总人数为 10 936 人，其中妇女 4 697 人，占比 43%，这一比例与 2013 年监测结果比例相近。整体来看妇女参与项目程度较高。安徽、河北、辽宁、山西、浙江妇女参加项目比例分别为 43%、54%、48%、51%、19%（表 8）。各省相比较，浙江妇女参与程度较低，主要原因是浙江项目地区农村经济条件较好，项目实施地几乎全是山区和丘陵地区，林业生产活动比较艰苦，因此，妇女参与较少。

表 8 IFDP 妇女参与情况统计表

省	参加项目活动总人数		参加项目活动妇女人数		妇女参加项目活动比例	
	2013	**2016**	**2013**	**2016**	**2013**	**2016**
安徽	4 310	5 462	1 896	2 369	44%	43%
河北	1 269	1 384	681	754	54%	54%
辽宁	523	882	253	422	48%	48%
山西	1 683	1 683	856	856	51%	51%
浙江	1 192	1 525	223	296	19%	19%
合计	**8 977**	**10 936**	**3 909**	**4 697**	**44%**	**43%**

在调查中还发现，在林业生产中，男性虽是主要劳动力，但除了繁重的体力劳动，女性在整个生产过程都扮演着非常重要的角色，尤其是有外出务工的家庭，农业生产劳动主要依靠老人和妇女。

2.4 项目农户劳务费增收情况监测

2.4.1 抽样村基本信息及抽样农户数量

5 个省选取的抽样县、抽样乡（镇）和抽样村与 2.3 节相同。按照抽样比例不少于参与项目农户总数 10%的原则，在 54 个抽样村中一共抽样 651 个农户，各抽样村抽样农户为 5~40 户不等。

2.4.2 调查方法

调查采用一对一农户问卷调查的方式进行，调查内容包括家庭人口及劳动力数量，家庭收入及来源，2011 年以来家庭成员参与项目活动情况，2011 年以来参与造林及抚育的天数、劳务价格及获得的劳务收入等。

2.4.3 监测结果与分析

5个省54个抽样村抽样农户2013年户均年收入、人均年收入，2011年以来户均劳务费总额、人均劳务费总额、户均劳务费年收入、人均劳务费年收入、劳务价格见附表3。

（1）参加项目农户劳务费增收情况。2016年5个省参加项目农户平均年收入为42 738元，项目实施期间参加项目农户平均年收入为41 617元，每个农户劳务费总收入平均为6 415元，项目实施期间户均劳务费年收入为1 069元，占户均年收入的2.6%。各省农户劳务费增收情况有明显差异，户均劳务费年收入占总收入比值从高到低依次为山西、河北、辽宁、安徽、浙江，分别为4.6%、4.6%、4.5%、3.3%、0.9%（表9）。

表9 各省参加项目农户劳务费增收情况统计表

省	户均年收入（元）			劳务费总收入（元）		户均劳务费年收入（元）	劳务费占比
	2013	**2016**	平均	**2013**	**2016**		
安徽	20 855	25 085	22 970	3 679	4 613	769	3.3%
河北	29 619	34 565	32 092	3 370	8 887	1 481	4.6%
辽宁	26 750	28 500	27 625	6 164	7 420	1 237	4.5%
山西	22 188	21 778	21 983	6 017	6 017	1 003	4.6%
浙江	77 929	103 763	90 846	3 472	5 137	856	0.9%
平均	**40 495**	**42 738**	**41 617**	**4 540**	**6 415**	**1 069**	2.6%

注：户均年收入为调查年度当年数值，劳务费总收入为调查年度累计数值，户均劳务费年收入按调查农户参加项目开始至项目实施期结束计算。

（2）参加项目农户人均劳务费增收情况。2016年5个省参加项目农户人均总收入为11 240元，项目实施期间参加项目农户人均收入为10 160元，人均劳务费总收入为2 348元，项目实施期间人均劳务费年收入为295元，占人均年收入的2.9%。各省参加项目农户人均劳务费增收情况同样有明显差异，人均劳务费年收入占总收入比值从高到低依次为河北、山西、辽宁、安徽、浙江，分别为4.9%、4.4%、4.4%、3.6%、0.9%（表10）。

表10 参加项目农户人均劳务费增收情况统计表

省	人均年收入（元）			人均劳务费总收入（元）		人均劳务费年收入（元）	劳务费占比
	2013	2016	平均	2013	2016		
安徽	6 056	8 181	7 119	1 091	1 544	257	3.6%
河北	8 311	9 822	9 067	1 514	2 770	447	4.9%
辽宁	8 306	8 972	8 639	2 027	2 287	382	4.4%
山西	4 500	4 356	4 428	2 233	1 200	197	4.4%
浙江	18 229	24 869	21 549	812	1 197	193	0.9%
平均	**9 080**	**11 240**	**10 160**	**1 535**	**2 348**	**295**	**2.9%**

造成上述各省之间差异的主要原因包括地区经济差异、项目林的面积大小、造林模型、参与项目活动的户数及人数、造林及抚育的难易程度、劳动力价格不同等因素。

总体看来，虽然参与项目活动农户获得的劳务收入占总收入的比例不高，但由于参加项目活动的农民大多为中老年和妇女，这些劳动力由于文化素质较低，年龄又偏大，外出打工的机会较少，项目实施恰好为当地这部分农民劳动力提供了就业机会，增加了他们的收入。

2.5 农户从项目林产品获得的收益情况监测

2.5.1 抽样村基本信息及抽样农户数量

5个省选取的抽样县、抽样乡（镇）和抽样村与本附件2.3节相同。按照抽样比例不少于参与项目农户总数10%的原则，在54个抽样村中一共抽样651个农户，各抽样村抽样农户为5~40户不等。

2.5.2 调查方法

调查方法与项目农户劳务费增收情况相同，即采用一对一农户问卷调查的方式进行，调查对象为参与项目的抽样农户，调查内容为2016年农户从项目林产品获得的纯收益。

2.5.3 监测结果与分析

5个省54个抽样村抽样农户2016年户均年收入、户均项目林产品收入，单位面积收益见附表4。

从监测数据可以看出，项目实施期间，农户从林产品获得收入较少。54个抽样村中仅有30个有林产品收入，只占抽样村的一半。其中安徽、辽宁、浙江大部分抽样村中没有经济林或者产出林产品。造成项目林产品收入较少，2016年项目农户年均收入为42 738元，林产品收入仅为2 843元，占收入8.9%。

其中安徽省15个抽样村有12个没有任何林产品收入，有林产品收入的3个抽样村主要树种为油茶、毛竹和茶叶，户均林产品收入为613元，占年收入比为2.4%，每公顷经济林产品收入为431元。

河北省林产品收入最高，9个抽样村种植了葡萄、梨树、苹果树等经济林，随着林龄的增加，部分果树逐步进入盛果期，农户从项目林中获得了较多收益，户均林产品收入为2 283元，占年收入比为6.6%，每公顷林产品收入为5 161元。

辽宁省林产品收益相对较高，6个抽样村中有4个栽植了榛子水土保持林，能产生一定的经济效益，抽样村的林产品收入平均为8 900元，占总收入的近31%，每公顷收益为1 695元。

山西省6个抽样村栽植了干果经济林，这些干果经济林尚未到达结果盛期，但部分已开始挂果，从2016年的情况来看，抽样村的林产品收入平均为2 158元，占总收入的近10%每公顷收益为589元。

浙江省18个抽样村中，有5个村采用了“阔+杉+竹”“阔+松+竹”模式，由于种植时间较短，2016年项目林林产品收益主要来自竹笋，尚无采伐竹材的收益，同时单位面积种植毛竹的数量较少(平均每公顷种植225株)，因此，项目林的竹笋收益远比成熟的竹林纯林收益低很多。2016年5个村抽样农户平均户均获得的竹笋收入仅为193元/年，项目林每公顷竹笋收入仅为396元；另外有3个抽样村的项目林为“阔+板栗”模式，也就是在板栗纯林中套种阔叶树，由于近年板栗的价格较低，且劳动力成本较高，2016年当年农户获得的板栗纯收益相对较低，3个村抽样农户平均户均获得的板栗收益仅为374元/年，项目林每公顷板栗收益为649元。8个有林产品收益的抽样村，平均户均获得的林产品收益仅为261元/年，按照全省经济林统计计算，项目林每公顷林产品收益仅为85元(表11)。

表11 各省参加项目农户从项目林产品获得的收益统计表

省	户均年收入（元/年）	户均项目林产品收入（元/年）	林产品收入占比	单位面积收益（元/公顷）
安徽	25 085	613	2.4%	431
河北	34 566	2 283	6.6%	5 161
辽宁	28 500	8 900	31.2%	1 695
山西	21 778	2 158	9.9%	589
浙江	103 763	261	0.3%	85
平均	**42 738**	**2 843**	**8.9%**	**1 299**

3　总体评价

3.1　项目覆盖范围

项目共覆盖了安徽、河北、辽宁、山西和浙江5个项目省，67个项目县，526个项目乡，2 644个项目村，7个国家林场，262个集体林场，591个合作社，2 080个农户联合体，44 709个个体农户参加了项目，项目受益的农户总数为158 342个。

3.2　适当兼顾弱势群体的利益

（1）加强磋商，降低项目负面影响。项目在实施期间，项目对当地农户产生的负面影响普遍较小。主要原因是外出打工在农村地区相当普遍，打工收入是农户家庭经济收入的重要来源，总体上农户对林业的依赖程度较低，因项目实施造成的资源使用的限制，如项目实施对放牧的限制、禁止樵采等情况对农户的影响很小。尽管如此，项目采取加强磋商等措施进一步减小项目对农户的负面影响，受项目影响农户的磋商比例为32%。

（2）关注贫困农户、少数民族农户等弱势群体利益。通过加强磋商等手段力求兼顾贫困农户、少数民族农户及受项目影响农户的利益。参加项目农户中贫困农户占的比例为9.4%，参加项目贫困农户占当地贫困农户总数的比例为8.2%；在参加项目农户中少数民族农户占的比例为16.4%，参加项目少数民族农户占当地少数民族农户总数的比例为0.32%。可以看出贫困农户和少数民族农户参加项目的机会少。相比之下，富裕农户参与能力较强，是项目的主要受益者，贫困农户和少数民族农户由于拥有土地和劳力有限，个人能力不足，社会网络、社会资本和资金缺乏等原因导致参与机会有限，项目参与能力较弱，项目在设计和实施阶段，特别是在参与式磋商过程中给予更多关注，使贫困农户和少数民族农户有更多的参与项目机会。

3.3　为妇女提供了更多的就业机会

在农村由于妇女在家庭中往往要承担家务劳动、照顾小孩和老人等工作，加之生理和体力等差异，通常难以像男人那样长期外出打工或从事商品经营等活动，在当地就业机会也相对较少。项目充分考虑到当地妇女的权益，尽量多的为妇女参加项目活动提供机会。调查结果显示，妇女参加项目活动的比例高达43%，妇女通过参与项目获得相应的报酬，改善了生活质量，有效地提高了妇女在家庭和地方社会中的地位。

3.4　增加了农民收入

（1）劳务费收入。从整个项目实施的过程来看，造林和抚育需要一定的人工劳动的投入，这能够给农民带来直接的劳务收入，项目实施期间项目农户通过劳务费增收2.6%，人均增收2.9%。

（2）林产品收入。项目实施末期，项目中有些树种开始逐步产生经济收益，增加了农户的经济收入。2016年农户通过林产品实现增收8.9%，目前项目林树龄较小，大部分经济树种都没有达到盛果期，随着时间的推移，可以预期项目林产品收益会逐渐增加，进一步增加林农收入。

附表1　抽样县、乡（镇）、村名基本情况

省	县	乡	村	参加项目起始年	总户数	参加项目户数	项目林面积（公顷）	抽样农户数
安徽	黟　县	宏村镇	泗溪村	2011	6 700	202	174.1	30

（续）

省	县	乡	村	参加项目起始年	总户数	参加项目户数	项目林面积（公顷）	抽样农户数
安徽	祁门县	闪里镇	坑口村	2011	442	179	124.6	40
	徽州区	杨村乡	杨村村	2011	352	160	53.8	35
	黄山区	谭家桥镇	中墩村	2011	651	49	72.7	8
	宣州区	养贤乡	新河	2011	1 420	54	31.7	20
	旌德县	兴隆乡	三峰村	2011	762	25	128.3	3
	宁国市	方塘乡	上坦村	2011	513	82	107.3	13
	泾 县	泾川镇	董村村	2011	523	29	35	29
	宿松县	佐坝乡	柳咀村	2011	978	267	94.5	28
	怀宁县	江镇	新联	2011	550	80	75.9	8
	岳西县	响肠镇	无愁村	2011	866	425	278.3	40
	太湖县	天华镇	合铺村	2011	781	19	10	19
	霍山县	上土市	上土市	2011	5 250	30	16	10
	南谯区	大柳镇	大柳村	2011	423	186	918.3	25
	全椒县	西王镇	西王村	2011	307	107	279.9	21
河北	馆陶县	房寨镇	伴导村	2010	287	28	30.6	10
	馆陶县	浅口乡	北董固村	2010	392	5	4.3	5
	馆陶县	市庄乡	后胡堡村	2011	177	26	14.8	10
	临漳县	砖寨营乡	砖寨营村	2012	743	11	4	10
	临漳县	柳园镇	二分庄村	2012	301	56	21.66	10
	临漳县	张村集乡	新明古寺村	2012	192	66	44.3	10
	永清县	韩村镇	东解口村	2011	123	40	25.5	10
	永清县	别古庄镇	王希村	2011	175	171	21.84	10
	永清县	曹家务乡	北曹家务村	2011	478	51	34.57	10
辽宁	西丰县	郜家店	河崴村	2011	595	5	35.5	5
	西丰县	郜家店	玉屏村	2011	573	5	90.2	5
	阜新县	旧庙镇	海力板	2011	421	6	33.9	5
	阜新县	旧庙镇	后查台	2011	436	7	43.4	5
	昌图县	昌图镇	东张家	2011	310	129	267.7	5
	昌图县	昌图镇	东明	2011	520	116	130.6	5
山西	永和县	交口	张家垣	2011	100	56	65.0	10
	永和县	交口	赵家岭	2010	50	38	23.3	10
	左权县	拐儿	寺坪	2010	437	437	50.0	15
	左权县	芹泉	小南庄	2010	240	240	58.4	15
	中阳县	暖泉	青楼	2010	302	302	196.9	15
	中阳县	暖泉	港村	2010	300	300	178.1	15
浙江	临安市	於潜镇	百园村	2011	398	45	70.7	10
	临安市	於潜镇	横鑫村	2011	868	48	22.7	10

（续）

省	县	乡	村	参加项目起始年	总户数	参加项目户数	项目林面积（公顷）	抽样农户数
浙江	临安市	河桥镇	泥骆村	2011	340	50	48.9	10
	临安市	於潜镇	秀溪村	2011	480	120	64.7	10
	临安市	潜川镇	上沃村	2011	898	60	44.7	12
	富阳市	常安镇	安禾村	2011	1 083	105	220.0	10
	富阳市	常安镇	横槎村	2011	690	55	120.0	10
	富阳市	万市镇	平山村	2011	536	200	120.0	20
	安吉县	章村镇	高山村	2011	355	70	56.7	12
	安吉县	章村镇	章里村	2011	667	84	77.7	15
	安吉县	报福镇	彭湖村	2011	701	50	91.3	10
	安吉县	报福镇	汤口村	2011	308	42	96.7	10
	安吉县	杭垓镇	新上塘村	2011	801	104	163.8	15
	安吉县	杭垓镇	和村村	2011	825	120	154.7	10
	安吉县	孝丰镇	横溪坞村	2011	325	102	142.1	12
	安吉县	孝丰镇	城北社区	2011	1 355	105	107.3	10
	德清县	武康镇	对河口村	2011	1 292	65	411.2	10
	德清县	武康镇	城山村	2011	601	46	100.5	10

附表 2　IFDP 农户参与磋商及妇女参与情况统计表

省	县	乡镇	村	受项目影响农户			贫困农户			参加项目活动人数		
				总户数	参与磋商户数	参与比例	总户数	参与磋商户数	参与比例	总人数	妇女人数	参与比例
安徽	黟　县	宏村镇	泗溪村	282	202	72%	101	66	65%	500	215	43%
	祁门县	闪里镇	坑口村	179	179	100%	20	20	100%	278	135	49%
	徽州区	杨村乡	杨村村	352	280	80%	12	10	83%	310	212	68%
	黄山区	谭家桥镇	中墩村	651	85	13%	0	0	0	210	90	43%
	宣州区	养贤乡	新河	1 420	54	4%	10	10	100%	65	9	14%
	旌德县	兴隆乡	三峰村	25	25	100%	1	1	100%	120	23	19%
	宁国市	方塘乡	上坦村	220	190	86%	30	22	73%	550	100	18%
	泾　县	泾川镇	董村村	29	29	100%	2	2	100%	109	41	38%
	宿松县	佐坝乡	柳咀村	978	267	27%	89	25	28%	918	365	40%
	怀宁县	江镇	新联	80	80	100%	90	3	3%	80	30	38%
	岳西县	响肠镇	无愁	409	409	100%	666	65	10%	625	410	66%
	太湖县	天华	合铺	69	45	65%	32	19	59%	249	92	37%
	霍山县	上土市	上土市	120	120	100%	60	20	33%	300	150	50%
	南谯区	大柳镇	大柳村	423	376	89%	51	43	84%	602	343	57%
	全椒县	西王镇	西王村	307	150	49%	64	36	56%	546	154	28%
	小计			**5 544**	**2 491**	**45%**	**1 228**	**342**	**28%**	**5 462**	**2 369**	**43%**

（续）

省	县	乡镇	村	受项目影响农户			贫困农户			参加项目活动人数		
				总户数	参与磋商户数	参与比例	总户数	参与磋商户数	参与比例	总人数	妇女人数	参与比例
河北	馆陶县	柴堡镇	后胡堡	177	35	20%	3	3	100%	54	27	50%
		寿山寺乡	北董固	392	16	4%	0	0	0	10	5	50%
		房寨镇	伴导	287	35	12%	0	0	0	55	27	49%
	临漳县	砖寨营乡	砖寨营村	743	11	1%	52	1	2%	44	22	50%
		柳园镇	二分庄村	301	56	19%	32	9	28%	151	68	45%
		张村集乡	新明古寺村	192	53	28%	6	6	100%	71	37	52%
	永清县	韩村	东解口	123	98	80%	0	0	0	217	178	82%
		别古庄	王希	171	156	91%	0	0	0	720	360	50%
		曹家务	北曹家务	478	61	13%	0	0	0	62	30	48%
	小　计			**2 864**	**521**	**18%**	**93**	**19**	**20%**	**1 384**	**754**	**54%**
辽宁	西丰县	郜家店镇	玉屏村	573	11	2%	131	1	1%	53	32	60%
			河崴村	595	18	3%	99		0%	135	72	53%
	阜新县	旧庙镇	后查台	421	7	2%	84	5	6%	49	24	49%
			海力板	436	6	1%	87	3	3%	65	29	45%
	昌图县	昌图镇	东张家村	310	230	74%	45	34	76%	230	95	41%
			东明村	520	340	65%	50	38	76%	350	170	49%
	小　计			**2 855**	**612**	**21%**	**496**	**81**	**16%**	**882**	**422**	**48%**
山西	永和县	交口	张家垣	0	0	0	25	25	100%	55	25	45%
			赵家岭	2	2	100%	7	7	100%	28	11	39%
	中阳县	暖泉	青楼	0	0	0	110	105	95%	300	200	67%
			港村	0	0	0	60	60	100%	300	180	60%
	左权县	拐儿	寺坪	0	0	0	45	40	89%	600	200	33%
		芹泉	小南庄	0	0	0	30	30	100%	400	240	60%
	小　计			**2**	**2**	**100%**	**277**	**267**	**96%**	**1 683**	**856**	**51%**
浙江	临安市	於潜镇	百园村	40	12	30%	0	0	0	48	28	58%
			横鑫村	87	21	24%	0	0	0	50	5	10%
		河桥镇	泥骆村	35	10	29%	0	0	0	56	10	18%
			秀溪村	70	25	36%	0	0	0	120	20	17%
		潜川镇	上沃村	80	18	23%	0	0	0	65	2	3%
	富阳市	常安镇	安禾村	87	19	22%	0	0	0	110	20	18%
			横槎村	71	17	24%	0	0	0	59	19	32%
		万市镇	平山村	54	16	30%	0	0	0	200	40	20%
	安吉县	章村镇	高山村	65	19	29%	0	0	0	80	26	33%
			章里村	66	18	27%	0	0	0	90	18	20%
		报福镇	彭湖村	97	32	33%	0	0	0	50	0	0%
			汤口村	35	15	43%	0	0	0	42	0	0%

（续）

省	县	乡镇	村	受项目影响农户			贫困农户			参加项目活动人数		
				总户数	参与磋商户数	参与比例	总户数	参与磋商户数	参与比例	总人数	妇女人数	参与比例
浙江	安吉县	杭垓镇	新上塘村	105	35	33%	0	0	0	108	18	17%
			和村村	425	170	40%	0	0	0	120	20	17%
		孝丰镇	横溪坞村	88	28	32%	0	0	0	105	35	33%
			城北社区	95	35	37%	0	0	0	108	8	7%
	德清县	武康镇	对河口村	125	28	22%	0	0	0	65	15	23%
			城山村	60	15	25%	0	0	0	49	12	24%
	小计			1 685	533	32%	0	0	0	1 525	296	19%
合计				12 950	4 159	32%	2 094	709	34%	10 936	4 697	43%

附表 3 IFDP 项目农户劳务费增收情况统计表

省	县	乡	村	参加项目农户数	户均年收入（元/年）	人均年收入（元/年）	户均劳务费总数（元）	人均劳务费总数（元）	户均劳务费年收入（元/年）	人均劳务费年收入（元/年）
安徽	黟县	宏村镇	泗溪村	202	12 000	4 000	2 500	833	417	167
	祁门县	闪里镇	坑口村	179	24 100	9 300	3 015	1 163	503	193
	徽州区	杨村乡	杨村村	160	21 000	6 852	2 000	653	333	150
	黄山区	谭家桥镇	中墩村	49	25 000	7 500	4 000	1 200	667	417
	宣州区	养贤乡	新河	54	28 500	6 100	5 600	1 199	933	300
	旌德县	兴隆乡	三峰村	25	32 660	6 532	5 000	1 000	833	167
	宁国市	方塘乡	上坦村	82	30 000	8 600	3 500	1 003	583	167
	泾县	泾川镇	董村村	29	35 970	11 990	9 558	3 186	1 593	438
	宿松县	佐坝乡	柳咀村	267	19 240	8 800	1 020	467	170	46
	怀宁县	江镇	新联	80	40 000	20 000	8 000	4 000	1 333	500
	岳西县	响肠镇	无愁	425	12 200	3 900	1 880	601	313	100
	太湖县	天华	合铺	19	13 800	2 650	5 200	999	867	160
	霍山县	上土市	上土市	30	36 000	9 000	2 200	550	367	93
	南谯区	大柳镇	大柳村	186	35 800	11 490	11 220	3 601	1 870	623
	全椒县	西王镇	西王村	107	10 000	6 000	4 500	2 700	750	250
河北	馆陶县	房寨镇	伴导村	28	60 000	20 000	33 667	11 222	4 810	2 494
		浅口乡	北董固村	5	28 800	9 600	17 590	5 863	2 513	1 256
		市庄乡	后胡堡村	26	38 400	12 800	7 967	2 656	1 328	628
	临漳县	砖寨营乡	砖寨营村	11	24 308	6 092	1 980	496	396	99
		柳园镇	二分庄村	56	27 846	6 975	1 790	448	358	133
		张村集乡	新明古寺村	66	26 565	6 641	1 645	411	329	306
	永清县	韩村	东解口	40	27 032	6 758	4 950	1 238	825	152
		别古庄	王希	171	38 048	9 512	5 230	1 308	872	207
		曹家务	北曹家务	51	40 089	10 022	5 160	1 290	860	707

（续）

省	县	乡	村	参加项目农户数	户均年收入（元/年）	人均年收入（元/年）	户均劳务费总数（元）	人均劳务费总数（元）	户均劳务费年收入（元/年）	人均劳务费年收入（元/年）
辽宁	西丰县	部家店镇	玉屏村	5	19 000	4 500	6 400	1 600	1 067	350
			河崴村	5	20 000	5 000	7 000	1 750	1 167	383
	阜新县	旧庙镇	后查台	7	39 000	13 000	9 853	3 284	1 642	547
			海力板	6	37 000	12 333	7 366	2 455	1 228	409
	昌图县	昌图镇	东张家村	129	27 000	9 000	6 700	2 233	1 117	367
			东明村	116	29 000	9 667	7 200	2 400	1 200	400
山西	永和县	交口	张家垣	56	21 667	4 333	15 000	3 000	2 500	500
			赵家岭	38	15 833	3 167	11 600	2 300	1 657	329
	中阳县	暖泉	青楼	302	29 000	5 800	2 800	560	400	400
			港村	300	22 500	4 500	2 400	480	343	343
	左权县	拐儿	寺坪	437	19 000	3 800	2 300	460	329	243
		芹泉	小南庄	240	22 667	4 533	2 000	400	286	171
浙江	临安市	於潜镇	百园村	45	109 302	24 289	4 628	1 028	771	171
			横鑫村	48	102 849	25 712	4 071	1 018	678	170
		河桥镇	泥骆村	50	89 526	19 895	8 923	1 983	1 487	330
			中鑫村	120	89 334	22 906	4 557	1 168	759	195
		潜川镇	上沃村	60	94 952	21 580	3 455	785	576	131
	富阳市	常安镇	安禾村	105	89 946	21 938	11 786	2 875	1 964	479
			横槎村	55	114 717	23 412	11 455	2 338	1 909	390
		万市镇	平山村	200	101 252	25 313	4 411	1 103	735	184
	安吉县	章村镇	高山村	70	103 444	26 524	1 413	361	236	60
			章里村	84	104 931	24 984	2 859	681	476	113
		报福镇	彭湖村	50	105 112	26 952	4 524	1 160	754	193
			汤口村	42	95 172	22 133	6 160	1 433	1 027	239
		杭垓镇	新上塘村	104	90 949	21 654	2 363	563	394	94
			桐杭村	120	123 192	25 141	5 655	1 154	943	192
		孝丰镇	赤坞村	102	86 952	27 173	2 038	637	340	106
			狮古桥村	105	116 687	31 537	3 605	974	601	162
	德清县	武康镇	对河口村	65	149 647	28 778	7 591	1 460	1 265	243
			城山村	46	99 765	27 713	2 970	825	495	138

注：（1）“户均年收入”“人均年收入”“劳务价格”为2016年数值；

（2）“户均从项目活动中获取的劳务费”“人均从项目活动中获取的劳务费”为截止2016年调查时累积数值。

附表4 IFDP农户从项目林产品获得收益情况统计表

省	县	乡	村	户均年收入（元/年）	户均项目林产品收入（元/年）	单位面积收益（元/公顷）
安徽	黟　县	宏村镇	泗溪村	12 000	——	——
	祁门县	闪里镇	坑口村	24 100	——	——

（续）

省	县	乡	村	户均年收入（元/年）	户均项目林产品收入（元/年）	单位面积收益（元/公顷）
安徽	徽州区	杨村乡	杨村村	21 000	——	——
	黄山区	谭家桥镇	中墩村	25 000	——	——
	宣州区	养贤乡	新河	28 500	280	477
	旌德县	兴隆乡	三峰村	32 660	——	——
	宁国市	方塘乡	上坦村	30 000	——	——
	泾　县	泾川镇	董村村	35 970	3 718	3 080
	宿松县	佐坝乡	柳咀村	19 240	——	——
	怀宁县	江镇	新联	40 000	——	——
	岳西县	响肠镇	无愁村	12 200	——	——
	太湖县	天华镇	合铺村	13 800	5 200	9 880
	霍山县	上土市	上土市	36 000	——	——
	南谯区	大柳镇	大柳村	35 800	——	——
	全椒县	西王镇	西王村	10 000	——	——
河北	馆陶县	房寨镇	伴导村	60 000	565	15 829
	馆陶县	浅口乡	北董固村	28 800	13 200	66 000
	馆陶县	市庄乡	后胡堡村	38 400	2 538	66 000
	临漳县	砖寨营乡	砖寨营村	24 308	3 865	42 525
	临漳县	柳园镇	二分庄村	27 846	165	9 244
	临漳县	张村集乡	新明古寺村	26 565	36	2 400
	永清县	韩村镇	东解口村	27 033	41	1 650
	永清县	别古庄镇	王希村	38 048	11	1 950
	永清县	曹家务乡	北曹家务村	40 090	129	6 615
辽宁	西丰县	郜家店	河崴村	19 000	2 500	5 400
	西丰县	郜家店	玉屏村	20 000	2 740	5 400
	阜新县	旧庙镇	海力板	39 000	——	——
	阜新县	旧庙镇	后查台村	37 000	——	——
	昌图县	昌图镇	东张家村	27 000	3 082	6 000
	昌图县	昌图镇	东明村	29 000	3 127	6 000
山西	永和县	交口县	张家垣县	21 667	1 000	1 567
	永和县	交口	赵家岭	15 833	333	869
	离石县	坪头	李家山	29 000	5 667	3 850
	离石县	坪头	胡家山	22 500	5 167	3 744
	左权县	拐儿	寺坪	19 000	650	1 498
	左权县	芹泉	小南庄	22 667	133	1 500
浙江	临安市	於潜镇	百园村	109 302. 3	——	——
	临安市	於潜镇	横鑫村	102 849. 2	198. 57	420. 5
	临安市	河桥镇	泥骆村	89 525. 66	——	——

（续）

省	县	乡	村	户均年收入（元/年）	户均项目林产品收入（元/年）	单位面积收益（元/公顷）
安徽	临安市	河桥镇	秀溪村	89 334.22	——	——
	临安市	潜川镇	上沃村	94 952	——	——
	富阳市	常安镇	安禾村	89 946.25	242.12	381.34
	富阳市	常安镇	横槎村	114 717.09	——	——
	富阳市	万市镇	平山村	101 251.72	53.43	320.6
	安吉县	章村镇	高山村	103 443.56	——	——
	安吉县	章村镇	章里村	104 931.29	——	——
	安吉县	报福镇	彭湖村	105 112.33	349.47	476.55
	安吉县	报福镇	汤口村	95 171.51	——	——
	安吉县	杭垓镇	新上塘村	90 948.73	122.33	381.67
	安吉县	杭垓镇	和村村	123 191.98	467.57	750.7
	安吉县	孝丰镇	横溪坞村	86 952.42	369.27	623.82
	安吉县	孝丰镇	城北社区	116 686.9	286	573.5
	德清县	武康镇	对河口村	149 646.59	——	——
	德清县	武康镇	城山村	99 765.07	——	——

下　篇

IMPLEMENTATION COMPLETION AND RESULTS REPORT FOR A INTEGRATED FORESTRY DEVELOPMENT PROJECT，CHINA

中国林业综合发展项目竣工成果报告

Document of
The World Bank

Report No: ICR00004128

IMPLEMENTATION COMPLETION AND RESULTS REPORT
(IBRD-79390)

ON A

LOAN

IN THE AMOUNT OF US $ 100 MILLION

TO THE

PEOPLE' S REPUBLIC OF CHINA

FOR A
INTEGRATD FORESTRY DEVELOPMENT PROJECT

June 29, 2017

Environment and Natural Resources Global Practice
China Country Office
East Asia and Pacific Region

CURRENCY EQUIVALENTS

(Exchange Rate Effective01/01/2017)

Currency Unit = RMB
RMB 1.00 = US $ 0.16
US $ 1.00 = RMB 6.85

FISCAL YEAR

January 1– December 31

ABBREVIATIONS AND ACRONYMS

CAF	Chinese Academy of Forestry
CPS	Country Partnership Strategy
EIRR	Economic Internal Rate of Return
EMDP	Ethnic Minority Development Plan
EMP	Environment Management Plan
FA	Farmer Association
FIRR	Financial Internal Rate of Return
ha	Hectare
IBRD	International Bank for Reconstruction and Development
ICR	Implementation Completion and Results Report
IFDP	Integrated Forestry Development Project
km	Kilometer
M&E	Monitoring and Evaluation
MTR	Mid–Term Review
NDC	Nationally DeterminedContribution
NPV	Net Present Value
PDO	Project Development Objective
PAD	Project Appraisal Document
PES	Payment for Environmental Services
PIP	Project Implementation Plan
PMC	Project Management Center
PMO	Project Management Office
PMP	Pest Management Plan
PPMO	Provincial Project Management Office
RMB	Renminbi (P. R. China' s currency)
SFA	State Forestry Administration

Senior Global Practice Director: Karin Erika Kemper
PracticeManager: Iain G. Shuker
Project Team Leader: Liu Jin
ICR Team Leader: Garo J Batmanian

A. Basic Information

Country:	China	Project Name:	Integrated Forestry Development Project
Project ID:	P105872	L/C/TF Number (s):	IBRD-79390
ICR Date:	06/29/2017	ICR Type:	Core ICR
Lending Instrument:	SIL	Borrower:	People's Republic of China
Original Total Commitment:	USD 100.00M	Disbursed Amount:	USD 99.09M
Revised Amount:	USD 100.00M		
Environmental Category: B			
Implementing Agencies: State Forestry Administration			
Cofinanciers and Other External Partners: None			

B. Key Dates

Process	Date	Process	Original Date	Revised / Actual Date (s)
Concept Review:	04/02/2008	Effectiveness:	11/30/2010	10/11/2010
Appraisal:	08/03/2009	Restructuring (s):	NA	NA
Approval:	07/06/2010	Mid-term Review:	05/31/2013	05/20/2013
		Closing:	12/31/2016	12/31/2016

C. Ratings Summary

C. 1 Performance Rating by ICR	
Outcomes:	Satisfactory
Risk to Development Outcome:	Low or Negligible
Bank Performance:	Satisfactory
Borrower Performance:	Satisfactory

C. 2 Detailed Ratings of Bank and Borrower Performance (by ICR)			
Bank	Ratings	Borrower	Ratings
Quality at Entry:	Satisfactory	Government:	Satisfactory
Quality of Supervision:	Satisfactory	Implementing Agency/Agencies:	Satisfactory
Overall Bank Performance:	Satisfactory	Overall Borrower Performance:	Satisfactory

C. 3 Quality at Entry and Implementation Performance Indicators			
Implementation Performance	Indicators	QAG Assessments (if any)	Rating
Potential Problem Project at any time (Yes/No):	No	Quality at Entry (QEA):	None
Problem Project at any time (Yes/No):	No	Quality of Supervision (QSA):	None
DO rating before Closing/Inactive status:	Satisfactory		

D. Sector and Theme Codes

	Original	Actual
Major Sector/Sector		
Agriculture, Fishing and Forestry		
Forestry	95	95
Public Administration - Agriculture, Fishing & Forestry	5	5

Major Theme/Theme/Sub Theme		
Environment and Natural Resource Management		
Climate change	50	50
Adaptation	50	50
Mitigation	9	9
Environmental policies and institutions	5	5
Renewable Natural Resources Asset Management	9	9
Biodiversity	9	9
Urban and Rural Development		
Rural Development	77	77
Land Administration and Management	77	77

E. Bank Staff

Positions	At ICR	At Approval
Regional Vice President:	Victoria Kwakwa	James W. Adams
Country Director:	Bert Hofman	Klaus Rohland
Practice Manager:	Iain G. Shuker	Ede Jorge Ijjasz-Vasquez
Task Team Leader:	Jin Liu	Jin Liu
ICR Team Leader:	Garo J. Batmanian	
ICR Primary Author:	Richard Owen and Xueming Liu	

F. Results Framework Analysis

Project Development Objectives (from Project Appraisal Document)

The project development objective is to assist the Borrower to demonstrate the establishment and management of sustainable, multifunction forest plantations with significant environmental benefits in the Project Provinces.

Revised Project Development Objectives (as approved by original approving authority)

There was no revision.

(a) PDO Indicator (s)

Indicator	Baseline Value	Original Target Values (from approval documents)	Formally Revised Target Values	Actual Value Achieved at Completion or Target Years
Indicator 1:	Incremental vegetative cover of multifunction forests in selected environmentally degraded areas in project counties (% of vegetative cover per ha)			
Value quantitative or Qualitative)	10%	20%	—	50%
Date achieved	08/03/2009	12/31/2016		12/31/2016

（续）

Indicator	Baseline Value	Original Target Values (from approval documents)	Formally Revised Target Values	Actual Value Achieved at Completion or Target Years
Comments (incl. % achievement)	This indicator refers to degraded areas voided of vegetation at beginning of the project. There was an increase of 50% in vegetation cover compared to a target of 20%. Thus, the target was exceeded by 300% (30-percentage point increase compared with an original target of 10-percentage point increase from the baseline of 10% of vegetative cover at the beginning of the project). Field survey (random field samplingper the M&S system) showed that the target was exceeded due to excellent growth and recovery of trees, shrubs and grasses (30%, 10%, 10% vegetative cover per hectare respectively) in 93, 840 ha of newly planted sites using a mix of indigenous species in areas of basically bare soil at the beginning of the project. These afforestation models demonstrated that an increase in stand diversity (numbers and type of species) in planted areas enhances their multifunction * potential and produces environmental benefits such as enriched biodiversity, better CO_2 sequestration capacity and reduction of soil erosion. These results indicate that the afforestation models adopted in the project have successfully demonstrated that the management of sustainable, multifunction forest plantations provides significant environmental benefits. Further underlining the demonstration effect of the projectthese afforestation models have already been replicated inaround 200 000 ha outside the project areas.			
Indicator2:	Improvement in the management of forest resources (through sample surveys measuring improvements in tree species diversity, vegetative cover, etc. between project and non-project sites)			
Value quantitative or Qualitative)	N/A	Tree species increased from 1 to 3 per sub-compartment, and other forest functions increased		Tree species increased from 1species per site to between 3 and 10 species per site, with vegetative cover increased to 57%, with soil erosion reduced by 11% to 19%, wind speed reduced by 40% to 55%; and incidence of diseases reduced by 43% comparing with non-project sites.
Date achieved	08/03/2009	12/31/2016		12/31/2016
Comments (incl. % achievement)	The target was exceeded between 25% and 175% because while 3 tree species were planted per site, the number of species present in year 5 was much higher due to spontaneous natural regeneration promoted by the project intervention, which limited the clearing of areas around the trees and seedlings, and enabled the arrival of naturally dispersed seeds from nearby areas. Field survey of growth and regeneration demonstrated that forest managementas defined by stand diversity, vegetative cover, vigor, and lower pest incidence had improved. The presences of these trees and the vigorous growth resulted in an increase of environmental benefits provided by these multifunction forests such as vegetative cover increased to 57%, soil erosion reduced by 11% to 19%, wind erosion reduced by 40% to 55%; and incidence of diseases reduced by 43% comparing with non-project sites. These achievements are highly supportive of the multifunction and environmental benefits set in the PDO. These results indicate that the forest improvement models adopted in the project have successfully demonstrated that the management of sustainable, multifunction forest plantations provides significant environmental benefits. Further underlining the demonstration effect of the project these models have already been replicated in around 300 000 ha outside the project areas.			

* Multifunction forests, in the context of this project means forest that would generate ecological/environmental benefits (increased vegetative cover; diversity of plants species, reduce run-off, wind speed) and economic benefits (either directly through the adoption of economic species, or indirectly through the increased yields generated from the environmental benefits).

(b) Intermediate Outcome Indicator (s)

Indicator	Baseline Value	Original Target Values (from approval documents)	Formally Revised Target Values	Actual Value Achieved at Completion or Target Years
Indicator 1:	Areas of multifunction forests establishment (ha.): a) Windbreak and sandbreak forests			
Value (quantitative or Qualitative)	0	21 380	—	22 370
Date achieved	08/03/2009	12/31/2016		12/31/2016
Comments (incl. % achievement)	105% of target achieved. Field check and acceptance procedures confirmed that all planting targets were met, while M&E work confirmed the environmental benefits expected regarding windbreaks and sandbreaks. M&E system recorded a 40%~55% reduction in wind erosion adjacent to shelter belts planted by the project, compared tonon-project sites which had the same characteristics of the project sites at the beginning of the project. These showed that multifunction forests models establishedby the project generate positiveenvironmental impacts.			
Indicator 2:	Areas of multifunction forests establishment (ha.): b) Soil and water conservation forest			
Value (quantitative or Qualitative)	0	58 900	—	58 470
Date achieved	08/03/2009	12/31/2016		12/31/2016
Comments (incl. % achievement)	99% of target achieved. Field check and acceptance procedures confirmedthe planting. The shortfall of just under 1% in plantingwas due to a shortage of degraded monocultures available for planting. Data from monitoredrunoff plotswhere the models were established, demonstrated that mixed species planting reducedrun off and soil erosion by between 11% and 19%, depending on slope, compared to non-project sites which had the same characteristics of the project sites at the beginning of the project. These resultsdemonstrated that multifunction forests models established by the project generate positive environmental impacts.			
Indicator 3:	Areas of multifunction forests establishment (ha.): c) Farmland shelter belt			
Value (quantitative or Qualitative)	0	12 680	—	13 000
Date achieved	08/03/2009	12/31/2016		12/31/2016
Comments (incl. % achievement)	103% of target achieved. Field check and acceptance verified that targets were surpassed. This demonstrated the environmental benefits of having correctly aligned mixed speciesshelterbelts with different strata. These benefits include lower wind which reduce the desiccating effect of winds on crops and higher crop yields. These results demonstrated that multifunction forests models established by the project generate positive environmental impacts.			
Indicator 4:	Incremental yield increase of crop benefiting from the protection of windbreak and farmland shelter belt forests (% yield increase per ha)			
Value (quantitative or Qualitative)	0	10%		12%
Date achieved	03/08/2009	12/31/2016		12/31/2016
Comments (incl. % achievement)	120% of the target achieved. Field survey (random sampling per the M&S system) of crop yields (rice, maize and peanuts) in fieldsadjacent to shelterbelts planted by the projectshowed that targets had been exceeded and demonstrated that correctly positioned shelterbelts (as per project specifications) reducedthe damaging environmental effects of wind on crops and increased yields. The local government agencies have expressed interest in extending this program, further underlining the demonstration effect of the project.			
Indicator 5:	Incremental farmer income from economic trees (RMByuan/ha/year)			
Value (quantitative or Qualitative)	0	480		1 300

(续)

Indicator	Baseline Value	Original Target Values (from approval documents)	Formally Revised Target Values	Actual Value Achieved at Completion or Target Years
Date achieved	08/03/2009	12/31/2016		12/31/2016
Comments (incl. % achievement)	170% of the target achieved. Field survey indicated that fruit and nut production had a very positive impact on farmer income, generating an additional 1300 (RMB/ha/year) on average. The multiplefunction forests that the project generated promoted the project sustainability. Where conditions permit, farmers are expanding these activities by planting additional areas with the models demonstrated in the project. The additional incomesgeneratedvary between provinces, depending on different economic crops planted and the weather and soil conditions in different locations. For instance, farmers earned RMB 590 ha/year from walnut production in Shanxi and RMB 1 700 ha/year from hazelnut production in Liaoning.			
Indicator 6:	Improving existing plantation forests: Incremental vegetative cover increase (as % of vegetative cover)			
Value (quantitative or Qualitative)	26%	36%		57%
Date achieved	08/09/2009	12/31/2016		12/31/2016
Comments (incl. % achievement)	There was an increase of 57% in vegetation cover compared to a target of 36%. Thus, Thus, the target was exceeded by the 210% (21- percentage point increase compared with an original target of 10- percentage point increase from the baseline of 26% at the beginning of the project) . This indicator refers toa specific environmental benefitfrom improving areas which already had some trees planted before the beginning of the project (PDO Indicator 2) and does not includeproject activities degraded areas voided of vegetation at beginning of the project (PDO indicator 1) . Ground cover in degraded plantations at the beginning of the project was low (average 26%) but random field sampling (per the M&S system) revealed that project planting had, on average, increased ground cover to 57%, which ismore than twicethe expected target increase. This was due to the vigorous growth of the trees interplanted in degraded monocultures and better retaining underground growth. Mixed species tree cover is more sustainable, more resilient to pests and diseases, and more productive (multifunctional) than monocultures; it also provides better ground cover for increasing soil fertility and reducing water runoff. These results demonstrated that multifunction forests models established by the project generate positive environmental impacts.			
Indicator 7:	Improving existing plantation forests: Increased number of different tree species in project sites (tree species/sub-compartment)			
Value (quantitative or Qualitative)	1	3 or more		3~10
Date achieved	08/03/2009	12/31/2016		12/31/2016
Comments (incl. % achievement)	100% of target achieved. This indicator refers to a specific environmental benefit from improving areas which already had some trees planted before the beginning of the project (PDO Indicator 2) and does not include project activities in degraded areas voided of vegetation at beginning of the project (PDO indicator 1) . The sampling survey in year 5 revealed that species mixtures in many planted areas reached or was higher than expected. Due to the protection afforded by plantation management and the 'nurse effect' of new planting created favorable growing conditions for natural regeneration, which have contributed to the increase of tree species and biodiversity of forest landscape, and paved the basis of stable and resilient forest ecosystem. These results demonstrated that multifunction forests models established by the project generate positive environmental impacts.			
Indicator 8:	Improving existing plantation forests: Number of ha of degraded forest improved (ha)			
Value (quantitative or Qualitative)	0	39 600		38 450
Date achieved	08/03/2009	12/31/2016		12/31/2016

(续)

Indicator	Baseline Value	Original Target Values (from approval documents)	Formally Revised Target Values	Actual Value Achieved at Completion or Target Years
Comments (incl. % achievement)	97% of target achieved. This indicator refers to specific environmental benefits from improving areas which already had some trees planted before the beginning of the project (PDO Indicator 2) and does not include project activities in degraded areas voided of vegetation at beginning of the project (PDO indicator 1) . Check and acceptance operations showed a slight shortfall in enrichment planting (3%) caused by a shortage of suitable planting sites in Anhui and Zhejiang. Despite this, the sustainability and multifunction aims of the PDO were realized by enriching existing degraded monoculture forests. Sampling survey on vegetative cover in areas planted and data from run off plots demonstrated the positive environmental impacts of the project intervention, that is, reduced erosion, enhanced vegetative diversity and lower pest incidence. These results demonstrated that multifunction forests models established by the project generate positive environmental impacts.			
Indicator 9:	Number of farmers and staff trained (person/days)			
Value (quantitative or Qualitative)	0	216 000		323 950
Date achieved	08/03/2009	12/31/2016		12/31/2016
Comments (incl. % achievement)	150% of target achieved. Project records show that training targets for farmers (around 40% of whom were women) were exceeded by 50%. Over 70% of training participants confirmed that the trainingsimproved their understanding of the advantages of mixed species multifunction afforestation, and provided them with the capacity to carry out project activities in the field. The intensive training and technical services have contributed the good quality of the planting and forest management, it has also strengthened institutional capacity for long-term forest ecosystem management and sustainability, which is critical to the achievement of PDO.			
Indicator 10:	Number of existing and new Farmer Associations (FAs) supported under the project			
Value (quantitative or Qualitative)	0	20		20
Date achieved	08/03/2009	12/31/2016		12/31/2016
Comments (incl. % achievement)	Achieved. Project records show that 20 Farmer Associations with 40 000 members were developed/strengthened, and new skills imparted to members. New skills included mixed species planting, management and protection, book keeping, IT, product labelling, product promotion in local fairs, and marketing in both the domestic and regional markets. This has had a positive multiplier effect in farming communities (scaling up) and has contributed strongly to the sustainability and demonstration aims of the PDO.			
Indicator 11:	M&E system generates lessons for up-scaling and transferring lessons to other areas			
Value (quantitative or Qualitative)	NA	system operating		System identified lessons learnt relevant to scaling up.
Date achieved	08/03/2009	12/31/2016		12/31/2016
Comments (incl. % achievement)	Achieved. Qualified M&E institutions in the provinces were contracted to establish and operate the M&E system. The M&E system monitored physical progress, produced data on costs & benefits, evaluated environmental and social impacts, generated data for project impact analysis, and identified key lessons for scaling up such as the benefits of including economic trees in the planting mix. Thus, the project planting and forest management models have been replicated for around 500 000 ha outside the project areas (200 000 ha using afforestation models, 300 000 ha using forest improvement models), further underlining the demonstration effect of the project.			
Indicator 12:	Areas for which forest right certifications are granted (ha)			
Value (quantitative or Qualitative)	0	55 050		74 900

（续）

Indicator	Baseline Value	Original Target Values (from approval documents)	Formally Revised Target Values	Actual Value Achieved at Completion or Target Years
Date achieved	08/03/2009	12/31/2016		12/311/2016
Comments (incl. % achievement)	136% of target achieved. Project records show that the target was exceeded by 36% due the popularity of titling with farmers who recognized it as a way of securing land tenure. In all, 74 900 farmers had land titles at the end of the project. This provided valuable lessons to the government on how to accelerate their land tenure reform program, and demonstrated the importantrole of land tenure in promoting tree planting and forest management.			
Indicator13:	Number of Forest Management Plans piloted			
Value (quantitative or Qualitative)	0	5		5
Date achieved	08/03/2009	12/31/2016		12/31/2016
Comments (incl. % achievement)	100% of target achieved. Piloting forest management plans' development and implementation at community level successfully demonstrated the integrated and sustainable forest management for collective owned forest land, including environmental benefits and income obtained from wood and non-wood forest products from different models.			

G. Ratings of Project Performance in ISRs

No.	Date ISR Archived	DO	IP	Actual Disbursements (USD millions)
1	06/28/2011	Satisfactory	Satisfactory	7. 99
2	04/04/2012	Satisfactory	Satisfactory	22. 73
3	12/20/2012	Satisfactory	Satisfactory	36. 41
4	06/24/2013	Satisfactory	Satisfactory	49. 79
5	12/17/2013	Satisfactory	Satisfactory	65. 82
6	06/24/2014	Satisfactory	Satisfactory	78. 32
7	12/17/2014	Satisfactory	Satisfactory	88. 83
8	06/14/2015	Satisfactory	Satisfactory	93. 96
9	12/11/2015	Satisfactory	Satisfactory	96. 46
10	06/20/2016	Satisfactory	Satisfactory	99. 20
11	12/31/2016	Satisfactory	Satisfactory	99. 75

H. Restructuring (if any)

No restructuring.

I. Disbursement Profile

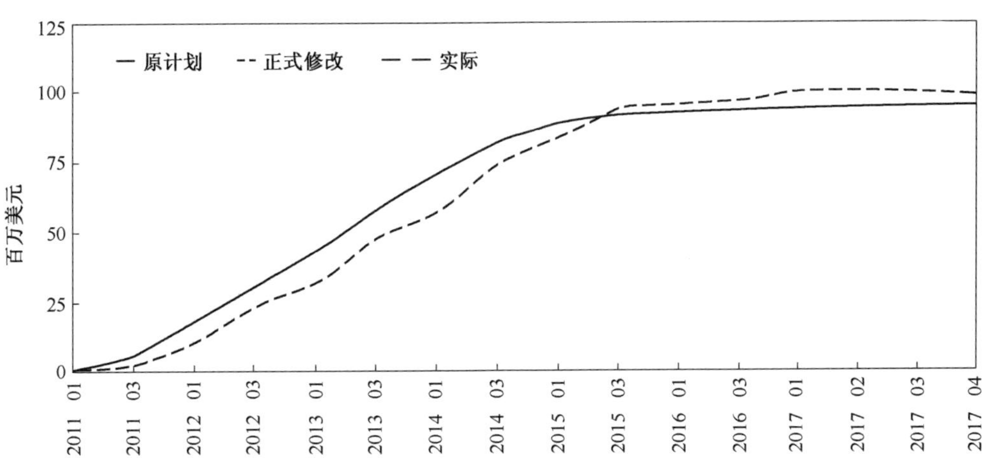

1. Project Context, Development Objectives and Design

1.1 Context at Appraisal

(1) The People's Republic of China has a forest cover of about 195 million hectares or 20.4%, a substantial increase from less than 115.3 million hectares in the 1980s. Forests provide 40% of the country's rural energy and about two-thirds of industrial wood consumption (around 225 million m^3 out of a total of around 310 million m^3), as well as a wide range of important environmental benefits from protecting against soil and water erosion, reducing atmospheric pollution, promoting carbon sequestration, providing habitat for plant and animal species.

(2) The sector is also a vital source of employment and income generation, supplying about 3% of the nation's jobs and 4% of the Gross National Product (GNP). Its importance not withstanding, the forest resource base in China is small and isolated. Nationally, forest cover amounts to no more than 0.14 hectare per capita, significantly below the world average of 0.62 hectare per capita.

(3) In the 1990s, forestry's expansion focused mainly on expanding industrial plantations to provide wood for the wood using industries. Large areas of poplars, conifers and eucalypts were planted in monocultures, and insufficient attention was paid to ecological stability. As a result, pest attacks increased, productivity fell, and biodiversity was lost. Monoculture plantations were also found to be less effective at controlling erosion and desertification, and their declining productivity meant that the benefits enjoyed by rural communities from forestry were going to be short lived. These events helped stimulate a rethink of policy in plantation forestry, and consensus eventually emerged that a shift in focus was needed, one that would place more emphasis on sustainable, multiple use plantation forestry.

(4) The shift in focus came in the government's 11th Five Year Plan (2006-2010) which aimed to sustain the rapid and steady development of China's "socialist market economy" while achieving the "five balances"; one of which was a balance between people and the environment. The plan also aimed at increasing forest cover from 20% [1] in 2008 to 23% by 2020. To achieve these aims, changes were needed to forestry practices that would require the development and adoption of new technical specifications, design, funding and management. For these reasons, the Chinese government sought bank support to promote the changes through demonstrating more sustainable afforestation and forest management approaches. This challenge involved not only the development of viable technical packages, but also of convincing decision makers, provincial forestry staff and farmers that multifunction plantations had the potential to provide both economic and environmental benefits on a sustainable basis.

(5) To map out the future direction of forestry in China, the project would also support strengthening the government's forestland tenure reform policy implementation, which aims to carry out a "Systematic Reform in China's Collective Forestlands", and provide farmers and farmer groups with the opportunity to obtain forestland user rights over their plantations. Given the importance of tenure in promoting sustainable forestry management, it was agreed that the Bank should strengthen the program by (i) expanding areas covered by forestland use rights certificates; (ii) supporting capacity building in the forest extension service, including training forest extension staff and farmers; (iii) providing technical support for the development of farmer as-

---

1 he China forest resources data come from China Seventh National Forest Inventory Results, which was

sociations in areas where demand was strong; and (iv) piloting forest management plan development in collaboration with local forest authorities, village leaders and farmers to strengthen capacity in forest management.

(6) Rationale for Bank involvement. The Bank was well positioned to tap international and national experience in demonstrating viable models for the establishment and management of mixed species, multifunction forest plantations with significant environmental protection functions. Given that China had very limited experience in the establishment of forests for environmental purposes with transforming traditional practice (monoculture forests) into cost-efficient, resilient, mixed species forest structure, the Bank' s role was crucial to success by introducing new technology and facilitating access to international experience to help facilitate this shift in cultural practice.

(7) The Bank was also well placed to enhance the environmental and social efficacy of such a program. A project with such a focus was highly consistent with the Bank' s Country Partnership Strategy (CPS 35435-CN, May 23, 2006) of "managing resource scarcity and environmental challenges." It would also be consistent with the Country Partnership Strategy for FY2011-2016 (CPS67566-CN, October 11, 2012) by lending support to Outcome 1.5, "Demonstrating sustainable natural resources management," under Strategic Theme 1, "Supporting Greener Growth."

1.2 Original Project Development Objectives (PDO) and Key Indicators (as approved)

(8) The PDO is to assist the borrower to demonstrate the establishment and management of sustainable, multifunction forest plantations with significant environmental benefits in the Project Provinces.

(9) Multifunction forests, in the context of this project means forest that would generate ecological/environmental benefits (e.g. increased diversity of plants species, decrease run-off) increase forest services (e.g. reduce run off, wind speed) and economic benefits (either directly through the adoption of economic species, or indirectly through the increased yields generated from the provision of forest services). Key Indicators used to measure the achievement of objectives were: (i) increases in diversified forest cover in selected environmentally-degraded project sites; and (ii) improved management of forest resources.

1.3 Revised PDO (as approved by original approving authority) and Key Indicators, and reasons/justification

(10) There were no changes to the PDO and key indicators.

1.4 Main Beneficiaries

(11) The primary beneficiaries were mainly farmer families and the main project benefits available to them were employment in tree planting, increased farm income from economic tree crops, skills upgrading through training, and support which would enable them to take full advantage of the forest land reform process. The participants comprised of 158 340 individual households, 2 671 cooperatives or farmer associations, 262 collective farms, and seven state owned forest farms. In addition, support was available to farm households to either create 20 new co-ops, or strengthen existing ones. Around 10% of primary beneficiaries lived below the poverty line, with the highest poverty rate being in Shanxi (23%). State Forest Administration (SFA) staff and staff of participating provincial and county forestry administrations comprised secondary beneficiaries, and they also benefitted through training.

(12) The main environmental benefits included increased vegetative cover, reduced soil and wind erosion, improved water quality, increased crop reduction, better air quality (less dust), enhanced biodiversity, an increase in tourism through landscape improvement, and carbon sequestration, which would benefit the

people living in the project areas.

1.5 Original Components (as approved)

(13) The project comprised three components:

Component One -- Establishment of New Multifunction Forest Plantations (projected base cost US $115.66 million; US $67.72 million from IBRD)

(14) This component aimed at demonstrating that the establishment and management of multifunction forest plantations in degraded areas voided of vegetation at beginning of the project results in sustainable, multifunction forest plantations with significant environmental benefits.

(15) The establishment of new multifunction forest plantations were planned in four of the five project provinces - Anhui (15 800 ha), Hebei (24 600 ha), Liaoning (25 600 ha) and Shanxi (27 000 ha). The project financed the establishment and management of mixed species plantations on degraded and erosion-prone lands. These multifunctional plantations aimed at creating effective windbreaks and sandbreak forests, establishing cover to improve soil and water conservation, and planting shelter belts to protect farmlands, thereby contributing to their sustainability, producing significant environmental benefits.

(16) Project funding covered labor, seedlings, fertilizers and two years of plantation maintenance. Representative unit costs were developed for the afforestation of different sites, and field monitoring was provided to ensure that quality standards were met before payments/disbursement were made (output based disbursements). Plantation sites were selected according to clearly defined technical criteria, and planted in accordance with approved silvicultural practices. Planting models were adjusted to fit local conditions, and to address the environmental issues in project areas. Project plantations had two main objectives, namely, to provide environmental protection and to improve the income of project beneficiaries.

(17) Land for planting fell into four types of beneficiary tenure: (i) individual households where the land was allocated to individual village farmers; (ii) household group/cooperative where the land belonged to individual village farmers, but where the forest land was managed by the farmer group or farmer cooperative; (iii) villages where land was held communally; and (iv) state forest farms where the land was owned by the state farm. In Shanxi, water collection cisterns were provided to irrigate plantations in dry areas. Beneficiary participation was strictly voluntary.

Component Two -- Improving Existing Plantation Forests (IFDP - projected base cost US $46.62 million; US $27.10 million from IBRD)

(18) This component aimed at demonstrating that the establishment and management of multifunction forest plantations on areas which already had some trees planted before the beginning of the project, result in sustainable, multifunction forest plantations with significant environmental benefits. This contrasts with the work done under Component 1 above which focused on areas without vegetation cover at the beginning on the project.

(19) This component focused in the provinces of Anhui (15 200 ha) and Zhejiang (24 400 ha) where most degraded plantations occurred. Activities comprised the enrichment planting of degraded, low productivity monoculture pine and fir plantations, the aim being to convert them into resilient multifunction plantations with a richer species composition, improved biodiversity and higher resistance to pests and diseases, as well as other natural disasters. The resulting plantations were also expected to reduce erosion and run off, and improve water quality. Individual plantation owners, farm communities and rural dwellers participated in the component, with their participation being strictly voluntary. Project activities were located on land held under the same four categories of land tenure as in component one, and criteria of site selection and quality control procedures were applied. Disbursements were subject to the same quality control procedures as in com-

ponent one, and based on approved project unit costs.

Component Three -- Institutional Support, Project Management and Monitoring & Evaluation (projected base cost of US $ 15.21 million; US $ 4.93 million from IBRD)

(20) This component supported the government's efforts to strengthen the implementation, management and monitoring capacity of government institutions, state forest farms and farmers in multifunction afforestation and management. It also supported the forestland tenure reform process by helping farmers to better understand the process, and to help them avail themselves of the benefits which came with it. In addition, it aimed to strengthen and expand farmer associations/co-ops with an interest in multifunction plantations. It also had the objective of improving the capacity of beneficiaries to manage their multifunction plantations for both financial and environmental benefits.

(21) The main activities financed included: (i) training and technical services to develop project management capacity; (ii) piloting the establishment of farmer associations at the township or village levels within the framework of the Farmer Cooperatives Law of October 2006; (iii) piloting the formulation and implementation of forest management plans on land for which user right certificates had been obtained; and (iv) the establishment of a M&E system to monitor project implementation and impacts, and to learn lessons useful for scaling up and disseminating project experience.

1.6 Revised Components

(22) No changes were made to project components.

1.7 Other significant changes

(23) No changes were made to the scope of project activities, the PDO or the Results Framework.

2. Key Factors Affecting Implementation and Outcomes

2.1 Project Preparation, Design and Quality at Entry

(24) Project preparation took around 14 months from Project Concept Note review to Bank appraisal, which is reasonable for an innovative project located in remote areas of five provinces with differing climatic and social conditions. The quality of preparation was good in that it responded to the client' s desire to move away from monoculture plantations to mixed species, multiple use plantations with both environmental and social benefits.

(25) Project preparation was analytical, identified the right issues and came up with a carefully balanced mix of innovative interventions needed to pioneer the shift from monoculture plantation forestry to mixed stand, multiple use plantations. It took account of the need to strengthen forest land tenure, provided adequate training to fill skills gaps, included a "learn-by-doing" facility (the demonstration forests) to cater for farmer needs, and recognized that participatory planning was essential if farmers were to embrace project proposals. Preparation also put in place measures to ensure that ethnic minorities (Mongols in Liaoning province) and women had equal opportunities to participate in the project. It also ensured that strong linkages existed between the project and the client' s 11th five-year plan 2006-2010, and with the Bank' s CPS.

(26) Project design was sound in that it focused in provinces where the problem of land degradation was serious, where an over dependence on monoculture plantations was high, and where the commitment to resolve these issues was strong. The mix of activities was also appropriate to attaining the development objective of establishing and demonstrating viable, mixed species multifunction afforestation models in a range of climatic

conditions (high and low rainfall areas) and geographical features (northern plain agroforest areas, northwest sand areas, Shanxi loess plateau and southern mountainous areas) .

(27) The need to encourage innovation was provided for through research, and this helped to develop new technological models and practices (biodegradable pre-fertilized seedling containers, mat mulching, reduced density planting, drip irrigation, mechanized weeding and intercropping) suitable for use in differing climatic conditions. Site selection criteria developed during preparation also ensured that high potential sites were used to showcase project achievements. The multidisciplinary Bank and client teams with national and international specialists in the subject matter such as watershed management and sandy dryland management brought the needed best practice and new technologies to the project design.

(28) In addition to innovative technical design and the built-in flexibility which recognized the different characteristics of project areas, an output-based disbursement mechanism was designed to planting and forest management activities, which largely simplified loan disbursement process with a robust internal control system developed to ensure that project funds are used for the purposes intended.

(29) Parameters used to monitor project impact were both practical and measurable. Those aimed at assessing the achievement of the PDO were easy to use, and the M&E program was also able to capture additional environmental and social benefits generated by the project; it also produced data needed to compare the relative cost effectiveness of planting models.

(30) The Quality Assurance Group did not carry out a Quality at Entry Assessment for the project.

2.2 Implementation

(31) Ten multidisciplinary supervision missions visited the project between 2010 and 2016, and these missions concluded that the project had made satisfactory progress throughout. Mission members comprised subject matter specialists from the Bank, FAO, and Chinese Universities. These missions provided guidance on a range of technical issues such as silviculture in mountainous terrain, sand areas and watersheds, species selection and management, cost monitoring, procedures to be followed when dealing with ethnic minorities, farmer association/cooperative development, sustainability, marketing and compliance with the Bank' s environmental and social safeguard policies, and procurement and financial probity. In addition, supervision missions payed great attention to improving community participatory planning in particular the involvement of women and Mongol communities, to strengthen record keeping and how models should be evaluated from the point-of-view of their cost-effectiveness. To help project staff benefit from the positive experiences of other Bank assisted projects, supervision missions facilitated visits by project staff to Bank projects in Guangxi and Shandong.

(32) The few shortcomings encountered during supervision missions were mainly those which arose in early stage of the project implementation when it became apparent that a culture of conventional planting existed in some counties. The result of this was that the technical specifications of models were not being fully followed in a few sites, such as that species mixtures were sometimes wrong, spacing was irregular and the use of large seedlings to show quick results. To correct this, supervision missions put considerable effort into explaining the importance of the multifunction and environmental aims of project planting and requested Provincial Project Management Office (PPMOs) providing extensive training to local forestry staff and farmers on how to adopt the new technologies.

(33) The Mid-Term Review (MTR) carried out in May-June 2013 found no major issues which might compromise the realization of the PDO. The main shortcomings at that time were the late arrival of counterpart funds, and the late payment of planting entities and farmers in some project areas. In the case of Hebei, counterpart funding delays were the result of factory shut-downs needed to reduce air pollution, and this led to a

steep drop in their tax revenues. In other provinces, administrative bottlenecks were the main cause. To address the counterpart funding issue, the Project Management Center (PMC) visited senior government leaders in Hebei and Liaoning after the MTR mission to help resolve the issue, and the PPMOs provided the required follow up thereafter. As a result, the relevant provincial and county governmentsovercamethe financial difficulties. Another topic discussed concerned the necessary adjustments of technical design of models in some provinces to meet the local conditions. Provinces proposed modifications to some models to better suit them to local conditions, such as species mixtures and spacing. These adjustments were reviewed by the PMC and the Bank on a timely basis, and were approved for use in the project.

(34) The severe drought of 2013 (rainfall down by 50%) in Liaoning and Zhejiang resulted in a 40% loss in 2013 plantings. However, to the credit of theaffected provinces, all seedling losses were made good using local resources and increased contributions (labor) from farmers. The impact of rising labor and input costs, and currency fluctuationswere also off-set from the additional sources provided by the governments and farmer labor inputs, and from adopting labor saving innovations in the field (see Efficiency).

2.3 Monitoring and Evaluation (M&E) Design, Implementation and Utilization

(35) M&E design. The environmental monitoring program was designed by the Chinese Academy of Forestry Sciences (CAFS) and proved robust and functional, with clear, relevant and adequate indicators to measure progress towards achievement of the PDO. Baselines and targets were adequately defined and realistic. To cater for local conditions, project provinces designed their own provincial programs following the design framework set out by the CAFS. Monitoring plots were set based on random field sampling in project sites as well as non-project sites to detect changes in vegetative cover, species diversity and project impacts in and outside the project area (with and without project situation), such as runoff plots were used to detect changes in runoff and soil erosion. Household surveys and local market prices for crops were used to monitor the impact of project activities on farmer income. The M&E system worked smoothly throughout and furnished all the required data, together with information on growth which can be used to calculate the project's carbon sequestration benefits.

(36) Impact values were calculated for the two Key Performance Indicators, and for the monitoring program (See Annex 2) which generated information on environmental improvements, financial viability, social impacts, physical progress and expenditure. In addition, M&E generated valuable data to assess the project's impact on ethnic minorities, pest incidence, seedling survival, and the cost effectiveness of models.

(37) M&E implementation. The M&E system worked well, especially with regard to assessing the achievement of the PDO and intermediate outcomes. Reporting was accurate and punctual throughout, physical progress was accurately assessed, so that emerging issues could be promptly dealt with. Data confirmed that the project's positive environmental impacts were being achieved, and that the project has achieved component target values. Monitoring data were also indispensable for assessing the cost-effectiveness and carbon sequestration potential of different planting models by maintaining careful records of plantation costs and growth.

(38) Looking ahead, provinces have fully recognized the value of good M&E and have main streamed project M&E procedures into all provincial forest programs. This will ensure that the longer-term impacts of the project will be monitored. Consistency between provinces will be assured by adopting standardized project practice across the board and effective coordination of the national expert team.

(39) Data collection and evaluation was the responsibility of each project PPMO's contracted professional institutions using parameters set out in the Project Implementation Plan (PIP). CAFS was responsible for consolidating the project M&E data and analysis work. During project supervision, the Bank team did follow closely the monitoring data collection and evaluation to ensure the quality of the data provided by the PPMOs.

(40) M&E utilization. Data were interpreted in an objective way to (i) evaluate physical progress, calculate costs, assess efficiency, assess impacts, and measure progress towards the realization of the PDO; (ii) establish a relationship between project activities, results, and outcomes, and to identify additional benefits produced by the project, for example, trends in pest incidence, changes in wind erosion and sand movement, reductions in soil erosion and runoff, and model efficiency relative to the realization of the PDO; and (iii) provide very useful information to adjust the design of models during implementation when needed.

(41) M&E also performed the key role in support of the "output-based disbursement" approach whereby quality control in the field (check and acceptance) was used to ensure that the quality of planting was up to the standards to authorize payments, and that thc provisions of the Environmental Management Plan (EMP) and the Pest Management Plan (PMP) were being observed.

2.4 Safeguard and Fiduciary Compliance

(42) Safeguards. The project was classified as a Category B, and triggered safeguards for Forestry (OP 4.36), Environmental Assessment (OP4.01), Pest Management (OP4.09) and Indigenous Peoples (OP/BP 4.10). An Environmental Assessment was carried out, after which an EMP was prepared which included Environmental Protection Guidelines for Plantation Establishment and Management, and a PMP. A Social Assessmentwas carried out in all provinces, which included a specific assessment of Mongol communities needs in Fuxin county, Liaoning province. The Social Assessment confirmed that demand and support existed for project activities in project provinces and, to ensure that the interests of the Mongol communities were being protected, an Ethnic Minority Development Plan was prepared in accordance with OP 4.10. A Participatory Planning Manual (PPM) was also prepared and implemented to ensure that beneficiary participation was strictly voluntary. Consequent to the PPM, 158 340 individual households participated in the project and other households participated in the project under the forms of collective farms and farm cooperatives. During implementation, Bank' s supervision missions worked closely with the provincial PMOs to ensure that there were no deviations from safeguard policies and procedures.

(43) There were no interventions in native forests and local species were used for planting and these, coupled with strict site selection criteria, ensured that plantations did not impair or pose threats to either forest ecological functions or biodiversity. Mitigation measures were put in place to offset potential environmental risks associated with soil disturbance and erosion during planting, the possible use of herbicides and pesticides, and irrigation. Some examples of the mitigation measures include the use of fish scale soil conservation techniques, the use of local species, mixed species planting, the avoidance of exotic species, and the adoption of an EMP training for local staff and participating farmers. There were no significant outbreaks of pests in planted areas, but the PMP ensured that patrols quickly detected any possible risks, and that physical control measures (hand picking of insects, insect traps and lights) and biological control (pest predators) were used in place of chemical pesticides. Thus, disease incidence was tightly controlled. Frequent ad hocstaff and farmer training also helped ensure compliance with the provisions of the EMP.

(44) Ethnic Minority Development Plan (EMDP) implementation. An EMDP was developed for the 41 project villages in Fuxin County (Liaoning Province) populated with Mongols, which accounted for 20% of the total project villages in the county. The EMDP was implemented ensuring the Mongol farmers' equal participation in and benefits from the project. 117 Mongol households contracted with the project for planting, accounting for 16% of the 716 contracted households in the county; Mongol households also participated in technical training and reforestation for 472 person/days during project implementation and earned RMB 1, 237 annually per household from their labor inputs, which represented a 4.5% increase in the total household incomes. Meanwhile, products of economic trees and understory livestock raising after project implementation al-

so supplemented their income generation. In addition, plantations established have contributed to sandstorm control (decreased wind speeds and soil and water conservation (reduced run-off), which improved the local peoples' environmental living conditions.

(45) To respect the customs of Mongol farmers and have effective communication, the project information was provided to the ethnic minority communities in both Mongolian and Chinese. Mongol farmers were happy with their increased forest property and rehabilitated hometown landscape.

(46) Fiduciary. All project audits were unqualified, and supervision missions regularly reviewed project accounts and procedures to ensure compliance with fiduciary requirements. Procurement and financial management assessments were carried out during preparation and they concluded that the organization, structure, skills and control systems at provincial, county and forest farm levels were adequate. Financial management risks were rated as "modest" based on the experience gained by implementing agencies under previous Bank projects. A Financial Management Manual and Procurement Guidelines were prepared to guide project implementation and, to supplement these, annual training courses were provided to provincial and county PMOs, and to other project entities. Bank supervision missions regularly reviewed project financial management and procurement procedures being followed in the project to ensure that Fiduciary requirements were being complied with at all levels. The only financial matter requiring attention was that counterpart fund allocations were in arrears on some occasions in Hebei and Liaoning especially at the county level. However, these shortcomings were rectified with around 132% of the planned counterpart funding mobilized to fulfill the project tasks accountingfor gaps caused by the currency fluctuation, as well as, increased labor and seedling price during project implementation period. The additional counterpart contribution came from participating farmers (increased labor inputs) and additional financial contributions from provincial and county administrations. Procurement followed the Bank' s Guidelines and no major issues were identified during supervision.

2.5 Post-completion Operation/Next Phase

(47) Project operations comprise mainly tree planting of native species on bare land, and the enrichment planting of degraded monoculture plantations. Oncc planted, areas must be weeded for two years. Nearly all this work has been completed, so post-project maintenance requirements consists mainly of pest management and fire prevention. The capacity and procedures to handle these are very well established in provincial and county forestry institutions.

(48) To ensure that forests in ecologically fragile areas of China are conserved, the "ecological forests" program was introduced. Under this program, national and provincial governmentsprovide a flat-rate subsidy to forest owners of RMB 225/ha/year to maintain forest cover - the aim being to compensate forest owners for the public goods generated by their forests. This will help ensure the continuity of the program in erosion prone areas. In addition, in planted areas needing more intensive management, for example in mixed species forests, additional funding of RMB 1 500/ha/year is available through the National Forest Management Program to cover tending and thinning. With funding from these sources, adequate support is available to cater for future forest management needs.

(49) Direct benefits will also accrue to farmers from fuelwood, posts, poles, and timber from thinning and pruning, together with non-wood forest products such as fruits, mushrooms, and nuts from economic tree crops and, possibly, tourism. Income from these activities will help sustain project plantations over the longer term.

(50) To guide and backstop the management of planted areas in the future, provincial governments have prepared post-project forest management technical plans, including procedures for M&E, fire control, disease and pest control, and the prevention of theft. Ensuring compliance with the plans will be the responsibility of county forestry authorities who, in collaboration with specialist institutions such as local universities, will pro-

vide any technical back-up required.

(51) Higher level instruments have also been put in place at provincial levels to promote thecontinuation of project activities. In Zhejiang, the project concept has been utilized in the 13th Five Year Plan which prescribes broadleaf planting in existing degraded pine stands, the planting of valuable hardwoods to restore the ecology, and the use of project models for coastal protection. In Anhui, the project has helped spawn three programs, namely the Natural Forest Protection Program, the Public Benefit Cultivation Program, and the Important Water Resource Forest Protection Program, all of whichpromote multifunction afforestation for environmental improvement. In Shanxi, theproject has paved the way for the Yellow River Valley Ecological Forest Recovery program to be financed by the European Investment Bank, and Hebei has initiated its National Forest Storage Construction project (or the Taihang Mountain greening project) based on the IFDP. These initiatives clearly show that IFDP activities will continue.

3. Assessment of Outcomes

3.1 Relevance of Objectives, Design and Implementation

Relevance of the Objectives

Rating: High

(52) The objectives were captured clearly and concisely in the PDO "to demonstrate the establishment and management of sustainable multifunction forest plantations with significant environmental benefits." At the time of project preparation this initiative received strong support from the Bank through its Country Partnership Strategy (CPS 2006-2010) which comprised five development pillars. The third pillar — "managing resource scarcity and environmental challenges" — was especially relevant to forestry by focusing on the improved management of natural resources such as land, grasslands, forests and water resources; it also focused on involving affected communities.

(53) The PDO continues to be highly relevant to the national government's existing Five-Year Development Plan which aims at achieving more sustainable development by incorporating environmental conservation into development. The PDO also provides support to China's efforts to fulfill its Nationally Determined Contribution (NDC) under the Paris Agreement to increase the 2005 forest stock volume by 4.5 billion cubic meters by 2030. To achieve this target China needs to expand the focus of its programs from area planted to also include the quality of planted forests which is a direct function of tree survival and growth rates.

(54) The project is also relevant to the achievement of the NDC because it demonstrated a more effective and balanced cost-sharing arrangement which would be very useful when scaling up initiatives to achieve the ambitious NDC targets.

(55) The project objectives were also supportive andconsistent with current Country Partnership Strategy for FY2011 - 2016 (CPS 67566 - CN, October 11, 2012) by lending support to Outcome 1.5, "Demonstrating sustainable natural resources management," under Strategic Theme 1, "Supporting Greener Growth", and the cross-cutting climate change mitigation agenda.

3.2 Design and Implementation

Rating: Substantial

(56) The cost-sharing and demonstration approach taken by the project was highly appropriate given the conceptual changes being pioneered in plantation forestry. This approach proved very effective ininvolving risk-averse and resource poor farmers inpioneering multifunction plantations. The project's geographical

spread also proved sound in that it focused in provinces with high multifunction potential, in those where environmental gains were achievable, and where interest in multifunction plantations was intensifying. Despite having predetermined technical models for planting, project design was sufficiently flexible to incorporate farmers' needs, especially the need to include economic crop species to cater for their short-term income requirements. Similarly, design enabled project staff and farmers to work together to refine models to better suit them to local requirements. For example, Zhejiang developed 14 new enrichment planting models, and Hebei developed additional 4 planting models to better fit the local conditions. In Liaoning and Shanxi, planting densities in models were adjusted to reduce costs and competition for moisture. All such modifications were developed in a collaborative manner at local level, with support from provincial and national expert teams and formal proposals being submitted to the PMC and the Bank for approval.

(57) Important contributions to the project' s successincluded the complementarity of components, and the clear linkages created between the PDO and technological innovation (paras 66 and 71), farmer outreach, impact evaluation, demonstration and dissemination. At the field level, the Participatory Planning Manual helped to strengthen farmer confidence in the project, and helped create a strong sense of project ownership.

(58) Gender was also adequately covered (43% of beneficiaries were women), and the EMDP implementation ensured that the Mongol communities in Fuxin county were able to participate, by virtue of which they developed new forestry skills through 472 person/days of training. The effectiveness of the project' s participative approach is evidenced by the fact that, through surveys, all farmers expressed satisfaction with project outcomes at project closure, especially its ability to provide employment and improve their environment and livelihoods.

(59) The project' s institutional arrangements proved to be very effective. The PMC in the SFA had a long history of managing Bank forestry projects, and proved adept at overseeing the management of the project. It quickly identified emerging issues at provincial levels and took swift action when needed. When Bank guidance was needed, it was taken up quickly. The previous Bank experience enjoyed by the Provincial Project Management Offices (PPMOs) helped to ensure efficient management at provincial levels; and the Project Leading Groups at provincial and county levels also proved helpful, especially when a 32% increase in counterpart funds was needed.

(60) Including carbon emission reductions as a possible tradeable benefit was a prudent design feature because it demonstrated how these economic benefits can be significant in multifunction plantations. On the other hand, it was not critical to project success, being only one of many possible environmental benefits attainable with multifunction afforestation. Regardless of whether the carbon market develops, the increase in tree and shrub growthdue to project will sequester significant amounts of carbon contributing to the achieving NDC targets for forests.

(61) Monitoring and Evaluation was carried out by professional provincial consulting institutions approved by the Bank. The system worked well, especially regarding assessing the achievement of the PDO and intermediate outcomes. Reporting was accurate and punctual throughout, physical progress was accurately assessed, so that emerging issues could be promptly dealt with. Data confirmed that the project' s positive environmental impacts were being achieved, and that the project has achieved component target values. Monitoring data were also indispensable for assessing the cost-effectiveness and carbon sequestration potential of different planting models by maintaining careful records of plantation costs and growth.

3.3 Achievement of Project Development Objectives

Rating: High

(62) The rating for achievement of objectives is based on the objective as captured in the PDO: to assist

the Borrower *to demonstrate the establishment and management of sustainable, multifunction forest plantations with significant environmental benefits.*

(63) For purposes of rating, the PDO is treated as a single objective with several parameters considered in conjunction to assert the generation of significant environmental benefits. For the purpose of monitoring and evaluating this project the sustainable management of multifunction forest plantations generate the following ecological/environmental benefits: increased vegetative cover; increased diversity of plants species; reduce run off; wind erosion; and the resulting economic benefits (either directly through the adoption of economic species, or indirectly through the increased yields generated from the environmental benefits). In some cases, overlapping dimensions or characteristics related to the demonstration, establishment, management, sustainability, multifunctional nature, and environmental benefits of the plantations and forest areas targeted. Discussion of these aspects is presented below. There is strong evidence—both in relation to achievement of the project indicator targets themselves as well as the resulting environmental benefits —indicating that the formally rated objective were fully realized.

(64) Demonstrate the establishment and management of sustainable, multifunction forest plantations with significant Environmental Benefits- Vegetative cover: The project exceeded the target in both types of areas. The vegetative cover in degraded areas devoid of vegetation at the beginning of the project where new multifunctional forest plantations were established was targeted to improve from 10% to 20%, an increase of 10 percentage points. The actual average cover achieved was 50%, or an increase of 40 percentage points, four times the target. Most of the increase on vegetative cover was due to the strong tree growth (resulting 30% trees, 10% shrubs, 10% grass vegetative cover per hectare respectively).

(65) The vegetative cover in areas which already had some trees planted before the beginning of the project where multifunctional forest plantations were established was targeted to improve from 26% to 36%, an increase of 10 percentage points. The actual average cover achieved was 57%, or an increase of 21 percentage points, which is more than twice the expected target increase. The increase on vegetative cover was mainly due to strong tree growth and to a lesser extend due to shrubs, as grasses tend to decrease in areas shaded by trees and shrubs.

(66) Demonstrate the establishment and management of sustainable, multifunction forest plantations with significant Environmental Benefits- Increase diversity of plant species: This indicator applies to the entire set of target provinces and demonstration models. The target of three species per-sub compartment was exceeded by between 25% and 175%. All the models demonstrated in the project included at least three species, but the number of species present in year 5 was much higher due to site management interventions demonstrated in the project. These interventions, including limited clearing of areas around the trees and seedlings and lower use of pesticides, enabled the arrival of naturally dispersed seeds (by wind or animals) from nearby areas leading to the spontaneous natural regeneration and ensuing increase of tree species. Field surveys carried out as part of the M&E system of growth and regeneration demonstrated that forest management as defined by stand diversity, vegetative cover, vigor, and lower pest incidence had improved.

(67) Demonstrate the establishment and management of sustainable, multifunction forest plantations with significant Environmental Benefits- Reduce run off. This indicator applies to the entire set of target provinces and demonstration models. Significant reduction was observed in all types of sites covered by the project. At the end of the project the soil erosion was reduced by 11%~19% in degraded areas devoid of vegetation at the beginning of the project where new multifunctional forest plantations were established, when compared to non-project areas. The soil erosion was reduced by 7%~11% in areas which already had some trees planted before the beginning of the project where multifunctional forest plantations were established, when compared to non-project forests.

(68) Demonstrate the establishment and management of sustainable, multifunction forest plantations with significant Environmental Benefits- reduce winderosion. This indicator refers only to the degraded areas devoid of vegetation at the beginning of the project where new multifunctional forest plantations were established the establishment of the windbreak plantations models demonstrated that they can decrease wind erosion and generate economic benefits. In Hebei and Liaoning provinces, wind erosionwas reduced by 40% ~ 55% percent benefitting crops' growth with yield increasing by 11%~16% when compared to non-project areas.

(69) Demonstrate the establishment and management of sustainable, multifunction forest plantations with significant Environmental Benefits-Increase economic benefits to farmers. These were a direct result from the adoption of economic species, or an indirect one from the increased yields generated from the environmental benefits generated by the multifunction forests demonstrated in this project. Fruit and nut production increasedwith very positive impact on farmer income generating an additional 1 300 (RMB/ha/year) on average. Where conditions permit, farmers are expanding these activities by planting additional areas with the models demonstrated in the project. The additional incomes generated vary between provinces, depending on different economic crops planted and the weather and soil conditions in different locations.

(70) In summary, the project exceeded both of its outcome-level indicators (Table 1) considering the environmental benefits discussed above: (i) vegetative cover of multifunction forests increased in selected environmentally degraded areas in project counties and (ii) improvement in the management of forest resources as reflected in tree species diversity and other dimensions of forest resilience and environmental services because of adopting technically sound and cost effective forest establishment and management practices.

Table 1. Achievement of PDO and PDO indicators

PDO	Impact Indicator	Baseline Value	Target (PAD)	Actual (ICR)
To assist the Borrower to demonstrate the establishment and management of sustainable, multifunction forest plantations with significant environmental benefits	1 Incremental vegetative cover of multifunction forests in selected environmentally degraded areas in project counties (% of vegetative cover per ha)	10%	20%	50%
	2 Improvement in the management of forest resources (through sample surveys measuring improvements in tree species diversity, vegetative cover, etc. between project and non-project sites)	NA	Tree species increased from 1 to 3 per sub-compartment, etc.	Tree species increased from 1 to 3 or more (3-10) with soil erosion reduced 11% ~ 19%, wind speed reduced 40% to 55%; and incidence of diseases reduced 43%.

(71) The effectiveness of the demonstration function of the project is that more than 500 000 ha of project model plantations have been established. This is a considerable achievement given that prior to the project doubts existed at all levels on the viability of mixed species multifunction afforestation on fragile sites and in degraded monoculture plantations.

(72) The developed and implemented models demonstrate technical solutions to wide-ranges of climate conditions and geographic areas, which promoted multiple species forest structure, the underground vegetative growth, and well supported the achievement of the PDO—optimized water conservation, soil and wind erosion control and the forest resilience to withstand natural disturbances and changes, as well as to benefit to income generation to local communities. Where the conditions allowed, forest landscape restorationwas used with a combination of strategies to generate environmental conservation and landowners' economic benefits. In Shanxi, the comprehensive watershed management model was adopted to control soil erosion of hilly and gully

areas of Loess Plateau. On the upper and middle slopes the focus was on ecosystem restoration and stability. On the low flat areas the focus was on land use for sustainable production to improve the livelihood of local farmers. Therefore, the technical models not only demonstrated the shift from monoculture planting to mixed forest management, but also the development of multifunction forests by taking into consideration community benefits while restoring the forest ecosystems, and agro-ecosystems, and promoting water conservation.

(73) Demonstrate the establishment and management of sustainable, multifunction forest plantations with significant Environmental Benefits - Training. Essential to realizing the demonstration function of the PDO was the execution of an effective extension program. With the benefit of courses received under the project, extension workers met with farmer groups to explain, discuss and promote the project concept. Around 323 950 person/days of needs-based training/extension were delivered in this way to farmers, accounting for 127% of the PAD target. These courses were complimented by visits to provincial demonstration forests where farmers received practical training in multiple use, mixed species afforestation and the "learn by doing" approach, done on demonstration sites within the project area. This combination of training and extension proved very effective at promoting the benefits of multiple use afforestation, and at providing farmers with the necessary skills to carry it out.

(74) The main impacts of training and extension were: (i) project staff and farmers became competent and more effective at establishing mixed species, multiple use plantations; (ii) new ways of plantation establishment were brought into use; (iii) farmers became aware of the productive potential which multiple use afforestation has in areas of marginal land and degraded plantation monocultures; (iv) beneficiaries became aware that tending/weeding after planting can greatly increase seedling survival rates, which in turn strengthened their interest in multifunction afforestation; and (v) the productivity and marketing capacity of cooperatives and producer associations were vastly improved. Some of the gains resulting from training include areduction in site clearing costs of 2 600 RMB per ha with mechanization; containerized seedlings in Anhui improved survival rates by 20% and thereby saved failure replacement costs of 577 RMB/ha; the use of improved varieties of Hazelraised survival rates from around 70%~95%; and the adoption of improved field practice and walnut varieties in Shanxi increased yields by 20%, and prices by 10%.

(75) In Shanxi, project training helped walnut producers to identify and enter partnerships with the private sector to produce walnuts for the domestic and international markets. Under the partnership, the private entity undertook the marketing of the walnuts, and the farmers improved the infrastructure around their plantations (access and check dams for irrigation) to improve the reliability and quality of walnut supply. In preparation for the increased output of project produce, the project helped to establish marketing platforms and small trade fairs in Shanxi to promote walnut and other project products from in and around the project area, and this boosted both product sales and prices. In Zhejiang, training and office equipment were provided to cooperatives producing *Vernicia fardii* leaves. The leaves are used in Japan for ritual purposes, but also have good soil stabilization and water retention capacity as understory crops with conifers. Before the project, the annual per capita income of co-op members was less than RMB 10 000. With project training in crop management, harvesting, storage and marketing, the annual per capita income of co-op members has risen to RMB 15 000. The demonstration effect of the project has encouraged the new planting of " Vernicia fardii" totaling 236 ha.

(76) Confirmation of the value of project training and extension is borne out by the fact that almost all of participants expressed their satisfaction with the quality (relevance, usefulness and method of delivery) of both the training and extension programs. A questionnaire survey indicated that 78% of training participants considered that the overseas training had helped them to change their traditional forest management concepts, improve their work quality, broaden their vision, update the awareness of environmental protection, and learn

advanced technologies in plantation establishment and management from other countries. Meanwhile, 76% of the participants taught the technologies they learned during the domestic study tour to more than 10 people. The survey findings show that the overseas training and domestic study tours organized under the project were very necessary for project agencies and entities adopting new technologies, transferring the planting and forest management from conventional monocultural planting to mixed species planting and improving project management.

(77) Support to the Forest and Tenure Reform process consisted mainly of providing farmers with awareness training on the objectives of the reform program, the opportunities which come with it, how land titles can be obtained and technical training on multifunction forest establishment and management. Project assistance facilitated the issue of land titles over 74 900 ha of plantations (exceeding the 55 050 planned) in four provinces, where farm families now enjoy the security of land tenure – a key requirement to investing in plantation management and protection. It also included the creation of five pilot areas to demonstrate forest management planning and integrated management approaches. The achievement of this objective reflected the popularity of the demonstrations, through which farmers acquired the skills to manage their areas through a learn-by-doing process.

(78) Complimentary to this, farmers also received training in the establishment and management of farmer cooperatives and associations, planting material development, new planting and forest management technologies, Integrated Pest Management and product marketing among others. Two new cooperatives were created and 18 existing cooperatives were upgraded. Project assistance took the form of equipment and training, and technical assistance to standardize farmer cooperative management, improve sustainable forest management, increase productivity, and promote marketing, product labelling and output of their main products. For instance, through the project, hazel nut producers in Liaoning were able to double their productivity by improving hazel nut management and quality, resulting in an additional RMB 5 000 of household income (per household) . It also resulted in environmental benefits by providing ground cover in erosion prone sandy areas in semi-arid conditions.

(79) Effcctiveness of the demonstration. The success of the models demonstrated in the project, combined with the extensive training program have already led to an early and broad adoption of those modelson fragile sites and degraded plantations outside the project area in the target provinces. While the total area planted by the project with new multifunctional forest plantations in degraded areas reached 93 840 ha, an additional 200 000 ha have already been planted using the same models in similar areas. Likewise, while thetotal area planted by the project with multifunctional forest plantations which already had some trees planted before the beginning of the project reached 38 450 ha, an additional 300 000 ha have already been planted using the same models in similar areas.

(80) Sustainability. Looking ahead, provinces have fully recognized the value of good M&E and havemain streamed project M&E procedures into all provincial forestwork programs. This will ensure that the longer-term impacts of the project will be monitored. Consistency between provinces is being assured by adopting standardized project practice across the board and effective coordination of the national expert team.

(81) The extent to which interest in the project accelerated over time is shown by the fact that 2 000 visitations were made to the project by persons from 10 different provinces in China, and that 64 000 hits were made on its website.

(82) In addition prospects for sustainability are promising because: (i) the institutional capacity has been strengthened at all levels in the provinces; (ii) the incorporation of economic tree crops and understory activities in the models help satisfy the short term income requirements of farmers; and (iii) the clear ownership and title to land promoted by the project encourage farmers to undertake follow up management and pro-

tection.

3.4 Efficiency

Rating: Substantial

(83) Economic Analysis. A project cost-benefit analysiswas carried out using the same methodology as adopted at appraisal. To reflect the different economic conditions at time of project closure, the following adjustments were made to the assumptions and parameters used at appraisal: (i) plantation input costswere increased by 25%; (ii) the Bank recommended price for carbon sequestration benefits of US \$30/tCO_2 was used as opposed to US \$7.38 (Yuan 50) /t CO_2used at appraisal; (iii) the quantities of the main inputs for the production modules were adjusted to reflect actual data collected by PPMOs, while future production projections were based on estimates provided by farmers, extension workers and PMO staff; and (iv) market prices for major inputs and outputs were updated (in 2016 constant prices) to reflect price changes during the project' s economic life (22 years for cash flow analysis).

(84) It should be noted that the economic analysis only takes account of selected key benefits including: (i) direct production benefits (wood and non-wood forestry product outputs); (ii) productivity increases in farmland adjacent to windbreaks; (iii) carbon sequestration; and (iv) erosion control and the retention of sediments. The analysis includes the costs of all incremental expenses under every component, including O&M costs after project completion. Using these parameters, the overall project Economic Internal Rate of Return (EIRR) including carbon sequestration, wind protection and sediment retention benefits are estimated at 17.4%, which is comparable to the PAD estimation (16%) as the adjusted environmental benefits have more than offset the impact of cost increases of major inputs. A summary of EIRRs by province is shown below.

Summary of NPVs and EIRRs At ICR

Project Area	Excluding Environmental Benefits		Including Wind Break Benefits		Including Sediment Retention Benefits		Including Carbon Sequestration Benefits		Including 'Three' Environmental Benefits	
	NPV	EIRR	NPV	EIRR	NPV	EIRR	NPV	EIRR	NPV	EIRR
Anhui	336.7	10.1%	336.7	10.1%	509.3	11.9%	633.4	13.9%	806	15.3%
Hebei	152.2	8.9%	808.2	16.2%	152.1	8.9%	377.6	12.8%	1 033.8	18.8%
Liaoning	119.2	9.9%	773.2	21%	119.2	9.9%	344.0	16.9%	998	25.2%
Shanxi	309.5	10.5%	309.5	10.5%	603.8	13.3%	561.8	13.8%	856.8	16.1%
Zhejiang	48.6	7.4%	48.6	7.4%	48.6	7.4%	263.5	13.1%	263.5	13.1%
All Project	966.1	9.6%	2 276.2	13.1%	1 433.1	11.0%	2 180.4	13.8%	3 958.1	17.4%

Net Present Value (NPV) in RMB million at OCC=6%.

(85) No sensitivity test is warranted as the project EIRRs are estimated at their lowest bounds for: (i) carbon sequestration valuation is at lowest value (30 US \$/ton) [1]; and (ii) other substantial but not-readily-quantifiable economic benefits, such as biodiversity conservation, landscape improvements and contribution to agricultural tourism, are not included in the calculation.

(86) Financial Analysis. The project' s objective was to demonstrate the establishment and management of sustainable, multifunction forest plantations with significant environmental benefits. That is, productive and ecological benefits were being sought, not just productive benefits. To determine the Financial Internal Rate of Return (FIRR) for individual models, all cash outflow (investment cost, operating costs, and taxes) and cash inflow (sales of tree products) costs were used. Costs of such activities as capacity building and project management were included in the financial analysis for the project as a whole. Using this

1 If valued at 7.38 Yuan/ton for carbon sequestration as at appraisal, the project EER would be at 14%.

approach, the project FIRR is estimated at 9.6%, slightly below the 11.8% estimated at appraisal. Nearly half the planting models yielded less than 10%, and some fellbelow 8%. Those models with the highest FIRRs were hazelnut (36%), bamboo (32%), poplar and tea (both around 18%). The lower FIRR in some models (tree plantations, broadleaf with chestnut, windbreaks) is mainly due to the longer gestation period for these models and the lower product prices expected for their outputs, and this makes them less attractive to farmers. To compensate for this, Bank loan proceeds were made available to farmers as grantsto cover establishment costs of forestation models during project implementation in the all five participating provinces and this made them more appealing to farmers (FIRRs above 10%). This helped to ensure that all planting targets were met, and that the quality of work was good. On fiscal impact, the government provided sufficient counterpart funding during implementation. No additional fiscal obligations for local governments are expected apart from servicing the Bank loan, which is a small fraction of their treasury revenues.

(87) Institutional gains were realized mainly at the farmer level. Better managed and better equipped farmer associations were able to reduce production costs, improve crop quality (walnut and hazel nuts) and open up new markets for their products-often at better prices. Some associations were also able to develop partnerships with the private sector to market their products (walnuts in Shanxi). The use of output based disbursements also served to improve the effectiveness of supervision.

(88) The project also had additional ecological and social benefits which cannot be easily quantified and provided in Annex 7 Summary of Borrower' s ICR and comments. It was also operationally efficient with no cost overruns or extension of the closing date.

3.5 Justification of Overall Outcome Rating

Rating: Satisfactory

(89) The Overall Outcome is rated Satisfactory on the basis of: (i) high relevance of objectives and substantial relevance of design; (ii) high efficacy in achievement of objectives; and (iii) substantial efficiency.

(90) In addition, the project achieved or exceeded almost all indicators, its design was sound and strongly aligned with institutional capacity and the PDO, important efficiency gains were realized through innovation during implementation, and prospects for sustainability and scaling up are promising. The project demonstrated and developed a range of viable afforestation models supportive of national and provincial policies, incorporated sufficient flexibility to accommodate a wide variety of growing conditions in the project area, and was fully implemented within the project period. Furthermore, additional benefits not covered by the PDO and not included in the results framework were also realized. These are shown in more detail in Annex 2-Project Outputs. The project' s good performance can be attributed to: (i) the clear policy framework established by government and the strong linkages which existed between the project and government policy; (ii) sound project design which provided the right balance of activities to achieve the PDO, with demonstration planting being complemented with model flexibility, well targeted training and pro-active extension; and (iii) regular and supportive inputs provided by Bank supervision missions.

3.6 Overarching Themes, Other Outcomes and Impacts

3.6.1 Poverty Impactsand Social Development

(91) Farmers were the main project beneficiaries, which include 158 340 individual households. The number of participating Mongol communities totaled 41 villages, or 16% of the 203 total project villages in Fuxin Mongol Autonomous County, Liaoning Province. Working with these beneficiaries, the project demonstrated that multifunction afforestation has the potential to generate additional income for farmer households

with environmental dominated afforestation and degraded forest rehabilitation. It has also shown that the most attractive returns are to be had from short rotation economic tree crops which yield saleable, high value commodities over the short term (hazelnut, walnut, bamboo). Models including these species showed highest rates of return. The project has also demonstrated that improving the capacity of farmer associations/cooperatives can raise farmer income by improving forest and non-forest product quality and increasing product value. This approach opens exciting possibilities of achieving a win-win situation in poor rural areas by combining improvements in farmerand ethnic minority incomes with environmental conservation and restoration.

3.6.2 Institutional Change/Strengthening

(92) The main institutional changes brought about by the project were: (i) provincial governments developed and implemented policies which mainstreamed multifunction afforestation into their development programs; (ii) provincial and county level institutions, together with farmers, became protagonists of the multifunction plantations concept as a way of improving income and conserving the environment; (iii) project assisted forest product producer associations and cooperatives strengthened their multifunction afforestation business management skills, and are promoting this institutional model in other areas; (iv) provincial and county level institutions have developed the capacity to design and implement their own multifunction afforestation programs; (v) consultation and participation have been main-streamed into provincial and county forestry operations; and (vi) provincial and county level institutions are aware of the Payments for Environmental Services concept and are evaluating its potential to expand multifunction afforestation for environmental conservation.

3.6.3 Other Unintended Outcomes and Impacts

(93) Evidence of the project' s success in convincing farmers and state forest farms of the potential which multifunctional plantations have is evidenced by the fact that the project' s technical models have been replicated outside project areas in large areas. Evidence of its impact on decision makers is provided through the various provisional level development initiatives mentioned above.

(94) Payments for Environmental Services (PES) Readiness. Although not specifically included as a project activity, experience with the project enabled farmers to gain a better understanding of the PES concept, and how it can be used to prepare the way for self- financing multifunction afforestation programs. This is especially important in the context of the rising demand for water and energy in China. With the project, farmers have learnt multifunction afforestation can reduce soil erosion, regulate water flow, control run off, and improve water quality, benefits which can extend the life of reservoirs and irrigation canals, and reduce water treatment costs. The project has also produced data on the costs and benefits of such arrangements to which should help carry forward the PES concept.

(95) Carbon Trading Readiness. The project has generated useful data on cost-benefit analysis on the carbon sequestration potential in project areas, and the potential which it has to generate financial and economic benefits (Annex 3). This data will prove useful to an ongoing Bank funded project to promote CO_2 trading in China, and will improve provincial readiness to enter the carbon trading market once the national CO_2 emission trading system becomes operational in late 2017.

(96) Spontaneous Natural Regeneration. Project planting has had an unexpected positive impact on natural regeneration. Having planted a four species mix initially, 10 species were recorded in some areas in the fourth and fifth year. This is due to the protection (from fire and illegal grazing) afforded by plantation management and the improved conditions (nurse effect) created by the initial plantings which created favorable conditions for other species to proliferate. This resulted in the creation of a richer and denser vegetative cover than expected.

4. Assessment of Risk to Development Outcome

Rating: Low

(97) The risk to the project' s development outcome are considered low because: (i) farmers have a strong incentive to protect and manage their planted areas given that project activities and species selection incorporated their preferences and aspirations; (ii) multifunction plantations are productive in terms of goods (nuts, leaves, seeds, thinning, pruning, and non-wood products) and services (soil conservation, water quality, microclimate, tourism protection of infrastructure), many models are also very profitable and this will encourage farmers to maintain and protect their plantations; (iii) secure land tenure provides the farmer with the incentive to protect and maintain their areas; and (iv) the potential for PES payments provides additional incentives to farmers to maintain their areas over the longer term.

(98) Risks from pest attack will continue to be contained through the routine pest monitoring program carried out by farmers and the provincial forestry administrations under the government pest management systems. This will ensure that pest incidence are quickly identified and dealt with. Having a mixed foreststructure also helps reduce pest attacks. Fire is an ever present risk in drier project areas, but the existence of a robust and time-proven fire protection program in China ensures that annual losses arevery low - less than 1%, so this risk is well catered for. An additional measure of protection is provided by having plantations in small blocks to reduce the risk of wild fires.

(99) Changing weather patterns are a possible risk to planted areas, but mixed species stands are more resilient to change so this risk should be minimal. Should significant negative impacts be detected, the option exists to adjust species mixtures in new and existing areas.

5. Assessment of Bank and Borrower Performance

5.1 Bank Performance

5.1.1 Bank Performance in Ensuring Quality at Entry

Rating: Satisfactory

(100) The project preparation took around one year from project concept review to appraisal, which is considered reasonable for a challenging project located in five separate provinces with large numbers of beneficiaries, ethnic minorities and very different growing conditions. The proposal was well prepared, clearly focused and thoroughly reviewed. The PDO and related indicators and design of the project were appropriately dimensioned and supportive of national, provincial and county level development priorities. Safeguard policies were applied, consultation was extensive, the needs of ethnic minorities were incorporated, training needs were provided for, and lessons learned from previous projects were considered. Previously tested institutional arrangements were used to good effect, and environmental, social and sustainability issues were well covered. During preparation, the Bank was able to impart some of its global, cross-country knowledge and experience in forestry and natural resources management, in particular on bringing new multiple-function and mixed species planting and forest management models to the project, which enhanced forest ecological functions and resilience, as well as income generation to local people.

5.1.2 Quality of Supervision

Rating: **Satisfactory**

(101) The project was supervised at six month intervals by Bank staff and consultants with both the ex-

perience and skills needed to ensure that project implementation remained on track. Continuity in the composition of supervision missions also helped strengthen the 'institutional memory' of the project, and this helped in the resolution of follow-up requirements. Mission reporting was prompt, accurate and constructive. Any issues which arose were promptly identified and the appropriate action was taken. For example, advice was provided on how to deal with rising costs, comply with model specifications, manage ethnic minority participation-and mobilize additional counterpart funds. In addition, when, early in the project, it became apparent that model designs could not cater to the demands of all site conditions in a widely dispersed project area with different growing conditions, supervision missions offered support on how to adjust the models without impairing the realization of the PDO. This flexibility in approach proved very beneficial to project outcome.

(102) Supervision was especially valuable in capacity building at provincial and county levels, especially about their obtaining a better understanding of the PDO, and the importance of focusing on the collection of key data required to verify progress towards the realization of the PDO. In the early stages of the project, supervision missions provided close guidance to local project agencies and farmers on how to make the move away from traditional monocultures to mixed species, multifunctional afforestation with multiple benefits. It also supported implementing agencies in the adoption of new technologies, and provided guidance on the correct application of technical models; supervision also provided guidance on how to assess the impact of training and stressed the importance of having beneficiary evaluations included in the training program. Help was also provided to resolve ad hoc problems in such areas as financial management, procurement and safeguard policies.

5.1.3 Overall Bank Performance

Rating: Satisfactory

(103) The overall rating of satisfactory is considered appropriate because the project was focused, soundly prepared, appropriately designed, adequately supervised, relevant to country needs, supportive of Bank and country policies and strategies, and compliant with safeguards, to achieve the outcomes.

5.2 Borrower Performance

5.2.1 Government Performance

Rating: Satisfactory

(104) Government commitment to the project was strong at all levels throughout implementation. This was due to the firm support provided to the project by the 11th Five Year Plan which established a clear direction for future development through the "five balances", one of which was the balance between people and the environment. This supportive policy framework proved very favorable to the project throughout. At central government level, the State Forestry Administration (SFA) through its World Bank financed Project Management Center (PMC) was active and assertive throughout implementation, and worked hard to ensure that local preparation tasks were completed on time. During implementation, it showed unwavering commitment to the project, as did the five project provinces and participating counties, and ensured that implementation kept on track. It also ensured that safeguards were complied with and that project experiences were shared between provinces. Both the PMC and the provinces were punctual in their submission of progress reports to the Bank, and proved disciplined and meticulous in areas of financial management and procurement. At field level, project provinces showed a high level of commitment to the project and its PDO, and proved very resourceful when additional counterpart funds had to be mobilized. Two provinces also showed exceptional resilience when faced with the setbacks caused by the 2013 drought. No serious issues arose with either project management or project performance except for the late arrival of counterpart funding in some provinces.

5. 2. 2 Implementing Agencies

Rating: Satisfactory

(105) Promoting a new concept such as mixed species, multifunction afforestation in marginal lands and degraded plantations was a tough challenge in the project provinces, and implementing agencies had to persevere in order to realize the project' s goals. They actively involved beneficiaries from the outset by conducting community consultation at all the project villages and by ensuring that farmer preferences for planting were incorporated into technical design. During implementation, they continually assessed technical model performance by providing intensive technical trainings and various technical services to project staff, planting entities and farmers and when necessary proposing adjustments to model specifications to better suit them to local conditions. When faced with the challenges of counterpart funding shortages and drought, they showed considerable dexterity and resourcefulness to overcome them. They managed financial resources prudently and diligently followed up on all matters identified by supervision missions. They carefully monitored project progress, ensured compliance with safeguards, delivered high quality field work, and submitted the necessary reports on time. They also made full use of M&E data to keep implementation on track, to ensure that quality of work was safeguardedand to keep costs under control. Above all, implementing agencies demonstrated strong commitment to the innovative, underlying concept of promoting sustainable multifunction afforestation for both production and environmental benefits, and, despite challenges along the way, showed considerable resolve in getting the job done on time.

5. 2. 3 Overall Borrower Performance

Rating: Satisfactory

(106) Borrower performance is rated as satisfactory to reflect the commitment of government and the effective work done by implementing agencies at provincial and county levels. The multifunction project concept and mixed forest structure development were new and challenging, and involved a degree of risk. However, in their determination to improve the sustainability of plantation forestry, and to improve its contribution to environmental and social well-being, government and line agencies at all levels were steadfast in their determination to change conventional plantation practice. Overall, they worked diligently, delivered on time and made every effort to realize the PDO.

6. Lessons Learned

(107) The main lessons learned, which may have more general application beyond the project, are as follows:

(i) projects which are firmly anchored innational policy frameworks and local development strategies enjoy strong political support and this enhances their chances of success. This was achieved in this project since the central PMO was based in the State Forest Administration responsible for the national level policy, while the project was fully aligned with the provincial forest strategies.

(ii) when a project contemplates a change of cultural practice, project staff require intensive guidance and training during start up to ensure that they fully understand what is required. This may need time and close monitoring. Site demonstration has proved to be a very effective way to persuade farmers to transfer from conventional monoculture silviculture tomultiple use, mixed species forest management.

(iii) the output-based disbursement used for plantation activities that was conducted by communitiesis an effective tool to ensure that the required quality standards are achieved in the field. Output based disbursement also simplified the disbursement process which could be useful for broad rural community development projects.

(iv) farmers are more willing to adopt multifunction, mixed species afforestation with environmental benefits when short rotation crops with early cash generating potential are included in the planting mix. Forest landscape restoration with a combination of strategies that include both ecological environmental conservation and landowner economic benefits proved to be very effective in maintaining farmer interest. In Shanxi, a comprehensive watershed management approach was adopted to control soil erosion of hilly and gully areas of Loess Plateau, with a focus on ecological system restoration and stability on the upper and middle slopes and land used for sustainable production on the low flat areas to local farmers' livelihood improvement. This also proved to be a suitable model that maintained farmer interest.

(v) the participation of farmers and ethnic minorities in the project planning process (the bottom-up approach), and including activities which respond to their needs, will strengthen ownership and interest in a project, and enhance its prospects for sustainability and success;

(vi) in widely dispersed projects with diverse geographical and social conditions, flexibility in project implementation (technical specifications and management arrangements) is needed to ensure that interventions are appropriate to local conditions and needs;

(vii) in rapidly developing economies where the dynamics of land use are changing, it is challenging for preparation missions to accurately predict land availability for project use (planting) several years into the future. Risk Assessment should pay more attention to this to ensure that adequate mitigation measures are put in place to cater for possible shortfalls;

(viii) land titling which provides security of land tenure is popular with farmers whoregard it as an essential pre-requisite to making long term investments in forestry and tree crops;

(ix) where farmers wish to form producer associations, helping them to do so through the provision of basicand, needs-based training and inputs (computer hardware, office equipment etc.) is an effective way of improvingproduct quality, profitability and farmer income.

7. Comments on Issues Raised by Borrower/Implementing Agencies/Partners

7.1 Borrower/implementing agencies

(108) The Borrower's completion report and comments on the Bank ICR in Annex 7 are favorable and consistent with the results presented in this report, and did not raise any issues of significant concern requiring comment by the Bank. The overall assessment and rating on the project performance are fully acceptable.

7.2 Cofinanciers

Not Applicable

7.3 Other partners and stakeholders

Not Applicable

Annex 1. Project Costs and Financing

Project costs and sources of financing are summarized in the following tables.

(a) Project Cost by Component (in USD Million equivalent)

Component	Appraisal Estimate (US $ million)	Actual (US $ million)	Percentage of Appraisal (%)
A. New MultifunctionForest Plantations	115.7	162.0	140.2

（续）

Component	Appraisal Estimate (US $ million)	Actual (US $ million)	Percentage of Appraisal (%)
B. Improving Existing Plantation Forests	46. 6	59. 9	128. 6
C. Institutional Support, Project Management, M&E	15. 2	13. 9	91. 6
Total Base Costs	177. 5	235. 9	132. 9
Physical Contingencies	4. 4	—	
Price Contingencies	11. 7	—	
Total Project Costs	193. 5	235. 9	121. 9
Interest during Implementation	6. 2	7. 4	119. 0
Front-end Fee	0. 3	0. 3	100
Total Costs to be Financed	200. 00	243. 53	121. 8

* Exchange rate at 6. 80 Yuan/US $ at PAD; the weighted average at 6. 25 Yuan/US $ during project implementation.

(b) Financing

Source of Funds	AppraisalEstimate (US $ million)	Actual (US $ million)	Percentage of Appraisal (%)
Government/ Beneficiaries	100. 00	144. 4	144. 4
IBRD	100. 00	99. 1	99. 1
Total	200. 00	243. 5	121. 8

* Due to the rapid depreciation of RMB in second half 2016, the IBRD loan saving was US $ 910 thousand.

Annex 2. Outputs by Component

(a) Overall project outcome is summarized below

Project Outcome	Planned at Appraisal	Actual at Completion
Component One: Establishment of new multi-function forest plantations Sustainable establishment and management of multifun-ction forest on degraded land implemented:	Component One: Area of multifunction forests established:	93 840 ha of afforestation (101% of the target) completed, of which;
(a) Windbreaks and sand break forest (b) Soil & water conservation forests (c) Farmland shelter belts	(a) Windbreak (21 400 ha) (b) Soil & water conservation forests (58 900 ha) (c) Farmland shelter belt (12 700 ha)	(a) windbreak forests: 22 370 ha (105%) (b) soil &water conservation forests: 58 470 ha (99%) (c) farmland shelter belts: 13 000 ha (103%) . The project developed 29 multifunctional broadleaf mixed afforestation modelsfor: (i) sandy and flat areas to prevent sand erosion and protect crop land in Liaoning and Hebei provinces; (ii) soil erosion controlin Liaoning and Anhui provinces; (iii) integrated management of watershed conservation in Loess Plateau to control soil erosion and increase income of farmers in Shanxi; and (iv) increasing capacity of conserving water resource and improve ecological environment around cultural heritage sites in hilly areas of Anhui.

（续）

Project Outcome	Planned at Appraisal	Actual at Completion
		Around 50 species were used for the afforestation. The utilization rate of grade I seedling reached to 95%, the satisfactory rate of environmental protection measure reached more than 90%, the survival rate was 92%, and the tending to young growth was carried out according to the technical design. The planted forests grew very robust and the initial environmental analysisindicated that vegetative cover reached to 50%, which is 29.7% higher than non-project forest. The soil erosion was reduced-between 11% to 19% and wind erosion was reduced between 40% to 55% than non-project forest depending on the rainfall and vegetative coverage degree. In Hebei and Liaoning provinces, the model of farmland shelter benefitted crops' growth with yields increasing between 10.8% to 15.8% compared with non-project areas.
Component Two: Improving existing plantation forests Up-graded multifunction forests replacing monoculture and/or degraded forest Improved management of existing plantation forests	Incremental vegetation cover, including undergrowth, increases by about 10% Number of ha of degraded forest improved (39 600) Number and variety of tree species increases in each upgraded forest site (from monoculture to about three species)	This component was implemented in Anhui and Zhejiang. A total 38 450 ha (97%) of existing forest plantations were improved: (i) 15 050 ha (99%) in Anhui using with two models including 19 species; and (ii) 23 400 ha (97%) in Zhejiang using 6 models including 35 species. Each site of the forest plantation site hasat least 3 species (3 to 10 species). During implementation, the utilization rate of grade I seedling was 95%; the satisfactory rate of environmental protection measure reached to 96%; the survival rate was more than 91%, with seedlings being tended according to the technical requests. The implementation of the technical models was successful with the forests ecological environment largely improved and the set targets reached or exceeded. The vegetative cover was increased by 57% more than the baseline of 26% and increased by 4.5% more than non-project forests; the surface runoff was reduced by 7%-11%, soil loss reduced by 12%~19% and incidence of pest and diseases reduced by 43% more than non-project forests.
Component Three: Institutional support, project management and M&E (a) Households and forest staff trained and improved technologies introduced	Number of farmers and staff trained (216 000 person/day)	Participating farmers and forestry bureau staff received technical and managerial training (total 323 950 person/day completed vs. the planned 216 000). The result of training is very positive. The training program focus on the concept of ecological protection in forest planting, advanced technique for managing forest plantation for technical model implementation, nursery management, financial management, procurement, community consultation, social and environmental safeguards implementation. The project staff and farmers have practiced what they have learnt, which insured the appropriate technical models implementation and sound project management.

(续)

Project Outcome	Planned at Appraisal	Actual at Completion
(b) New forest tenureship supported	Number of existing and new Farmer Associations (FAs) supported under the project (20 associations)	The project has reached the planned target of supporting 20 farm associations, of which 18 already existed and 2 were new. The support included financing for office equipment and providing training and TA in institutional organization, management and operation. The associations have strengthened their institutional organization; improved their charter and the regulations, and expanded their organizational scale. Now these associations are very active in sustainable forest resources management, creating income generation activities while protecting the ecological environment. The associations have become demonstration models to influence surrounding farmers and some members became farmer technicians and leaders.
	Number of forest management plans piloted (one mgt. plan in each of the five provinces)	For supporting the piloting of forest management plans, the project has provided training on how to prepare, use, monitor implementation of plans, and evaluate the effect. As planned each project province has prepared and implemented a forest management plan. The plan becomes a guidance for managing forest resources at community level. Its demonstration function has made contribution to leading sustainable development and utilization of forest resources, and the good practice will help forest farmers and forest farms to manage collective owned forest resources in an integrated and sustainable way.
	Area for which forestland use right certificates are granted (a government program independent of the IFDP)	Forest user right certificates were issued for all forest in project areas 100% of forest land has received. A total 74 900 ha of forest land was granted. To support the forest land tenure reform, Anhui and Hebei also carried out several evaluations of the effects of forest tenure reform. They analyzed the factors that affected the reform and its significance for forest resource management. They also analyzed the development of supporting systems, such as forest land user right reform practice and farm association functions and service models In addition, the four relevant workshops were held to exchange lessons learned on the reform and how the project supported the reform. The studies and workshops summarized experiences and lessons on promoting the reform for government policy maker consideration.
(c) Project M&E system established generating lessons for scaling-up and transferring project experiences to other areas	M&E system for physical inputs and outputs and project management established and operated	The project designed an M&E system for monitoring project progress and evaluating the impacts. The PMC of the SFA (central PMO) and the provincial PMOs have followed the design and closely monitored the project performance. The progress reports have been in good quality and reflected the project implementation status.

(b) The detailed breakdownof main project outputs

Output Indicator	Unit	PAD Target Value	ICR Achieved Value	% of PAD
1. Incremental vegetative cover of multifunction forests in selected environmentally degraded areas in project counties (percentage of vegetative cover per ha)	%	20%	50%	300%
2. Improvement in the management of forest resources (through sample surveys measuring improvements in tree species diversity, vegetative cover, etc. between project and non-project sites)	N/A	Tree species increased from 1 to 3 per sub - compartment, etc.	Tree species increased from 1 to 3 or more (3~10) with soil erosion reduced 11% ~ 19%, wind erosion reduced 40% to 55%; and incidence of diseases reduced 43%.	
Indicators for Each Project Component				
Component One: (Establishment of new multifunction forest plantations)				
1.1 Area of multifunction forests established:				
(a) windbreak and sand break forests	ha	21 300	22 370	105%
(b) soil & water conservation forest	ha	58 900	58 470	99%
(c) farmland shelter belt	ha	12 680	13 000	103%
1.2 Incremental yield increase of crops benefiting from the protection of wind break and farmland shelter belt forests (% yield increase per ha)	%	10%	12%	120%
1.3 Incremental farmer income from economic trees (RMB Yuan/ha/year)	Yuan/ha/year	480	1 300	This varied from province to province
Component Two: (Improvement of existing plantation forests)				
2.1 Incremental vegetative cover increase (percentage of vegetative cover)	%	36%	57%	158%
2.2 Increased number of different tree species in project sites (tree species/sub-compartment)	No.	3	3 or more species	3~10
2.3 Number of ha of degraded forest improved (ha) (Anhui and Zhejiang)	Ha	39 600	38 450	97%
Component Three: (Institutional support and Project Management and M&E)				
3.1 Number of farmers and staff trained (person/day)	Person. day	216 000	323 950	150%
3.2 Number of existing and new Farmer Associations (FAs) supported under the project	No.	20	20	100%
3.3 M&E system generates lessons for up-scaling and transferring lessons to other areas	N/A	System set and operated	System set and operated withlessons generated for scaling up.	
3.4 Area for which forest right certificates are granted	ha	55 050	74 900	136%
3.5 Number of Forest Mgt. Plans developed	No.	5	5	100%

Annex 3. Economic and Financial Analysis

Methodologies

1. Cost-benefit analysis for the project was conducted to re-assess the Project' s economic viability at time of ICR. The analysis adopted the same approach as at project appraisal to ensure methodological consistency and comparability. Nevertheless, the following changes to the assumptions and parameters for analysis at PAD were made to reflect the situation at time of ICR: (i) plantation input costs increased by some 25% against the PAD estimation; (ii) on environmental front, while the windbreak protection for agricultural production and sediment retention benefits remain unchanged from PAD, the Bank recommended minimum value for carbon sequestration benefits of US $ 30/t $CO_2$was adopted against US $ 7.38 (Yuan 50) /t CO_2 at appraisal; (iii) quantities of major inputs for the production modules were based on actual data collected by local PMOs, while the future production projections were made jointly by the farmers, extension workers and PMO staff; and (iv) market prices for major inputs and outputs have been updated (in 2016 constant prices) to reflect the price trends during the project economic life (22 years for cash flow analysis) .

Project Benefits

2. The economic analysis at ICR only considers the quantification of selected key benefits including: (i) direct production benefits (forestry product outputs); (ii) productivity increases in adjacent farmland from the impact of windbreaks; (iii) carbon sequestration; and (iv) the retention of sediments.

3. However, it should be noted that other substantial but not-readily-quantifiable economic benefits, such as biodiversity conservation, landscape improvements and contribution to agricultural tourism, are not included in the calculation of project EIRR, thus rendering the economic return estimation noticeably conservative.

4. Direct production benefits: Input/output plantation models and cash flow models were used to estimate the net value of production from all plantation/rehabilitation activities. These models use quantities of inputs (seedlings, fertilizer, labor, etc.) valued at prevailing market prices. Similarly, outputs such as timber, fruits and non-wood products were estimated and valued at market prices over a period of 20 to 25 years depending on each of the models. For plantations and forest products which are not harvested the market value of the standing volume was estimated at the end of each period. It was assumed that such value would represent a conservative approximation of its real economic value.

5. Economic price assumptions: It was assumed that the prevailing market prices net of taxes are a sufficiently accurate representation of the economic value. Given the current status of market liberalization in the country no major bias can be observed which would require the calculation of world market reference prices.

6. Agricultural productivity from wind protection: In Hebei and Liaoning Provinces, project plantations were designed to protect surrounding agricultural land and improve agricultural productivity. Empirical data shows that the incremental production for typical crops in Liaoning and Hebei would be around 10% using a plantation design of one hectare of plantation providing protection for some ten hectares of crop land. A conservative economic value of RMB 5 000 per hectare of plantation (RMB 500 per hectare crop land) was assumed taking into account that the design is not always optimized for this function due to availability of land, participation of farmers and an as yet unknown proportion of block planting instead of strip planting. It was further assumed that the full benefit from wind protection would gradually increase over a period of 20 years following a growth type functional pattern.

7. Sediment retention benefits: In Shanxi and Anhui Provinces, one of the key environmental benefits of the forest and shrub plantation is the retention of sediments. Reducing the sediment inflowing into the Yellow

River and the Yangtze River and their tributaries has several benefits. Firstly, irrigation systems suffer less from large inflows of sediment that choke the canals and often make it necessary to stop diversions when sediment loads are high. Secondly, river channels become stable and maintenance costs for river draining works are reduced. Thirdly, sediment build up in downstream reservoirs is slowed. Fourthly, the rise of the riverbed in the Rivers will be slowed and the cost of raising the flood embankments can be deferred. The project investment focused on the severely water eroded areas which have an erosion modulus greater than 5 000t/km^2. It was assumed that over a period exceeding 20 years the project would be able to gradually reduce the sediment run-off by 50% following the pattern of a growth function. Very limited benefits would occur during the first 10 years. The economic value of each ton of sediment retained was estimated at RMB 10. This value is adapted from the Bank' s work in the Loess Plateau Watershed Development.

8. Carbon sequestration: Vegetation and soils are widely recognized as carbon storage sinks. Sequestration of carbon in terrestrial ecosystems offers a low - cost means of reducing carbon emissions. The 'Kyoto Protocol' makes provisions for direct human - induced land use change and vegetation recovering activities to be considered in relation to each country' s greenhouse gases reduction target. While the species and plantation arrangements under the project would be different, it can be expected that most plantation/rehabilitation activities in the project would generate an estimated incremental amount of dry matter per hectare of between 25 and 100 tons over the next 20 years. This amount would build up following a growth function over a period of 20 years as a one-time increment (see chart). This biomass would be equivalent to an incremental carbon sequestration equivalent of 90 to 400 tons of CO_2-e. Based on latest Bank guidelines [1], a lowest economic value of USD 30/Ton is used in the analysis.

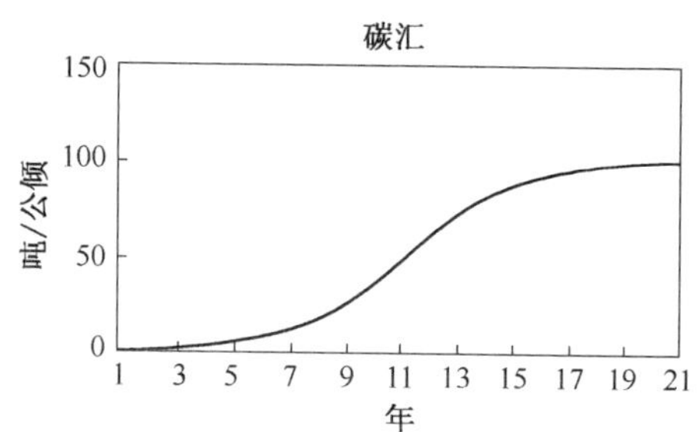

Results of the Economic Analysis [2]

9. The results of the economic analysis using the assumptions described above are shown below (detailed cash flow calculations are available on file).

Summary of NPVs and EIRRs at ICR

Project Area	Excluding Environmental Benefits		Including Wind Break Benefits		Including Sediment Retention Benefits		Including Carbon Sequestration Benefits		Including Three' Environmental Benefits	
	NPV	EIRR	NPV	EIRR	NPV	EIRR	NPV	EIRR	NPV	EIRR
Anhui	336. 7	10. 1%	336. 7	10. 1%	509. 3	11. 9%	633. 4	13. 9%	806	15. 3%
Hebei	152. 1	8. 9%	808. 2	16. 2%	152. 1	8. 9%	377. 6	12. 8%	1 033. 8	18. 8%
Liaoning	119. 2	9. 9%	773. 2	21%	119. 2	9. 9%	344. 0	16. 9%	998	25. 2%
Shanxi	309. 5	10. 5%	309. 5	10. 5%	603. 8	13. 3%	561. 8	13. 8%	856. 8	16. 1%
Zhejiang	48. 6	7. 4%	48. 6	7. 4%	48. 6	7. 4%	263. 5	13. 1%	263. 5	13. 1%
All Project	966. 1	9. 6%	2 276. 2	13. 1%	1 433. 0	11. 0%	2 180. 3	13. 8%	3 958. 1	17. 4%

NPV in RMB million at OCC=6%

---

1 "Projects use a baseline estimate of social value of carbon starting at US $ 30 in 2015 and increasing to US $ 80 in real terms by 2050." quoted from the World Bank's Guidance Note on Social Value of Carbon in Project Appraisal published on July 14, 2014;

2 ational Development and Reform Commissionmandates that OCC of 6% for public good project, which is line with latest Bank Guidelines on OCC.

10. The overall project EIRR including carbon sequestration, wind protection and sediment retention benefits are estimated at 17.4%, which is comparable to the PAD estimation (16%) as the adjusted environmental benefits have more than offset the impact of cost increases of major inputs.

11. No sensitivity test was warranted as the project EIRRs are estimated at their lowest bounds for (i) carbon sequestration valuation is at lowest value (30 US $/ton); and (ii) other substantial but not-readily-quantifiable economic benefits, such as biodiversity conservation, landscape improvements, and contribution to agricultural tourism, were not included in the calculation.

Financial Analysis

12. The project was designed to demonstrate the establishment and management of sustainable, multifunction forest plantations with significant environmental benefits. A total of 29 plantation models and eight forest rehabilitation are developed and over 60 species were used under the project to achieve the project development objectives. Their silvicultural prescriptions with improvement of existing degraded monoculture plantations were designed to maximize the environmental benefits of plantations. This included reduced soil and water erosion, loss of biodiversity and frequency of occurrence of pests and diseases. This was achieved through integrated forest resources management combining ecological services, income generation such as planting fruit and nut trees for harvest, and the increase of vegetative cover and resiliency.

13. As such, the timber production and financial returns, though considered in the design, were not a priority in the development of plantation models and selection of tree species, as with the intensively managed plantations. For calculating the Financial Internal Rate of Return (FIIR) of each model, the calculation covered all cash outflow (investment cost, operating costs, and taxes) and cash inflow (sales of tree products). Other costs including capacity building and project management were added to the financial analysis for the project as a whole. The project' s FIRR is estimated at 9.6% with a good part of the planting models generating an FIIR below 10%, against PAD estimation of project FIIR at 11.8% with almost half of the plantation models yielding an FIRR below 12%. The lower returns in general at ICR are mainly attributable to the inputs cost increases, making a good number of models less attractive financially to farmers.

14. In a bid to increase the financial incentives to farmers and achieve sustainable forest management, the World Bank loan proceeds were provided as grant to subsidize the establishment costs of forestation models during project implementation in the all five participating provinces. As such, the plantation models proved financially attractive to famers (all FIRRs above 10%, see table below) and all the physical targets of forestation and rehabilitation have been successfully achieved. On fiscal impact, the government provided sufficient counterpart funding during implementation. No additional fiscal obligation for local governments are expected apart from servicing the Bank loan, which is a small fraction of their treasury revenues. In an unlikely event of local government financial crisis, the Ministry of Finance will be the "lender of last resort".

Financial Cash Flow Calculations (in RMB Million)

#	Plantation Models	On Total Investment FIIR (%)		On Beneficiary Investment FIRR (%)	
		ICR	PAD	ICR	PAD
1	Conifer and broadleaf tree plantings	10.1	12.4	16.6	18.0
2	Broadleaf plantings	10.4	11.4	17.9	19.5
3	Broadleaf and bamboo plantings	9.9	20.9	32.1	34.9
4	Rehabilitation of conifer stands	10.0	9.9	13.4	14.3
5	Rehabilitation of broadleaf stands	12.9	12.8	19.2	20.8

(续)

#	Plantation Models	On Total Investment FIIR (%)		On Beneficiary Investment FIRR (%)	
		ICR	PAD	ICR	PAD
6	Mixed Windbreak and Sandbreak	6.8	9.3	10.2	11.6
7	Intercropped Windbreak and Sandbreak	8.4	11.4	13.4	15.1
8	Economic Windbreak and Sandbreak	12.6	19.3	21.5	24.8
9	Poplar and Pine	11.5	15.1	18.8	20.4
10	Poplar and Seabuckthorn	11.5	15.1	18.8	20.4
11	Poplar Shrub and Locust mixed forests	11.5	15.1	18.5	20.4
12	Larch and Pine	11.7	11.6	15.4	15.7
13	Apricot	6.8	9.6	15.5	17.7
14	Chinese dates * * *	N.A	14.9	N.A	23.9
15	Hazelnuts	16.4	13.4	36.2	48.4
16	Forest tree plantations	6.1	7.4	10.5	11.2
17	Shrub plantations	4.8	4.1	11.6	12.7
18	Economic trees A	14.7	11.7	14.1	14.5
19	Economic trees B	12.1	13.8	16.9	17.7
20	Broadleaf in existing pinewood stands	6.5	8.0	20.3	21.3
21	Broadleaf and Mao bamboo in existing pinewood stands	10.2	14.7	24.3	23.6
22	Broadleaf in existing fir wood stands	7.0	8.9	19.7	21.0
23	Broadleaf and Mao bamboo in existing fir wood stands	9.1	16.1	27.5	27.0
24	Broadleaf in chestnut stands	7.9	9.5	11.5	14.6
25	Broadleaf in existing tea orchards	18.9	13.6	18.1	19.6
	Total Project	9.6	11.8	15.7	17

* * * *Dropped out during implementation.*

Annex 4. Bank Lending and Implementation Support/Supervision Processes

(a) Task Team members

Names	Title	Unit	Responsibility/ Specialty
Lending			
Jin Liu	Senior Environmental Specialist	GEN2A	Task Team Leader
Susan Shen	Practice Manager (Lead Natural Resources Management Specialist during preparation)	GSU02	Forest Ecosystem Management
Mohamed N. Benali	Senior Programming Specialist	GEN2A	Project Design
Yi Dong	Senior Financial Management Specialist	GGO20	Financial Management
Zongcheng Lin	Senior Social Development Specialist	GSU02	Social Safeguards
William B. Magrath	Lead Natural Resource Economist	GFA12	Forestry Policy
Xin Ren	Senior Environmental Specialist	GEN2A	Environmental Safeguards
Baiquan Wang	Senior Watershed Management Specialist	GEN2A	Watershed Management
Jinan Shi	Senior Procurement Specialist	GGO06	Procurement
Josef Ernstberger	Senior Economist	GEN2A	Financial and Economic Analysis

(续)

Names	Title	Unit	Responsibility/ Specialty
Supervision/ICR			
Garo Batmanian	Lead Environmental Specialist	GEN2A	ICR-Team Leader
Jin Liu	Senior Environmental Specialist	GEN2A	Task Team Leader
Yunlong Liu	Procurement Specialist	GGO08	Procurement
Yi Dong	Senior Financial Management Specialist	GGO20	Financial Management
Xin Ren	Senior Environmental Specialist	GEN2A	Environmental Safeguards
Xieli Bai	Program Assistant	EACCF	Program Assistant
Zongcheng Lin	SeniorSocial Development Specialist	GSU02	Social Safeguards
Richard Owen	Senior Forestry Specialist	GEN2A	Forestry
Liu Xueming	Senior Economist	GEN2A	Financial and Economic Analysis
Zhong Tong	Senior Monitoring Specialist	GEN2A	Monitoring and Evaluation

(b) Staff Time and Cost

Stage of Project Cycle	Staff Time and Cost (Bank Budget Only)	
	Number of staff weeks	USD Thousands (including travel and consultant costs)
Lending		
FY08	13.92	84.95
FY09	25.28	170.45
FY10	13.57	59.35
Total	52.77	314.75
Supervision/ICR		
FY11	8.6	26.99
FY12	9.3	29.62
FY13	13.45	44.46
FY14	10.16	34.10
FY15	10.66	46.73
FY16	10.47	62.17
FY17	11.20	68.86
Total	73.69	312.93

Annex 5. Beneficiary Survey Results

Not Applicable

Annex 6. Stakeholder Workshop Report and Results

(*if any*)

Not Applicable

Annex 7. Summary of Borrower's ICR and Comments on Draft ICR

Borrower Comments on the ICR

During the project preparation and implementation, the World Bank and the Chinese agencies have carried out a constructive collaboration and as the result, the project development objective with all targets have been achieved. It is concluded that the project is very successful. We have reviewed the project ICR and consider it evaluates project performance and lessons learned objectively and explicitly. We fully agree with the overall assessment and ratings presented in the ICR.

Summary of Borrower' s Completion Report

Project Activities and Implementation

Plantation establishment and existing forest management, water cellar construction, and equipment procurement

(*a*) *Plantation establishment and water cellar construction*

Under the project, a total area of 132 290 ha of project plantations has been completed, which is nearly 100 percent of the project target of 132 600 ha. Of this, the area of new multifunction plantations is 93 840 ha, accounting for 101% of the PAD plan of 93 000 ha and the areas of improved existed plantations is 38 450 ha, accounting for 97% of the PAD target of 39 600 ha. The findings of the project monitoring show that plantation quality indicators including the rate of use of first class seedlings, environmental protection compliance rate, planting survival rate, the preservation rate, and the acceptance rate of young plantation tending are all more than 90%, exceeding the set project standards.

Also, the project has constructed 1 340 water cisterns—as the project planned, including 417 cellars financed by the project funds and 923 supported by the Water Department of the Shanxi Province.

(*b*) *Equipment procurement*

The project has completed the procurement of 859 sets of office equipment, representing 112% of the PAD target, including 133 sets for support to farmer associations/cooperatives, which are computers, printers, projectors, global positioning system (GPS), photocopiers, office desks and chairs, file cabinets, and so on.

Institutional Capacity Building and Ethnic Minority Development Plan (EMDP)

Project activities such as institutional support, project management, and monitoring and evaluation (M&E) have been carried out in the light of the project plan, which has contributed significantly to smooth project implementation and effective extension of project experiences. Meanwhile, project training activities have upgraded the management level of project staff, improved the project implementation efficiency, and created demonstration effects within and outside project areas. The strict implementation of the EMDP has ensured the interests and benefits of ethnic minorities in project areas.

(*a*) *Technological training*

Various training activities have been organized for project agencies at each level, promoting effective and strict implementation of project provisions and criteria. In total, 323 950 person days of various training, workshops, domestic and overseas study tours, and consultant services have been completed, accounting for 127% of the PAD plan. See Table below. The table shows that due to the current restrictive policies, the targets for overseas training and domestic study tours could not be completed. However, remedial measures have been taken through providing more training at national, county, and township levels. The targets of the overall project training plan have been exceeded accordingly.

Completion of Project Technological Training

Monitoring Indicator	Plan (Person day)	Completed (Person day)	Completed/Plan (%)
1. Overseas training and study tour	2 915	1 529	52
2. Domestic study tour	4 212	2 920	69
3. National training	120	2 399	1 999
4. Provincial training	10 420	10 911	105
5. County and township training	194 868	259 592	133
6. Domestic consultant service	3 576	3 905	109
7. Training for support to forestry reform	39 320	42 696	109
Total	255 431	323 952	127

The national-level training focus on overall project management and technical road map of multifunction plantations such as tree species composition and species mixed structure, models for the improvement of existing degraded forests, and roles of the project in combating climate change. Meanwhile, the focus of the training organized PPMO to county and township is on technical measures such as project financial management and audit, social assessment, operational design, seedling criteria, planting methods, and environmental protection guidelines, and the training for forest farmers is more on on-site training to help them learn technologies through visible and tangible ways. A questionnaire survey indicated that both the project agencies and forest farmers were generally satisfied with the project training. Of the interviewees, 80% considered that project training is helpful. Through training, the survival rate and quality of project plantations have been improved greatly and pest and diseases controlled effectively. The farmer trainees comprise 43% women and 57% men. These efforts are positive in promoting social fairness and extending women' s role in society.

(*b*) *Technological extension*

In total, 44 advanced technologies and 52 improved species have been introduced under the project, which is conducive to upgrading forest management and bringing integrated forest resources management to better combine long-term forest management and short-term income generation. In some project areas, intercropping of Chinese medicinal herbs and economic crops under forests have been conducted, creating annual revenues of over RMB 30 000 per ha. These measures have effectively solved the issue that plantations generate profits over many years of growth after being established and are welcomed by forest farmers.

(*c*) *Ethnic Minority Development Plan*

There is only one project county having ethnic minority groups, which is Fuxin Mongol Autonomous County (Fuxin County) in Liaoning Province. Fuxin County has 160 000 Mongol people, accounting for 20% of the total population of the county. Owing to sufficient publicity and effective social assessment, many Mongol farmers participated in the project on a voluntary basis. The project has provided Mongol people with equal participation opportunity and rights by conducting consultations with the farmers at each of potential project villages. To respect the customs of Mongol farmers and have effective communication, the project information was provided to the ethnic minority communities in both Mongolian and Chinese. Meanwhile, much attention has also been given to encouraging women to engage in project design, training, and implementation.

In Fuxin County, 203 villages participated in the project, of which 41 villages having Mongol communities, accounted for 20% of the participating villages. Among 716 contracts that have been signed with farmer households, 117 contracts were signed with Mongol households, taking up 16% of the total. The area of the project plantations in the county is 6 711 ha, of which 899 ha is planted by Mongol households, which is 13% of the total.

Support to collective forest land tenure reform

With the focus on activating forestry operational mechanism, the project provided support to the Governmental collective forest land tenure reform. Thus, the enthusiasm of farmers has been greatly aroused and the project targets in this part have been fulfilled. (See Table below)

Activities in Support of Collective Forest Land Tenure Reform

Support Activities	Unit	Plan	Completed	Completed/Plan
1. Area for which forest right certificates are granted	ha	55 050	74 906	136
2. Establishment and upgrading of farmer associations/cooperatives	No.	20	20	100
3. Forest Management Plans (FMPs) developed	No.	5	5	100
4. Workshops	No.	4	4	100
5. Study for forestry reform		4	4	100

(*a*) *Granting of forest right certificates*

The project has provided support to granting of forest right certificates carried out under the forest tenure reform, through which local forestry development has been promoted significantly. This is because that forest right certificates enabled farmers to feel relieved on long-terms forest land management, so they have higher enthusiasm in forestry investment and show more interest in plantation management; and the certified forest can be used as mortgage for Bank loan applications, which has expanded the fund sources for forestry development and farmers' livelihood development.

(*b*) *Support to farmer cooperatives/associations*

Under the project, the improvement of total of 20 farmer cooperatives/associations has been supported, taking up 100% of the project targets. The major business activities of these farmer associations/cooperatives covered planting stock development, planting and forest management, fruit processing and marketing, with the involvement of 7 069 farmer households. The support provided by the project has advanced further development not only in forestry but also in farmer associations/cooperatives institutional capacity building. The key project activities carried out include: (i) improvement of institutional structure, regulations, and system of farmer associations/cooperatives to maintain steady and long-term operation; (ii) provision of technical guidance and services to improve the skills of forest farmers; and (iii) organization of forest farmers to engage in profit-generating activities with the premise that the ecological benefits of the project be guaranteed, to accelerate poverty reduction and income increase of farmers.

(*c*) *Development of a Forest Management Plan*

Each project province has piloted one FMP. The FMPs are the key documents for community to develop a medium- and long-term forest management plan by which integrated forest management activities are organized, harvest arrangements determined, and production and investment plans prepared. The activity has promoted the scientific forest management in project areas. Per a survey, project FMPs have not only provided demonstration and guidance to project implementation entities to carry out sustainable forest resources management, but also are more helpful to local farmers outside project areas to carry out forest protection, scientific forest management, and sustainable utilization of forest resources through organizing technical trainings to local people and promoting marketing for forest, in particular the nut and fruit products.

(*d*) *Studies and workshops related to collective forest land tenure reform*

During project implementation, four workshops were organized in project provinces to exchange lessons learned on collective forest land tenure reform. Experts were invited from universities, research institutions, and government agencies to participate in the workshops. Per the project design, Zhejiang Province carried out four studies in the areas of collective forest land tenure reform, farmer cooperatives/associations, and sustainable development and technologies for ecological improvement. These research results have assessed progress and impacts of collective forest land tenure reform in Zhejiang as well as the lessons learned for further improvement of the reform processes. The studies have also analyzed the implementation of the project technical models and confirmed that adopting the Models will promote the technical advance along with the forestry reform processes.

Project Investment

The project investment plan is fulfilled

The project has completed an investment of RMB 1. 522 billion, accounting for 112% of the planned cost of RMB 1. 36 billion, including RMB 1. 013 billion for establishment of new multifunction plantations, taking up 129% of the plan; RMB 375 million for improvement of the existing plantation forests, 118 percent of the plan; RMB 87 million for capacity building and M&E, 83% of the plan, and RMB 48 million for other support activities (see Table below) .

Completion of Project Investment by Project Category

Project Category	Total Plan		Completed		Completed/Plan (%)	
	Equivalent to US $, millions	RMB millions	Equivalent to US $, millions	RMB millions	US $	RMB
Total	200. 00	1 360. 00	243. 53	1 522. 00	122	112
Establishment of New Multi-function Forest Plantations	115. 66	786. 51	162. 02	1 012. 58	140	129
Improvement of the Existing Plantation Forests	46. 62	317. 00	59. 94	374. 61	129	118
Institutional Support, Project Management, and Monitoring and Evaluation	15. 38	104. 57	13. 93	87. 04	91	83
Contingency Fee	22. 34	151. 92				
Others (front-end fee, and so on)			7. 64	47. 77		

The fact is that the investment plan has been overfulfilled for project Component 1 (Establishment of New Multifunction Forest Plantations) and Component 2 (Improvement of the Existing Plantation Forests), however, the plan for Component 3 (Institutional Support, Project Management, and Monitoring and Evaluation) failed to complete fully. The reasons for this are summarized: (i) the project activities of overseas training and study tours and domestic consultant services have not been fully carried out due to restrictive policies imposed by the Chinese Government; and (ii) as some project training activities have been conducted together with other projects, it is difficult to separate the costs and recorded under the project.

(a) The sources of investment costs are composed of the World Bank loan of RMB 623 million equivalent, taking up 41% of the completed total investment, which is lower than the planned 50% at the project preparation stage; and the domestic counterpart funds of RMB 899 million, 59% of the total project costs, which is 9% higher than the designed ratio.

(b) The project investment plan has been carried out well in project provinces. Anhui has completed RMB 376 million which accounts 126% of the plan for the province; Hebei fulfilled RMB 301 million, taking up 111% of the plan; Liaoning RMB 229 million, Shanxi RMB 322 million, and Zhejiang RMB 294 million, accounting for 105%, 113%, and 103% of the plans respectively.

The disbursement of the World Bank loan is in consistence with the project plan

The World Bank loan disbursement progress is consistent with the plan during project implementation. Five project provinces including Hebei, Shanxi, Liaoning, Zhejiang, and Anhui have completed US $ 99. 09 million of the World Bank loan cumulatively. Zhejiang and Anhui have fully used up the World Bank loan allocated for these provinces. Hebei and Shanxi planned to use the World Bank loan in full amount, for which a financing plan in RMB was developed. However, due to the sharp currency fluctuation during the lifetime of the project there was loan surplus in the two provinces. Meanwhile, Liaoning has completed 96. 4% of the loan plan. The reason for this is that severe drought weather occurring in 2014 badly affected the project progress in the province.

Delivery of project counterpart funds has achieved a higher rate

An amount of RMB 899 million counterpart funds has been delivered under the project, accounting for 132% of the planned RMB 680 million. Among which, RMB 990 000 has been provided by the central PMO for the central level training—RMB 192 million from the provincial level, taking up 97% of the planned; RMB 197 million; RMB 202 million from the prefecture/city level, taking up 96% of the planned; and RMB 211 million and RMB 504 million from the planting entities and other financial sources, taking up 185% of the planned amount of RMB 272 million.

Provision of counterpart funds progressed satisfactorily in project provinces. Specifically, Hebei has provided RMB 175. 68 million of counterpart funds, occupying 129% of the plan for the province; Shanxi delivered RMB 190. 97 million, taking up 134% of the provincial plan; Liaoning delivered RMB 129. 66 million, taking up 119% of the plan; Zhejiang delivered RMB 162. 51 million, taking up 114% of the plan; and Anhui delivered RMB 239. 34 million, taking up 160% of the plan.

Application of project funds is in compliance with the relevant regulations

During the project implementation, the audit offices of five provinces carried out annual audit for project activities and financial management and delivered audit reports on an annual basis. From these reports, it is observed that the application of the project funds complies with the project requirements and relevant regulations. Project funds are disbursed on time, and good results are generated. However, some issues are pointed out including the delivery of counterpart funds in a few provinces/prefectures/cities/counties not in full amount and detaining of project funds in several project entities. Remedy actions have been taken promptly and the identified issues have been addressed.

Generally, the application of the World Bank loan is in compliance with the provisions of the Project Loan Agreement. The project financial statements of five project provinces have been developed in accordance with China' s accounting standards and the financial system as well as the related provisions in the Project Loan Agreement for financial management. The project financial documents faithfully reflect the project progress, quality of activities, financing and expenditures. In recent years, the Central Government has enhanced its efforts in anticorruption and punishment of illegal behaviors in economic activities. This has created a sound external environment for the implementation.

Major Factors Affecting the Project Implementation

The labor costs are rising sharply

During project implementation, the labor costs in China rose significantly. Based on the survey undertaken in project areas, the labor costs had been increased by around 25%. To deal with the unfavorable impact, various measures have been taken by project provinces including the use of project contingency fee, the mobilization of more funds from various financial sources and the adaptation of advanced technologies to reduce the labor costs. For example, Machines have been widely used to site preparation in some flat project areas in Liaoning and Hebei provinces, which has reduced the labor cost by around 15%.

Severe droughts occurring in provinces of Zhejiang and Liaoning

During project implementation, severe droughts hit several project areas, as a result, some newly-established project plantations failed to meet the project criteria. However, with the strong support of project implementation entities at all levels, the remedy measures have been taken and issues have been addressed.

In 2013, a drought disaster occurred in Zhejiang and affected an area of 2 357 ha project plantations or 40% of the total plantations established in that year. The survival rate was only 71%, caused a serious loss. To deal with this situation, the relevant county governments provided additional funds of RMB1.90 million to farmers to replant the affected plantations and to water and earth-up planted seedlings, which increased the planting survival rate of the affected sites up to the set standards.

In 2014, the drought also occurred in Liaoning Province with rainfall only 50% ~ 70% of the normal amount. To ensure the smooth project implementation, several effective measures have been adopted including offering county and provincial level financial support to the project entities to carry out patch-up in some effected project plantations or re-establish in the completely failed plantations with the use of containerized seedlings to ensure the quality of newly established plantation.

New restrictive policies have been imposed and affected the implementation of project overseas training and domestic study tours

Since 2013, the Chinese Government has promulgated a series of new regulations to strictly control the numbers of overseas training and study tours as well as the domestic study tours. As a result, the project overseas training has completed only 52% of the plan and domestic study tours completed 69% of the plan.

To make up for the loss, the PMC has made active efforts to enhance the project trainings through employing experts who have international experience to provide trainings to project staff. More than 1 000 person days of additional training have been provided at national level. Meanwhile, at the provincial and county levels, more than 2 000 person days of additional trainings were also carried out to fill the gaps accordingly. With the joint efforts, there were no negative impacts caused by the reduced overseas training and domestic study tours.

A questionnaire survey indicated that 78% of training participants considered that the overseas training had helped them to change their traditional forest management concepts, improve their work quality, broaden their vision, update the awareness of environmental protection, and learn advanced technologies in plantation establishment and management from other countries. Meanwhile, 76% of the participants taught the technologies they learned during the domestic study tour to more than 10 people. The survey findings show that the overseas training and domestic study tours organized under the project were very necessary for project agencies and entities adopting new technologies, transferring the planting and forest management from conventional monocultural planting to mixed species planting and improving project management.

Project Adjustments

To better fit with the local conditions and meet the needs for the changes happened during project implementation, the project provinces have made certain necessary and reasonable adjustments on project design.

One project county withdrew from the project in Shanxi

During project implementation, the number of the project counties (districts/cities) in Shanxi were reduced from 68 to 67, as Jinyuan District of Taiyuan Municipality withdrew from the project because land reallocation in the district led to the change in the use of land originally planned for project activities. A total of US $ 520 000 World Bank loan and an area of 1 200 ha of plantations planned for the district were reallocated to other project counties. On project closure, the World Bank loan in Shanxi has been fully disbursed with the planting target reached.

The plantation models and tree species have been optimized

Plantation models introduced to the project have been optimized during project implementation in terms of quantity, seedling specification, planting density, and tree species, to meet the local conditions in project areas and incorporating lessons learned and new technologies. The adjustments that were made include an additional 14 broadleaf plantations used in forest rehabilitation models in Zhejiang, an adjustment in seedling criteria and planting density in some of the plantation models in Shanxi, an increase in new planting models and updating planting density in Liaoning, and an increase in the number of plantation models from 4 to 7 in Hebei. Those adjustments were made based on the actual needs, and the proposed adjustments have been reviewed by provincial expert team and the Bank. With the adjustments, the planting and forest management quality has been improved, mixture forest structure is more stable and cost effectiveness has been improved.

Project Benefits

Financial and Economic Analysis.

During the evaluation of project completion, the project financial and economic feasibility was reviewed. To ensure the consistency and comparability of various results, the same methods have been adopted at project completion, midterm review, and project appraisal. However, the following parameters have been updated to reflect the real situation at project completion.

(a) The unit labor cost is updated to RMB 80 per day for Anhui, Hebei, Liaoning, and Shanxi and RMB 95 per day for Zhejiang based on the findings of an investigation;

(b) Based on several discussions with the relevant consultants, the price of carbon sequestration is US $ 30 per ton of CO_2 (equivalent to RMB 204 per ton of CO_2) adopted based on the lowest price proposed in the Carbon Pricing Guidance Note issued by the World Bank on July 14 2014;

Based on calculations, the financial internal rate of return (FIRR) of the project is 9.6%, slightly lower than 11.8% at project appraisal mainly due to the rising labor costs while the economic internal rate of return (EIRR) of the project is at 17.4%, a little higher than 16% at the project appraisal. Both FIRR and EIRR of the project are much higher than 8%, the baseline indicator set by the Chinese Government for the forestry projects. This indicates that the project has created not only obvious ecological benefits, but significant social and economic benefits (see Table below). Although the labor costs were rising during project implementation, the growing price of environmental benefits has made up for this gap to some extent.

Project FIRR and EIRR (%) Summary

Province	Project Launching in 2010		Project Completion in 2016	
	FIRR	EIRR	FIRR	EIRR
Anhui	12.0	15.0	10.1	15.3
Hebei	13.0	19.0	8.9	18.8
Liaoning	13.0	21.0	9.9	25.5
Shanxi	9.0	13.0	10.5	16.1
Zhejiang	12.0	13.0	7.4	13.1
Total	12.0	16.0	9.6	17.4

Ecological Benefits

The multifunction plantations established and rehabilitated in the project areas have increased forest cover in environment important areas and improved the quantity of degraded forest land. As a result, biodiversity has increased considerably and the ability to combat climate change has been enhanced. Moreover, the mixed plantation models adopted under the project have reduced the occurrence of forest pests and diseases by 43%, decreased the soil and water erosion by around 10%~20%, and at the same time, increased the growth of the mixed plantations by over 20% compared to the non-project plantations.

(a) Improved vegetation coverage. In 2016, the vegetation coverage of the project sites was 57%, increasing by 22.1% against set target of 36%, which indicates that the project implementation has contributed to the increased vegetation cover in project areas and the trend would increase rapidly in the years to come. More specifically, the project has generated the following environmental benefits:

(b) Increased tree species. Generally, the number of tree species used in project plantations were increased from 1 to more than 3 (3 to 10 with average of 5 per sub-compartment compared to the non-project plantations, indicating that the project has promoted an increase in biodiversity in project areas. Meanwhile, the project has provided demonstration for transforming the traditional monoculture establishment into planting and forest rehabilitation with mixed species and stable forest structure.

(c) Reduced wind erosion. According to the monitoring results in 2016, compared to the non-project plantations, the wind erosion was reduced by 40 in Hebei and by 55% in Liaoning, which indicate that the project plantations has begun to curb the land from further desertification.

(d) Decreased soil erosion and surface runoff. According to the monitoring results in 2016, the amount of surface runoff of the project sites was 624 cubic meters per ha and the amount of soil erosion was 10.4 ton per ha, both reduced by 7% and 12% respectively against the non-project sites, which have enhanced the capacity in soil control and water conservation of project areas.

(e) Lower occurrence of forest pests and diseases. The occurrence rate of pest and disease in project plantations was 13.3% in 2016 while that of the contrasted plantations was 23.33%, with a significant decrease rate of 43% compared with non-project areas.

(f) Significant benefits of carbon sequestration. Forest management is a cost-effective approach to fix carbon and a major measure to combat climate change. It is estimated that in the next 20 years, the project plantations will form the dry matter at 25~100 ton per ha with each ha absorbing 90~400 tons of CO_2 equivalent, and the plantations established under the project will sequestrate around 32.41 million tons of CO_2.

Social Benefits.

(a) *The Overall Social Benefits.*

The concepts introduced by the project of 'mixed plantation models' and 'multifunction plantations' have created positive impacts on the policies made for forestry development in China. The ongoing Forestry Development Plan 13th Five-Year issued by the State Forestry Administration clearly states that "in the newly-planned land designated for plantation establishment, priority should be given to the development of mixed plantations; for the existing monocultural plantations, degraded plantations, management measures should be taken to upgrade the tree composition and improve the stand quality through thinning, supplementary planting and other measures to form mixture forest structure with coniferous and broadleaf tree species, arbor tree and bush species, as well as to improve the quality of forests and stability of forest ecosystem.

Through the implementation of the planting and forest management models and the provision of a variety of technical trainings to local farmers and forest staff, the advanced design concepts, methodologies, and technologies have been demonstrated and dissimulated; the community consultation and participatory design process introduced by the project is highly recognized by the Government and this process is adopted by some domestic forestry projects in an attempt to encourage farmers to get involved in the project decision process. It is estimated, the project planting and forest management models have been extended to board areas outside of the project areas, approximately 10 times of the project areas. For instance, the advanced concepts and mixed planting and forest management technologies of the project have been introduced to the national forest programs such as the National Forest Reserves Development Project and Guangxi Forest Development Program financed by the National Development Bank; Forestry Development in Thousands of Mus Program in Anhui, Ecosystem rehabilitation for Greening Mountains and Cleaning Water Program in Zhejiang. It is concluded that the dissemination of the project experience has vigorously promoted the forestry development in China.

(b) *Benefits for the Project Beneficiaries.*

About 161 282 farmer households and project entities participated in the project, which include 158 342 individual farmer households, 2 671 farmer cooperatives/associations; 262 collective forest farms, and 7 state-owned forest farms. The participatory design process carried out under the project has ensured the ownership of the land owners and the actively involvement of the project decision process. Majority of project beneficiaries are farmer households and farmer associations/cooperatives, in that they can participate in the decision-making process on the selection of planting sites and tree species, technical models and operational arrangements. Under the project, marginal groups and vulnerable population such as poor farmer households and women all have equal opportunities to participate in the project and benefit from it. Although the project itself is not a poverty alleviation one, the attention has been given to equal project participation of poor farmer households and by every means possible has tried to attract these groups to be involved in project activities. Thus, among the total participatory farmer households, 9.4% of them are poor. Moreover, special attention has been paid to women' s rights and interests. The percentage of women participating in the project is as high as 43%. In ethnic minority areas, efforts have been made in ensuring the equal opportunities for ethnic minority groups to participate in the project.

Considerable Economic Benefits

The implementation of project activities needs a lot of rural labor to carry out jobs of establishing new multifunction plantations, improving the existing forests, building infrastructures and so on. This has provided sufficient employment opportunities for farmers to get additional incomes. During project implementation, the total income generated by farmer labor inputs were RMB 6 415 per participating household in average. Meanwhile, the project plantations have provided effective protection for farmland, resulting in an increase in agricultural output by more than 10%. In addition, forest thinning and reaeration will generate considerable benefits to the beneficiaries.

(a) Additional incomes from labor inputs. The farmers' participation in the project has brought to them additional labor incomes. The findings of social result indicator monitoring show that in project areas, the annual labor income per household is at RMB 1 069 on average, accounting for 2.6% of the total revenues of a household, which has contributed to increased rural incomes.

(b) Increased agricultural and economical crop production. The findings of M&E in 2016 indicated that with the protection of project plantations, peanut production grew by 11.7% against that of those without protection, with an additional revenue of RMB 650 per ha generated.

Per the project implementation plan, some participating project farmer households planted several economic tree crops under the project, which have begun to generate revenues in 2016. In Anhui Province, farmer households obtained RMB 431 per ha from plantations of oil tea, moso bamboo, and tea; farmers in Hebei Province obtained RMB 5 161 per ha from economic trees of vines, pear, and apple; farmers of Liaoning obtained RMB 1 695 per ha from hazelnut soil and water conservation plantations and farmers in Shanxi achieved RMB 589 per ha from walnut production.

Lessons Learned

During the project design, experts of the World Bank and domestic consultants carefully assessed the advanced experiences from China and other countries, based on which the innovative project design was developed. During project implementation, the project participants demonstrated and summarized the experiences and lessons, continually improved the project technical models, and resolved the issues emerging in the implementation process. As a result, the project has achieved significant progress. The advanced concepts, experiences, and technologies applied under the project have been extended and practiced in a series of major domestic forestry projects.

Innovation and Lessons learned

(*a*) *Sound cooperation and coordination among government institutions contribute to successful project implementation*

An efficient coordination and work mechanism have been set up among the relevant government agencies including development and reform commission, finance department, forestry department and audit bureau, which has greatly promoted effective project implementation. The Development and Reform Commission reviewed the project development framework and key activities to ensure that the project design was consistent with the strategies and policies of the Chinese Government and the World Bank; the Finance Department worked efficiently to ensure the sound financial management and availability of counterpart funds in full amount with timely deliverable. The Department of Forestry played a professional role in project implementation by organizing project implementation and provide technical assistance. The audit office monitored closely the project activities to ensure the use of project funds in compliance with the related regulations.

(*b*) *Promoting natural rehabilitation with human interventions is an effective approach of forest restoration*

During the project preparation in 2010, the project brought the latest concept "close-to-nature forestry development" to the project design. The project, a first in China, practiced the updated plantation models by establishing multifunctional plantations and improving the degraded monoculture forests into mixed species plantation forests with the use of various tree species in the areas with vulnerable eco-environmental conditions. These measures have facilitated the transformation of monoculture commercial plantations into multifunction plantations focused on ecological benefits. On April 25, 2015, the State Council issued 'Opinions on Accelerating the Ecological Civilization Construction' . It states, "In order to facilitate the ecological rehabilitation, attention should be given to natural restoration, combined with human interventions." The design concept and technical measures adopted under the project are highly consistent with the principles of China Central Government, and the technical models demonstrated by the project and lessons learned are contributing to promoting sustainable forestry management for China.

(*c*) *The Government takes the responsibility of loan repayment for improvement of ecological environment and participatory farmers benefit from project plantation establishment*

In addition to demonstrating the establishment and management of multifunction forest for environment protection, the project has also demonstrated sound public and private partnership investment mechanism. More specifically; (*i*) As the project would focus on environmental improvement, the county government takes the responsibility of loan repayment and participating farmers manage and benefit from project plantation establishment and long-term forest management. This arrangement has greatly stimulated forest farmers' enthusiasm in participation in the project; and (*ii*) To improve the effect forest management, the project has provided support to farmer associations/cooperatives to improve their institutional capacity in providing technical services and trainings to local farmers, developing marketing for forest and economic crop products and organizing better planting and forest management. The promotion of farmer associations/cooperatives is approved as an effective way of improving technical services in grassroots level, forest management and product quality, profitability and farmer income.

(*d*) *Participation of communities and households in the project planning process is an effective tool to generate ownership and project sustainability.*

The project introduced participatory and "bottom-up" approaches to forest resources planning and management by consulting local communities, planting entities and households early in project design, by involving them in project implementation, and by being responsive to communities' preferences and needs. This approach greatly enhanced stakeholder ownership in long-term forest management. The more active involvement of local communities will not only lead to better adherence to management prescriptions and effective management, but it will also ensure that the project's social objective is achieved.

(e) *Improved models for formation of mixed multifunction plantation forests have been practiced by use of a variety of broadleaf tree species*

In view of the characteristics of the project areas mainly having vulnerable environmental conditions, the project is carried out in plain sandy land, hills, and Loess Plateau in the north and hilly land in the south of China, with priority laid on balanced ecological and economic benefits. The design scheme for project plantations followed the principles of "low planting density, mixed tree species, multifunction, and sustainability" and introduced improved tree species suitable for environment improvement. A total of 37 technical models for mixed plantations have been developed under the project, including 29 models for establishing new mixed multifunction forest plantations and 8 models for improving the existing plantation forests.

Through simulating the natural generation, the efforts in establishment of mixed plantations and transformation of monocultural plantations to the multifunctional mixed forests have facilitated restoration of the close-to-nature forest system suitable for local natural conditions, which has significantly enhanced the functions of the forests in soil conservation, windbreak and sand fixation and farmland protection, so that the local ecological environment has been improved largely.

(f) *The use of containerized seedlings in project plantations is an effective way in promoting growth of plantations*

The project is implemented mainly in the areas featured with poor soil conditions and vulnerable environment conditions, so the normal technologies would result in a lower survival rate. In view of these unfavorable factors, several improved technologies and measures have been introduced and practiced about seedling cultivation, site preparation, planting, tending, and plantation management to increase planting survival rate in difficult site conditions. The use of containerized seedling was promoted. In the previous World Bank forestry projects, only around 2% of the containerized seedlings being used in project planting. By contrast, this rate in the project was risen to around 20%, especially in Zhejiang, almost used planting materials are containerized seedlings. The surveys indicate that compared to the plantations established with the use of bare-root seedlings, the survival rate and growth increment of new plantations established with the use of containerized seedlings are higher by over 17% and 30%, respectively.

(g) *Timely adjustments are critical for accomplishment of the project objectives*

In widely dispersed projects with diverse geographical and social conditions, and changes might be occurred during long-term project implementation period, timely adjustments and flexibility in project implementation is needed to ensure that interventions are appropriate to local conditions and needs. During the project implementation, adjustments have been made in plantation models including tree species, composition, planting density, and seedling specifications, to enable these models to be improved to adapted natural conditions of different locations. Moreover, the reallocation on project funds including the World Bank loan has been done for improving the fund efficiency to ensure that the fund disbursement is in compliance with the project progress.

Issues and Recommendations

Although the project has progressed successfully, there still existed some issues that needed close attention for further forestry programs.

(a) More balance should be taken consideration between ecological and economic benefits. During project implementation, the project staff found that participating farmers prefer to planting more economical crops while they support the ecological afforestation in some project areas. Though the project is promoting the multiple – function plantation establishment and forest management to generate both environmental and economic benefits, in some areas, where the ecosystem is very fragile, the planting dose focus on forest ecosystem restoration. Therefore, it is recommended that more attentions should be given to balance the economic and ecological benefits in those areas in future forestry projects, in particular in creating incentive mechanism to attract farmers for long–terms sustainable forest management as well as for local people livelihood development.

(b) Much attention should be paid to project costs. Due project implementation period, the increased financing gas put great pressures to the project agencies. In particular, the USD depreciation against RMB made the World Bank Loan ' shrinkage ' ; rapidly raised labor costs caused afforestation and forest management cost increased and unavailability of project counterpart funds in some project areas effected the funding delivering to planting entities and farmers on a timely basis.

Although these issues have been resolved thanks to great efforts made by the project agencies, it is suggested that close attention should be given to project cost estimation in the design of future forestry projects, by taking consideration of relevant elements and increasing the contingency fee, as well as to reduce counterpart funds ratio to meet poor financial conditions in some project areas.

Assessment of the World Bank and Project Agencies Performance

Assessment of the World Bank

(a) Strict Supervision and Effective Guidance.

During the periods of project preparation and implementation, the World Bank sent several project supervision missions to review the project progress and provide guidance on project design and improvement. The World Bank regularly sent two semiannual supervision missions each year visiting project areas and agencies. The Bank team brought the new project design concept to the project preparation and it is also very accountable in identifying issues emerged during project implementation and help project agencies addressing the issues, as well as provide valuable recommendations and advice for further improvement. The guidance and diligent supervision provided by the World Bank have effectively promoted the smooth project preparation and implementation.

(b) Practical and Flexible Work Style.

During project implementation, China' s forestry sector experienced several major reforms including collective forest land tenure reform. Influenced by changes in policies and market demands, forest farmers proposed several adjustments to project activities considering the actual needs. The World Bank quickly responded to these changes, provided strong support to the proposed adjustments on time, which has ensured the smooth implementation of the project.

Friendly Cooperation between the World Bank and the Borrower.

The successful project implementation has corroborated a friendly and sound partnership between the Chinese Government and the World Bank. During the project implementation, the World Bank supervision missions visited the project townships and villages as well as the plantation plots several times, communicated with grassroots technicians and participating farmers to understand their needs, answered their questions patiently, and provided help to resolve the issues in project implementation. These efforts are conducive to successful project implementation.

Project Agency Performance

With the strong support of the National Development Reform Commission, Ministry of Finance, and National Audit Office, as well as relevant provincial government agencies, the Project Implementation Units set in the forestry sector at central, provincial and county levels have worked hard and efficiently on the project preparation and implementation, in particular on implementing innovated technical design with providing adulated technical services and trainings; ensuring quality project activities and timely disbursement; making every efforts in solving of issues emerged during the project implementation. Those endeavors have promoted smooth project implementation and contributed to the realization of project development objective. Moreover, the high sense of responsibility showed by the project agencies has built a solid basis for future World Bank loan forestry projects being implemented in China.

Post-Project Management Plan

Clarifying post-management responsibilities of related project institutions

After the project, the administration and management of project plantations have been handed over to county-level forestry authorities and farmers. The County Forestry Bureaus (CFBs) are permanent agency under the local governments, which are responsible for forest resourced management, especially the ecological improvement. Meanwhile, as the forest farmers are land owners and will directly benefit from the project, they are enthusiasm in the management of project plantations. As part of routine work, CFBs would provide technical assistance to planting entities and farmers for the forest management.

The project M&E program has incorporated into the government M&E programs and carried out continuously by the local government and the existing research institutes, as the project planting and forest management are key parts of overall government forest resources management program.

Implementing the 'three prevention' responsibilities

The responsibilities of the prevention and control for fire, pest and disease for project plantations have been incorporated into the regular management responsibilities of local government and forestry authorities. All-around fire and pest and disease forecast, prevention and control in project plantations will be conducted by making full use of the existing provincial-level system built for forest pest and disease control including forest fire forecast and prevention stations and forest pest and disease monitoring stations at the county, township, and village levels. Attention will also be given to awareness education to local villages on the prevention of forest fire and relevant regulations, and the monitoring for occurrence of fire and pest. It is expected that the strict controlling of the occurrence of forest pests and diseases and fire will ensure the healthy growth of project plantations and realization of project ecological, economic, and social benefits.

Enhancing post-project management

As the project plantations are mainly managed for ecological environment protection, subsidy funds, which would be provided by national and provincial governments, will be used to carry out forest management. The funding National and provincial government provide a flat rate subsidy to forest owners of RMB 225 /ha/year to maintain forest cover – the aim being to compensate forest owners for the public goods generated by their forests; for the plantations managed for both economic and ecological benefits, more intensive management is needed. The additional funding of RMB 1 500/ha/year is available through the National Forest Management Program to cover tending and thinning cost; and for the economic tree crops, which mainly generate economic benefits, farmers are happy to continue to mobilize funding and labor inputs for the stand management.

Making preparation for timely repayment of the World Bank Loan

Project county governments are responsible to the Bank loan repayment. The repayment plan has been prepared, which will be started from 2020 and the government agencies have made commitment on timely loan repayment.

Annex 8. Comments of Cofinanciers and Other Partners/Stakeholders

Not Applicable

Annex 9. List of Supporting Documents

1. Project Appraisal Document
2. Borrower' s Completion Report
3. Aide-Memoires and ISRs
4. Semi-annual Progress Status Reports from Borrower
5. Project Agreement
6. Loan Agreement
7. Project Implementation Plan

世界银行文件

（报告编号：ICR00004128）

中华人民共和国 1 亿美元贷款

林业综合发展项目

项目竣工成果报告

（贷款号 IBRD-79390）

东亚和太平洋地区

中国国家办事处

环境与自然资源全球实践

2017 年 6 月 29 日

货币换算
（按 2017 年 1 月 1 日的有效汇率）

货币单位：人民币元
1.00 元 = 0.16 美元
1.00 美元= 6.85 元

财政年度
1 月 1 日–12 月 31 日

缩略语

CAF	中国林业科学研究院
CPS	国家伙伴关系战略
EIRR	经济内部收益率
EMDP	少数民族发展计划
EMP	环境管理计划
FA	农民协会
FIRR	财务内部收益率
ha	公顷
IBRD	国际复兴开发银行
ICR	竣工报告
IFDP	林业综合发展项目
Km	公里
M&E	监测与评价
MTR	中期检查
NDC	国家自主贡献目标
NPV	净现值
NTFP	非木材林产品
PDO	项目发展目标
PAD	项目评估文件
PES	环境服务付费
PIP	项目实施计划
PMC	世界银行贷款项目管理中心
PMO	项目管理办公室
PPMO	省级项目管理办公室
RMB	人民币（中华人民共和国货币）
SFA	国家林业局

全球业务高级总监：卡琳·肯佩尔（K. Kemper）
部门经理：伊恩·舒克（I. Shuker）
项目经理：刘　瑾
项目竣工成果报告团队负责人：高柏林（G. Batmanian）

A. 基本信息			
国家：	中国	项目名称：	林业综合发展项目
项目编号：	P105872	贷款/信贷/信托基金编号：	IBRD-79390
竣工报告日期：	2017 年 6 月 29 日	竣工报告类型：	核心报告
贷款工具：	部门投资贷款	借款人：	中华人民共和国
原总承诺额：	1 亿美元	支付金额：	9 909 万美元
变更后金额：	1 亿美元		
环境类别：B 类			
实施机构：国家林业局			
合伙人和其他外部合作伙伴：无			

B. 关键日期				
项目节点	日期	项目处理	原定日期	修改/实际日期
概念审查：	2008 年 4 月 2 日	生效：	2010 年 11 月 30 日	2010 年 10 月 11 日
评估：	2009 年 8 月 3 日	重组：	不适用	不适用
批准：	2010 年 7 月 6 日	中期检查：	2013 年 5 月 31 日	2013 年 5 月 20 日
		关账：	2016 年 12 月 31 日	2016 年 12 月 31 日

C. 评级摘要	
C. 1 竣工报告业绩评级	
项目成果：	满意
项目开发成果面临的风险：	低或极低
世界银行的业绩表现：	满意
借款人的业绩表现：	满意

C. 2 世界银行和借款人业绩的详细评级（根据竣工报告）			
世行	评级	借款人	评级
起始质量：	满意	政府：	满意
监督质量：	满意	实施机构：	满意
世界银行的业绩表现：	满意	借款人整体业绩表现：	满意
C. 3 初始质量和实施绩效指标			
实施业绩表现	指标	质量评估（如有的话）	评级
项目在任何时间的潜在问题（是/否）：	否	初始质量：	无
项目在任何时间的问题（是/否）：	否	监督质量：	无
在项目关账/非活动状态之前的评级：	满意		

D. 部门和主题代码		
	计划	实际
主要部门/行业		
农业、林业和渔业		
林业	95	95
公共行政 -农业、渔业和林业	5	5

（续）

	计划	实际
主题/核心主题/子主题		
环境和自然资源管理		
气候变化	50	50
适应	50	50
减缓	9	9
环境政策和制度	5	5
可再生资源资产管理	9	9
生物多样性	9	9
城乡发展		
农村发展	77	77
土地管理与经营	77	77

E. 世行工作人员		
职位	在项目竣工报告时	在项目批准时
副行长：	维多利亚·克瓦（V. Kwakwa）	詹姆斯·亚当斯（J. W. Adams）
国家主任：	贝特·霍夫曼（B. Hofman）	克劳斯·罗兰德（K. Rohland）
执业经理：	卡琳·肯佩尔	艾德乔·瓦斯克斯（E. J. Ijjasz-Vasquez）
项目经理：	刘瑾	刘瑾
竣工报告团队负责人：	高柏林	
竣工报告主要作者：	理查德·欧文（R. Owen）	
	刘学明	

F. 结果框架分析

项目发展目标（引自：项目评估文件）

项目发展目标是：协助借款人在项目省示范具有重大环境效益的多功能可持续人工林营造和管理。

修改的项目发展目标（经原审批机关批准的）

本项目的发展目标没有修改。

（1）项目发展目标指标。

指标	基准值	原定目标值（来自批准文件）	正式修订的目标值	竣工或目标年份实际完成目标值
指标 1：	项目县内选定的环境退化地区多功能林植被覆盖率的增加量（每公顷植被覆盖的百分比）			
完成情况（定量或定性）	10%	20%	—	50%

（续）

指标	基准值	原定目标值（来自批准文件）	正式修订的目标值	竣工或目标年份实际完成目标值
完成日期	2009 年 8 月 3 日	2016 年 12 月 31 日		2016 年 12 月 31 日
说明（包括完成的百分比）	该指标是指项目开始时植被退化的面积。植被覆盖率增加目标是 20%，实际为 50%，超出计划目标的 300%（增长 30 个百分点；与原来的目标相比提高了 10 个百分点，项目开始时植被基线覆盖率为 10%）。现场调查（监测评价体系的随机抽样）显示，超出目标的原因是，乔木，灌木和草本生长和恢复良好（植被覆盖率分别为每公顷 30%，10%，10%）。在项目初期基本裸露地区新造林 93 840 公顷，使用了多个乡土树种。这些造林模式证明，立地多样性（树种数量和种类）强化了多功能潜力，产生的环境效益包括：增加生物多样性，更高的二氧化碳储存和减少土壤侵蚀。 这些结果表明，该项目采用的造林模式成功展示了可持续多功能经营的人工林所提供重要的环境效益的能力。项目造林模式的示范效应已开始呈现，在项目区外推广面积在 20 万公顷以上			
指标 2：	森林资源管理的改进（通过抽样调查衡量树种多样性、植被覆盖等方面的改进，并对项目区与非项目区进行比较）			
完成情况（定量或定性）	不适用	每个小班的树种从 1 个增加到 3 个，其他的森林功能增加		树种从 1 增加到 3~10 个，植被覆盖增加到 57%，土壤侵蚀减少 11%~19%，风蚀减少 40%~55%。与非项目地点相比，病害发生率降低 43%
完成日期	2009 年 8 月 3 日	2016 年 12 月 31 日		2016 年 12 月 31 日
说明（包括完成的百分比）	超过了目标的 25%~175%。每个项目点都种植了至少 3 个树种，加上 5 年内项目干预措施促进了自发性的天然更新，树种数量明显增加，干预措施限制了树木和幼苗周边的裸露，并使邻近地区自然散布的种子落地萌发。更新生长的现场调查表明，基于立地多样性，植物覆盖，活力和病虫害发病率的森林经营水平有所改善。 这些树木的发生和旺盛成长，导致多功能林提供的环境效益的增加，如：植被覆盖率增加到 57%，土壤侵蚀减少 11%~19%，风蚀减少 40%~55%；与非项目地点相比，病虫害发生率下降 43%。这些成就有力地支持了项目发展目标设定的多种功能和环境效益。这些结果表明，该项目采用的森林改良模式成功地证明了可持续多功能人工林经营提供了显著的环境效益。项目的进一步的示范效应得到发挥，项目模型已经在项目区外推广约 30 万公顷			

＊本项目中的多功能林，指森林产生的多种生态/环境效益（增加植被覆盖，增加植物多样性，减少径流、风蚀）和经济效益（直接采用经济树种，或产生的环境效益间接提高了经济产出）。

（2）中期成果指标。

指标	基准值	原定目标值（来自批准文件）	正式修订的目标值	完成或目标年度实现的实际价值
指标 1：	多功能林营造（公顷）：1）防风固沙林			
完成情况（定量或定性）	0	21 380	—	22 370
完成日期	2009 年 8 月 3 日	2016 年 12 月 31 日		2016 年 12 月 31 日
说明（包括完成的百分比）	达到目标的 105%。现场检查和验收程序证实，所有种植目标得到实现，而监测与评估工作确认了防风固沙林的预期利益。监测评估记载：与项目开始时附近的同类非项目立地相比，项目种植的防风林带所在地域，风蚀相对降低 40%~55%。这些表明了项目营造的多功能林模型产生了积极的环境影响			
指标 2：	多功能林营造（公顷）：2）水土保持林			
完成情况（定量或定性）	0	58 900	—	58 470
完成日期	2009 年 8 月 3 日	2016 年 12 月 31 日		2016 年 12 月 31 日
说明（包括完成的百分比）	完成计划目标的 99%。现场检查验收程序确认了造林情况。距目标 1%的原因是缺乏可种植的退化单一种植林地。造林模型基于径流场监测样地的数据建立，样地监测表明，根据坡度不同并与项目开始时同类的非项目立地相比，混交造林可减少径流和土壤侵蚀 11%~19%。这些结果表明，该项目建立的多功能林模型产生了积极的环境影响			

（续）

指标	基准值	原定目标值（来自批准文件）	正式修订的目标值	完成或目标年度实现的实际价值
指标 3：	多功能林营造（公顷）：3）农田防护林带（公顷）			
完成情况（定量或定性）	0	12 680	—	13 000
完成日期	2009 年 8 月 3 日	2016 年 12 月 31 日		2016 年 12 月 31 日
说明（包括完成的百分比）	完成目标的 103%。现场检查和验收确认超出了计划目标。这表明，正确布列的多树种复层防护林带可以取得良好的环境效益。这些效益包括了降低气流对农作物的干化作用和提高作物产量。这些结果表明，项目产生了积极的环境影响			
指标 4：	农作物产量因防风林带和农田防护林带的营建而增加（每公顷产量增加的百分比）			
完成情况（定量或定性）	0	10%		12%
完成日期	2009 年 8 月 3 日	2016 年 12 月 31 日		2016 年 12 月 31 日
说明（包括完成的百分比）	完成目标的 120%。对项目种植在防护林附近地区农作物（水稻，玉米和花生）的现场调查（监测评价体系的随机抽样）显示：完成结果超出目标，位置布列正确的防护林（按照项目制订的规格），可以减少风对农作物的环境破坏作用，使粮食产量增加。当地政府机构表达了扩大项目示范效应的意愿			
指标 5：	农民的经济林木收入增加（元/公顷/年）			
完成情况（定量或定性）	0	480		1300
完成日期	2009 年 8 月 3 日	2016 年 12 月 31 日		2016 年 12 月 31 日
说明（包括完成的百分比）	完成计划目标的 170%。实地调查显示，水果和坚果生产对农民增收起到主要作用，平均增加了 1 300 元/公顷/年。项目多功能林起到了促进项目可持续性的作用。在条件允许时，农民正在使用项目应用的造林模型扩大栽植。不同省份增收情况有所不同，主要原因是经济作物、天气、立地土壤条件不同。例如。山西核桃生产农民增收 590 元/公顷/年，辽宁的榛子种植农民增收年均 1 700 元/公顷/年			
指标 6：	现有人工林修复：增加植被覆盖率（占营养覆盖率的百分比）			
完成情况（定量或定性）	26%	36%		57%
完成日期	2009 年 8 月 3 日	2016 年 12 月 31 日		2016 年 12 月 31 日
说明（包括完成的百分比）	植被覆盖率增加 57%，计划目标为 36%，超过目标 210%（比项目开始时 26%的基准高出 21 个百分点，比原定目标提高 10 个百分点）。该指标是指在项目开始前种植已有部分树木的地域上所产生的具体的改善种植的环境效益（项目发展目标，指标 2），不包括项目项目开始时裸露退化地区（项目发展目标，指标 1）。项目开始时退化人工林的地面覆被较低（平均 26%），但随机场抽样（按照监测评价体系）显示，该项目造林将平均的地面覆被率提高到 57%，是原定目标的两倍多。其原因是，退化的单一种植的人工林套种的树木生长旺盛，而且地下生物量保留良好。混交的地面覆被可持续性改善，对病虫害抗性更强，功能更多；它还为提高土壤肥力和减少径流提供了更好的地面覆盖。这些结果表明，项目建立的多功能森林模型产生了积极的环境影响			
指标 7：	现有人工林修复：项目区不同树种数量增加（树种/小班）			
完成情况（定量或定性）	1 个	3 个		3~10 个
完成日期	2009 年 8 月 3 日	2016 年 12 月 31 日		2016 年 12 月 31 日
说明（包括完成的百分比）	完成目标的 100%。该指标是指具体的改善种植产生的环境效益，项目开始前种植有部分树木的地域上产生的环境效益（项目发展目标，指标 2），不包括项目项目开始时裸露退化地区（项目发展目标，指标 1）。5 年的抽样调查显示，许多人工林区的物种多样性达到或高于预期。经营人工林保护下的新种植林木的“呵护效应”，创造了有利的天然更新的条件，使景观层面的物种多样性和生物多样性增加，为建立稳定且有弹性的森林生态系统奠定基础。这些结果表明，项目建立的多功能林模型产生了积极的环境影响			

（续）

指标	基准值	原定目标值（来自批准文件）	正式修订的目标值	完成或目标年度实现的实际价值
指标 8：	现有人工林修复：退化林的面积（公顷）			
完成情况（定量或定性）	0	39 600		38 452
完成日期	2009 年 8 月 3 日	2016 年 12 月 31 日		2016 年 12 月 31 日
说明（包括完成的百分比）	完成目标的 97%。该指标是指具体的改善种植产生的环境效益，项目开始前种植有部分树木的地域上产生的环境效益（项目发展目标，指标 2），不包括项目项目开始时裸露退化地区（项目发展目标，指标 1）。检查验收工作显示，完成数量稍有欠缺（3%），是安徽和浙江两省造林地短缺所致。尽管如此，通过对现有退化单一种植林的补植，实现了项目发展目标要求的可持续性和多功能目标。对造林地植被覆盖的抽样调查以及径流场的数据显示，项目干预措施对环境产生的积极影响，这包括了减少侵蚀、增强植被多样性和降低病虫害发生率等。这些结果表明，项目产生了积极的环境影响			
指标 9	农民人数（人日）			
完成情况（定量或定性）	0	216 000		323 950
完成日期	2009 年 8 月 3 日	2016 年 12 月 31 日		2016 年 12 月 31 日
说明（包括完成的百分比）	完成目标的 150%。项目记录显示，农民培训（约 40%为女性）超过目标 50%。超过 70%的培训参与者确认，培训提高了他们对于混交林多功能造林优势的理解，提高了他们实地开展项目活动的能力。培训和技术服务的加强为改善种植和森林质量奠定了基础，也加强了对于项目发展目标至关重要的营建森林生态系统、实现长期可持续发展的制度能力			
指标 10：	该项目支持的现有和新建农民协会的数量			
完成情况（定量或定性）	0	20		20
完成日期	2009 年 8 月 3 日	2016 年 12 月 31 日		2016 年 12 月 31 日
说明（包括完成的百分比）	目标已经实现。项目记录显示，20 个农民协会的 4 万名成员的技能得到加强和开发，包括：混交种植，管理和保护，图书保存、信息技术、产品标识、本地展销会产品推广及国内和区域市场营销等。这对农民合作社区产生了积极的乘数（扩大）效应，也为项目发展目标要求的可持续发展示范做出了巨大贡献			
指标 11：	监测和评价体系，为项目的推广和将项目经验应用到其他领域提供了经验			
完成情况（定量或定性）	适用	体系的运行		体系确定了与扩大相关的经验教训
完成日期	2009 年 8 月 3 日	2016 年 12 月 31 日		2016 年 12 月 31 日
说明（包括完成的百分比）	监测评价体系在项目初期开始运作，进展顺利。用于监测进度、产出的成本和效益数据，评估环境和社会影响，生成项目影响分析需要的数据，并确定在项目造林计划中扩大种植经济林的重要经验。因此，项目造林和森林经营模式在项目区外推广约 50 万公顷（20 万公顷为新造林，30 万公顷为改进现有林），进一步强化了项目的示范效应			
指标 12：	发放林权证林地的面积（公顷）			
完成情况（定量或定性）	0	55 050		74 900
完成日期	2009 年 8 月 3 日	2016 年 12 月 31 日		2016 年 12 月 31 日
说明（包括完成的百分比）	完成了原定目标的 136%。项目记录显示，超额 36%的原因是，农民普遍把林权证作为对土地所有权的确认。总共有 74 900 个农民在项目结束时获得林权证。这为政府如何加快林权改革提供了宝贵经验，也显示了土地使用权制度对促进造林和森林经营的重要作用			

（续）

指标	基准值	原定目标值（来自批准文件）	正式修订的目标值	完成或目标年度实现的实际价值
指标 13：	编制森林经营方案的数量			
完成情况（定量或定性）	0	5		5
完成日期	2009 年 8 月 3 日	2016 年 12 月 31 日		2016 年 12 月 31 日
说明（包括完成的百分比）	100%达到预期目标。森林经营方案试点在社区层面实施，成功展示了集体林的可持续经营管理，包括从木材、非木材产品获得环境效益和收入的不同模式			

G. 实施状况和结果报告的评级

编号	报告归档日期	发展目标	业绩表现	实际支付（百万美元）
1	2011 年 6 月 28 日	满意	满意	7.99
2	2012 年 4 月 4 日	满意	满意	22.73
3	2012 年 12 月 20 日	满意	满意	36.41
4	2013 年 6 月 24 日	满意	满意	49.79
5	2013 年 12 月 17 日	满意	满意	65.82
6	2014 年 6 月 24 日	满意	满意	78.32
7	2014 年 12 月 17 日	满意	满意	88.83
8	2015 年 6 月 14 日	满意	满意	93.96
9	2015 年 12 月 11 日	满意	满意	96.46
10	2016 年 6 月 20 日	满意	满意	99.20
11	2016 年 12 月 31 日	满意	满意	99.75

H. 重组（如有的话）

本项目没有进行过重组。

I. 支付曲线

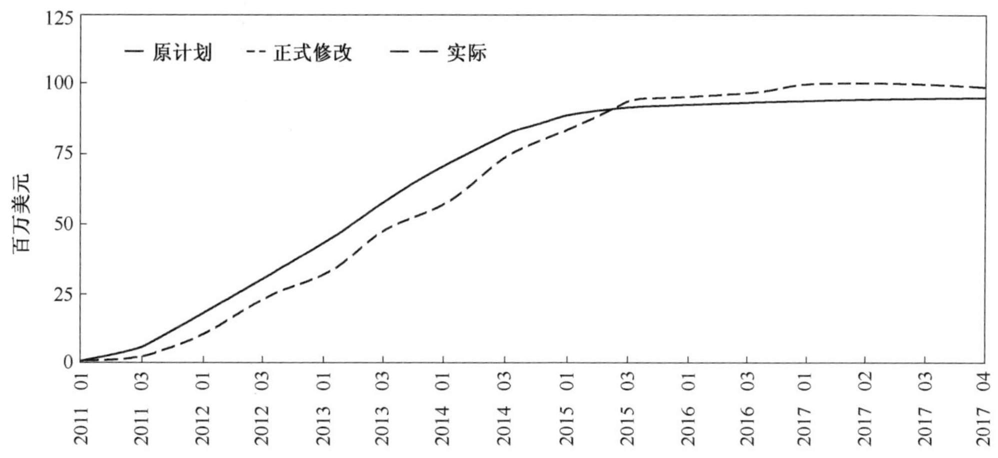

1 项目背景，发展目标及设计

1.1 项目评估背景

（1）中华人民共和国的森林面积 1.95 亿公顷，森林覆盖率约 20.4%，森林面积比 20 世纪 80 年代的 1.153 亿公顷有大幅增加。森林提供了全国 40%的农村能源和约三分之二的工业木材消耗量（约 2.25 亿立方米，总计约 3.1 亿立方米），提供了广泛的水土保持、减少大气污染、促进碳汇、提供动植物物种栖息地等重要环境效益。

（2）林业部门还是就业增收的重要来源，提供就业占全国就业岗位的 3%，占国民生产总值的约 4%。与此相比照的是，中国的森林资源基础薄弱而分散，人均森林面积不到 0.14 公顷，显著低于人均 0.62 公顷的世界平均水平。

（3）在 20 世纪 90 年代，林业的扩张主要集中在扩大工业原料林生产木材方面。大面积的杨树、针叶树、桉树实施单一树种栽培，对生态稳定性关注不足。其结果，病虫害增加，土地生产力下降，生物多样性丧失。还发现，单一种植人工林在控制侵蚀和荒漠化方面的效果较差，而生产力下降意味着农村社区从林业获得的效益是短期性的。这些情况引发对人工林政策的重新思考，最终形成的共识是，需要实施工作重点转移，提升对于多功用人工林业的重视程度。

（4）上述工作重点转移体现于中国政府的“十一五”规划（2006~2010）中。根据该规划，要持续快速稳定推进“社会主义市场经济”的发展，规划确定的实现“五个平衡”的目标之一是实现人与环境之间的平衡。该规划提出，将森林覆盖率从 2008 年的 20%①增加到 2020 年的 23%。为实现该目标，需要对林业实践做出改变，开发采用新的技术规定、设计、资金渠道和管理措施。出于这些原因，中国政府寻求银行支持，通过展示更可持续的造林和森林经营方法促进变革。这是一个挑战，不仅需要开发可行的技术方案，还需要使决策者、省林业人员、农民相信，多功能人工林有潜力在可持续的基础上提供经济和环境效益。

（5）为了引领中国林业发展方向，该项目提出支持政府加强林权制度改革政策的实施，“集体林体制改革”旨在提供给农民和农民团体获得其种植的人工林的林地使用权的机会。鉴于权属在促进林业可持续管理方面的重要性，世行同意加强如下方面：①扩大林权证的发放面积；②支持林业能力建设和推广服务，包括培训推广人员和农民；③在发展需求旺盛的地域，为建立农民协会提供支持；④与当地林业主管部门合作，开展编制森林经营方案试点，提高村领导和农民经营森林的能力。

（6）世行参与的理由。世界银行有在吸收国内外经验，展示混合林营建管理和多功能人工林重要环保功能可行模式的定位准确。鉴于中国在将传统做法（单一经营森林）转变为成本效益合适、有弹性的混交多功能林方面的经验非常有限，世行在引进新技术、促进学习国际先进经验，进而促进经营实践的转换的方面的作用，至关重要。

（7）世行在强化该项目的环境和社会效能方面的定位同样准确。该项目的重点与世行的国家伙伴关系战略（CPS 35435-CN，2006 年 5 月 23 日）“管理稀缺资源和环境挑战”的要求高度一致；还与世行 2011~2016 财年国家伙伴关系战略（CPS 67566-CN，2012 年 10 月 11 日）第一个战略主题“支持绿色增长”下第五项借贷支持产出“示范可持续自然资源管理”的要求相一致。

1.2　经批准的原定项目发展目标及主要指标

（8）林业综合发展项目的发展目标是，帮助借款人在项目省示范具有重大环境效益的可持续的多功能人工林的营造和管理。

（9）本项目中的多功能林，指可产生多种生态/环境的森林效益（增加植被覆盖，增加植物多样性，减少径流、风速）和经济效益（直接采用经济树种或间接地通过产生的环境效益提高产产出）的森林。用于衡量该目标实现的主要指标是：①在选定的环境退化项目区增加多样化的森林覆盖；②改进森林资源管理。

1.3　经原审批机关批准的修改后的项目发展目标和主要指标，修改原因和理据

（10）该项目的发展目标和关键指标没有发生过变化。

① 中国森林资源数据来自：第七次全国森林资源清查结果报告（2004~2008）。

1.4　主要受益人

（11）项目主要受益人是农户，他们通过受雇于项目造林、经济林经营增收、参加培训提升技能，以及充分利用林权改革进程，受益于本项目。具体包括158 340个农户，2671个由农户组成的合作社或农民协会，262个集体林场，7个国有林场。此外，农户还得到项目新建或改建的20个合作社的支持。项目主要受益人约有10%生活在贫困线以下，其中山西最为集中（占23%）。国家林业局和省林业厅、县林业局工作人员为次要受益人，他们并通过参加培训受益。

（12）项目主要的环境效益包括增加植被覆盖，减少土壤侵蚀和风蚀，改善水质，增加粮食作物产量，改善空气质量（和扬尘），增强生物多样性，通过景观改善强化旅游业和碳存储，造福项目区居民。

1.5　原定项目内容（经批准的）

（13）该项目包括三个部分：

项目第一部分：新造多功能人工林（预计基础成本1.1566亿美元；世行贷款6 772万美元）。

（14）该部分旨在展示：在项目初期在退化裸露地域营建多功能人工林，可以实现有多重环境效益的、多功能的人工林的可持续经营。

（15）根据项目计划，新造多功能人工林在五个项目省中的四个省进行，分别是：安徽（15 800公顷），河北（24 600公顷），辽宁（25 600公顷）和山西（27 000公顷）。该项目资助了在退化、易受侵蚀的土地上营造并经营混交人工林的活动。这些人工林的目标是，营建有效的防风固沙林；通过增加地被覆盖改善水土保持状况；以及种植防护林带保护农田，借以实现可持续经营并产生环境效益。

（16）项目资金包括劳动力、苗木、化肥和两年的人工抚育。为不同立地造林开发了典型单位成本表，提供的实地监测确保在拨付/报账（基于产出的支付）之前符合质量标准要求。根据明确的技术标准选择造林地，并按照批准的造林方式造林。根据当地条件调整造林模型，解决项目区域的环境问题。项目人工林有两个主要目标，一是提供环境保护服务，二是提高项目受益人的收入。

（17）用于造林的土地的权属包括四个类型：①农户个体所有，属于将上地分配给个体农民的情况；②农民组/合作社所有，土地属于村民个人，但油农民团体或合作社统一经营；③村集体所有；④国有农场所有，土地属于国有林场。在山西，水窖用于干旱地区人工林的灌溉。受益人的参与是完全自愿的。

项目第二部分：修复现有人工林（预计基础成本4 662万美元；世行贷款2 710万美元）。

（18）该部分旨在展示：在项目开始前已种植部分树木的立地上，建立和管理多功能人工林，可以实现可持续多功能人工林的重要环境效益。这与项目活动1（重点是项目开始时没有植被覆盖的地区）形成对比。

（19）该部分在安徽省（15 200公顷）和浙江省（24 400公顷）实施，大部分针对退化人工林进行。项目活动包括对退化、低产、单一种植的松树和杉木人工林进行补植补造，将其转化为具有更多的物种组成、更丰富的生物多样性和更高的抗病虫害、其他自然灾害的弹性的多功能人工林。营造的人工林也有望减少侵蚀和径流，并改善水质。个体人工林业主，林场社区和农村居民参与项目活动是完全自愿的。项目活动的选址与项目活动1（四类土地使用权）相同，采用了立地选择标准和质量控制程序。报账支付的质量控制程序与项目活动1相同，同样按照批准的项目单价进行。

项目第三部分：机构支持，项目管理，监测与评价（预计基础成本：1 521万美元）。

（20）该活动支持政府加强政府机构、国有林场和农民关于营造并管理多功能林的实施、管理和监督的能力；支持林权制改革进程，帮助农民在更好地了解进程要求基础上从中受益。另外，该部分旨在加强和扩大对多功能人工林感兴趣的农民协会和农民合作社，其目标是提高受益人管理其多功能人工林的财务和环境效益的能力。

（21）资助的主要活动包括：①开展项目管理能力的培训和技术服务；②在 2006 年 10 月颁布的《农民专业合作社法》框架内，在乡镇一级试行设立农民协会；③对于获得使用权证的土地业主，开展制定和实施森林管理方案的试点；④建立监测评价体系，监测项目实施和影响，总结可供扩大和传播项目经验参考的项目经验教训。

1.6 项目活动的变更

（22）项目内容没有发生变化。

1.7 其他重大变化

（23）项目活动的范围、发展目标以及结果框架均没有发生变化。

2 影响实施和成果的主要因素

2.1 项目的准备、设计和初始质量

（24）项目准备工作从项目概念（PCN）审查到世行评估耗时约 14 个月，这对于一个拥有不同气候和社会条件，位置偏远的 5 个省的项目区的创新项目来说，是合理的。项目准备的质量很好，响应了项目受众从单一人工林转向有环境和社会效益的多用途混交人工林的诉求。

（25）项目准备开展的分析工作，明确了问题所在，并提出了创新的平衡干预措施，将单一人工林转变为多用途混交人工林。项目还考虑到了加强林地权属的要求，提供了足够的培训来填补技能差距，包括“边学边做”的设施（示范林），以满足农民的需求。项目认识到，参与式规划对于农民接受项目建议至关重要。通过准备工作还制定了确保少数民族（辽宁省的蒙古族）和妇女有平等机会参与该项目的措施。同时确保项目与借款国“十一五（2006~2010）”规划、世行的国别援助战略之间建立紧密联系。

（26）项目设计良好，重点放在土地退化问题严重、过度依赖单一人工林，以及有力承诺解决这些问题的省份。项目活动的组合也适于实现发展目标，即：在一系列气候条件（高、低降雨量地区）和地理特征（北部平原农林交错区，西北沙地，山西黄土高原区，以及南方山区）建立并示范可行的多功能混交造林的模式。

（27）项目鼓励通过研究推进创新，开发了适于不同气候条件的新的技术模型和设计（可生物降解的预施肥容器苗，地膜覆盖，减少种植密度，滴灌，机械化除草和间作）。项目准备期间制定的项目地点选择标准，确保了高潜力立地用于示范项目成果。由世行、中方和国内外专家组成的多学科团队，在流域管理和沙地管理等问题上，为项目设计提供了所需要的最佳实践和新技术。

（28）除创新性的技术设计以及有效反映项目区不同特点的灵活性之外，还针对森林营造和管理活动设计了基于产出的支付方式，加上制定的强有力的内部控制制度，贷款支付流程大幅度简化，确保了项目资金用于预期目的。

（29）用于监测项目影响的参数既实用又可测。旨在评估项目发展目标的参数简单易行，项目的监测与评价方案不仅能获得项目产生的环境和社会增量效益的信息，而且产生了比较造林模型相对成本效益所需的数据。

（30）质量保证小组没有对项目进行初始质量评价。

2.2 项目实施

（31）2010~2016 年，共有 10 个由不同学科人员组成的检查组访问了该项目，这些检查组得出的结论是，项目进展始终顺利，令人满意。检查组成员包括：世界银行、联合国粮农组织和中国有关大学的专家。这些检查组对一系列的技术性问题提供了指导，如在山地、沙区和流域造林，树种的选

择和管理，成本监测，处理少数民族问题需要遵循的程序，农民协会/合作社的发展，可持续性，市场营销和遵守世行的环境保护和社会保障政策，以及采购和财务诚信等。此外，检查组非常重视改进社区参与式规划（特别是妇女和蒙古族社区的参与），加强了记录保存，按照他们的成本效益观念评估项目模式。为帮助项目工作人员从其他世行资助的项目中汲取有益经验，检查组帮助组织项目人员到广西、山东世行项目区考察学习。

（32）检查组发现的缺点主要是在项目第一、二年出现的。当时发现的问题是：一些项目县的传统造林文化，影响了项目技术模式的应用。其结果是，造林技术模型在一些地方没有得到充分贯彻，例如，混交的树种错误，株行距不规则，以及使用大苗显示项目迅速取得实施成果。为纠正这种情况，检查组大力解释项目多功能造林及其环境目标的重要性，要求项目办向当地林业员工和农民提供新技术方法的广泛的培训。

（33）2013 年 5 月至 6 月进行的中期检查，没有发现可能影响实现项目发展目标的重大问题。当时的主要问题是配套资金不到位，部分项目区承包商支付延迟。就河北而言，配套资金不到位的原因是治理空气过程污染中工厂关闭导致税收急剧下降。在其他省份，行政瓶颈是主要导因。为解决配套资金问题，世行中心在项目中期检查后访问了河北、辽宁的高层政治领导人，省项目办也付出了持续的努力。其结果，有关省、县政府克服了项目实施过程中遇到的财务困难，兑现了项目所需的配套资金。讨论涉及的另一个方面，是部分省份为满足当地条件对项目技术模型设计进行了必要的调整。各省提出了适应当地条件的部分模型的修改方案，涉及树种混交和植距等方面。针对这些调整，世行中心和世界银行进行了及时审查，并批准用于项目实施。

（34）辽宁和浙江在 2013 年发生严重干旱（降雨量为常年的 50%），导致当年造林面积的 40%遭受损失。但是，受影响项目省信守项目安排，投入资金并增加农民投劳，对损失的全部苗木进行了成功补植。劳动力和投入物成本上涨以及美元贬值对项目的影响，通过政府追加资金和农民投劳，以及在实地采取节省劳力的创新措施（见“效率”部分）得以弥补。

2.3 监测与评价体系的设计、实施和使用

（35）监测与评价设计。由中国林业科学研究院设计的环境监测方案，在应用中显示了强大的功能。用以衡量项目发展目标实现进展的相关指标明确、充分、相关度高，基线和目标得到充分而现实的界定。根据当地条件要求，项目省按照中国林业科学研究院提出的设计框架设计了本省项目的监测与评价方案。基于随机抽样在项目点及非项目点建立了监测样地。监测项目区内外（有项目和无项目）植物覆盖、物种多样性变化和其他影响，如用径流场监测径流和水土流失的变化。通过农户调查和当地粮食市场价格，监测项目活动对农民收入的影响。项目监测与评价体系整体运行顺利，提供了所有必要的数据，还提供了可用于计算项目碳汇效益增量的信息。

（36）对两个关键绩效指标和整个监测计划的影响值进行了计算（见附件 2），提供了有关环境改善、财务可行性、社会影响、外业进展和支出方面的信息。此外，监测与评价还产生了用以评估项目对少数民族的影响、病虫害发生率、幼苗存活率和模型成本效益等方面的宝贵数据。

（37）监测与评价的实施。监测评价系统运行良好，特别是在评估项目发展目标和中期成果的成果方面。报告准确、及时、全面评估了工程进度，使项目能及时处理新出现的问题。数据证实，项目积极的环境影响正得到实现，项目已实现部分目标值。通过认真保留种植成本和生长记录的数据，对项目不同种植模式的成本有效性和碳储存潜力进行评价。

（38）展望未来，项目省充分认识到了监测评价的价值，将监测评价措施用于各自的造林项目中。这会确保对项目长期影响进行监测。通过全面实行标准化项目实践，有效协调国家专家队伍，确保省份之间的一致性。

（39）数据收集和评估是项目实施计划规定的各项目省项目办签约专业机构的责任。中国林业科学研究院负责整合项目监测与评价数据以及分析工作。在项目检查过程中，世行工作组密切注意监测数据收集和评估情况，确保省项目办提供数据的质量。

（40）监测与评价结果的使用。项目以客观方式分析和解读了数据，达到了如下目的：①评估项目工程进展，计算项目成本，评估项目效率，评估项目影响并衡量实现项目发展目标的进展；②建立项目活动、结果和产出之间的关系，并确定项目产生的其他效益，例如：有害生物的发生趋势，风蚀和沙运动方面的变化，土壤侵蚀和径流减少，以及模型对于实现项目发展目标的效率；③为在实施过程中调整模型设计提供非常有用的信息。

（41）监测和评价发挥的另一个关键作用，是支持"基于产出的支付"方式，具体是使用现场质量控制（检查验收）确保造林质量达到授权支付所要求的标准，同时确保"环境管理计划""有害生物管理计划"得以遵守。

2.4 安全保障和信托的合规性

（42）安全保障。该项目被列为 B 类项目，启动了世行林业（OP 4.36），环境评价（OP 4.01），有害生物管理（OP 4.09）和土著居民（OP/BP 4.10）的安全保障政策措施。项目开展了环境评价，并在随后制定了"环境管理计划"，其中包括人工林造林管理的环护规程和病虫害管理计划。各省开展了社会评价，其中包括了对辽宁省阜新县蒙古社区需求的具体评价。社会评价确认，各省项目活动存在需求和支持，为确保蒙古社区的利益受到保护，根据世行业务政策 OP 4.10 编制了"少数民族发展计划"。还制定并实施了参与式计划管理手册，以确保受益人参与是严格而自愿的。根据"参与式管理计划"，158 340 个农户参加了项目，其他农户以集体林场、农场合作社的形式参与了项目。项目实施期间，世行检查组与省项目办密切合作，确保了安全保障政策和程序不存在偏差。

（43）本项目不存在人为干预乡土天然林的情况，选用了当地树种造林，严格了立地选择标准。这些措施确保了项目人工林不对森林生态功能和生物多样性造成伤害。项目制定了应对造林期间对土壤的干扰和侵蚀，以及应对除草剂、农药、灌溉带来的潜在环境风险的缓解措施。这样的例子包括：使用鱼鳞坑保土技术，使用当地物种，混交种植，避免外来物种，以及向当地工作人员和参与项目的农民开展环境管理计划培训。"参与式管理计划"的实施，确保了病虫害的发生风险快速得到侦测，而且，在可能的情况下，通过实施物理防治（人工除虫，捕虫器和捕虫灯）和生物防治（害虫天敌）代替农药防治。这有效控制了重大病虫害的发生。频繁开展的专职人员和农民培训确保了"病虫害综合管理"的规定得以遵守。

（44）《少数民族发展计划》的实施。辽宁省阜新县共有 41 个蒙古族村参加了项目，占全县项目村总数的 20%。项目为这些蒙古族村制定了《少数民族发展计划》。《少数民族发展计划》的实施，确保了蒙古族农民平等参与并从项目中受益。117 个蒙古族家庭与项目签订了合同，占全县全部 716 个合同户的 16%。472 个蒙古族农户在项目实施期间中参加技术培训和再造林，每户获得劳务收入 1 237 元，占家庭总收入的 4.5%。同时，项目实施后的经济林和林下养殖也增加他们的收入。另外，建成的人工林也有助于治理沙尘暴，保持水土，减少径流，改善当地居民的生活环境。

（45）为表示对蒙古族农户的尊重，促进有效交流，发给蒙古族社区的项目信息采用了蒙、汉双语形式。蒙古族农民对森林资源的增加、恢复了家乡景观感到满意。

（46）信托。所有项目审计均是无保留审计，检查组定期审查项目账目和程序，确保其遵守信托要求。在项目准备期间对采购和财务管理进行了评估，其结论是，省、县、林场各级的组织结构、技能和控制制度是合适的。根据以往世行项目执行单位的经验，项目的财务管理风险被评为"中等"。项目制定了"财务管理手册"和"采购指南"，用以指导项目实施。另外，每年对省县项目办和其他项目实体举办培训班。世行检查组定期审查项目财务管理和采购程序，确保各级遵守信托要求。唯一需要注意的财务事项是，河北、辽宁（特别是县一级）一些情况下有配套资金不足的情况。然而，这些缺点在世行工作人员的帮助下得以及时纠正，其中，筹集了相当于计划项目任务配套资金 132% 的资金，用以弥补项目实施期间因人民币对美元贬值、劳动力和苗木价格上涨造成的配套资金缺口。额外的配套资金来自参加项目的农民（增加的劳动力投入）和省、县行政部门的额外财政支持。项目采购按照世行的指南进行，项目检查期间未发现重大问题。

2.5 竣工后的任务和后期管理

（47）项目的主要任务是用当地树种在宜林荒地造林，以及对退化单一人工林地进行补植。造林之后，须对立地进行为期两年的除草抚育。几乎所有这些工作都已经完成，因此项目竣工后的维护工作，主要是病虫害管理和防火。省、县林业机构这方面的业务能力强，工作程序非常明确。

（48）为保证中国生态脆弱地区的森林得以保育，在已实施的生态公益林项目中，国家和省级政府向林地所有人每年提供225元/公顷补贴，补偿其为当地提供的公共产品服务。这有助于确保易遭受侵蚀地区项目政策的连续性。另外，在需要更加集约的管理的人工林区（如，混交林种植区），“国家森林经营项目”每年提供1 500元/公顷的额外抚育间伐资金。通过这些资金的支持，未来的森林管理需求可以得到满足。

（49）农民可以从薪材、杆材、木材生产以及间伐修枝等获得直接利益，还可以从非木林产品（如：水果，蘑菇和坚果等经济树木作物），甚至从旅游业获取收入。这些活动的收入将有助于项目人工林的长期管护。

（50）为指导和确保项目人工林后续管理，省政府制定了项目后期森林经营技术规划，包括监测、防火、病虫害防治、防盗伐等。确保这类计划的执行是县林业局的责任，他们与当地大学等专门机构合作，为项目提供所需的任何技术支持。

（51）省级管理层在更高层面落实了推动项目活动持续开展的安排。浙江省“十三五”规划使用了本世行项目的理念，提出了对现有退化松树林分实施阔叶树种植改造的要求，并通过种植珍贵硬木实施生态修复，项目模型也被用于沿海保护项目。在安徽，本项目助推了全省“天然林保护”，“公益林培育”，“重要水源区森林保护”三个项目规划的出台，全面推进了多功能环保林的发展。在山西，该项目为由欧洲投资银行资助的“黄河流域生态恢复项目”的实施奠定了基础，河北省基于林业综合发展项目启动了国家储备林建设项目（或太行山绿化工程）。这些举措清楚地表明，林业综合发展项目的活动将继续进行下去。

3 成果评价

3.1 项目目标、设计和实施的相关性

与目标的相关性

评级：高

（52）对项目发展目标有明确而简洁的描述，即“对具有重大环境效益的可持续多功能人工林的营造和管理进行示范”。在项目准备期间，该提议得到了世行的支持，与2011~2016财年“国家伙伴关系战略”五项借贷支持的第三项“管理资源稀缺和环境挑战”的要求一致。这一要求与林业特别相关，强调着力改进对土地、草原、森林、水资源等自然资源的管理，并侧重受影响的社区。

（53）项目发展目标还与政府现行“五年规划”高度相关，现有规划旨在通过将环境保护融入发展过程实现更可持续的发展。项目发展目标还为中国履行“巴黎协定”国家自主贡献目标承诺的努力提供了支持。根据该承诺，到2030年时，中国森林蓄积量与2005年相比将增加45亿立方米。为了实现该目标，中国需要将其工作重点从扩大种植面积转向包括成活率和生长率等功能指标的人工林质量。

（54）该项目也与国家自主贡献目标的实现有关，它表明，更有效和平衡的成本分摊安排，对于推广上述举措，实现雄心勃勃的国家自主贡献目标，是非常有用的。

（55）项目目标支持和符合现行2011~2016财年“国家伙伴关系战略”第一个战略主题“支持绿色增长”下第五项借贷支持产出“示范可持续自然资源管理”，以及“支持绿色增长”和综合性的减缓气候变化议程的要求相一致。

3.2 设计与实施

评级：实质性的

（56）该项目采用的成本分摊和示范的方法是非常适合的，特别考虑到了人工林业理念刚刚开始发生的变化。项目表明，这一方法对于那些不愿承担风险，又缺乏资源的农民开拓多功能人工林非常有效。该项目的地域分布被证明是完善的，它集中在多功能应用潜力高的省份，以及对实现环境效益、多功能人工林的兴趣不断增强的省份。尽管事先就制定的造林技术模型，但项目设计仍具有足够的灵活性，考虑纳入农民的需求，特别是增加经济林树种以满足其短期收入的要求。同样，项目设计要求项目人员和农民合作，完善模型，更好地适应当地需求。例如，浙江增加了 14 个新的阔叶树造林模型，河北开发了 4 个造林模型，都以更好地适应当地条件为基准。辽宁和山西调整了模型的造林密度，以降低成本和水分竞争。所有这些修改都是在地方一级以合作开发的方式完成的，也得到了省、国内专家组的支持，形成的正式提案提交给了世行中心和世界银行批准。

（57）项目成功的重要贡献是，项目的内容是互补性的，在项目发展目标与技术创新（第 66，71 节）、农民推广、影响评估、示范传播之间创建了明确关联。在实地一级，“参与规划手册”加强了农民对项目的信心，激发了他们强烈的项目主人翁意识。

（58）性别方面也得到充分保障（43%的受益人为妇女），《少数民族发展计划》的实施确保了阜新县蒙古族社区能够参加项目，开展的 472 人日的培训开发了他们新的林业技能。项目参与方式的有效性的一个事实证据是，调查表明，所有农民在项目关账时都对项目成果表示满意，特别是在提供就业、改善其环境和生计能力方面。

（59）该项目的机构安排非常有效。国家林业局世行项目管理中心（世行中心）长期从事世行林业项目管理，精于对项目的整体监督管理。世行中心能快速发现省级层面新出现的问题，并在需要时采取迅速行动。世界银行提出的指导意见能很快得到落实。省项目管理办公室拥有以往世行项目管理的经验，使其能对本项目实施有效管理；省、县级项目领导小组发挥了积极作用，特别帮助解决了增加 32%配套资金的问题。

（60）将减少碳排放作为可能的效益是本项目一个谨慎设计特征。一方面，这可以展示这些效益对于多功能人工林的重要性。另一方面，它是多功能造林可实现的诸多环境效益之一，不是项目取得成功的关键。无论碳汇市场是否发展，本项目林木和灌木的生长量的增加，均会产生大量碳汇，为实现国家自主贡献目标做出贡献。

（61）由世行批准的省级专业咨询机构承担了本项目的监测评价。该体系运行良好，特别是评估实现项目发展目标和中期成果方面。报告准确，及时，全面评估工程进度，使项目能及时处理新出现的问题。数据表明，项目积极的环境影响正在实现，项目已实现部分目标值。通过认真收集和保留种植成本和生长记录的数据，对项目不同种植模式的成本有效性和碳储存潜力进行评价。

3.3 项目发展目标的实现

评级：高

（62）项目目标实现的评级基于“帮助借款人示范具有重大环境效益的可持续多功能人工林的营造和管理”发展目标的实现情况确定。

（63）出于评级目的，可把项目发展目标视为包括与产生重大环境效益相关的多个参数的单一目标。为实现监测评估本项目的目的，特明确多功能可持续人工林经营产生如下生态环境效益：增加植物覆盖，增加植物物种多样性，减少径流，减小风蚀；以及由此带来的经济效益（直接的种植经济林的效益，或间接的环境改善增加粮食产量的效益）。在某些情况下，涉及示范、造林、经营、可持续发展、多功能特性和环境效益的人工林及其面积尺度或特征是叠加的。下文就这些方面进行讨论。无论项目指标作为目标本身还是由此产生的环境效益结果都是强有力的证据表明，正式评级的目标完全得到实现。

（64）展示具有重大环境效益的多功能可持续人工林的营造和管理——植被覆盖。项目两类立地的目标均超额完成。项目开始时土壤裸露退化但新建了多功能人工林的立地，植被盖度从10%提高到20%，增长10%。实际平均覆盖率达到50%，增加40个百分点，是计划目标的四倍。植被覆盖增加大多是树木生长旺盛（每公顷植被覆盖率，树木为30%，灌木10%，草本10%）的结果。

（65）项目开始时已有部分人工林但新建了多功能林的立地，植被覆盖从26%提高到36%，增长10个百分点。实际平均覆盖率为57%，增加21个百分点，是预期目标的两倍多。植被覆盖率增加主要是树木生长旺盛所致，次要原因是乔木和灌木遮阴造成草灌面积减少。

（66）展示具有重大环境效益的多功能可持续人工林的营造和管理-增加植物物种多样性。该指标适用于所有项目省和示范模式。超过每个小班3个树种目标的25%~175%。所有项目示范模型都包括至少三个树种，同时，由于项目采取的经营干预措施，第5年出现了更多的树种。这些干预措施包括：对树木和幼苗周围进行有限的清理，少使用农药，这些措施使（由风或动物）从附近区域自然散布而来的种子自然更新，造成树种数量的增加。作为监测评价体系组成部分的更新生长的实地调查表明，由立地多样性、植被覆盖、活力和低病虫害发生率反映的森林经营水平得以改进。

（67）展示具有重大环境效益的多功能可持续人工林的营造和管理-减少水土流失。该指标适用于全部项目省和示范模式。在所有类型立地都观察到大幅减少现象。在项目结束时，与非项目地区相比，项目开始时土壤裸露退化但新建了多功能人工林的立地的侵蚀，减少了11%~19%；在项目开始前已有部分人工林但建立了多功能人工林的立地，与非项目地区相比，侵蚀减少了7%~11%。

（68）展示具有重大环境效益的多功能可持续人工林的营造和管理- 降低风蚀。该指标仅用于项目开始时土壤裸露退化但新建了多功能人工林的立地。防风林模式表明，它们可以降低风蚀产生经济效益。在河北、辽宁两省，风蚀降低40%~55%，促进了农作物的生长，与非项目区相比，粮食产量增加了11%~16%。

（69）展示具有重大环境效益的多功能可持续人工林的营造和管理- 增加农民收入。这是采用经济林树种的直接结果，或是来自项目多功能林环境效益增加的间接经济效益。水果和坚果生产对农民增收起到主要作用，平均每年增加1 300元/公顷。在条件允许时，农民正在使用项目造林模型扩大栽植。不同省份增收情况有所不同，主要原因是经济树种、天气、立地土壤条件不同。

（70）总之，该项目超额完成了包括上述环境效益在内的成果指标（表1）：①选定的环境退化项目县多功能林植被覆盖的增加；②由于采用了技术合理、成本效益好的森林管理实践，以树种多样性、森林弹性、环境服务等因子反映的森林资源管理的改善。

表1 项目发展目标指标的实现

项目发展目标	影响指标	基线值	目标值（项目评估文件）	实际值（项目竣工报告）
协助借款人展示营造和管理有重大意义环境效益的可持续多功能人工林	1 在项目县选定的环境退化地带的多功能林植被覆盖率增量（每公顷植被覆盖的百分比）	10%	20%	50%
	2 改善森林资源管理（通过样本调查，测定树种多样性、植被覆盖等方面的增加，对比项目区和非项目区）	不适用	每个小班的树种数从1个增加到3个	树种数从1个增加到至少3个（3~11个），土壤侵蚀减少11%~19%，风蚀减少40%~55%，病害发生率降低43%。

（71）该项目示范功能的有效性不只是建成50万公顷的示范林。考虑到在项目之前，所有层面都怀疑在脆弱退化单一栽培人工林立地进行多功能混交造林的可行性，这是一个相当大的成就。

（72）开发实施的造林模型，示范了在广泛的气候和地理区域条件下促进森林树种结构和林下植被生长的技术解决方案，有力地支持了项目发展目标—优化水资源保育，保护土壤，控制风蚀，提高林木对自然干扰和变化的抗性，增加当地社区的收入等。在条件允许的情况下，采用的森林景观恢复（FLR）策略产生了环境保护和土地所有者增收的双重效益。例如，山西采用综合流域治理模式，控制黄土高原丘陵沟壑区的土壤侵蚀。中、上坡的重点是生态系统恢复和稳定，低坡平缓地带的重点是实现土地可持续生产利用，改善当地农民生计。这样，项目技术模型不仅体现了从单一种植到树种混交经营的转变，而且，多功能林发展在恢复森林生态系统、农业生态系统，促进水土保持的同时，考虑到了社区效益。

（73）展示具有重大环境效益的多功能可持续人工林的营造和管理-项目培训。有效的推广计划执行是实现项目发展目标示范功能的基础。项目推广人员受益于本项目培训课程，向农民和农民团体解释、讨论和推广项目概念。共向项目工作人员和农民提供了 323 950 人日的培训推广服务，占项目评估目标的 127%。此外，还组织了考察一些省份的示范林，在那里农民接受了多功能混交造林的现场培训，同时，本项目使用示范林开展“边学边做”式的培训。培训和推广相结合非常有效，在促进多功能造林，向农民提供必要的操作技能方面发挥了作用。

（74）项目培训和推广产生的主要影响是：①提高了项目管理人员和农民营建多用途混交林林的胜任度和执行力；②人工造林的新方法得以使用；③农民认识到了在边缘土地上和退化单一栽培人工林地上，实施多用途人工造林的生产潜力；④受益人认识到，造林后的抚育和除草可以大大提高幼苗的成活率，这反过来又加强了他们对多功能林的兴趣；⑤合作社和生产者协会的生产力和营销能力大大提高。培训带来的部分经济效益包括：通过机械化减少林地清理费用 2 600 元/公顷，安徽采用容器苗使造林成活率提高 20%，从而节省造林失败补植费用 577 元/公顷；使用改良的山核桃品种将成活率提高 70%~95%；山西改进外业实践并改良核桃品种使产量提高 20%，价格提高 10%。

（75）在山西，项目培训帮助核桃生产者确定并与私营部门建立伙伴关系，面向国内和国际市场生产核桃。在合作伙伴关系安排下，私营实体负责核桃营销，农民通过改善造林基础设施（道路、谷坊灌溉等），提高核桃生产供应的可靠性和产品品质。该项目还帮助建立山西营销平台和小型展销会，推广核桃等项目产品并改善销售状况和价格。浙江省向合作社提供了培训和办公设备，生产油桐（Vernicia fordii）叶。油桐叶在日本用于宗教仪式，而且具有良好的水土保持能力，适于针叶林下种植。项目实施前，合作社人均年收入不足万元。通过种植管理、采收、储存、营销等方面的培训，合作社人均年收入已达 15 000 元。通过项目示范，带动当地新种植油桐 236 公顷。

（76）对项目价值确认的一个事实表现是，几乎所有项目参与者都对项目培训推广计划的质量（相关性，实用性和交付方式）表示满意。问卷调查表明，78%的培训参加者认为，国际培训有助于他们改变传统的森林经营理念，提高工作质量，拓宽视野，更新环保意识，学习其他国家人工林建设上先进技术。同时，76%的参加者将国内考察中学到的技术传授给 10 人以上。调查结果表明，项目组织的国际培训和国内考察，对于项目机构和实体采用新技术，将种植和森林经营管理从传统的单一种植上升到混交种植，改善项目管理非常有必要。

（77）支持森权制度改革进程一个主要内容是，就提高对林权改革方案的目标、相关机遇、如何获得林权证的认识以及多功能林营建管理技术，向农民提供培训。项目提供的支持，促进四个省超过 74 900 公顷人工林地林权证的发放（超过 55 050 公顷的计划目标）。项目农户现在有了土地所有权的安全保障，这是投资人工林经营和保护的一项关键要求。该部分项目活动还包括了创建五个示范点，示范森林经营方案和综合经营方法。项目任务得以完成，说明了该示范活动的普及程度。通过试点，项目农民边学边做，获得了经营管理自己林地的技能。

（78）除以上成就之外，农民还接受了建立和管理农民合作社（协会）、种植材料开发、新造林经营技术、病虫害综合管理，产品营销等方面的培训。新建合作社两个，另有 18 个现有合作社得到升级改造。项目支持采取了提供设备、培训、技术支持的形式，以规范农民合作社的管理，改善森林可持续经营，提高生产力，促进主要产品的营销、产品标识和产出。例如，通过该项目，辽宁省榛子种植户改进了经营质量，使榛子营养和品质得到提高，产量增加一倍，农户每年增收 5 000 元。另外，通过对易受侵蚀的半干旱沙区进行地表覆盖，增加了环境效益。

（79）示范的有效性。项目营林模型的成功，加上广泛开展的培训计划，已经使目标省份在项目外的脆弱退化人工林地区开始广泛采用这些模型。项目新增退化立地多功能林种植面积达 93 840 公顷，在类似地区使用相同造林模型的种植面积达 20 万公顷。同样，本项目建立的项目初期已种植部分树木的多功能人工林达 38 450 公顷，在类似立地使用相同的造林模型的完成面积达 30 万公顷。

（80）可持续性。展望未来，各省充分认识到了执行好监测和评价的价值所在，纷纷将项目监测和评价程序纳入省级造林项目实践。这将确保对项目的长期影响进行监测。通过全面实行标准化项目实践，并有效协调国内专家组，确保了各省之间监测与评价工作的一致性。

（81）随着时间推移对项目的兴趣不断增加的一个事实证明是，来自中国 10 个不同省份的人员对本项目进行了 2 000 次访问，网站上的点击数达 64 000 次。

（82）项目的可持续前景看好，原因是：①各级的机构能力得到加强；②经济林和林下种植活动将帮助农民获取短期收入；③明确土地权属并获得林权证，将激励农民开展后续经营管理和保护。

3.4 效率

评级：实质性

（83）经济分析。使用与项目评估时相同的方法对项目进行了成本效益分析。为反映关账时的不同的经济状况，对评估时采用的假设和参数进行如下调整：①人工林投入成本增加 25%；②世行建议碳汇效益价格为每吨二氧化碳 30 美元，而不是用于评估时每吨 7.38 美元（50 元人民币）；③对生产模型的主要投入数量进行了调整，以反映省项目办收集的实际数据的情况。对未来生产进行预测的依据是农民、推广人员和项目办人员提供的估算数据；④对主要投入和产出的市场价格进行了更新（采用 2016 年不变价格），以反映项目经济寿命期内的价格变动情况（实施 22 年期的现金流量分析）。

（84）还须指出的是，经济分析仅考虑了以下主要效益：①直接的产品效益（木材，非木林产品的产出）；②与防风林带相邻的农田的生产力的提高；③碳汇；④侵蚀控制和泥沙拦截。分析涵盖了每个项目部分所有增量费用的成本，包括项目竣工后的运行维护成本。使用这些参数，整个项目的经济内部收益率（EIRR）达到 17.4%，而项目评估时为 16%。收益略高的原因是，调整后的环境效益的价值抵消并超过投入成本的增加。分项目省的经济内部收益率的情况，如下表。

项目竣工时的净现值和经济内部收益率

项目省	不包括环境效益		包括防风林效益		包括拦截泥的效益		包括碳汇效益		包括“三个”环境效益	
	现金流量净现值	经济内部收益率；	现金流量净现值	经济内部收益率；	现金流量净现值	经济内部收益率；	现金流量净现值	经济内部收益率；	现金流量净现值	经济内部收益率；
安徽	336.7	10.1%	336.7	10.1%	509.3	11.9%	633.4	13.9%	806	15.3%
河北	152.2	8.9%	808.2	16.2%	152.1	8.9%	377.6	12.8%	1 033.8	18.8%
辽宁	119.2	9.9%	773.2	21%	119.2	9.9%	344.0	16.9%	998	25.2%
山西	309.5	10.5%	309.5	10.5%	603.8	13.3%	561.8	13.8%	856.8	16.1%
浙江	48.6	7.4%	48.6	7.4%	48.6	7.4%	263.5	13.1%	263.5	13.1%
合计	966.1	9.6%	2 276.2	13.1%	1 433.1	11.0%	2 180.4	13.8%	3 958.1	17.4%

注：百万元净现值机会成本资本率按 6%计。

（85）未进行经济内部收益率灵敏性测试，原因是项目经济内部收益率对如下方面进行了保守估计：①碳汇价按照最低值（30美元/吨）计算[①]；②其他实质性但不易量化的经济利益，如生物多样性保护，景观改善和对农业旅游的贡献等，未包含在计算中。

（86）财务分析。该项目的目标是示范具有重大环境效益的可持续多功能森林人工林的营造和管理。也就是说，所寻求的是生产效益和生态效益的结合，而不仅仅是生产功能。为了确定单个造林模型的财务内部收益率，使用了所有现金流出（投资成本，运营成本和税费）和现金流入（林产品销售收入）成本。能力建设和项目管理等活动的费用纳入对整个项目的财务分析。使用这一方法，项目的财务内部收益率估计为9.6%，略低于项目评估时的11.8%。近一半的造林模型不到10%，有的下降到8%以下。较高财务内部收益率模型是榛子（36%），竹子（32%），杨树和茶叶（均在18%左右）。部分模型（林木种植，阔叶树板栗混交，防风林）的财务内部收益率较低，主要是由于这些模型的生产周期较长，产品价格预期较低，因此对农民的吸引力较低。为了弥补这一点，世行贷款资金以赠款方式提供给了农民，增加了项目对农民的吸引力（财务内部收益率超过10%）。这确保了所有造林目标得到实现，而且完工质量良好。在财政影响方面，政府为项目实施提供了足够的配套资金。在项目关账后，对地方政府预算的影响不大，其所承担的世行贷款还贷的财务责任只是他们财政收入的很小的组成部分，

（87）项目还在农户层面实现了机构增益。农民协会管理和设施条件改善可以降低生产成本，改善产品质量（核桃和榛子），为产品开辟新的市场（往往可以获得更好的价格条件）。部分协会还通过与私营部门建立伙伴关系销售产品（山西的核桃）。基于产出的报账制度提高了监督的有效性。

（88）该项目还有其他的一些不易量化的生态和社会效益，参见附件7（借款人竣工报告摘要和评述）。项目运营效率高，成本未超支，关账也没有延期。

3.5 项目总体成果评级及其理由

评级：满意

（89）项目实施成果令人满意，该定级的依据是：①项目目标与设计的相关性高；②项目的总体效率高；③项目目标实现的有效性高；

（90）此外，该项目实现或超过了几乎所有目标指标。项目设计健全，与机构能力和项目发展目标密切相关，通过创新实现收益的效率高，可持续和规模扩大的前景光明。该项目开发并展示的可持续发展造林模式，支持国家和省级政策，以足够的灵活性适应项目区的不同生长条件，并在项目期内全面实施。此外，不包括在项目发展目标中并未包含在结果框架中的附加利益也实现了，详见附件2（项目产出）。项目的良好表现归因于①政府明确的政策框架和项目与政府之间紧密的政策联系；②健全的项目设计，为实现活动提供了适度平衡的项目发展目标，示范种植模式具有灵活性，项目得到有针对性的培训推广计划的支持；③世行项目检查组定期的支持投入。

3.6 共性主题，其他成果和影响

3.6.1 扶贫和社会发展

（91）农民是本项目的主要受益人，包括158 340个单个农户。41个蒙古族社区参加项目，占辽宁省阜新蒙古族自治县203个项目村16%。通过与这些受益人合作，项目展示了生态经营和退化林修复导向的多功能造林为农民增收的潜力。它也表明，最有吸引力的回报来自短周期经济林，即在短时间内产生可销售的高价值商品（榛子，核桃和竹产品）。这些树种模型显示了最高的回报率。该项目还表明，提高农民协会、合作社的能力，有助于通过提高森林和非木产品的质量提高产出价值，增加农民收入。这一方法为在贫困地区实现农民、少数民族增收与环境保护恢复双赢方面，开创了令人激动的可能性。

3.6.2 机构的变化和强化

（92）项目带来的主要机构变化是：①省政府制定实施了将多功能造林纳入其发展项目的政策；

---

① 如果按项目评估时碳汇价格7.38美元计算，本项目的经济内部收益率为14%。

②省、县机构与农民一起成为多功能人工林理念应用的主体，将多功能人工林作为增收和保护环境的方式；③项目帮助林产品生产者协会、合作社加强了多功能造林的业务管理技能，并在其他地区推进该制度模式；④省、县机构独立设计实施多功能造林项目的能力得到提高；⑤磋商和参与融入省、县林业部门业务之中；⑥省、县机构意识到“环境服务支付”的理念，并正在评估通过扩大多功能造林实现环境保护的潜力。

3.6.3　其他未预料到的成果和影响

（93）项目成功说服农民和国有林场多功能人工林潜力的事实依据是：项目的技术模式已在项目区外大面积推广。对决策者影响的证据是上述各种临时的发展举措。

（94）环境服务支付的准备。虽然没有将“环境服务支付”具体纳入项目活动，但本项目的实施使农民更好地了解了“环境服务支付”的理念，以及如何用之于自己多功能造林项目的筹资。这在中国对水和能源的需求不断增长的背景下有重要意义。项目实施过程中，农民认识到多功能造林可以减少水土流失，调节水流量，控制径流，提高水质，还具有延长水库水渠寿命、降低水处理成本等效益。该项目积累的相关的成本收益数据，有助于推进“环境服务支付”理念的应用。

（95）碳交易的准备。该项目产生了项目区碳汇潜力成本效益分析，以及相应的财务和经济效益潜力的有用数据（附件3）。一旦国家的二氧化碳排放交易体系在2017年底开始运行，这些数据可以加快进入碳交易市场的准备工作。

（96）天然更新。项目造林对天然更新产生了意想不到的促进作用。最初只种植了4种树种，但在第4和第5年，许多立地记录了10个树种。表面上看，是最初的造林为其他物种的繁育创造了有利条件（“呵护效应”），产生了比预期更为丰富、更为密集的植物覆盖。

4　对发展成果面临风险的评估

评级：低

（97）项目开发成果面临的风险较低，其依据是：①项目活动和树种选择考虑了农民的喜好和期望，他们会积极保护并管理所种植的人工林；②多功能人工林具有物质生产（坚果、树叶、种子、间伐材、修枝材及非木产品）和服务功能（土壤保持、水质、小气候、基础设施保护，旅游业），许多造林模型的收益率很高，这会鼓励农民维持、保护好他们的人工林；③安全的土地权属会激励农民保持和维护他们的林地；④“生态服务支付”的潜力激励农民长期维护他们的林地。

（98）农民和省林业部门执行项目病虫害管理计划，建立的病虫害常规监测体系，加上县乡级政府的监控体系，可以确保本项目遭受病虫害攻击的风险得以化解，确保迅速发现并处理发生的病虫害。混交林结构本身也将有助于减少虫害的侵袭。火灾是干旱项目区面临的一个风险，但中国已建立了强大而且经过时间考验的森林防火体系，确保每年的损失低于1%，因此本项目的火灾风险也会得到很好的控制。另外一个防护措施是，通过营造小块人工林，降低了野火发生的风险。

（99）不断变化的天气模式是可能发生在林区的风险，但混交林分的抗逆性较好，因此这一风险应该是最低的。如果发现天气确实引发了显著的负面影响，一种选择是调整新造林和现有林的树种结构。

5　对世界银行和借款人业绩表现的评价

5.1　世界银行的表现

5.1.1　世界银行在项目初始阶段的表现

评级：满意

（100）项目准备工作从项目概念审查到评估为期约一年，这对于一个涉及5个省大量受益人、少数民族和不同生长条件的有挑战性的项目来说，算是合理的。项目建议书准备充分，重点明确，审查彻底。项目发展目标和设计规模定位适中，与国家、省、县级发展重点衔接。项目实施了安全保障政策，磋商范围广泛，少数民族的需求得到周全考虑，培训需求得以满足，以往世行项目的经验教训得以吸收。沿用经过实践检验的机构安排发挥了得良好的作用，环境、社会和可持续发展问题得到周到考虑。在准备期间，世行得以传授其部分全球性、跨国性的林业和自然资源管理知识和经验，为本项目带来了可增强森林生态功能和弹性并为当地增收的新的多功能混交造林和森林经营模式。

5.1.2 监督质量

评级：满意

（101）世行职员及咨询专家每隔六个月对项目进行检查，其经验和技能确保了项目实施始终处于良好状态。检查组成员组成的连续性强化了项目的“制度性记忆”，满足了项目后续工作的需要。检查组的报告及时，准确，具有建设性，对新出现的任何问题都能迅速确定并采取适当行动，例如，在如何处理成本上升，遵守造林模型规范，管理少数民族的参与，以及筹集更多的配套资金等方面。另外，在项目初期，造林模型设计显然不能满足需求在广大项目区不同立地的不同生长条件，检查组就在保持项目发展目标不变的情况下如何调整造林提供了支持。这种灵活方法对项目产生了非常有利的结果。

（102）监督检查对省、县级的能力建设尤为重要，特别是全面理解项目发展目标的方面，以及重点收集实现项目发展目标进展情况所需的关键数据方面。在项目初期，检查组对地方项目单位和农民提供了详尽的指导，特别是在如何实现传统单一种植向混交种植的转换，多功能造林的复合效益等方面。检查组还支持项目实施单位采用新技术，对造林模型的正确应用提供指导。提供的指导还包括如何评价培训的影响，特别强调了将受益人评价纳入培训计划的重要性。检查组还帮助解决了随时出现的财务管理、采购和安全保障政策方面的问题。

5.1.3 世界银行的整体业绩表现

评级：满意

（103）总体评级确定为“满意”是合适的。该项目重点突出，准备充分，设计完善，监管得当，与国家需求相衔接，支撑世界银行和国家双方面的政策和战略，并满足世行安全保障措施的要求，产出目标得以实现。

5.2 借款人的业绩表现

5.2.1 政府方面

评级：满意

（104）各级政府在整个项目实施期内一直倾力投入项目。“十一五”规划对该项目的坚定支持，为项目未来发展明确了方向，“五个平衡”之一是人与环境之间的平衡。事实表明，该支持性政策框架对整个项目非常有利。在中央政府层面，国家林业局世行中心在项目准备过程中，始终积极主动，努力工作，确保了地方项目准备的及时完成。项目实施过程中，世行中心与五个项目省、县一道，努力确保项目按既定目标推进，各项安全保障措施得到遵守，项目省之间能分享经验。世行中心和项目省按时向世行提交进度报告，在财务管理和采购方面显出高度的纪律性和一丝不苟的精神。在实地一级，各省倾力于项目的实施及发展目标的推进。特别是，在必须筹集更多配套资金的情况下，他们随机应变，最终促进了问题解决。两个项目省面对 2013 年干旱带来的挫折，以出色的工作机动性帮助项目渡过难关。除了部分项目省配套资金推迟到位外，项目管理和项目实施表现都未出现过严重问题。

5.2.2 执行机构方面

评级：满意

（105）推进包括树种混交、在边缘立地和退化人工林地上实施多功能造林等新观念，对于项目省来说是一个严峻挑战，但实施机构必须坚持不懈地推进该项目目标。他们重视受益人的参与，从一开始就在所有项目村进行社区磋商，确保农民种植偏好在技术设计中得以体现。在实施过程中，通过对项目人员、造林实体和农民进行深入的技术培训并提供各种技术服务，持续不断评价技术模型的使用效果，并在必要时对模型指标进行调整，以更好地适应当地条件。面对配套资金短缺和干旱的困难，他们表现出优异的解决问题的灵活性和智慧。他们审慎管理财务资金，对检查组确定的一切事项都迅速跟进。他们充分利用监测数据把握项目进度，确保安全保障措施的落实和实地工作高质量完成，并按时提交所要求的报告。最重要的是，各实施机构一直不畏挑战，大力推进具有生产和环境双重效益的可持续多功能造林的创新理念。他们持之以恒的工作确保了项目克服挑战，按时完成任务。

5.2.3 借款人的整体绩效表现

评级：满意

（106）借款人的表现令人满意，反映在政府承诺和省、县实施单位有效的工作方面。多功能林项目观念和混交林结构开发是具有挑战性的新生事物，在一定程度上有风险性。但是，为了提高人工林业的可持续性，为环境和社会福利做出更大贡献，各级政府和部门在改进传统人工林实践方面坚定不移。总的来说，他们勤奋工作，按时交付成果，尽全力推进项目发展目标的实现。

6 取得的经验教训

（107）项目取得的可对项目以外地区有借鉴意义的主要经验教训是：

①围绕国家政策框架和地方发展战略设计项目，争取强有力的政治支持促进项目取得成功。这是通过设在国家林业局、负责国家政策的中央项目办实现的，该项目也与省级林业战略完全一致。

②当项目设计考虑改变营林实践时，需要自始注意加强对项目人员的指导和培训，确保其充分了解职责目标，这需要时间和缜密的监测工作。现场示范是说服农民从传统单一树种造林向多功能混交林可持续经营转变的有效手段。

③用于社区营林活动的基于产出的报账支付方式，是确保实地一级作业质量标准得到贯彻的有效工具。这一简化的付款流程，可广泛用于各类农村社区发展项目中。

④农民只有在混交造林时，获得短周期人工林的早期现金收入，才更愿意采用具有环境效益多功能混交造林方式。森林景观恢复是将生态环境保护和土地所有者经济效益相结合的一个适当方法。这一理念应用于山西项目时，通过综合流域治理控制黄土高原丘陵沟壑区的土壤侵蚀，重点关注了中、上坡立地的生态系统恢复与稳定，以及服务当地农民生计改善的低平立地的可持续生产。本项目表明，这是一个保护农民利益的合适模式。

⑤农民和少数民族以自下而上的方式参与项目规划过程，将满足其需求的活动纳入项目，可以强化他们的项目主体意识和对项目的兴趣，增强项目的可持续性和成功的几率。

⑥在项目区分布广而分散，具有不同地理和社会条件的情况下，项目实施要有灵活性（技术规范和管理安排），确保干预措施适合当地条件和需求。

⑦在土地利用动态不断变化的经济快速发展的国家，预测未来几年可用于造林的土地，对于项目准备组来说具有挑战性。风险评估应更多关注这一问题，确保实施适当缓解措施应对可能出现的造林地不足的问题。

⑧农民乐于获得土地所有权保障，并将其视为对林业进行林业长期投资的重要先决条件；

⑨在农民希望组建生产者协会的地方，通过提供基础条件、需要的培训和投入（计算机硬件，办公设备等）帮助组建生产者协会，是提高产品质量，获利能力，增加农民收入的有效途径。

7 对借款人、实施机构、合作伙伴提出问题的评述

7.1 借款人和实施机构

（108）借款人的项目竣工报告及对世行报告的评述（附件 7）与本报告提出的结果一致，没有提出任何需要世行反馈的重大关注问题。其总体评价和对项目绩效定级完全可接受。

7.2 共同融资人

不适用

7.3 其他合作伙伴和利益相关方

不适用

附件 1 项目成本和资金筹措

对项目成本和融资来源进行汇总，如下表。

（1）按项目活动成本（单位：百万等值美元＊）

	项目评估时	项目竣工时	
A. 新造多功能人工林	115.7	162.0	140.2
B. 修复现有人工林	46.6	59.9	128.6
C. 机构支持，项目管理，监测与评价	15.2	13.9	91.6
总基础成本	**177.5**	**235.9**	**132.9**
工程不可预见费	4.4	—	
价格不可预见费	11.7	—	
项目总成本	193.5	235.9	121.9
实施期间的利息	6.2	7.4	119.0
先征费	0.3	0.3	100
总融资成本	**200.00**	**243.5**	**121.8**

＊汇率：1 美元＝6.80 元（项目评估时）；1 美元＝6.25 元（项目实施期间的加权平均）。

（2）融资

资金来源	评估时的估计（百万美元）	实际/最新的估计（百万美元）	占评估值的百分比（%）
政府、受益人	100.00	144.4	144.4
国际复兴开发银行	100.00	99.1	99.1
合计	200.00	243.5	121.8

＊由于 2016 年下半年人民币的快速贬值，产生国际复兴开发银行贷款余额 91 万美元。

附件 2 按成果产出的项目成本

（1）对项目总体成果总结如下：

项目成果	项目评估时	项目竣工时
项目第一部分： 新造多功能人工林 在退化土地上营造和管理可持续多功能林： （1）防风固沙林 （2）水土保持林 （3）农田防护林	项目第一部分： 营造多功能林的面积： （1）防风林（21 400 公顷） （2）水土保持林（58 900 公顷） （3）农田防护林（12 700 公顷）	完成造林约 93 840 公顷（占目标的 101%），其中： （1）防风林 22 374 公顷（105%） （2）水土保持林 58 470 公顷（99%） （3）农田防护林：13 000 公顷（103%）

（续）

项目成果	项目评估时	项目竣工时
		项目开发了29个多功能阔叶混林造林模型，适用于：①辽宁和河北省平坦沙地上防止侵蚀保护农田的多功能阔叶混交林造林模型；②辽宁和安徽省防止土壤侵蚀的多功能混交林造林模型；③山西黄土高原区用于流域综合治理保护，控制土壤侵蚀并增加农民收入的多功能林造林模型；④安徽省文化遗址周边南方山地用于水资源保育和生态环境改善的多功能混交造林模型。 造林使用了大约50个树种；I级苗的利用率达到95%，环保措施合格率达90%以上，成活率达92%，按照技术设计进行了幼林抚育。 营造的人工林生长强劲，并产生初步的生态环境影响。植被覆盖率达到50%，比非项目区林地高出29.7%。根据降雨和植被盖度的不同，土壤侵蚀减少了11%~19%，风蚀根据降雨量和植被盖度的不同，比非项目区林地减少44%~55%。河北和辽宁的农田防护林造林模型保护农作物生长，使其产量提高10.8%~15.8%
项目第二部分： 修复现有人工林 修复的多功能人工林取代单一种植的退化人工林 现有人工林的管理得到改进	植被覆盖率（包括林下植被），增加大约10% 修复的退化林的公顷数（39 600公顷） 每个退化林立地上树种的数量和种类（从单一树种增加到约3个树种）	共修复现有人工林38 450公顷（97%），其中：①安徽完成15 050公顷（99%），涉及两个模型19个树种；②浙江完成23 400公顷（97%），涉及6个模型35个树种。每个人工林的立地的树种数至少3个（3~10个树种）。 项目实施过程中，I级苗使用率达95%，环保措施合格率达96%，成活率达91%，按照技术设计进行了幼林抚育。 技术模型的实施是成功的，森林生态环境大幅度改善，达到或超过既定目标。植被覆盖率比非项目区林地提高57%，比基准值提高26%，增加4.5%；地表径流减少7%~11%，土壤损失减少12%~19%，病虫害发生率比非项目区林地减少43%
项目第三部分： 机构支持，项目管理，监测与评价 （1）农户和林务人员接受培训，引进先进技术	接受培训的农民和林业职工人数（216 000人日）	项目实施期间，参与项目的农户和林业局工作人员接受了技术和管理培训（共323 950人次，计划数为216 000人次）。 培训效果非常可观。培训重点是造林的生态保护理念，可服务于造林模型应用的先进的森林经营技术，苗圃管理，财务管理，采购，社区磋商，社会和环境安全保障措施的实施等。项目人员和农民学以致用，发挥示范作用，确保了造林模型和项目管理工作的实施

（续）

项目成果	项目评估时	项目竣工时
	项目支持的改建和新建的农民协会的个数（20个）	项目实现了支持20个林场协会的既定目标，其中18个为改建，2个新建。提供的支持包括：办公设备购买，机构管理和运营培训以及技术援助。协会加强了机构建设；改进了章程和制度，组织规模得到扩大。目前这些协会对可持续森林资源管理非常积极，努力在保护生态环境的同时开展创收活动。这些协会已成为影响周边农民的示范模式，部分成员则成为农民技术人员和带头人
	执行森林经营方案的个数（五个省每省一个森林经营方案）	为支持森林经营方案试点工作，项目提供了包括如何制定、执行，监测实施森林经营方案的培训，并对其效果进行了评价。按照计划，每个项目省制定并实施了一个森林经营方案。该方案成为管理社区一级森林资源的指导。其示范作用为引导实现森林资源的可持续开发利用做出了贡献。这些良好实践有助于林农和林场以综合可持续方式管理好集体林资源
（2）支持新的森林权属制度	颁发林地使用权证（这是“林业综合发展项目”之外政府项目的一个内容）的面积	项目区所有林地都颁发了林权证，涉及林地面积74 900公顷 为支持林权制度改革，安徽和河北开展了多项森权改革影响评价研究。研究分析了影响改革的因素及改革对森林资源经营管理的意义，以及对于森林经营管理的意义。研究还分析了配套支持体系，如林地使用权改革实践、农场协会功能和服务模式等。 此外，项目还举办了四次研讨会，交流了林权改革的经验教训，并讨论了本项目支持改革的途径
（3）建立监测与评价体系，总结有助于推广项目、将项目经验推广到其他地领的经验	建立和运行监测与评价项目有形投入和产出，项目管理的体系	对开展的研究和举办的研讨会进行了认真总结，项目提供的大量的促进改革经验教训，是政府决策的有益参考。 项目设计了监测与评价体系，监测项目进展并对影响进行评价。国家林业局世行中心（中央项目办）和省项目办严格根据设计监测项目进展。进度报告质量好，如实反映了项目实施情况

（2）详细列出项目的主要产出

产出指标	单位	评估时的目标值	竣工时的实现值	占评估值的%
1. 在项目县选定的环境退化区的多功能林植被覆盖的增加（每公顷的植被覆盖,%）	%	20%	50%	300%
2. 改进森林资源管理（通过抽样调查，衡量树种多样性、植被覆盖等方面的改善，对项目区与非项目区进行比较）	不适用	每个小班内的树种数从1个增加到3个	树种从1个增加到至少3个（3~10个），土壤侵蚀减少11%~19%，风蚀减少40%~55%。病虫害发生率降低43%。	

（续）

产出指标	单位	评估时的目标值	竣工时的实现值	占评估值的%
各项目活动的指标				
项目第一部分（新造多功能人工林）				
1.1 新造多功能林的面积				
（1）防风固沙林（公顷）	公顷	21 300	22 370	105%
（2）水土保持林（公顷）	公顷	58 900	58 470	99%
（3）农田防护林带（公顷）	公顷	12 680	13 000	103%
1.2 受防风林和农田防护林带保护的粮食作物的增产量（每公顷增产量,%）	%	10%	12%	120%
1.3 经济林增加农民收入（元/公顷/年）	元/公顷/年	480	1 300	各省有差异
项目第二部分（修复现有人工林）				
2.1 植被覆盖增加（植被覆盖率,%）	%	36%	57%	158%
2.2 项目立地树种数量的增加（树种/小班）		3	至少 3	3~10
2.3 修复退化林的面积（公顷）（安徽和浙江）	公顷	39 600	38 450	97%
项目第三部分（机构支持，项目管理与监测评价）				
3.1 培训农民和工作人员数量（人日）	人日	216 000	323 950	150%
3.2 项目支持的现有的和新建农民协会的个数		20	20	100%
3.3 监测和评价体系提出经验教训服务于规模化推广和将项目经验教训传播到其他地区	不适用	建立并实施了该体系	建立并运行的体系提出经验教训，服务于规模化推广	
3.4 颁发林权证林地的面积（公顷）	公顷	55 050	74 900	136%
3.5 制定森林经营方案的数量		5	5	100%

附件 3　经济和财务分析

方法

（1）对项目进行成本效益分析的目的，是在项目竣工时对项目的经济可行性进行重新评估。分析采用与项目评估时相同的方法，确保方法的一致性和可比性。同时，为反映项目竣工时情况，对项目评估分析的假设和参数进行了以下调整：①人工林投入成本比评估时的估计增加了 25%；②在环境方面，防风林的农业生产和泥沙沉积效益保持不变，但世行建议碳汇收益按照每吨二氧化碳最低限价 30 美元计算，这与评估时的每吨 7.38 美元（50 元人民币）不同；③生产模型的主要投入的数量源于地方项目办收集的实际数据，而未来生产预测则由农民、推广人员和项目办人员共同确定；④对主要投入和产出的市场价格进行了更新（按照 2016 年不变价格），以反映项目经济寿命期的价格趋势（现金流量分析期为 22 年）。

项目效益

（2）本竣工报告的经济分析只考虑对所选的主要效益进行量化，包括：①直接的生产效益（林产品产出）；②防风林的影响下相邻农田生产力的增加；③碳汇；④保留的泥沙截留量。

（3）须同时指出的是，生物多样性保护、景观改善、对农业旅游的贡献等重要但不容量化的经济效益，不包括在项目经济内部收益率中，即只对项目经济回报实施保守的估计。

（4）直接的生产收益：使用投入/产出人工林模型和现金流量模型，估算所有造林和森林恢复活动的生产净值。不同数量的模型投入（幼苗、化肥、劳动力等）以市场现价计值。同样，木材、水果和非木林产品的产量估计和计值，根据模型的不同，按 20~25 年期的市场现价计算。对于未收获的人工林和林产品，立木蓄积量市场价值的估算，按各期期末时计。假设该值可代表其实际经济价值的保守的近似值。

（5）经济价格预测：假设税后的市场现价足以准确代表经济价值。鉴于目前国内市场开放的现状，无需计算全球市场参考价格。

（6）防风林的粮食增产作用：河北、辽宁两省项目人工林主要用于保护周边农田，提高粮食产量。实证数据显示，辽宁和河北典型农作物的增产幅度约为 10%，其造林设计是一公顷的人工林为十公顷农田提供保护。由于土地的可供性、参加农民的数量，以及块状和带状造林地比例尚不清楚，上述设计并不总是处于最优化的状态。因此每公顷人工林的保守经济价值为 5 000 元/公顷（每公顷农地 500 元）。进一步的假设是，防风林的全部效益在 20 年间按照生长函数模型逐渐增加。

（7）拦截泥沙效益：山西和安徽省人工林和灌木林的主要环境效益之一是拦截泥沙。拦截流入黄河、长江及其支流的泥沙有多重效益。首先，会减少灌溉系统因大量泥沙流入造成的损失，这些泥沙会阻塞渠道，沉积量高到一定程度就需要停止输水。其次，河道趋于稳定，排水工程的维护成本降低。第三，下游水库的淤积减少。第四，河床的上升放慢，抬高河堤防洪的成本投入推迟。项目投资侧重于侵蚀模数大于 5 000 吨/平方公里的严重水蚀地区。可以假设，在 20 多年的时间内，项目按照增长函数模型，以渐进方式将泥沙径流量减少 50%。在前 10 年产生的效益非常有限。保持泥沙沉积的经济价值估计为每吨 10 元人民币。这一参照值源于世行黄土高原水土保持项目完成的工作。

（8）碳汇：普遍认为，植被和土壤是碳储存库。陆地生态系统中的碳汇是低成本的降低碳排放的手段。《京都议定书》规定，每个国家的温室气体减排目标，可以考虑直接的人为土地利用变化和植被恢复活动。根据本树种和营林的不同安排，预计本项目大多数造林和森林恢复活动，将在未来 20 年内每年产生 25~100 吨/公顷的干物质增量。该数量在 20 年内以连年方式按生长函数累积（如图），相当于 90~400 吨释放到大气中的二氧化碳的碳汇增量。根据最新的世行指南①，本分析使用最低的 30 美元/吨的经济价格。

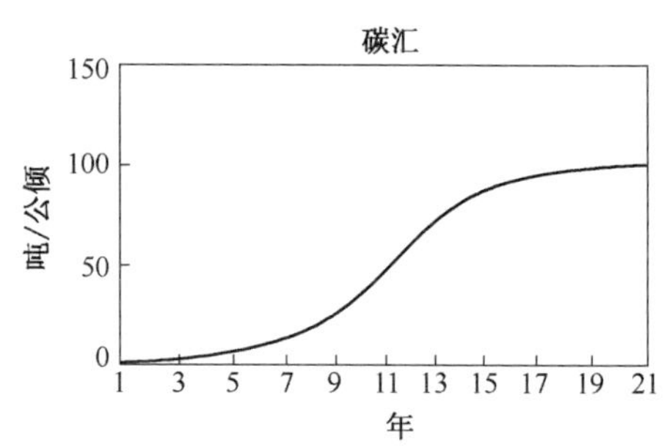

经济分析的结果②

（9）按照上述预测进行的经济分析的结果，如下表所示（详细的现金流量计算参见文件）。

项目竣工时的净现值和经济内部收益率概观

项目省	不包括环境效益		包括防风林效益		包括拦截泥的效益		包括碳汇效益		包括“三个”环境效益	
	现金流量净现值	经济内部收益率;	现金流量净现值	经济内部收益率;	现金流量净现值	经济内部收益率;	现金流量净现值	经济内部收益率;	现金流量净现值	经济内部收益率;
安徽	336.7	10.1%	336.7	10.1%	509.3	11.9%	633.4	13.9%	806	15.3%
河北	152.2	8.9%	808.2	16.2%	152.1	8.9%	377.6	12.8%	1 033.8	18.8%
辽宁	119.2	9.9%	773.2	21%	119.2	9.9%	344.0	16.9%	998	25.2%
山西	309.5	10.5%	309.5	10.5%	603.8	13.3%	561.8	13.8%	856.8	16.1%
浙江	48.6	7.4%	48.6	7.4%	48.6	7.4%	263.5	13.1%	263.5	13.1%
合计	**966.1**	**9.6%**	**2 276.2**	**13.1%**	**1 433.1**	**11.0%**	**2 180.4**	**13.8%**	**3 958.1**	**17.4%**

注：百万元的净现值机会成本资本率按 6%计。

① 见：“项目使用 2015 年 30 美元的碳的社会价值基线估价，该价格在 2050 年扣除物价因素应为 80 美元”，引自《世界银行项目评估碳的社会价值指南》（2014 年 7 月 14 日）。

② 根据国家发改委要求，公益项目的机会成本资本率按 6%计算，这与世行新近的指南要求一致。

（10）整个项目的经济内部收益率（包括碳汇，防风林和保持泥沙沉积的效益）估计为 17.4%，与项目评估时估计的 16%大体相当，原因是调整后的环境效益经抵消了主要投入物成本增加造成的影响。

（11）由于经济内部收益率按低限值估算，以上经济内部收益率没有进行敏感性测试：①碳汇估值为最低值（30 美元/吨）①；②其他重要但不易量化的经济利益（例如，生物多样性保护，景观改善，对农业旅游的贡献）未计算在内。

财务分析

（12）本项目的目的是示范具有重大环境效益的可持续多功能人工林的营造和管理。共开发了 29 个造林模型和 8 个森林恢复模型，使用了 60 多树种，共同服务于项目发展目标。项目设计了修复现有退化单一种植人工林的造林的作业方案，通过将生态服务和增加收入（经济林的水果、坚果的收获）结合的综合森林资源管理，将人工林的环境效益（如减少水土流失、生物多样性丧失和病虫害发生率）最大化，增加植被覆盖，提高生态抗性。

（13）这样一来，虽然木材生产和财务收益在项目设计时得到了考虑，但与集约经营人工林不同的是，它们不是造林模型和树种选择的重点。按模型计算的财务内部收益率的计算，涵盖了所有的现金流出（投资成本，运营成本和税费）和现金流入（林产品销售）。包括能力建设、项目管理在内的其他成本也被纳入整个项目的财务分析。该项目的财务内部收益率估计为 9.6%，其中很大部分模型的财务内部收益率低于 10%。本项目评估时的财务内部收益率为 11.8%，其中一半的造林模型的财务内部收益率低于 12%。本项目竣工时的收益率较低，主要是投入物价格上涨使许多模型对农民的财务吸引力下降所致。

（14）为了增加对农民的经济激励，实现森林可持续经营，世行贷款资金作为赠款，补贴给了五个项目省造林模型的实施应用。事实证明，这一措施提高了造林模型对农民的经济吸引力（所有的财务内部收益率都高于 10%，见下表），使项目造林和恢复的所有工程目标成功实现。在财政影响方面，政府在实施过程中提供了足够的配套资金。除了偿还世行贷款外，地方政府并没有额外的财政义务，还贷也只是其财政收入极小的一部分。在可能性极小的地方政府发生财政危机的情况下，财政部将“兜底还贷”。

财务现金流量计算（单位：百万人民币）

#	造林模型	总投资 财务内部收益率（%）		受益人投资 财务内部收益率（%）	
		竣工时	评估时	竣工时	评估时
1	针叶树和阔叶树造林	10.1	12.4	16.6	18.0
2	阔叶树造林	10.4	11.4	17.9	19.5
3	阔叶和竹子造林	9.9	20.9	32.1	34.9
4	针叶林修复	10.0	9.9	13.4	14.3
5	阔叶林修复	12.9	12.8	19.2	20.8
6	防风固沙混交林	6.8	9.3	10.2	11.6
7	有间作的防风固沙林	8.4	11.4	13.4	15.1
8	经济型防风固沙林	12.6	19.3	21.5	24.8
9	杨树和松树	11.5	15.1	18.8	20.4
10	杨树和沙棘	11.5	15.1	18.8	20.4

① 如果按照每吨二氧化碳 7.38 元的碳汇价格计算，本项目的经济内部回收率是 14%。

（续）

#	造林模型	总投资 财务内部收益率（%）		受益人投资 财务内部收益率（%）	
		竣工时	评估时	竣工时	评估时
11	杨树、灌木和刺槐混交林	11.5	15.1	18.5	20.4
12	落叶松和松树	11.7	11.6	15.4	15.7
13	杏	6.8	9.6	15.5	17.7
14	枣＊＊＊	不适用	14.9	不适用	23.9
15	榛子	16.4	13.4	36.2	48.4
16	造林	6.1	7.4	10.5	11.2
17	灌木林	4.8	4.1	11.6	12.7
18	经济林（1）	14.7	11.7	14.1	14.5
19	经济林（2）	12.1	13.8	16.9	17.7
20	现有松林补植阔叶树	6.5	8.0	20.3	21.3
21	现有松林补植毛竹和阔叶树	10.2	14.7	24.3	23.6
22	现有杉木林分补植阔叶树	7.0	8.9	19.7	21.0
23	现有杉木林分补植阔叶树和毛竹	9.1	16.1	27.5	27.0
24	板栗林补植阔叶树	7.9	9.5	11.5	14.6
25	茶园补植阔叶树	18.9	13.6	18.1	19.6
	项目合计	9.6	11.8	15.7	17

＊＊＊实施过程中被取消。

附件 4　世行提供的贷款管理和实施支持指导

（1）项目组成员。

姓名	职称	部门代码	职责/专业
贷款管理			
刘瑾	高级环境专家	GEN2A	团队负责人
沈苏珊	执行经理	GSU02	森林生态系统管理
穆罕默德·贝纳利	高级规划专家	GEN2A	项目设计
董毅	高级财务管理专家	GGO20	财务管理
林宗成	高级社会发展专家	GSU02	社会保障措施
威廉·马格拉斯	首席自然资源经济师	GFA12	林业政策
任欣	高级环境专家	GEN2A	环境安全保障
王伯泉（音译）	高级管理专家	GEN2A	流域管理
石金安	高级采购专家	GGO06	采购
约瑟夫·恩斯伯格	高级经济师	GEN2A	财务与经济分析

（续）

姓名	职称	部门代码	职责/专业
检查指导及竣工总结			
高柏林	首席环境专家	GEN2A	竣工报告团队负责人
刘瑾	高级环境专家	GEN2A	团队负责人
刘云龙	采购专家	GGO08	采购
董毅	高级财务管理专家	GGO20	财务管理
任欣	高级环境专家	GEN2A	环境安全保障
白偕力	项目助理	EACCF	项目助理
林宗成	高级社会发展专家	GSU02	社会安全保障
理查德·欧文	高级林业专家	GEN2A	林业
刘学明	高级经济学家	GEN2A	财务与经济分析
佟仲	监测专家	GEN2A	监测与评价

（2）人员时间和成本。

项目周期	员工时间和成本（世界银行预算）	
	工作的星期数	千美元（含差旅费、专家费）
贷款		
2008 财年	13.92	84.95
2009 财年	25.28	170.45
2010 财年	13.57	59.35
合计	**52.77**	**314.75**
检查组、竣工报告		
2011 财年	8.6	26.99
2012 财年	9.3	29.62
2013 财年	13.45	44.46
2014 财年	10.16	34.10
2015 财年	10.66	46.73
2016 财年	10.47	62.17
2017 财年	11.20	68.86
合计	**73.69**	**312.93**

附件5 受益人调查结果

不适用

附件6 利益相关方研讨会报告和结果

（如果有的话）

不适用

附件 7 借款人竣工报告摘要及对本报告初稿的评述

借款人对本竣工成果报告的评论

在项目准备和实施过程中，世行和中国机构开展了建设性的合作，使项目发展目标全部得以实现。这表明，林业综合发展项目是一个非常成功的项目。我们审查了世行竣工成果报告后认为，它客观而清晰地评估了项目的绩效和经验教训。我们完全同意本报告的整体评估及对项目的评级结论。

借款人竣工报告的概要

项目活动完成情况

1. 新造林，现有林管理，水窖建设和设备采购

（1）造林和水窖建设。

项目累计完成造林 132 290 万公顷，占总计划 132 600 万公顷的近 100%。其中：建设多功能人工林 93 840 公顷，占项目评估总计划 93 000 万公顷的 101%；项目累计完成现有林修复 38 450 公顷，占项目评估总计划 39 600 公顷的 97%。造林质量监测显示，一级苗使用率、环保措施合格率、造林成活率、造林保存率、幼林抚育合格率等指标均在 90%以上，超过项目设定的指标。

同时，项目建成水窖 1 340 个，与项目计划一致。其中：417 个利用项目资金进行建设，另有 923 个水窖利用山西省水利部门的资金也已全部建成。

（2）设备采购。

项目采购办公设备 859 台，占项目评估总计划的 112%。其中为支持农民合作社采购设备 133 台。这些设备包括：计算机、打印机、投影仪、GPS、复印机、办公桌椅、档案柜等。

2. 机构能力建设和《少数民族发展计划》

在机构能力建设方面，根据项目计划开展了机构支持、项目管理、监测评价等项目活动，有力保证了项目的顺利实施及项目经验的推广应用。同时，项目培训活动提高了项目人员的管理水平，提升了项目实施效率，并在项目区内外形成示范效应。项目“少数民族发展计划”的严格执行，确保了项目区少数民族的利益。

（1）技术培训。

为各级项目机构组织了各种培训活动，促进了项目规定、标准的严格而有效的执行。共完成 323, 950 人日的培训、研讨会、国内外考察和咨询服务，占项目评估计划的 127%（见下表）。下表显示，由于目前的限制性政策，国外培训和国内考察目标无法完成，但是，采取了加强国家、乡镇级培训的补救措施。项目培训计划的总体目标超额完成。

项目技术培训完成情况

监测指标	计划（人日）	实际完成（人日）	实际完成/计划（%）
1. 国外培训考察	2 915	1 529	52
2. 国内考察	4 212	2 920	69
3 国家级培训	120	2 399	1 999
4 省级培训	10 420	10 911	105
5 县乡级培训	194 868	259 592	133
6. 国内咨询服务	3 576	3 905	109
7. 林业改革培训	39 320	42 696	109
合计	**255 431**	**323 952**	**127**

国家级培训重点是项目管理和多功能人工林技术路线图（如树种组成，树种物混交结构，现有退化林改进模式，以及项目在应对气候变化方面的作用等）。省项目办对乡镇的培训重点在技术方面，包括：项目财务管理、审计、社会评估、作业设计、苗木标准、栽植方法、环境保护指南。培训

林农主要在现场通过可见、有形的技术学习方式进行。开展的问卷调查表明，项目单位和林农普遍对项目提供的培训感到满意。受访者中有 80%认为项目培训是有帮助的。通过培训，项目人工林的成活率和质量都有很大改善，病虫害得以防控。农民学员中 43%为女性，57%为男性。培训对促进社会公平和提高妇女在社会中地位发挥积极的作用。

（2）技术推广。项目共引进了 44 种先进技术和 52 个改良树种，有利于改进森林经营和森林资源的综合管理，把长期的森林管理和短期创收结合起来。部分项目区开展了中草药间作和经济林种植，年收入超过每公顷 30 000 元。这些措施有效解决了人工林经营周期长、收益慢的问题，受到林农的欢迎。

项目中包含一个少数民族自治县，即辽宁阜新蒙古族自治县。该县有 16 万蒙古族人口，占全县人口总数的 20%。通过加大宣传和开展社区林业评估，大量蒙古族村民自愿参与项目。通过与潜在项目村的农民进行磋商，项目为蒙古族村民提供了平等参与的机会和权利。为尊重少数民族社区的习惯、确保信息有效沟通，项目使用蒙语和中文两种语言进行交流。同时，还注意鼓励妇女参加项目的设计、培训和实施。

阜新县共有 203 个村参加了项目，其中 41 个蒙古族村包括有蒙古族社区，占参与村的 20%。共与农户签订了 716 份合同，其中与蒙古族农户签订的有 117 份，占总数的 16%。该县项目人工林面积 6 711 公顷，其中，蒙古族家庭种植 899 公顷，占总面积的 13%。

3. 支持集体林权制度改革

项目的重点放在活化林业运行机制方面，支持政府的集体林权制改革，调动了林农经营林业的积极性，该项目活动的目标已经完成（见下表）。

支持集体林权制度改革的项目会活动

支持活动	单位	计划	完成	完成/计划
1. 林权证发放面积	公顷	55 050	74 906	136
2. 新建和扩建农民协会、合作社的数量	—	20	20	100
3. 制订森林经营方案的数量	—	5	5	100
4. 研讨会	—	4	4	100
5. 林业改革考察		4	4	100

（1）林权证发放。本项目通过促进林权证发放，有力推动了当地林业的发展。之所以如此，是因为林权证极大地调动了林农经营林业的积极性，增强了他们长期经营的信心，使他们愿意投资林业，发展人工林。通过林权证抵押可以申请世行贷款，拓展了林业发展和林农生计活动的资金来源。

（2）农民合作社建设。项目总支持和改善了 20 个农民合作社或协会，占项目目标的 100%。这些农民协会/合作社的主要业务活动是：苗木开发，营林管理和水果加工销售，参加农户达 7 069 个。项目支持不仅促进了林业发展，而且加强了农民合作社、协会机构能力。项目重点开展的活动：一是完善合作社的机构、规范和制度，确保长期平稳运营。二是技术培训和服务，提高林农的生产技能。三是在确保项目发挥生态效益的前提下，组织林农开展增收活动，加快林农脱贫致富的步伐。

（3）森林经营方案编制。每个项目省包括一个森林经营方案编制试点。森林经营方案是社区制定中长期营林计划、组织各类森林经营活动、确定采伐限额和投资计划的关键文献依据。这一活动促进了项目区森林的科学经营。基于调查的森林经营方案不仅为项目实施、实施可持续森林资源管理提供了示范和指导，而且，通过向当地群众进行技术培训、促进森林营销（特别是坚果和果品），也有助于项目区外的当地农民开展森林保护，科学经营和森林资源可持续利用。

（4）研讨和课题研究。项目执行期间，各项目省共召开了 4 次林改研讨会，聘请了大学、研究院和有关行政部门的专家，交流了林改的经验。同时，按照项目设计，浙江省开展了林权改革、农民合作社、持续发展、生态修复技术 4 个课题的研究。研究评价了浙江集体林改的进展和产生的影响，指出了未来林改进程中需要汲取的经验教训。这些研究在分析本项目技术模型的实施后确认，实施这些模型可以在林权改革过程中促进技术进步。

项目投资

1. 项目投资计划完成情况

项目完成投资 15.22 亿元人民币，是项目计划目标 13.6 亿元的 112%。其中：多功能人工林营造实际投资 10.13 亿元，占计划投资的 129%；现有林修复实际投资 3.75 亿元，占计划的 118%；机构能力建设和监测评价实际投资 0.87 亿元，占计划的 83%；其他支持 0.48 亿元（如下表）。

项目总投资按活动内容完成情况

活动	计划		完成		完成/	计划
内容	折万美元	万元	折万美元	万元	美元	人民币
总计	20 000	136 000	24 353	152 200	122	112
多功能人工林营造	11 566	78 651	16 202	101 258	140	129
现有林修复	4 662	31 700	5 994	37 461	129	118
机构能力建设和监测评价	1 538	10 457	1 393	8 704	91	83
不可预见费	2 234	15 192				
其他（先征费等）			764	4 777		

投资计划的完成情况是：项目第一部分（多功能人工林营造）和项目第二部分（现有林修复）投资超额完成。项目第三部分（机构能力建设和监测评价）投资完成率较低，其原因：一是国外培训和国内咨询受政府政策影响未能完成任务；二是项目的许多培训与其他项目共同举行，经费很难记录并统计到本项目的投资之中。

（1）按资金来源，本项目包括的世行贷款折合 6.23 亿元人民币，占实际总投资的 41%，比项目设计时的 50%的配比要低。国内配套 8.99 亿元人民币，占总投资的 59%，比项目设计时的配比高出九个百分点。

（2）按照项目省份，安徽完成投资 3.76 亿元，占计划的 126%；河北完成 3.01 亿元，占计划 111%，辽宁完成 2.29 亿元，占计划的 105%；山西完成 3.22 亿元，占计划的 113%；浙江完成 2.94 亿元，占计划 103%。

2. 世行贷款资金支付与计划相一致

项目实施期间，世行贷款资金支付与计划相一致。河北、山西、辽宁、浙江、安徽五个省累计完成世行贷款提款报账 9 909 万美元。浙江和安徽省的贷款全部用完；河北和山西省本来计划全部用完贷款资金，并按人民币进行了测算，但由于 2016 年底美元突然大幅升值，导致原来计划的人民币资金对应的美元数减少，故这两个省的贷款资金略有结余。辽宁省项目区在 2014 年极其干旱的天气，影响了项目实施进度，导致贷款支付完成 96.4%。

3. 配套资金到位率提高

项目累计到位配套资金 8.99 亿元，占总计划的 6.80 亿元的 132%。其中：中央级投入培训经费 99 万元；省级到位 1.92 亿元，占计划 1.97 亿元的 97%；地（市）县级到位 2.02 亿元，占计划 2.11 亿元的 96%；造林单位和其他来源资金到位 5.04 亿元，占计划 2.72 亿元的 185%。

分省的配套资金到位情况良好，到位率分别为：河北 129%（1.7568 亿元），山西 134%（1.9097 亿元），辽宁 119%（1.2966 亿元），浙江 114%（1.6251 亿元），安徽 160%（2.3934 亿元）。

4. 资金使用符合有关规定

在项目实施期间，河北、山西、辽宁、浙江和安徽五个省审计厅，分别出具了本省项目年度审计报告。报告显示，总体来看，项目资金使用符合项目需求和有关规范。项目资金下拨及时，效果较好。但也存在一些问题：一是部分省、地（市）县财政配套资金没有足额到位，二是个别项目单位滞留项目资金。通过整改，这些问题及时得到了解决。

总体上看，世行贷款资金的使用情况符合贷款协定的规定。参加项目实施的五个省的财务报表按照中国的会计准则、会计制度和本项目贷款协定规定的要求编制，公允地反映了世界银行林业综合发展项目的进度、项目活动执行质量和项目资金收支情况。近年来中央政府加大反腐倡廉的力度，规范整治公务中经济违规违法行为，为本项目创造了良好的合法、规范使用项目资金的外部环境。

影响项目执行的主要因素

1. 劳动力成本上升

项目执行期间，中国的劳动力价格出现了大幅度的上涨。项目区调查显示，劳动力价格上涨了25%左右。为应对劳动力价格上涨给项目执行带来的影响，各地采取使用项目预备费，积极筹措其他来源资金，以先进作业技术降低人工投入等方式加以应对。如辽宁和河北省在部分项目区推广机械整地作业方式，比人工整地降低成本约 15%。

2. 浙江和辽宁遭遇严重干旱

项目执行期间，部分项目遭受严重的自然干旱，造成部分新造林难以达到项目规定的标准。但在各项目实施方的大力支持下，问题基本得到了解决。

浙江省 2013 年遭受严重的旱灾，项目林受灾面积高达 2 357 公顷，受灾面积占当年造林面积的40%，苗木平均成活率只有 71%，损失严重。对此，浙江省项目县筹集补救资金 190 万元，采用浇水、培土、容器苗补植等措施，保证成活率达到项目规定的标准。

2014 年辽宁发生干旱，降雨量只有正常年份的 50%~70%。为进一步搞好项目的实施工作，辽宁省、县级提供了财政支持，项目实体使用容器苗进行补植或重新补造，确保新造林的质量。

3. 新的限制性政策的实施影响国外培训和国内考察

自 2013 年以来，中国政府出台了一系列公务出国的新规定。受该政策的影响，项目国外培训仅完成计划的 52%，国内考察只完成计划任务的 69%。

为弥补上述情况造成的缺失，中央级加大了培训力度，通过评聘具有国际背景的专家、其他项目专家、国内顶级专家等，增加培训 1 000 多个人日；省、县两级增加培训任务 2 000 多个人日。加上以上两项，国内考察任务完成远远超过计划。国外培训和国内考察的效果基本没有受到影响。

调查问卷显示，参加国外培训的学员中，有 78%的人认为，出国对自己转变观念和改进工作方法很有帮助，拓展了项目管理人员的视野，提高了环境保护的认知，学到了一些先进的营林技术。同时，参加国内考察的人员中，有 76%的人将学到的技术传授给 10 人以上。这说明，国外培训和国内考察对于项目机构和实体采用新技术，将传统单一种植和森林管理专项混交种植并改善项目管理，十分必要。

项目的调整

为适应当地形势，满足项目实施期间发生变化后的需求，对项目设计进行了必要的合理的调整。

1. 山西调减一个项目县

项目实施期间，山西项目县（区、市）由原来的 68 个调减到 67 个。这主要源于山西晋源区土地利用规划的调整，使原项目地无法用于执行项目。晋源区原计划的 52 万美元世行贷款资金和 1 200 公顷的造林任务已经调整到其他项目县，到项目结束时，该贷款资金已经全部使用，造林任务也已经全部完成。

2. 优化造林模型和树种

在项目实施过程中，为适应项目区的条件，吸取经验并采用新技术，对项目引入的造林模型进行了优化，涉及模型数量、苗木规格、造林密度和树种。浙江森林修复模型增加了 14 个阔叶树种；山西调整了部分模型了苗木标准和密度；辽宁增加了模型和调整了部分模型造林密度；河北省项目造林模型数从 4 个增加到 7 个。调整工作坚持实事求是的方针，由省专家组和世行审批。调整后，造林和森林经营质量得到提高，混交林结构更加稳定，成本有效性得以改善。

项目效益

在项目竣工评估期间，对评价项目的财务和经济可行性进行了分析。为确保方法的一致性和结果的可比性，竣工、中期检查和项目评估时采用了相同的方法，但对以下指标进行了更新，以反映项目竣工评估时的实际情况：

（1）根据调查结果，劳动力价格调整为：安徽、河北、辽宁、山西四省为 80 元/日；浙江省为 95 元/日。

（2）经与专家反复讨论后确定。碳汇价格为二氧化碳 30 美元/吨（折合人民币 204 元/吨），这是 2014 年 7 月 14 日世界银行《碳汇价格指南》提出的最低碳汇价格。

经过计算和分析，整个项目的财务内部收益率为 9.6%，略低于项目评估时的 11.8%，主要是劳动力成本上升所致。整个项目的经济内部收益率为 17.4%，略高于项目评估时 16%。但均高于中国政府规定的 8%的林业项目基线率，说明项目不仅有明显的生态效益，还有十分重要的社会效益和经济效益（下表）。尽管项目实施期间劳动力成本有较大的上升，但由于环境效益产品价格的上涨，这在一定程度上抵消了前者对项目效益的影响。

项目财务内部收益率（FIRR,%）和经济内部收益率（EIRR,%）

省份	2010 年项目启动时		2016 年竣工时	
	FIRR	EIRR	FIRR	EIRR
安徽	12.0	15.0	10.1	15.3
河北	13.0	19.0	8.9	18.8
辽宁	13.0	21.0	9.9	25.5
山西	9.0	13.0	10.5	16.1
浙江	12.0	13.0	7.4	13.1
合计	12.0	16.0	9.6	17.4

生态效益

在项目区建立和恢复的多功能人工林，增加了环境重要地域的森林覆盖，提高退化林地数量。产生了生物多样性大幅度增加、应对气候变化的能力增强的良好结果。此外，与非项目区人工林相比，本项目采用的混交种植模式使森林病虫害发生率减低 43%，降低水土流失量约 10%~20%，提高混交林生长量 20%以上。

（1）植被盖度增加。2016 年，整个项目的植被盖度为 57%，与 36%的目标值相比，增加了 22.1%。说明项目实施后，项目区植被覆盖率明显增加，且有逐年加快的趋势。

（2）树种数量增加。总体来说，与非项目种植园相比，项目造林使用的树种数量从 1 个增加到至少 3 个（3~10 个，平均每个小班 5 个），表明促进了项目区生物多样性的增加。同时，项目对从传统单一种植向建立基于混交种植和森林修复的稳定的森林结构的转换提供了示范。

（3）风蚀减少。根据 2016 年的监测结果，与非项目区人工林相比，河北风蚀减少了 40%，辽宁减少了 55%，表明项目人工林已经开始发挥遏制土地荒漠化的作用。

（4）土壤侵蚀和地表径流减少。根据 2016 年的监测结果，与非项目区相比，项目地表径流量为 624 立方米/公顷，土壤侵蚀量为 10.4 吨/公顷，分别下降了 7%和 12%，项目立地的水土保持能力提高。

（5）森林病虫害发生率降低。2016 年项目人工林的病虫害发生率为 13.3%，而非项目区对照为 23.33%，下降 43%。

（6）碳汇效益显著。森林经营是经济性良好的固碳方法，也是应对气候变化的主要措施。据估计，在未来 20 年内，项目林将形成 25~100 吨/公顷的干物质。每公顷干物质能吸收 90~400 吨的二氧化碳当量，整个项目可吸收 3 241 万吨二氧化碳。

社会效益

1. 总体社会效益

项目提出的“混交林模型”和“多功能人工林”理念对中国林业的发展政策产生了积极的影响，

《林业发展“十三五”规划》明确提出：“新规划造林地应优先营造混交林，现有人工纯林逐渐采取森林抚育措施调整树种结构，退化林、残次林修复采取补植改造、树种替换等方式修复为混交结构，积极推行针叶与阔叶树种混交、先锋树种与演替后期树种混交、乔木与灌木树种混交，大力发展乡土树种、珍贵树种、深根系树种、演替后期树种为建群种的混交林，形成层次多、冠层厚、生态位错落有致的森林结构，提高森林质量和生态系统稳定性。”

通过实施造林和森林经营模型，以及向当地农民、林业职工提供技术培训，先进的设计理念、方法和技术得以展示和推广；该项目引进的社区磋商和参与式设计程序，得到政府的高度认可并在部分国内工程用于鼓励农民参与项目决策过程。据估计，项目的直接辐射面积超过项目面积的10倍以上。例如，本项目的先进概念和混交种植、森林经营技术在国家储备林项目，由国家开发银行资助的广西森林发展项目，安徽省的“千万亩森林增长工程”，以及浙江的“绿水青山”生态恢复项目中使用。项目经验的推广有力促进了中国林业的发展。

2. 项目受益群体效益

约161 282个农户和项目实体参加了本项目，包括158 342个单个农户，2 671个农民合作社；262个集体林场和7个国有林场。项目的参与式磋商程序确保了农户和农户联合体作为项目主要目标受益人的地位，具体体现在造林地和树种选择、人工造林和现有林改造模型的确定、森林的管护方案等方面的决策权。贫困户和妇女等边缘和弱势群体，拥有平等机会参加项目并从中受益。虽然本项目不是扶贫项目，但在设计中，特别注意贫困户等平等参与，尽最大努力把他们纳入项目的实施之中。参加项目的贫困户占项目总户数的9.4%。项目中特别注意保障妇女权益，通过宣传发动，妇女参加项目的比例已达到43%。在少数民族地区，确保了少数民族群体有平等参与项目机会。

3. 良好的经济效益

项目营造新的多功能人工林、修复现有林和修建基础设施，需要大量农村劳动力。这为农民增收提供了大量就业机会。项目实施期间，农民劳动投入产生的总收入平均为6 415元/户。同时，项目人工林有效保护了农田，粮食增产10%以上。此外，森林间伐、净化空气等给受益人带来巨大利益。

（1）来自劳动投入的收入。农民参加项目给他们带来额外的劳动收入。社会效益指标监测结果表明，在项目区，每户每年的劳动收入为1 069元，平均占农户总收入的2.6%，对增加农村收入做出了贡献。

（2）农作物和经济作物的增产。2016年的监测评估结果表明，与非项目区相比，在项目人工林的保护下，花生产量增长了11.7%，增收650元/公顷。

根据项目实施计划，部分项目农户种植的经济林，在2016年开始产生收益。安徽省农户的油茶、毛竹和茶，收入为431元/公顷；河北省农户的葡萄、梨、苹果等，收入5 161元/公顷；辽宁农户种植榛子水土保持林，每公顷收入1 695元；山西省核桃水土保持林实现每公顷589元的收入。

经验教训

在设计阶段，世行和国内专家认真研究国际国内先进经验，使设计文件具有较高的创新水平。在项目实施阶段，项目参与人员不断总结经验和教训，完善项目的技术方案，解决出现的各种问题，成果显著。这些使项目取得重大进展。项目的先进理念、经验和技术已在一系列国内重大林业项目中得到推广

1. 创新和取得的经验

（1）政府部门通力合作，相互配合，促进项目成功实施。发改、财政、林业、审计等部门建立健全了齐抓共管的工作机制，形成推动项目建设的强大合力。发改部门把握项目建设框架，确保建设内容符合中国政府和世行产业政策。财政部门落实配套和管理资金两不误，确保项目今后按时、足额还款。林业部门发挥专业特长，组织项目实施并提供技术援助。审计部门发挥监督优势，确保资金使用严格符合各项规定。

（2）通过人为干预促进天然修复是森林恢复的有效方法。在项目准备的2010年，项目就引用了国际“近自然林业”的发展理念。该项目是中国第一个在生态环境脆弱条件下，实施营建多功能人

工林、改退化单一人工林为多树种混交林的现代营林模式的项目。这些措施有助于将单一树种商品林转化有生态效益的多功能人工林。2015 年 4 月 25 日，《中共中央　国务院关于加快推进生态文明建设的意见》指出：在生态建设与修复中，以自然恢复为主，与人工修复相结合。项目所采用的设计理念和技术措施与现行中央决策高度一致，项目为我国森林的可持续经营积累了可贵的经验。

（3）政府为改善生态承担还贷责任，参与农户通过造林增收。除了展示多功能林营林管理保护环境外，该项目还展示了良好的公私合作伙伴关系投资机制，表现在两个方面：

①由于该项目将重点放在改善环境方面，项目贷款偿还由县级政府负责，项目林农则从项目造林和长期森林经营中受益。这一安排极大地调动了林农参与项目的积极性。

②为改进森林经营效果，该项目向林农协会、合作社提供了支持，以提高他们为当地农民提供服务和培训、组织林产品和经济作物营销、组织改进造林经营的机构能力。项目实践表明，促进农民协会、合作社，是改进基层技术服务，提高森林经营水平和产品质量、利润率，增加农民收入的有效途径。

（4）社区农户参与项目规划过程，是提高主人翁意识，促进可持续发展的有效工具。在项目设计初期，通过与当地社区、造林实体和农户磋商，让他们参与项目实施并响应社区的喜好和需求，引入的“自下而上”的森林资源参与式规划管理方法极大地增强了利益相关者长期经营森林的主人翁意识。当地社区的积极参与，不仅使经营方案得到更好推行，管理更加有效，还确保了项目社会目标的实现。

（5）使用多种阔叶树改进多功能混交造林模式。针对项目区在我国北方平原沙地、山地丘陵、黄土高原和南方丘陵等生态脆弱地区的特点，依据平衡生态效益和经济效益的原则，按照“低密度、混交林、多功能、可持续”的设计理念，引入改良环境的树种，创新应用混交造林模型 37 个，其中：新造多功能人工林混交模型 29 个，现有人工林修复混交模型 8 个。

通过模拟天然更新过程建立混交林，恢复或重建与当地自然条件相适应的近自然的森林生态系统，大大增强了森林的水土保持、防风固沙和保护农田等多重功能，有效改善了当地生态环境。

（6）使用容器苗是促进人工林生长的有效途径。本项目在生态脆弱、土壤条件差的地域实施，采用常规技术造林的成活率低。针对这些不利条件，从育苗、整地、栽植、抚育管理等方面，全方位提高困难立地条件下造林成活率，特别强调了容器苗的使用。在以往的世行林业项目中，只有 2%左右的容器苗用于项目造林。相比之下，本项目容器苗使用上升到 20%左右。在浙江，几乎所有种植材料都是容器苗。调查结果显示，与使用裸根苗的人工林相比，容器苗成活率提高 17%以上，高生长提高 30%。

（7）及时调整对于完成项目目标至关重要。在具有不同地理和社会条件的广泛分散的项目区，面对项目长期实施期间内发生的变化，需要及时灵活调整项目实施，以确保干预措施适合当地状况和需求。在项目实施过程中，对造林技术模型及模型中的树种、配置方式和造林密度、苗木规格等关键要素进行了调整，使模型更加符合不同地域的自然条件。人工林模型进行了调整包括树种，组成，种植密度和幼苗规格，以实现这些要改进模型以适应不同地点的自然条件。其次，为提升资金使用效率，对包括世行贷款资金在内的项目资金类别进行调整，确保资金支付与项目进度相一致。

问题和建议

尽管项目执行顺利，但也存在一些需要未来的林业项目关注的问题。

（1）进一步平衡经济效益和生态效益之间的关系。在项目的实施中，管理人员发现，参加项目的农户支持进行生态绿化，但他们更乐意种植经济林。虽然该项目的目标是推进多功能人工林的营建管理，产生环境效益和经济效益，但在一些生态系统非常脆弱的地区，造林仍然着重森林生态系统恢复。鉴于此，建议在这类地区未来的林业项目中，更多关注经济效益和生态效益平衡的问题，要特别注意建立吸引农民开展长期可持续森林经营并改善生计的激励机制。

（2）高度关注项目成本。项目执行期间，项目增加投资需求增加给项目单位造成极大压力。特别是，汇率变化造成贷款资金“缩水”；劳务价格上涨过快，造成营林成本增加；少数单位配套资金未能足额到位，造成建设单位费用和农民劳务费推迟发放的现象。

虽然这些问题在项目执行期间已经基本得到解决，仍然建议在今后的项目设计中高度重视项目的成本问题，减少财政现金配套的比例，提高不可预见费的比例，降低部分财政困难地区配套资金的比例。

对世行和项目合作方表现的评价

1. 对世界银行的评价

（1）严格有效监督指导。在项目准备和实施期间，世界银行多次派出项目检查组对项目实施情况进行现场检查指导。世行每年定期派出两次半年工作检查组，现场访问项目区和项目单位。世行项目组将新的项目设计理念融入项目准备工作，确认项目出现问题并负责任地帮助项目单位解决问题，还提供有价值的意见和改进建议。世行的指导和勤勉的监督有效推动了项目的顺利准备好实施。

（2）务实灵活的工作作风。在项目实施期间，中国林业进行了多项重大改革，包括集体林权制度改革等，由于受到政策因素和市场需求变化的影响，项目林农和实施单位根据项目实际，提出对项目实施活动内容进行适当的调整建议。世界银行迅速回应了这些变化，为此提供了强有力的支持及时调整，确保项目顺利实施。

2. 世行与借款人的友好合作

项目的成功实施，再次印证了世界银行与中国政府友好而健全的伙伴关系。项目实施期间，世行的项目检查组多次访问项目村镇和林地现场，与基层技术人员和参加项目的农民沟通情况，了解农民意愿，耐心解答和解决项目实施中遇到的困难和问题，促进了项目的顺利实施。

3. 项目机构的表现

在国家发改委、财政部、国家审计署，以及相关省级政府机构的大力支持下，国家、省、县级林业部门的项目实施单位，在项目准备和项目实施过程中，特别是执行方面，努力工作，高效务实，创新技术设计，提供技术服务和培训；确保项目活动质量和及时报账；尽一切努力解决项目实施过程中出现的问题，推动了项目顺利实施并和项目发展目标的实现。项目机构的高度责任感为未来世行贷款林业明的事实奠定了坚实基础。

后期管理计划

1. 明确相关项目机构的管理后责任

项目竣工后，项目林交由县级林业主管部门和林农进行经营和管理。县级林业局是政府的常设机构，统管当地林业工作，对生态林业建设负有责任。林农是项目的直接受益人，对经营好项目林有浓厚的兴趣。作为日常工作的一部分，县级林业局向营林实体和林农提供森林经营的技术援助。

项目监测和评价体系已纳入政府的监测评估方案，由于项目的造林和经营是政府森林资源综合管理计划的重要组成部分，当地政府和现有研究机构将继续开展监测和评价工作。

2. 实行“三防”的责任

项目人工林防火、病虫害防治责任已被纳入地方政府和林业部门的日常管理职责。充分利用各省现有的森林病虫害、森林火灾预测、预报系统，以及县、乡、村的各级护林防火机构和病虫害监测站，开展全方位预报和防治。将加强当地村庄的防火和法制意识教育，监测火灾和有害生物的发生。严格控制森林病虫害和森林火灾的发生。确保项目林健康生长，实现生态、社会和经济三大效益。

3. 加强项目后期管理

由于项目人工林主要服务于保护生态环境的目的，因此，由国家和省政府提供的补助资金将用于开展项目林的经营活动。国家和省级政府对森林所有人保持森林覆盖提供每年 225 元/公顷的统一补贴，补偿林主的森林产生的公共服务贡献。对于生态和经济兼用林，需要进行集约经营。国家森林经营项目提供每年 1 500 /公顷的补助，用于森林的抚育间伐支出。对于以经济效益为主的经济林，农民乐意继续为经营管理筹集资金并投入劳力。

4. 准备及时偿还世行贷款

项目县政府负责偿还世行贷款。已经制定了还贷计划，还贷将从 2020 年开始，政府机构已经做出了及时还款的承诺。

附件 8 共同资助方和其他合作伙伴、利益相关方的意见

不适用

附件 9 支持文献

1. 项目评估文件
2. 借款人的项目竣工报告
3. 备忘录，实施状况和结果报告
4. 借款人的项目半年进展报告
5. 项目协议
6. 贷款协定
7. 项目实施方案